普通高等教育“十四五”规划教材

U0879394

自然与经济

Nature and Economy

陈 浩 编著

中国环境出版集团 · 北京

图书在版编目（CIP）数据

自然与经济/陈浩编著. —北京：中国环境出版集团，2022.9

普通高等教育“十四五”规划教材

ISBN 978-7-5111-5172-8

Ⅰ. ①自… Ⅱ. ①陈… Ⅲ. ①自然资源—资源经济学—高等学校—教材 Ⅳ. ①F062.1

中国版本图书馆 CIP 数据核字（2022）第 102905 号

出 版 人 武德凯
责任编辑 宾银平
责任校对 薄军霞
封面设计 宋 瑞

出版发行 中国环境出版集团
（100062 北京市东城区广渠门内大街 16 号）
网 址：http://www.cesp.com.cn
电子邮箱：bjgl@cesp.com.cn
联系电话：010-67112765（编辑管理部）
010-67113412（第二分社）
发行热线：010-67125803，010-67113405（传真）
印 刷 北京中科印刷有限公司
经 销 各地新华书店
版 次 2022 年 9 月第 1 版
印 次 2022 年 9 月第 1 次印刷
开 本 787×1092 1/16
印 张 18.25
字 数 442 千字
定 价 68.00 元

前　言

作为国务院学位委员会首批批准的人口、资源与环境经济学硕士学位授予单位、第二批博士学位授予单位，出于学科建设的需要，中南财经政法大学人口、资源与环境经济学学科点组织编撰出版了我国第一本《人口、资源与环境经济学》，开设了对应的研究生和本科生课程，并于 2011 年结合学科教学开设了通识课程"自然与经济"，该课程获得一致好评。基于"自然与经济"课程没有专门的教材和参考书，笔者决定根据多年的教学积累编写一本《自然与经济》教材。

当前，自然与经济协调问题已经成为全球目光聚集的焦点和国内外学术界研究的热点之一。从国际趋势来看，自然与经济协调是工业文明和可持续发展寻求的交汇点，共同破解全球人口、资源、环境危机都离不开自然与经济关系问题的研究；从中国国情来讲，经济与自然协调是经济社会战略目标和发展模式的聚焦点，是生态文明建设的重要内容，经济社会发展要突破粗放式增长方式制约，实现科学发展与社会和谐离不开对自然与经济相关知识的认知和运用。经济与自然协调正在演变为中国未来社会经济发展的主流模式，成为促进人口长期均衡发展、解决资源短缺问题和应对环境破坏的重要战略选择。在此背景下，让学生了解自然与经济的相关知识，对诸如建立环境友好型社会、资源节约型社会，发展绿色经济、循环经济、低碳经济、生态经济等方面的内容有较全面的认知，可以开拓学生视野。

本教材包括五部分共九章。第一部分（第一章）是自然与经济的基础知识和背景，即对自然-经济系统的认识和结构分析。第二部分（第二、第三章）主要是自然基础和自然变化及作用分析，包括自然条件与生物适应、生命生发与人类起源等内容。第三部分（第四、第五章）是人类经济活动的自然基础及其作用，包括矿产资源及其自然-经济特征、人类经济活动与自然。第四部分（第六至第八章）是自然与经济专题，分别从人口（自然人、经济人）、自然资源、自然环境三方面讨论与经济发展的关系。第五部分（第九章）是自然与经济协调发展的模式研究和实践总结，包括循环经济、绿色经济与低碳经济等内容。本教材是通识课教材，也可作为人口、资源与环境经济学及相关专业基础课程教材和参考书，还可作为科普知识读本。

本教材编写得到了许多老师和同学的关心和支持，也参考和引用了很多学者的相关成果，尤其是属于工具书和教科书式的内容，直接引用较多，在此表示感谢。感谢中南财经政法大学经济学院在学科发展上给予的支持，感谢中南财经政法大学教材建设项目给予的资助，感谢中南财经政法大学学科建设统筹项目（XKHJ202117）的支持，高红贵教授、杨晓军副教授、柯萍老师对编写出版提供了支持和帮助，博士生段思洁、郑洁、罗力菲、袁丙兵等进行了校对工作，在此一并表示感谢！本书涉及领域宽广，难免有不足之处，敬请广大读者指正！

陈　浩

2022 年 3 月

于中南财经政法大学

目　录

第一章　导　论

随着经济的发展，人类对自然的影响不断扩大，自然资源和自然环境问题日趋严重，自然与经济矛盾日益突出，经济与自然协调发展成了经济社会战略目标和发展模式的转换方向。从总体上了解人类经济活动和自然变化的统一运动，认识自然与经济发展的总体规律，是未来人类发展的必然要求。我们首先对自然、经济及自然-经济系统进行概述，并结合技术发展引导对自然-经济系统的认识。

第一节　自然的概念及自然观

当人类完成了从动物到人的转变之后，自然就开始有了主动的改造者，从主体变成了客体，才有了真正的客体与主体的对立，这是其他任何生命体所不能比拟的。随着对自然认识的加深，人类就建立起了关于自然的概念。在人们的观念中，关于自然的概念有其历史的演变性，这是主观与客观之间的一种相互作用和联系。

一、自然的概念

自然是一个汉语词汇，对应的英文单词是 nature，意思包含：自然界；自由发展；理所当然；不做作，不拘束，不呆板等。

关于自然的释义，有若干种，具体如下：

（1）天然，非人为也。例如，自然物，自然美，自然力，自然风光，自然资源，自然环境。

（2）自由发展；不经人力干预；人或事物自由发展变化，不受外界干预。例如，自然免疫，听其自然，顺其自然，自然消亡，自然而然。

（3）不勉强，不局促，不做作，不拘束，不呆板，非勉强的。例如，他是初次演出，演得挺自然。又如，态度自然，表情自然，文笔自然，动作自然。

（4）副词或连词，犹当然；理所当然。

（5）道[①]。三国魏何晏《无名论》：“自然者，道也。”

---

① 道，最早见于甲骨文。道本义为道路。由道路之义可引申作动词，表示取道、经过。由道的本义还可引申出抽象意义的方法、技艺、规律、学说、道义等意义。《邓析子·无厚》：“夫舟浮于水，车转于陆，此自然道也。”《论语·卫灵公》：“道不同，不相为谋。”此道即指思想学说。道也特指道家、道教等。典籍中还常以“有道”指政治清明的局面。因道有道路、方法等义，所以可以引申作动词表示疏通。

（6）人的自然本性和自然情感。与名教[①]相对。

（7）容纳各种介质物的空间体。不同介质物之间在各种条件下可互相转化，有时分层，有时互溶。

（8）存在于宇宙万物之中，保持宇宙万物内性平衡的一种属性。

（9）狭义的自然界指与人类社会相区别的物质世界，即自然科学所研究的无机界和有机界。广义的自然界指包括人类社会在内的整个客观物质世界。此物质世界是以自然的方式存在和变化着的。人的意识也是物质世界以自然方式发生的产物，人和人的意识是自然界发展的最高产物。物质世界具有系统性、复杂性和无穷多样性，它既包括人类已知的也包括人类未知的物质世界。自然也被认为是宗教中“神”的现实意义。

nature 源自拉丁文 natura，意即天地万物之道（the course of things，natural character），是植物、动物以及其他世界面貌自身发展出来的内在特色。

物理学宇宙，是由自然原本的意义所引申出来的解释之一。自然，最广义而言指的是自然界、物理学宇宙、物质世界以及物质宇宙。人工物体及人类间的相互作用往往人为地不被视为自然的一部分，除非被界定为人性或“大自然全体”。自然通常与超自然区分开来。自然的规模小至纳米粒子，大至星系。自然通常被概述为一切事物的总体。我们讨论的自然是指物质世界中各个事物的总体，即宇宙一切事物的总体，人类文明的起源。囿于目标和领域的限制，我们主要讨论地球上的自然。

在现今不同的定义中，自然可以是众多有生命的动植物种类的普遍领域。部分则指无生命物体的相关过程——特定物件种类自己本身的存在和改变的方式，例如地球的天气及地质，以及形成那些物件种类的物质和能量。很多场合自然意指自然环境或自然资源——野生动物、岩石、森林、沙滩，以及本质上未受人类介入，或即使人类介入仍然存留的东西。这种传统概念意味着自然与人工的分野，后者被理解为由人类所带来的或是类似人类的意识或心灵。

在流行的观念中，一直把人作为独立于自然界，而且独立于生物界而存在的“异化物”。有些观点认为，自然的普遍法则或生物学的一般规律，对于人来说是不适用的。人类是自然界发展的最高形式，人的精神（思维）更是物质发展的高度结晶（精华）。人所处的地位必须在自然阶层的最上端，自然又是人本身从中创造的母质，是养育他的土壤。在自然的整体和基本特征性方面，理应包括人与人类社会的种种特征，这样才能体现出自然所具备的一切特点。根据特殊性要求，我们从自然与经济关系分析的领域和角度，将人类从自然中分离出来，并与自然对等来分析和认识，由此界定我们讨论的自然，这也符合现今世界的发展视野要求。自然指的是以人类为主体相对应的另一个主体，是与人类相关的外部世界，即人类赖以生存和发展的天然的、未受人工改造过的各种实体因子的综合体。换句

① 名教与自然：中国魏晋玄学中的一对范畴。名教，一般指以正名分、定尊卑为主要内容的封建礼教和道德规范。自然，主要指天道自然，认为天是自然之天，天地的运转，万物的生化，都是自然而然，自己如此的。名教和自然观念产生于先秦。孔子主张正名，强调礼治；老子主张天道自然，提倡无为。孔子、老子被后世看作“贵名教”与“明自然”的宗师。对名教、自然以及这二者关系的认识，有一个发展过程。魏晋时期，由于思想家的哲学倾向和政治见解不同，名教与自然的关系成为一个争辩的问题。两汉时期，董仲舒发展了孔子的正名思想，强调社会上的等级名分。《淮南子》和王充则用道家的自然观念与董仲舒的名教观念相对抗。《淮南子》强调天道自然，认为圣人应顺随自然，无为而治。王充认为天地是“含气之自然”，主张自然无为。

话说，人类以外的、充满着各种有生命和无生命的物质的空间、条件和状况的总和，即为自然。

关于围绕并影响着生物体或其社群的实物、状态与影响力的集合体，则用环境（物件群集）一词。围绕生物界并构成生物生存的必要条件的外部空间和无生命物质，是生物的生存环境。生物是主体，无生命的环境为客体，作为主体的生物，包括动物、植物和微生物等一切生命有机体，当然也包括人类在内。对于生物学分支下的生物体及栖息地之间的关系与互动，应用生态一词。而人类环境，是以人为主体，人以外的一切事物为环境，是客体，它既包括自然界的无生命的自然因素，也包括人以外的生物，还包括人工环境。如果不包括人工环境，也即我们界定的自然。

二、自然观的演变

自然不是永恒不变的，它处在不断地发展变化过程中，人类也处在与自然相互作用的历史过程中。人类关于自然概念的发展，与人类改造自然的能力的发展是一致的，因而人们在不同的历史时期，对自然的理解也不同。

自人类产生以后，人与自然就结下了不解之缘，人类的命运，始终与自然界的存在和发展休戚相关。人类为了更好地利用自然，使自身的价值和潜能得到充分的发挥，就必须不断地认识自然、了解自然，按照自然的规律去适应自然、改变自然，同时要关怀自然、体贴自然，使得人类、自然界和社会处于协调发展的状态。

狭义的自然是指与人类社会相区别、相对立的物质世界，是各自然科学技术的研究对象，我们通常所说的自然或自然界是就狭义自然而言的。广义的自然是指整个物质世界及其一切表现，即具有无穷多样性的一切存在物。它除了包括人工自然和天然自然外，还包括血肉之躯的人和由人组成的社会，在某种意义上，它还包括自然界的升华——精神。后者又包括主观精神世界（人的精神活动如感觉、知觉，表象、心理、悟性、理性、目的、自由意志等）和客观知识世界（由人类精神活动产生出来，以文字、符号、声音为表现形式，并以书籍、报刊、录像等为物质载体的知识）。实际上，广义自然这个概念可以作为宇宙物质、客观存在、客观实在等概念的同义语。在特定情况下，如在探讨自然界同社会的相互关系问题时，广义的自然观就自动地转化为狭义的自然观。

人的自然意识是从人意识到自我，意识到自己的主体性，从而能够区分主体和客体的时候开始的。在有了自我意识之后，这个自我意识的主体还有一个由低级到高级的发展过程，以及不断克服主体和客体对立求得统一的过程。伴随着主体性的发展，人的自然概念也就不断地丰富，不断地具体化。

迄今为止，人类关于自然观的发展可以划分为以下四个阶段：

第一阶段，即从人类诞生的几百万年前，到农业文明开始的大约 1 万年前。这一时期是原始人的采集狩猎时期，原始人类是直接地生存于天然的自然环境中的，为了自己的生存，他们必须真正地与自然进行殊死搏斗，通过打制简单的石器和火的利用来解决自己的饥寒问题，以满足自己得不到保障的物质生活需要。原始人类在这段历史中完成了从动物到人的逐步过渡。由于人类认识和改造自然的能力非常弱小，这一时期的自然，在原始人面前是庞大、狂暴、神秘、危险的对立面，是人类可怕的敌人。

第二阶段，从大约 1 万年前的新石器时代开始的农业时代。人类发现了种子的成熟过程和动物的驯养技术并加以利用，发明了农业。人类学会了如何模仿自然和引导自然，通过服从其规律来利用自然。自然在人心目中的形象同狩猎者时期相比发生了根本的变化。自然在耕田人的眼里几乎可以说是效仿的榜样，是阐述人生的领域。人们通过效仿自然的智慧，在同自然的交往中得到了和平，享受到了安宁，人同自然的关系更密切了，人不再同自然进行殊死搏斗了，自然也就从人的对立面和敌人变成了人的榜样，随之也就具有了浪漫的、美好的和高尚的感情色彩，成了具有秩序的、和谐美的领域。

第三阶段，工业时代。在工业时代，自然概念又获得了一种新的意义。近代资本主义的兴起和科学技术的飞速发展，产生了以大机器生产为标志的工业文明，它极大地创造了人类社会进步的物质基础，建造了一个崭新的技术圈。这个技术圈是不可能由自然界自发地产生出来的。自然不仅是田野上生长的东西，而且是人们所接触的一切事物。人们用数学公式和机械术语对自然加以精确的研究，以便随意控制自然，让自然界按其特点被使用，使人类成为自然的主人和所有者。这样，自然就不再是榜样，而是研究的对象。这极大地加速了自然科学和技术的研究。人类正是在机械论自然观的指导下，利用科学技术的巨大魔力加工和重组物质，创造了自然界原来没有的无数事物，丰富了自然界物质的多样性，增强了人类技术圈的有序性。由于人类改造自然的能力的巨大增长，人造的技术环境已扩展到整个地球表面和近地太空，这就有力地影响了自然界的变化，加速着自然界的物质变化过程。工业文明在日益扩展着人造的物质环境的规模，并在提高其组织性的同时，不断地破坏自然生态系统，加速着它的无序化过程，引起了整个地球生物圈的退化，甚至有可能导致自然系统的瓦解。因而，自然概念的意义又进入了新的变化阶段。尽管近代以来的机械论自然观，在今天仍然被社会大众认为是“理所当然的”，但是由于现代物理学和生态学的发展，它已经变得不完善了。

第四阶段，从 20 世纪六七十年代开始，受蕾切尔·卡逊的《寂静的春天》、W. 福莱斯特的《世界动力学》和罗马俱乐部的《增长的极限》等著作的影响，人类开始意识到自己的经济发展与自然过程有深刻的生态联系。人作为自然的一部分，在生态系统中受到了自然的严格制约，人也不得不适应生态规律。人类不能随意将自然作为对象来征服和统治，而是应该与自然建立协调合作的新关系，因而自然是人的征服对象和统治对象的机械论自然观，就被自然是人的伙伴的自然观所取代。对于那些从生态学角度来观察事物关联的人来说，自然已成为伙伴。

通过上述四个阶段考察，可以对自然观的认识做一个总结：自然的概念在每一个历史阶段都具有特定的历史意义，这些意义与人类在每一个阶段认识和改造自然的能力是一致的，从一个阶段到另一个阶段，这些意义在变化着。在狩猎阶段，自然的意义是对立者，在农业文明阶段是榜样，在工业文明阶段是对象，在现在则应是伙伴。自然的意义发生了变化，从敌人到榜样，从榜样到对象，从对象到伙伴。自然具有多方面的意义，有许多名称，是我们还没有完全认识的事物。人们不应该只突出后一阶段的含义，而忽视先前阶段的含义。先前的意义没有消亡，而是像在进化过程中常常看到的那样在其上面又增加了新的意义。

第二节 经济的概念和经济发展观

一、经济的概念

经济是价值的创造、转化与实现。人类经济活动就是创造、转化、实现价值，满足人类物质文化生活需要的活动。

具体来说，经济就是对物资的管理，是对人们生产、使用、处理、分配一切物资整体动态现象的总称。微观上指一个人或家庭的家务管理，宏观上指一个国家的经国济民。在这一动态整体中，包括人类的生产、分配、交换、消费的各项活动，生产是这一动态的基础，消费是这一动态的终点。

其含义分列如下：

（1）指社会物质生产、流通、交换等活动。如发展农业。

（2）指生活用度、家境。如家境富裕，生活拮据。

释义和引证：

（1）指经世济民。

（2）指耗费少而收益多。

（3）指财力、物力。

（4）指治国的才干。

（5）指经济基础：一定历史时期的社会生产关系的总和，是政治、思想意识等上层建筑赖以建立起来的基础。

（6）指一个国家的国民经济，也指国民经济的某一部门，如工业经济、农业经济、商业经济等。

其在工具书中的解释有：

（1）经济就是生产或生活上的节约、节俭，前者包括节约资金、物质资料和劳动等，即用尽可能少的劳动消耗生产出尽可能多的社会所需要的成果。后者指个人或家庭在生活消费上精打细算，用消耗较少的消费品来满足最大的需要。总之，经济就是用较少的人力、物力、财力、时间、空间获取较大的成果或收益。

（2）经济就是国家或企业、个人的收支状况，如国民生产总值、社会总产值、企业的产量与效益、个人的收入与支出等。

（3）经济就是经邦济世、经国济世或经世济民等词的综合和简化。含义包括国家如何理财，如何管理各种经济活动，如何处理政治、法律、军事、教育等方面的问题，即治理国家、拯救庶民的意思。

（4）经济就是家庭管理。

（5）经济就是一种谋生术，是取得生活所必要的并且对家庭和国家有用的具有使用价值的物品。

（6）经济是指社会物质资料的生产和再生产过程，包括物质资料的直接生产过程以及由它决定的交换、分配和消费过程。其内容包括生产力和生产关系两个方面，但主要是指生产力。

（7）经济是指一个国家国民经济的总称，包括一国全部物质资料生产部门及其活动和部分非物质资料生产部门及其活动。

（8）经济就是遵循一定经济原则，在任何情况下力求以最小的耗费取得最大的效益的一切活动。

（9）经济就是人类以外部自然界为对象，为了创造满足我们所必需的物质环境而不是追求享受所采取的行为的总和。

（10）经济是指社会生产关系的总和。指人们在物质资料生产过程中结成的，与一定的社会生产力相适应的生产关系的总和或社会经济制度，是政治、法律、哲学、宗教、文学、艺术等上层建筑赖以建立起来的基础。

（11）经济是指人类生活事务。

（12）经济是指财富。

（13）经济是人类和社会选择使用自然界和前辈所提供的稀缺资源。

（14）经济是指利用稀缺的资源以生产有价值的商品并将它们分配给不同的个人。

（15）经济是指把稀缺资源配置到各种不同的和相互竞争的需要上，并使它们得到最大满足。

（16）经济是指资源配置的全过程及决定影响资源配置的全部因素。

（17）经济是指有限资源在不同用途上的运用。

（18）经济是人类运用生物、非生物、信息、能量、资本等资源及工具制造或创造出满足人们不同需求产品的活动。

（19）经济是指将稀缺的资源有效地配置给相互竞争的用途。

（20）经济是指个人、企业、政府以及其他组织在社会内进行选择，以及这些选择决定社会性稀缺性资源的使用。

（21）经济指社会管理自己的稀缺资源。

（22）经济是指我们社会中的个人、厂商、政府和其他组织进行选择，这些选择决定社会资源被利用。

（23）经济是指在经济活动中确定劳动、资本和土地的价格，以及运用这些价格配置资源。

（24）经济是指发展中国家的发展，资源有效利用的方式。

（25）经济是指金融市场行为，金融市场将资本配置到其他经济部门。

（26）经济是指收入分配，以及不损害经济运行的前提下对人给予帮助。

（27）经济是指政府支出、税收、预算、赤字对经济增长的影响。

（28）经济是指经济周期中失业与生产的波动，并改善经济增长的政策。

（29）经济是指各国贸易模式、贸易壁垒的影响。

（30）经济是指一定社会生产、交换、分配和消费等经济活动、经济关系和经济规律。

经济（系统）作为人类社会系统的一个方面，是由生产和消费组成的矛盾统一体。在现实语境中，经济经常被用来特指生产一方。一定空间范围内的经济单位被称为一个经济体。随着空间范围从家庭拓展到国家甚至多国的经济系统，就形成了家庭（或个人）经济、地方经济、城市经济直到国民经济和世界区域经济的经济体序列。在全球化环境下，就形成了世界经济。

经济活动是人类的基本社会活动。任何活动从经济角度研究就是经济活动。所谓从经济角度研究，就是从生产与消费的关系角度研究。广义而言，经济活动既包括生产活动，也包括消费活动；更广义的经济活动还包括分配活动和交换活动。狭义的经济活动仅指生产活动，更狭义的经济活动仅指正式的有益的生产活动。

把人类社会发展整体作为一个再生产循环过程，则其一切活动既是生产活动同时也是消费活动。作为生产活动，有两种类型：生产人本身的活动和生产身外产品的活动。作为消费活动，是生产出来的产品再投入生产过程中的活动，有生活消费与生产消费之分。生活消费用于生产人本身。狭义的消费活动仅指生产人本身的活动中的消费。这种消费又可分为两种类型：物质享受消费和精神享受消费。狭义的生产活动仅指生产身外产品的活动。作为这种生产活动的成果产品，就其内容或功能形态来说也有对应的两种：物质产品和精神产品。物质产品的主要功能是满足物质享受消费需求，精神产品的主要功能是满足精神享受消费需求。在相当多的情况下，物质享受与精神享受是密不可分的，是融为一体的，如对美食的享受，对环境的享受。精神产品必须借助一定的物质形式而存在。

生产活动的产品有货物和服务两种形态。一定量的货物可以在一定时段内保持其物理性质不变，而服务则即生即灭，即生即用。对于服务形态的产品，如果其被应用的对象是某个生产过程，就称为生产服务。这种类型的服务的原社会形态可能是某个物质产品的生产过程的一个组成部分，随着市场经济的发展而独立出来成为一个行业。如果服务被应用的对象是人或人群本身，就称为生活服务。

二、经济发展观的演变

在漫长的历史发展过程中，人类历经原始社会、农业社会、工业社会并将全面迈进知识经济社会，人类基于经济的发展观也历经转变。总体来看，在20世纪70年代以前，人类的发展观局限于传统发展观的范围，直到70年代以后，人类的发展观才逐步发生了新的变化，并于80年代正式形成了可持续发展观。可持续发展观是对传统发展观的反思与创新，是制定可持续发展战略的理论依据。

（一）传统的发展观

传统的发展观主要指工业革命以来的无限增长观以及西方经济学家曾经极力倡导的单纯经济增长观。

在人类发展史上，大约1万年以前出现的农耕业，把人类从只是作为自然生态系统食物链的天然环节中解放出来，使人类从只能渔、猎、采食天然动植物，发展到可以通过农耕经济获得基本生存条件和食物供给。从此，人类开始了初步的稳定繁衍，进入简单再生产的初级循环。发生在18世纪下半叶的工业革命，进一步解放了人类。工业革命使人类的生产活动摆脱了四季循环的天时控制，在一个人类直接控制的时空中，生产活动表现为在科技创新推动下的不断增长过程。在这一历史背景下产生了长期支配工业社会发展的无限增长观。这种发展观，以物质财富增长为核心，追求的唯一目标就是经济增长，认为经济增长必然带来社会财富的增加和人类文明。当20世纪30年代“把国民生产总值作为国民经济核算体系的核心”的凯恩斯主义经济学产生以后，由于国民生产总值这一指标成为国民生活水准的象征和评价经济福利的综合指标，无限增长观追求的目标就具体化为国民生产总值和经济的高速增长。发生在第二次世界大战以后的第三次科技革命，在短时间内就形成了巨大的生产力，促使人类攫取自然资源的能力空前提高，消费欲望高度膨胀。它在将人类征服自然的能力推向一个前所未有的高度的同时，也将无限增长观推到了顶峰。此时，无限增长观对现实经济生活的支配作用进一步体现为对国民生产总值和经济高速增长的狂热追逐。

不仅西方资本主义国家，就连第二次世界大战后新独立的贫穷国家为了尽快摆脱贫困落后，也产生了追求经济增长的迫切愿望，掀起了赶超西方资本主义国家的热潮，在全球出现了从未有过的“增长热”。这一时期，烟囱产业被作为“朝阳”工业备受推崇，发展通常按照经济的增长来定义，即以国民生产总值或国民收入的增长为重要目标，以工业化为主要内容。与当时的时代背景相适应，产生了以发展中国家的经济增长为研究对象的发展经济学。以沃尔特·罗斯托、威廉·刘易斯等为代表的早期发展经济学家认为，贫穷国家之所以贫穷，是因为“经济馅饼不够大，现代的关键问题是必须把馅饼做大些”。只要把经济馅饼做得足够大，所有问题都会迎刃而解。罗森斯坦·罗丹经过观察发现了这样一种现象：发展中国家本想尽力赶上发达国家，可事实上却是发展中国家与发达国家的经济差距越来越大，于是提出了发展中国家要有超常规发展的全面“大推进”战略。可见，传统发展观以及依据传统发展观制定的各种发展战略，都将发展的基本含义和主要目标看成是单纯的经济增长。这些思想和观点对全球尤其是发展中国家“增长热”的升温起到了推波助澜的作用。

在全球的增长热潮中，出现了一些与上述观点相悖的现象：某些国家虽然人均国民生产总值迅速增长，但其经济结构特别是社会结构、政治结构并没有得到相应改善，贫困、失业和收入不均等社会问题仍未得到解决，环境问题日趋严重。这些事实表明，增长并不能解决所有的社会问题。人们在进一步思考中发现，发展中国家存在的社会问题得不到彻底解决，除了“经济馅饼不够大”这一因素以外，还有其他原因，其深层次原因在于不具备妥善解决这些问题的体制条件。在西方资本主义发展过程中存在了几百年的贫富两极对立问题在 20 世纪 30 年代以后有所缓解，并非仅仅是因为经济馅饼做得足够大，一个不容忽视的重要因素，就是在资本主义经济体制中建立并不断完善了调节社会贫富差距的社会福利和社会保障体制，对资本主义经济中存在几百年之久的经济发展观进行了一种修正。这说明市场机制具有局限性，单纯的市场经济可以创造经济高速增长，但充满优胜劣汰竞争的市场经济很难解决发展问题。发展问题只有通过构建解决发展问题的体制来解决。正是基于发展并非纯经济性的认识，经济学家们在 20 世纪 50 年代以后逐渐把一个国家的经济规模在数量上扩大的经济增长与经济发展区别开来，将“增长”与“发展”界定为两个不同的范畴，提出不应当简单地将经济增长（经济增长一般定义为人均国民生产总值的提高）理解为就是发展，发展应该是一个含义很广泛的概念，它不仅表现为经济的增长、人民生活的改善，还表现为文学、艺术、科学的昌盛，道德水平的提升，社会秩序的和谐，国民素质的提高，社会行政管理的改进等。也就是说，发展不仅包括物质增长，还包括以物质增长为基础的整个社会政治、文化等诸要素的进步。发展应该是复杂的、多元化的、经济的、社会的、科学的、文化的……它必然具有一种综合的特点，即包括社会生活的多种表现形式，并符合植根于各国人民的历史财富的道德的和文化的目的。总之，只有使人们生活的所有方面都得到改善的发展才是真正意义的发展。虽然“增长”是发展的前提，但不是增长到一定阶段之后发展的问题会自然解决。增长和发展问题要通过两种不同的体制来解决。

区分增长与发展，是人类走出传统发展观的关键一步，是人类社会的一大进步，它表明：无论怎样理解，发展都应当首先包含社会物质财富的增长和人群物质生活水平的提高，并以此为基础。从这一角度讲，传统的发展观强调经济增长至上，有一定的道理。当地球上可供人类利用的资源还比较丰富，自然环境的自净能力还比较宽裕，人口的数量还未达到地球所能容纳的极限时，即人类的力量还未能显著影响全球生态平衡时，这一发展观客观上适应了人类发展的目标。然而，随着人们为满足其日益膨胀的需求而不断地向大自然索取，随着人类的活动逐渐遍及地球的各个角落，人类的力量逐渐开始并越来越严重地影响到全球的生物化学物质循环，传统发展观越来越显示出其强烈的负效应。事实是客观存在的，只是人们对它的认识特别是达成共识需要较长的时间。20世纪五六十年代，人们还没有明显地意识到自身的生产方式和生活方式对自然的负面影响，更没有在这个问题上达成共识。即使在经济学家已经提出经济增长不是发展的全部意义之后，发达国家和发展中国家仍然信奉传统的无限增长的发展观，把经济增长作为主要发展目标。越来越多的事实证明，传统发展观带来的是不可持续的传统文明。

（二）传统发展观造成不可持续的传统文明

基于无限增长观和单纯的经济增长观而制定的发展战略及其实施，推动了经济的高速增长，在短短的几十年内就把一个饱受战争创伤的世界，推向一个崭新的工业化时代，人们在现实中切身体验到了工业化的成功：婴儿死亡率下降、人均寿命延长、受教育人口比重提高、粮食增长速度超过人口增长速度，等等，人们也因此对未来充满希望。然而，事情的发展并不像人们所预期的那样。随着工业化、城市化进程的加快，人类赖以生存的自然资源和自然环境遭到了严重破坏，这不但影响到当前的发展，而且对人类的生存形成了严重威胁，经济、社会、资源、环境的不协调愈演愈烈，并呈现出地球和人类难以长期忍受的变化趋势，表明传统的发展观创造的是不可持续的传统文明，其主要表现为以下几个方面。

1. 全球人口加速增长

人口与经济增长的相关性决定了要实现经济的持续增长，就要保证人口增长速度低于物质财富的增长速度，反之，如果人口增长过快，且高于物质财富的增长速度，就必然会产生人口对增长的约束作用。有关资料表明，人类文明从采集狩猎时代经农业时代到工业时代（尤其是到当代），平均每年增长的人口越来越多，而人口倍增所需的时间越来越短。在人口的增长速度快于物质财富的增长速度、粮食等基本消费品的增长难以与人口增长同步的当今世界，人口的过量增长必然与经济增长争夺空间，争夺资源，从而限制经济增长，成为增长难以回避的制约因素。

2. 自然资源加速耗竭

在工业社会，物质财富的积聚主要依靠自然资源的大量消耗支撑，而蔓延全球的“增长热”导致自然资源加速耗竭，主要体现在：水土流失，土壤盐碱化、沙漠化，非农业占用土地；森林面积急剧减少、草场退化；能源耗竭；水资源短缺；矿产资源面临消耗殆尽。这一切不但与人口的急剧增长密切相关，而且会因人口的过度增长而恶化。因为为了满足过量人口的基本生活需求，不得不过度耕种、过度放牧、过度捕捞、过度砍伐，从而进一步加剧土地的贫瘠、草原的退化、森林的毁损、物种的濒危、淡水的紧张。

3. 环境污染加速蔓延，造成全球性的生态灾难

科学技术的发展在引发一场农业、工业深刻革命的同时，也带来了新的问题，这就是环境污染的出现及其加速蔓延。这些污染包括：①由人类活动向空气中排放的挥发性有机物、烟尘和有害金属造成的严重的城市空气污染；②由生活污水、工业废水的排放造成的水污染，水污染进一步加剧了淡水资源的危机；③由工业固体废物、农药和化肥造成的土壤污染；④由于城市化进程加快，城市中挤满了人、汽车和工厂，噪声、微波污染以及交通拥挤等日益严重。这一切都表明，在工业文明中，自然界在人类的改造中不断地改变着它的本来面目，人类通过向大自然索取，获得的物质财富大大增长，物质生活水平空前提高，但为此也付出了惨重的代价：不得不呼吸被污染的空气，食用有毒的水、蔬菜和粮食，忍受工业废渣、生活垃圾的侵害和交通拥挤的烦恼，承受噪声、微波的无情干扰，备受温室效应、全球变暖、臭氧层损耗、酸沉降（酸雨）蔓延和沙尘暴之苦。

4. 社会不平等现象加剧

传统的发展观把经济的发展、国民生产总值的增加看作增长的唯一尺度，对分配是否合理、就业是否充分、社会是否公平等问题避而不谈。这种畸形的不健康的发展观带来了两方面的社会问题：在一国范围内，由于忽视社会发展目标，在不少国家出现了“高增长，低发展”或“有增长，无发展”的现象，贫富分化严重，社会矛盾激化。例如，第二次世界大战以后，一些发展中国家虽然经济发展很快，实现了经济增长的“提速”，然而，单纯的经济增长并没有改善这些国家和地区一般国民的生活状况，却加剧了财富分配的不公平，陷入“有增长、无发展”的恶性循环之中；在国际范围内，由于忽视了全球协调发展，南北差距扩大，矛盾加深。发达国家凭借其资金和技术上的优势，以及在现有国际秩序中的特权地位，最佳地利用和组织着全世界的生产要素，实现自身的经济发展；而经济实力与之悬殊的发展中国家却往往在现有的国际经济秩序下，成为发达国家经济发展的牺牲品。

上述分析表明，传统发展观所带来的负效应广泛影响到现代社会的各个层面、各个角落，它在促进经济增长的同时，造成了人类生存环境的恶化，以致威胁到人类的生存与发展。传统工业文明实质上是靠牺牲环境、不断“透支”生态环境来实现经济增长的，这种发展显然是不可持续的。一旦突破生态环境承载力的极限，则“发展”不但不能造福于人类，相反将导致全人类的毁灭。

（三）对传统发展观的挑战——增长极限论

在全球都致力于追求经济高速增长的时候，一些经济学家则潜心于对经济增长负效应的专门研究和探讨，其中最引人注目的是罗马俱乐部就世界经济发展前景提出的报告——《增长的极限》，其中阐述了“零度增长”的观点，向传统发展观提出了严峻挑战。

1968 年，意大利商界巨头帕塞伊（Peccei）邀请来自不同国家的一批科学家、经济学家以及工商界人士组成了一个研究团体——罗马俱乐部，该团体于 1972 年发表了题为《增长的极限》的研究报告。报告中对“人类困境问题”进行了深刻反思，对鼓吹无限增长和单纯经济增长的传统发展观进行了严厉的批驳。《增长的极限》的发布，在全世界引起了轰动，对传统发展观形成了震撼性的冲击。该书以 34 种文字出版，发行 500 万册，被世界上 1 000 多所大学选用为教材，并在西方的报纸、广播、会议、研究班、电视节目中，掀起了增长极限问题的讨论热潮。特别重要的是，1972 年 6 月在斯德哥尔摩召开的联合国人类环境会议上，《增长的极限》被列为大会文件分发给各国代表，其中的论点对该大会最后发表的《人类环境宣言》产生了重大影响。

《增长的极限》指出，物质革命的成功，使以“增长极”为特征的西方工业文明骄傲自满起来。人们不惜一切代价，用倍增的速度去追求经济增长是得不偿失的。这样的增长注定要使社会从自然和人类两个方面都达到极限，从而引起灾难性的冲击。《增长的极限》通过对人类命运有决定意义的五个参数——人口、粮食生产、工业化、污染和不可再生自然资源的消耗及其相互关系的研究发现，这些参数不仅增长着，而且都按“指数增长”的模式增长着，如果世界人口、工业化、污染、粮食生产和资源消耗按当时的指数增长下去，这个星球上增长的极限将在今后 100 年中发生。为避免这一灾难，他们主张世界人口应当到 1975 年停止增长，到 1990 年停止工业投资增长，同时大大降低单位工业产品的资源消耗和环境污染，提高对粮食生产和保护土壤肥力的投资比重，等等，从而达到“零度增长”的“全球性均衡”。

《增长的极限》的历史贡献在于，提出了全球概念，引导人们把探讨问题的视野从一个区域、一个国家或地区扩展到世界范围，而且第一次有力地批判了以经济增长为核心的传统经济学的发展观与价值观，动摇了工业革命以来深深扎根于工业文明之中的“无限增长”的神话，隐含着人类对可持续发展的思考。正是因为《增长的极限》以其独特的视角重新审视了人类所处的困境，其对 1972 年 6 月的联合国人类环境会议产生了重人影响，引起了人们的反思。在该会议通过的具有历史意义的《人类环境宣言》中明确提出，“我们应该做些什么，才能保持地球不仅成为现在适合人类生活的场所，而且将来也适合子孙后代居住”。虽然这个宣言仅偏重于由发展引起的环境问题，没有注重环境与发展的相互关系，但它仍然被认为是人类关于环境与发展问题思考的里程碑。

（四）可持续发展观的正式形成

可持续发展观，是针对工业经济发展中暴露出的人类与自然关系的恶化引起的一系列恶果而产生的。可持续发展这一概念虽然最初出现在 20 世纪 80 年代中期，但在此之前人们就已经开始探索人与自然的关系问题以及经济发展能否持续的问题。

可持续发展观的起源可以追溯到 20 世纪五六十年代，当时已经有人意识到工业化对资源和生态环境的压力，从而对经济增长作为唯一的发展模式提出了质疑。当时，最具有代表性的是 1962 年美国科学家蕾切尔 • 卡逊发表的《寂静的春天》，她首次把农药污染的危害展现在人们面前，提出人类将失去“阳光明媚的春天”并非“狼来了”，试图唤起人类对传统发展观的反思。

可持续发展的思想萌芽产生于 20 世纪 60 年代末 70 年代初。在 20 世纪五六十年代，随着工业生产能力的迅速扩张，环境污染、资源短缺等问题同时发生，这给在狂热中追求无限增长的人类敲响了警钟，自然报复人类的一系列事实使人们开始认识到，经济增长并不绝对等于人类福利的增长。20 世纪 60 年代末 70 年代初，出于对传统增长观的矫正，美国人率先发动了一场“社会指标运动”，提出建立包括社会、经济、文化、环境、生活等各项指标在内的社会发展指标体系，第一次冲击了以单一国民生产总值为唯一衡量指标的工业发展观。

可持续发展观第一次被明确提出是在 1980 年发布的《世界自然资源保护大纲》中。该大纲不仅强调资源保护，而且注重将它与人类发展结合起来，勾画出可持续发展概念的基本轮廓。可持续发展一词提出后，先是在一些发达国家的文章和文件中使用。

成立于 1984 年的世界环境与发展委员会（WCED），在挪威前首相布伦特兰夫人的领导下，经过 900 多天的努力，于 1987 年向联合国提出了后来被称为“布伦特兰报告”的《我们共同的未来》的报告。其中明确指出了过去经济发展对环境产生的影响，强调环境保护与社会经济发展兼顾的可持续发展道路。这一报告的提出，是可持续发展观形成的重要标志，对可持续发展理论体系的建立产生了关键作用。经 1992 年里约热内卢世界环境与发展大会的认同，可持续发展成为各国解决环境、人口、资源、贫困等问题，提高生活质量，寻求社会全面协调发展的指导原则以及制定全球及各国发展战略的基本理论依据。

以后的分析进一步表明，可持续发展作为人类的一种新的发展观，具有独特的自然、经济、社会、科技、文化特性及伦理观，其中既涉及人与自然之间的关系，也涉及人与人之间的关系，是现代经济观、现代社会观和现代自然观的统一。其经济观体现为，主张在保护地球生态系统的基础上，实现经济的持续增长，并不断提高增长质量。如果说增长与发展、传统发展观与可持续发展观有明显区别，那么其区别绝不在于要不要经济增长而在于如何实现经济增长和坚持发展的全面性。任何不加分析、简单反对经济增长的观点，都是对可持续发展观的歪曲。其社会观体现为，主张公平分配，包括代内公平和代际公平，以满足当代人和后代人的基本需求。其自然观体现为，主张人与自然之间的和谐相处。可持续发展观倡导人类以高度的责任感，规范自己的行为，创造一个人与自然之间互相调适、人与人之间平等发展的和谐的世界。如果人们能够全面而又牢固地掌握这些观念，并据此对自然-社会-经济复合系统进行自觉的调控，同时，不断优化系统的组织结构和运行机制，积极创造自然-社会-经济支持系统的外部适宜条件，使得人类生活在一种更严格、更有序、更健康、更愉悦的内外环境之中，并在不超越资源和环境承载力的前提下，促进经济发展，就可实现环境和资源永续和生活质量的不断提高。

第三节　生态系统与自然-经济系统

一、生态系统

所谓生态系统，简言之，就是生命系统和环境系统在特定空间的组合，是占据一定空间的自然界的客观存在的实体。生态系统中的生物与环境、生物与生物之间互相联系、互相依存，并不断地进行着物质循环、能量流动和信息传递。生态系统是一个相对稳定的有机整体，是生物圈的基本功能单位。自然界中各类各级、大小不一、不同层次的生态系统组合，形成多层次的、有序的、巨大的物质体系，这就是生物圈。生态系统与生物圈进行着物质循环和能量交换，因而整个生物圈也可以看成一个庞大、复杂的生态系统，是地球上最大的生态系统。因此，生态系统既是一个抽象的又是一个具体的概念。一滴水甚至整个生物圈都是生态系统，这些系统都是由相互联系、相互作用的要素按照一定的结构方式组成的。

生态系统的组成。生态系统是由两大部分和四项基本成分按照一定的结构组成的，这两大部分是生命系统和环境系统两个子系统。所谓生命系统，就是动物、植物、微生物等各种生命有机体的集合。所谓环境系统，就是光、热、气、水、土以及各种有机和无机元素的集合。四项基本成分是：第一，非生物环境，它包括太阳辐射、温度、空气等气候因子及其他物理因素，如碳、氮、二氧化碳、氧、水、矿质盐等无机物质，蛋白质、碳水化合物、脂类、腐殖质等有机物质。非生物环境为生物的生存提供了所需要的环境因素，因而构成了生物和环境的矛盾统一体。第二，生产者，主要是绿色植物，由含有叶绿素的植物组成。绿色植物能把太阳能转化成化学能，使环境中的无机元素、水、二氧化碳这些无机物合成为蛋白质、碳水化合物、脂肪类等有机物。所以，绿色植物是能将简单的无机物转变成有机物的自养生物，在生态系统中的作用是进行第一性生产，把生命和太阳联系起来，成为世界上一切生物赖以生存的能量来源。第三，消费者，主要是动物，直接或间接依赖于生产者所制造的有机物的异养生物。这类生物又以其获得食物的顺序不同而划分为食草动物（初级消费者）、食肉动物（次级消费者）和更高级的食肉动物（三级、四级消费者）。第四，分解者，主要是由真菌、细菌、原生动物等组成。它们也是异养生物，其作用与生产者相反，是将复杂的动植物有机残体分解为简单的化合物，最终分解为无机物质返回到环境中去，再被生产者作为养分吸收。所以，又称为还原者（图 1-1）。这样，在生态系统中能量、物质的转换和循环中伴随着大量的信息传递，流动、循环、传递都是运动，是能量、物质、信息在生物与非生物环境之间的转换运动，如图 1-2 所示。因此，能量流动、物质循环和信息传递是生态系统的基本功能。在生态系统中，能量流动是生态系统的动力（图 1-3），物质循环是生态系统的基础，而信息传递则决定着能量流动和物质循环的方向和状态。生态系统是由能量流动、物质循环和信息传递把系统内的各个组成部分（要素）紧密结合成一个有机整体的。

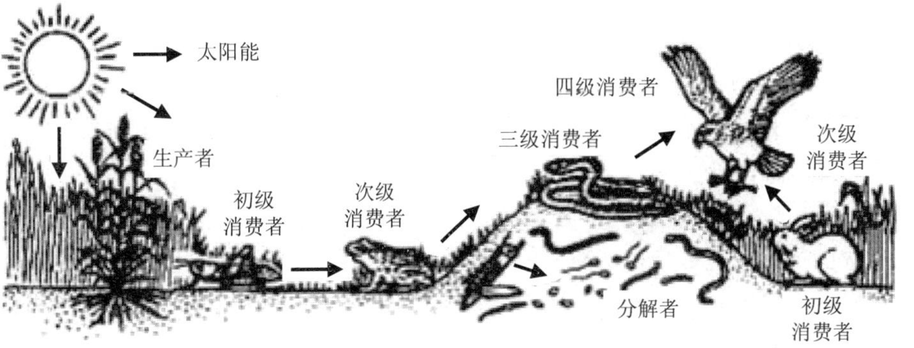

图 1-1 生态系统的基本成分

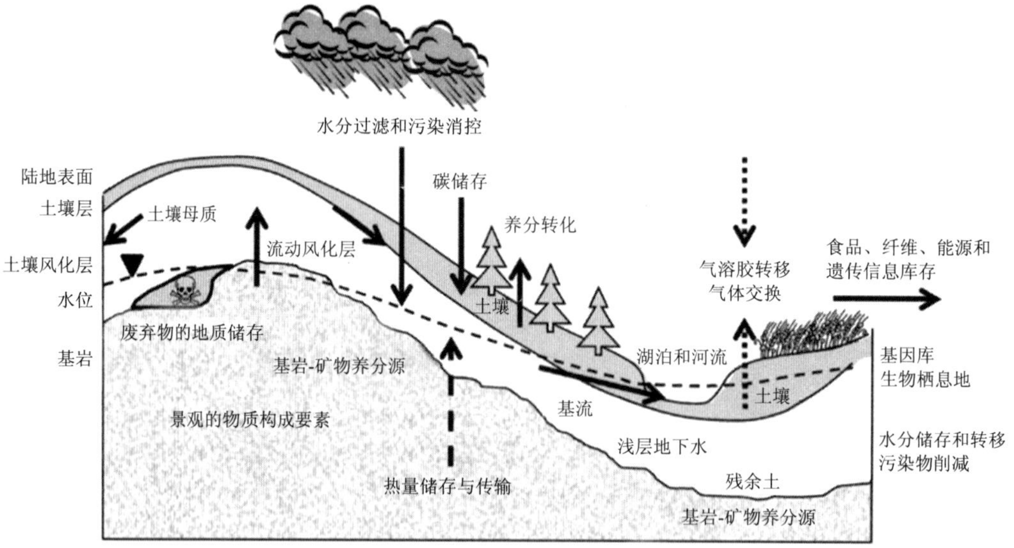

图 1-2　生态系统运动

注：箭头表示的是物质、能量和信息的流动和转移，其中“——→”表示转移过程，“– – →”表示传输过程，“┈┈→”表示交换过程。

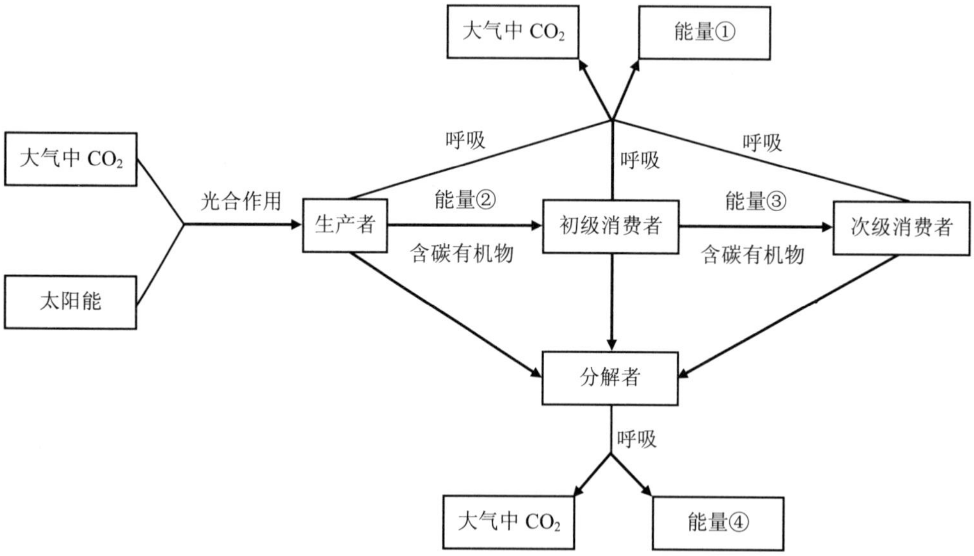

图 1-3　生态系统中的能量流动

整个自然界也是一个巨大的生态系统。它不仅为人类提供生产与生活必不可少的原料和一些消费品，而且还是补充经济发展所需物质和能量的源泉，这正如威廉·配第所讲的，“劳动是财富之父，土地是财富之母”。人虽然是自然界的宠儿，但不管人在生产与生活中取得什么样的成就，他都是自然巨系统中的一个有机组成部分，要受到其机制或规律的制约。自然界这个巨大系统，不仅向人类提供其所需的能源和各种物质，而且也成为人类释放无用能量和废物的场所。但自然界却并不是一个永无止境的自然资源宝库和垃圾场，尤其不是后者，人类活动的范围或对自然界破坏的程度，一旦超过自然环境恢复的能力极限，它就会反过来报复人类，最终会强制限制人类的作用范围和能力，古丝绸之路的毁灭，两河流域文明的消失，在很大程度上都是这种作用的结果。自然界不仅是人类的劳动对象，而且是人类赖以生存和发展的空间和场所，这个基础如果被破坏，社会经济的发展和人类的生存就难以维持。

二、自然-经济系统

经济系统是由相互联系和相互作用的若干经济元素结合而成的，是具有特定功能的有机整体。广义的经济系统指物质生产系统和非物质生产系统中相互联系、相互作用的若干经济元素组成的有机整体。国民经济系统、区域经济系统、部门经济系统、企业经济系统等都是广义的经济系统。一个国家的国民经济系统是这个国家最具有代表性、重要性、规模宏大的有机统一的经济系统。一个国家的国民经济系统的运行，不仅涉及这个国家内部的各地区、各部门、各企业、各单位，而且涉及世界经济系统以及世界上若干国家、地区、集团等。国民经济系统既反映了内部若干经济元素的相互联系和相互作用，同时又受到外部因素的影响。狭义的经济系统指社会再生产过程中的生产、交换、分配、消费各环节的相互联系和相互作用的若干经济元素所组成的有机整体。这四个环节分别承担着若干部分的工作，分别完成特定的功能。

传统的经济系统模型把整个经济社会看作一个系统，没有特别考虑环境和自然资源的影响。在传统的经济系统模型中，有两个基本的行为主体，家庭和厂商。这两个行为主体由产品市场和要素市场连接起来。厂商生产产品和劳务，通过产品市场出售给家庭，家庭向厂商支付货币。另外，家庭在要素市场上将土地、劳动和资本等生产要素出售给厂商，厂商向家庭支付货币。这样，整个经济就成为一个由产品和货币做相反流动而联系起来的系统。传统的经济系统模型如图 1-4 所示。

现代经济学在传统经济系统的基础上将自然纳入进来，组成自然-经济系统（图 1-5）。自然被看作可以提供各种服务的一种财产。这种财产的特殊性在于，它提供人类从事经济活动的生存支持系统。同其他财产一样，我们需要防止这一财产的过快折旧，以便为人类提供持续的服务。

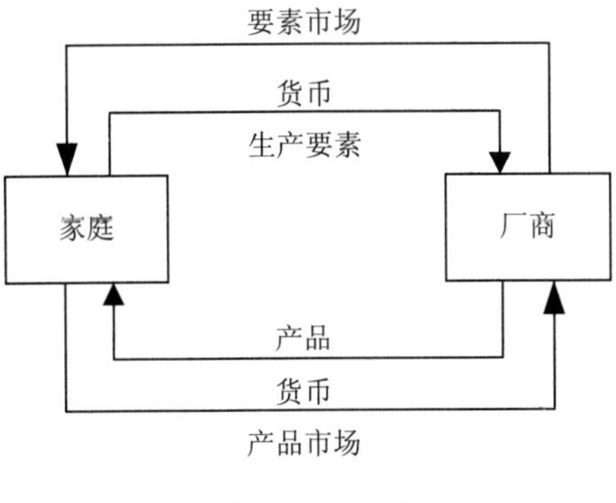

图 1-4 传统的经济系统

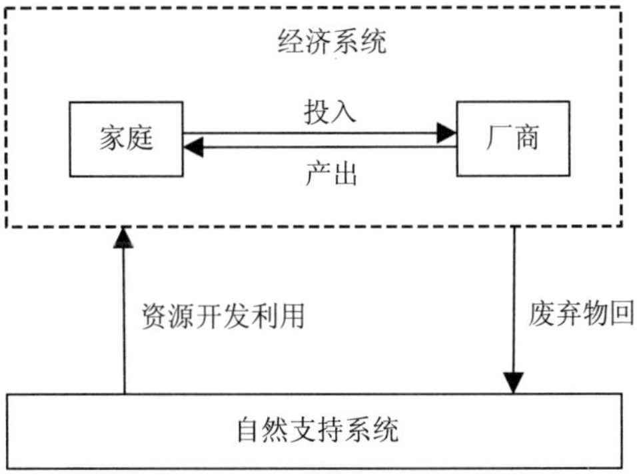

图 1-5 自然-经济系统的一般关系

自然向经济系统提供：①原材料，生产过程将原材料转化为产品，最终供消费者消费；②能源，能源在生产过程中发挥作用。原材料和能源经生产过程和消费最终以废弃物的形式返回自然环境。自然还以各种形式直接向消费者提供服务。例如，我们所呼吸的空气，我们观赏自然景色所得到的享受等。生产和消费所产生的一部分废弃物可以通过自然再循环重新投入生产和消费。总之，自然既是人类生产和生活的基础和条件，也是人类生产和生活的制约条件。

如果把环境定义得足够大，自然-经济系统可以看作一个封闭系统。在封闭系统中，没有来自外部的投入，也没有对系统外部的产出。如果我们把自然的定义缩小，例如把自然限制为地球，那么我们的自然-经济系统就是一个开放系统，它与外部世界进行物质和能量的交换。

经济系统和自然系统的关系受两条物理学定律的约束。热力学第一定律告诉我们，在一个封闭系统中，能量和物质是不能产生或消灭的。根据这一定律，从自然进入经济系统的原材料和能源，或者在经济系统中积聚起来，或者作为废弃物回归到自然中。也就是说，封闭系统中不管物质以什么形式（原材料、产品或废弃物）存在，能量守恒。在系统中，物质的各种形式进行着周而复始的再循环，从一种形式转变为另一种形式，从原材料变为产品再变为废弃物，经过大自然的再造，又变为有用之物。

热力学第二定律告诉我们，熵在增加。熵是指不工作的能量，也用来表示系统的无序或混乱状态。这一定律意味着，从一种能向另一种能的任何转换都不是完全有效的，能的消费是不可逆的过程。在能量转换过程中，总有一些能量损失了。因此，如果没有新的能量从外部投入，一个封闭系统最终会耗尽其能量。因为生命需要能量，能量耗尽生命也就停止了。当然，从能源来说，地球并不是封闭系统，地球从太阳得到能量。从长远来说，如果把太阳系看作一个封闭系统，地球的发展受可得到的太阳能的多少的限制。

热力学的两个定律告诉我们，生产和消费产生的废弃物是不可避免的，在这种情况下自然作为吸收、稀释废弃物并使其再生利用的场所就是必不可少的。由于封闭系统中熵的增加是不可避免的，人类必须把经济系统与自然利用的场所不断扩展连接起来，形成开放系统，与能量的消耗和生命的终止进行不懈的斗争。

自然-经济系统的建立，大大开阔了经济学家的眼界，扩大了经济学的研究范围，拓宽了经济学的范畴（几十年来经济学一直在进行这种扩张，不过其对象主要是其他相对弱小的社会科学领域），也为研究者提供了一个新的视角。同时，这也为我们的认知展开打下了一个分析的基础。

人类在一定区域和一定社会组织形式下，实现社会的经济增长及对自然的改造和影响，通过经济活动与自然发生各种各样的关系，形成自然-经济系统。人类经济活动融入自然之中，形成相互依赖、相互作用的统一体。自然系统是以人为对象的，环绕于人类周围的自然事物的整体。经济系统是社会再生产过程中的生产、交换、分配和消费四个环节构成的有机整体。自然系统和经济系统之间通过物质、能量和信息的交换，相互作用、相互联系，耦合为一个整体，即构成了自然-经济系统。

在自然-经济系统中，有五个基本要素：人（人类、自然人及对应的经济人）、资本或者资金、技术、资源（自然资源及对应的经济资源）、环境（自然环境及对应的经济环境）。

人是连接自然与经济的纽带，是生产力的重要构成要素和体现生产关系、社会关系的生命实体，作为自然人，其是自然的基本实体之一；作为经济人，其是经济的初始实体之一（图 1-6）。相应地它是生产者和消费者的统一体，作为生产者，人类能够开发自然系统、利用自然资源和自然环境，并且能够通过技术进步实现对自然资源的合理开发与利用；作为消费者，将自然资源转化为产品，最终都是被人所消费的，其消费的剩余物和废弃物又都回到自然环境之中。人是自然-经济系统中的主体，能够自觉地调节经济子系统和自然子系统的关系，从而能够达到人类经济社会与自然之间协调发展的目的。

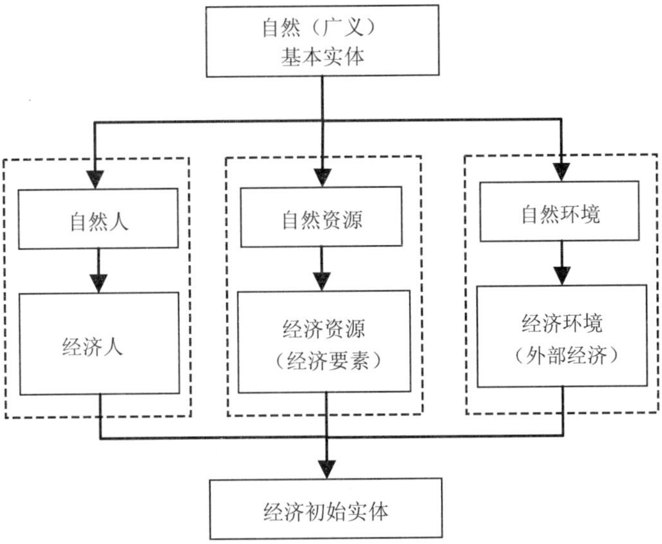

图 1-6 自然（广义）-经济系统的实体构成

资本包括物化资本（物质资料）和货币资本（资金）两部分，其中物化资本是自然-经济系统形成与发展的重要条件，而货币资本作为流通手段，参与了自然-经济系统的循环运动。我们讨论的资本或投资，是从价值和价值流角度来讲的，是指所有者投入经济运作，能产生效益的资金。资本是一种运动中的价值。资本的运动通常表现为经过购买、生产和售卖三个阶段，依次采取货币资本、生产资本和商品资本三种职能形式。资本只有顺利地从一种职能形式转变为另一种职能形式，顺利地通过这三个阶段，才能收回成本，获得收益。当然也存在失败的风险。资本一旦停止运动，实现价值增值的可能性就会丧失，资本的生命就会停止。资本存在垫支性，投资者为了取得收益，必须先垫付一定的货币资本用于购买各种经济要素，为产生收益做准备，也即进行投资。资本之所以能够增值，带来收益，关键是它的运动，不断地从流通领域进入生产领域，再由生产领域进入流通领域，资本的这种不间断运动是资本取得价值增值的必要前提和条件，一旦停止运动，资本就不能增值。资本运动的目的是价值增值，是实现利润的最大化，增值性是资本的本质属性。资本也要在社会上得到认可。

自然资源是指人类生产和生活所必需和主动开发利用的自然物质，是自然的三个基本实体之一，包括水资源、太阳能、风能、潮汐能、生物能等可再生资源，以及煤炭、石油、矿石等不可再生资源。资源是自然-经济系统中不可缺少的物质要素，也即经济资源（经济要素），是经济的三个初始实体之一。人类对自然资源不同的开发利用方式决定了自然-经济系统的运行状况和运行质量，总体来看，应以可再生资源利用为主，尽量不利用或少利用不可再生资源，并且对不可再生资源一定要遵循节约利用、高效利用和清洁利用的原则。

自然环境是人类经济活动的各种外部自然条件的总和，是自然的三个基本实体之一，也是经济环境（外部经济）的重要组成部分，是经济的三个初始实体之一。在自然-经济系统中，它提供一些相应的功能：是人类经济活动的空间场所及相应的外部自然条件，也是约束因素，它还是自然资源的生发和存在的载体；吸纳经济活动产生的废弃物，净化污染物，进行环境再生产；提供直接的效用。自然环境具有自我调节能力和相对稳定性，一旦超出了环境自净能力，就会导致环境功能的衰退或破坏，最终将危及人类的生存与发展。

技术是人类开发、利用、改造自然的物质手段、精神手段和信息手段的总和，在自然-经济系统中，技术要素的作用会越来越大，但技术对自然的作用具有两面性，正确的技术方案和技术措施会增强自然资源要素的产出功能，而不当的技术手段和技术行为则会造成自然资源破坏和自然环境污染，引起自然生态系统的退化和自然-经济系统产出功能的下降。

从结构上看，上述五个要素形成了自然-经济系统（图 1-7）的两个子系统：一是自然系统，它为人类的生产和生活提供空间、物质、能量、环境等支撑，是自然-经济系统运行的基础；二是经济系统，它是人类意志的体现，是为人类提供所需物品和劳务的投入-产出系统，是自然-经济系统的主体。经济系统与自然系统在生产过程中相互交换和变换物质，并协调自然-经济结构及其功能，促进系统的稳定发展。其间，在资本运作中，以资金循环的方式体现着生态经济系统的运行状态，资金循环联系性是自然-经济系统运行联系性的保证，资金循环速度快慢反映着系统的运行效率。技术是连接自然系统和经济系统的中介环节，起着从科学到生产或从生产到科学之间传递与转化媒介物的作用。两个系统之间既相互独立，又相互联系，共同形成一个统一的有机整体——自然-经济系统。

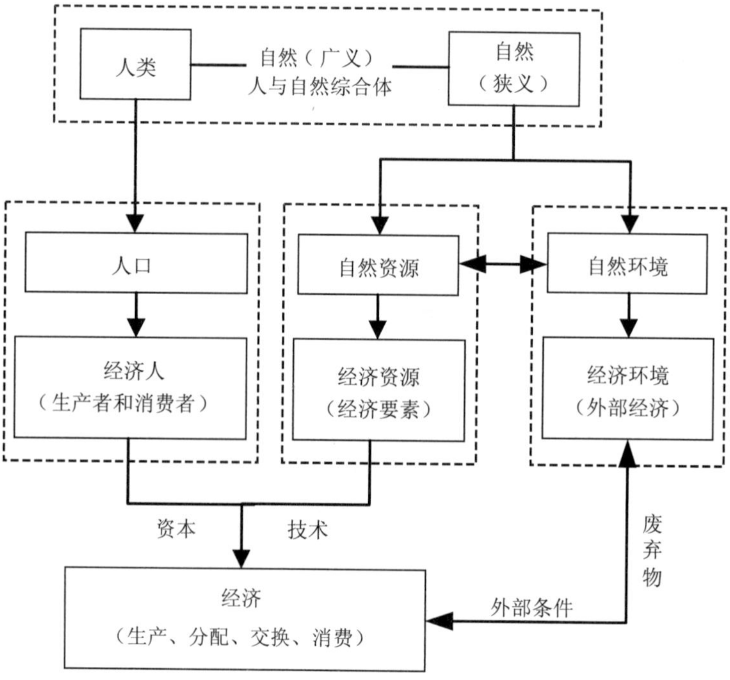

图 1-7 自然-经济系统

自然-经济系统内部各要素之间、各部分之间的相互作用是通过物流、能流、价值流和信息流的形式实现的。物流即物质循环，它分为三类：第一类是自然界的物质循环，也就是生态学上所讲的物质循环，它是通过生产者→消费者→分解者→环境→生产者→……的序列过程进行的；第二类是社会经济中的物质循环，也就是经济系统中的物质循环，它是通过生产→分配→交换→消费→……的过程在社会各部门之间循环流动的；第三类是自然物流与经济物流的相互转化，它实质上是指在技术子系统的作用下自然子系统与经济子系统之间的内在联系和相互促进的关系。能流即能量流动，它有两个显著的特点：其一是流动的单向性和非循环性，并且随着热量的释放而参与物质循环；其二是能量的递减性，即随着能量的传递和转移，能量是逐渐消耗、逐级减少的，并且遵循热力学定律。同样，能流分为自然能流和经济能流，并且经济能流是由自然能流转化而来的。价值流即价值实现和价值增值，它是人类通过有目的的劳动过程，把自然物（能）流变换为经济物（能）流，价值沿着生产链不断形成和转移，最后通过市场买卖，使价值得以实现和增值，并且价值的逐级递增和能量的逐级递减发生在同一生产过程之中，二者融为一体。信息流是指在自然-经济系统中，以物质和能量为载体，通过物流和能流而实现信息的获取、存储、加工、传递和转化的过程，信息传递不仅是自然-经济系统的重要特征，而且是管理自然-经济系统的关键。从自然角度看，自然-经济系统中的任何子系统或部分都是物流、能流、信息流的统一体，而从经济角度看，则是以物流、能流和信息流为基础的人类经济系统的价值流动过程。

长期以来，人们从思想到行动都是将自己与自然割裂开来，只考虑从自然界中索取，不考虑人类行为对自然的影响，因而形成了单一的经济系统。在这个系统中，生产经营者（厂商）和消费者（家庭）是两个基本的行为主体，两个主体之间通过产品和生产要素连接起来。

这种经济系统，在人类社会的早期阶段，如史前时期和农业文明时期，由于人类的活动范围狭小，并且以适应性的生产经济行为为主，因而没有造成大的危害。但自工业革命以来，由于化石能源和机器设备的大量利用，在社会生产力飞速发展、人们物质生活水平大幅提高的同时，不仅地球上仅存的不可再生自然资源被大量消耗，而且造成了日益严重的自然环境问题。因此，人类面临的重大自然危机，其直接原因是不当的生产经济行为，而其根源是人们不当的思想观念和认识方式，是没有摆正人类与自然之间关系的结果。具有增长型机制的经济系统对自然需求的无限性与具有稳定型机制的自然系统对经济供给的有限性之间的矛盾，是自然-经济系统的基本矛盾。这个矛盾关系表现在两个方面：一是自然系统的自然资源供给不能满足人类日益增长的经济需求，也就是自然资源的稀缺性问题；二是经济系统的影响和废弃物排放超过了自然系统的自净能力和调节能力，也就是自然环境的容量问题。

人类与自然之间是既相互依存又相互制约的关系：一方面，人类是自然的产物，是自然界的一部分，人类要依赖自然才能生存和发展；另一方面，人类不是被动地适应自然，而是主动地改造自然，使其更适合人类的生存和发展，但人类的任何行为都必须遵循自然规律。所以，人类与自然之间是不可分的，人类经济社会与自然之间是一个复合系统，将二者割裂开来，不仅在理论上是错误的，而且在实践上是非常有害的。

第四节 自然-经济观演变与技术

人类与自然的关系不仅是多层次的（区域的、地球的和宇宙的层次，或微观的、中观的、宏观的和宇宙观的层次），而且是多方面的。自然与经济研究的只是人类与自然的经济关系，而不是所有的关系。所谓人类与自然的经济关系，包含两个基本的内容：自然对人类的意义与价值，人类对自然的权利与责任。对此便形成了不同的自然与经济关系认识，即自然-经济观。自然-经济观和技术发展有着紧密的对应性。

一、自然-经济观的演变

人类对于自己同自然的经济关系的认识，以及以此认识为基础而形成的自然-经济观，总是具体的，是随着人类改造自然的实践水平的变化而变化的，这种变化大致经历了三个阶段。

（1）由远古时代至文明初期。在这一阶段，盲目的必然性横行，人类面对一个野蛮异在的自然无能为力，只能被动地服从，听任它的摆布。自然界在人类看来高大无比、变化莫测，显得极为神秘和神圣。对于现代人的思维习惯来说，自然界组成了一个不变的客观体系。但是，对于原始人的思维来说，这种意义上的自然界是不存在的。社会集体把周围的实在当成神秘的实在；在这种神秘中的一切不是受规律的支配，而是受神秘的联系和互渗的支配。“自然崇拜”的观念由此而萌生了。这种“自然崇拜”在各民族的早期历史中都曾普遍存在。“自然崇拜”乃原始宗教的最初形式，原始宗教刚产生的时候，人们将自然中的许多对象，如日、月、星辰和周围的山、河、岩石等加以神化，并对它们崇拜。人们为什么崇拜这些对象？因为被崇拜的对象对人有用。这也说明，人们对自然的崇拜实质就是对自然的依赖。宗教是自然压迫和社会压迫的产物，首先是自然压迫的产物。处在这一阶段的人类认为，只有对自然表现出温顺、谦卑才是正当的、和善的。这种对自然的“正当、和善”最后导向“敬天、敬地、敬鬼神”的宿命论。

（2）由文明初期至近代。进入文明以来，尤其是近代以来，人类逐步发明了对付自然的有力武器——科学技术，并凭借科学技术在对付自然的过程中获得了巨大的成功。自然不再显得神秘和神圣，人类也不再惧怕自然，并俨然成了自然的主人，向自然发号施令，好不威风。在这一过程中，相继产生了“人是万物之尺度”“人定胜天”“人是自然的立法者”等观念。此时，人类向自然开战，向自然进军凯歌高奏，捷报频传，一切有助于征服自然的行为都被视为必然的。

（3）现代。19 世纪下半叶以来，科学技术体系不断完善并以不可思议的力量改变着世界。人类倚仗着科学技术和在科学技术的刺激下发达起来的生产力，移山填海、呼风唤雨、点石成金。人类坚信科学技术是万能的，却忽视它正变成一匹脱缰的烈马，难以驾驭。科学技术虽然使人类财富猛增，解除了自然对人类的沉重压迫，但却膨胀了人类的野心与欲望，造成了人对自然的巨大威胁，反过来使自然对人类加倍报复。人类在经过一度的惶恐与理性的困惑之后终于发现，对自然开战取得的一切成就，是以自己赖以生存的自然的破坏为代价的。人类开始了反省与反思，并且开始认识到自己在自然界中的真实地位与作用，只有追求人类与自然的和谐，才是自己的根本所在，才是合理的。

二、技术的发展和人对自然的态度

人类的历史是一个不断地适应和改造自然的过程。200 多年前的工业革命，是人类历史上的一个伟大的转折点。200 多年来，科学技术迅猛发展，以前所未有的速度和规模，增强了人类改造自然的能力，带来了人类社会的空前繁荣，同时也为今后进一步发展准备了必要的物质技术条件。但是，人类似乎一时还没有适应这一重大变化，还不能正确理解自己的行为对自然、对未来会产生什么样的影响。工业革命既使人类社会得到了长足的进步，又使人类陷入前所未有的自然困境中。

人们对自然的逐步了解，是通过技术活动在与自然打交道的过程中获得的。技术处于联系人和自然的中间位置，技术是通向认识和改造自然的道路，要描述自然而不涉及技术是不可能的。

汉斯·萨克塞（Hans Sachssc）①是技术人类学家，他把技术的发展当成自然进化的继续。他采用古代生物学家勒竹瓦·占安的说法，把技术称为人的自然器官的外移和延伸。技术的作用是提高我们自然器官的功能和减轻负担，使人们能更好地去听、去看、去动手做，以便扩大感觉与行为的范围。因此，从技术发展的特征可以很好地理解人怎样在与自然的相互作用中继续着生物的进化过程。

技术的进化有三个特征：①由于脑的发展，人大大地扩展了对现实理解的模式。动物是凭借脑中的感知经验对现实进行全面的试验，技术则是利用包含思考的模式来试验的，这样，理论就有了帮助人行动的机会。与动物相比，人在现实中的试验部分已经缩小到非常专门的领域。②人通过学习知识造就了加速发展的因素，因而提高了进化的速度，而动物对自然变化的适应，只能通过遗传信息的变异产生出新的物种而进化，这对于加速变化的自然环境来说就已经不太合适了。但是人的大脑的适应能力则可以与自然环境的变化同步。③技术制造的新的人造器官是可以转借的。人们从他人所造的辅助性工具中得到了好处，否则个人是无法生存的。辅助性器官的可转借性，使劳动分工和职能专门化发展得越来越快，个人也就日益成为人类文明超个体系统的一部分。由于技术进步的上述三个特征，人类在改造和利用自然时发展得越来越快，能力越来越强，因而技术的积极作用和负面代价也越来越大。这就不能不提出如何对待技术和自然的关系问题。在这个问题上，汉斯·萨克塞有以下几点看法。

（1）技术发展对自然造成的后果与人类的未来相关，人类是自然整体中的一个有机组成部分，人类对技术运用的自然后果负有责任。早期技术的发展给人类带来的益处非常明显，而缺点却很少被人们重视。但是随着技术发展的加速，正反两方面的作用急速增长。技术发展的复杂性使人们难以具有通观全局的能力，认清它与人生活在其中的自然-经济系统的复杂的相互作用，尤其是预见到它可能造成的长远的危险后果。现在，有责任感的技术工作者，通过对先进国家经济增长的极限的认识，懂得了人是大自然整体中的一部分这

---

① 德国著名的技术哲学家、生态哲学家，任德国美因茨大学化工教授和哲学教授，著有《自然哲学概论》（1968）、《技术人类学》（1978）、《生态哲学》（1984）等著作。他的生态观集中体现于《生态哲学》（文韬、佩云译，东方出版社 1991 年版）一书中。我们这里主要引用其思想认识。

个浅显通俗的道理。“在社会劳动进程中我们得知人在自然系统中遇到了严格的控制，我们意识到我们不是作为主人面对这一发展，我们自己也是整体的一部分，虽然我们成为进化的帮手，可以影响其方向，但是自然不是我们可以随意摆布的物体，而是我们得适应自然，以便使自然根据其规律按照我们的意愿起作用，在这里我们不仅是行动者，而且也是这种作用所涉及的对象。”①人们通过技术所改变的自然又影响自己的存在。今天的技术发展再也不能追求无限的经济增长，避开它与自然-经济系统整体的关联和地球有限的事实，无忧无虑地继续扩张下去。当然，对现代技术发展的批评，并不是要求人们疏远技术、放弃技术、停止研究技术，而是要求人们在追求技术发展的同时，必须考虑技术的发展与自然的联系，必须考虑技术发展对自然可能造成的长远后果，要使技术遵循自然变化规律，使技术在有利于保护自然的前提下发展，也就是说，要改变技术进步的方式。

（2）深入考察自然进化的过程，就会发现自然具有自身价值。要超越人类中心论的立场，尊重自然的生存权利，尽保护自然的责任。在自然的进化过程中，所有的存在物具有由低到高排列的等级顺序，较早的存在物是较高的存在物出现的必要条件，是一个更高等级的预备阶段和基础，因而低级的存在物并不依赖于高级的存在物，它不从较高级存在物那里接受生存的权利，它在漫长的时间里比较高级的存在物先存在着。“假如我们赋予存在以价值，那对于区别存在的阶段也就容易理解了。根据我们的判断，在从无机物经过变形虫直到灵长目动物，直到人的发展系列中，存在物的价值也在增长。”②对于自身价值来说，重要的不是能否感受到苦难和具有觉悟，而是具有追求实现自己天赋的能力，比如，蝴蝶或蜜蜂与鲜花的配合、动物在爱情中对美的追求，都是实现自身价值的自我表现。而把人视为宇宙中心的学说则是完全否定了自然存在的自身价值和生存权利，把整个自然当成仅仅为了人才存在的东西。“把人视为宇宙的中心，这种学说虽然容易让人理解，但这毕竟是一种粗糙的判断。对自然的考察使我们详细地看到人是整体的一个成员。整体怎能只为其众多成员中的一个而存在，即使这个成员是最杰出者。”③假设人类在进化中的命运注定要失败，人类便随意毁灭所有自然物，剥夺生命产生的权利和自然继续进化的可能性，这是无法理解的违反伦理原则的自私行为。因此，人类在使用技术时，应该承认自然的自身价值，维护自然的存在权利，当好造物者的受托管理人，尽到自己保护自然的义务和责任。

（3）现行的技术发展建立在分析式思维的基础上，它把着眼点放在外部世界的因果过程上，可以用数量关系来建立模型，很好地再现自然科学方面的事件，使技术运用成为可能。这种方法的缺点是忽视了事物复杂的整体关联，而且不能对价值做出回答。因此人们普遍地沉醉于现代技术的研发，全力追求技术消长而忘记了自然的生态联系，更忘记了人的发展。理解一件事，要去寻找两个对立面，用一种两极性的互补思维。这种思维方式导致对事物更深入广泛的理解，训练着人们对对立结构的注意力和直觉。但是整体思维不能排除主观因素，不具有用数量描述的精确性，不能运用于自然科学和技术方面。因此，这种智慧表现在人与自然的关系上，是一种平等的对立关系，整体内部是平静的，对人的行为没有方向性的要求，缺乏发展科学技术来改造自然界的动力。虽然分析性思维和整体思维在对待人和自然的关系上各有利弊，但技术发展本身还是为解决人和自然关系的问题指

---

① 汉斯·萨克塞. 1991. 生态哲学. 文韬，佩云，译. 北京：东方出版社，194.

② 汉斯·萨克塞. 1991. 生态哲学. 文韬，佩云，译. 北京：东方出版社，55.

③ 汉斯·萨克塞. 1991. 生态哲学. 文韬，佩云，译. 北京：东方出版社，59.

明了道路。只要人类对大自然的整体抱着负责任的态度，积极参与技术的发展，善于从失败和危机中学习，就能布置和安排好自然这个我们居住的“地球村”。

“科技至上”思维认为一切问题最终都可以通过技术进步来解决，当发生与自然资源和自然环境有关的问题时，人们可依赖其聪明才智、大量的发明创造和技术发展来解决，而自然界和环境则是人类社会之外的，可以为技术所替代的东西。①然而，技术是一把“双刃剑”。技术应用有害的方面主要包括：与自然对立，违背自然规律，干扰和扭曲自然进程，由此造成全球范围日趋严重的、难以根除的污染。此外，科学研究和技术开发还被金钱势力及政治势力所左右。科学家们被完全剥夺了对这些从他们的实验室里产生的力量的控制权，这些力量被集中在企业家和当权者的手中。今后在研究和强权之间将有着前所未见的互动关系。②所以，当我们采用新技术时，必须顾及其长远的自然影响，并加以约束，避免给后代人造成损害；当倡导技术进步的时候，应把技术看作协调人与自然关系、实现可持续发展的工具。在不触动人类的伦理价值观念和社会政治、经济制度的前提下，单纯依靠技术的方法即技术主义来解决自然危机是不可取的。

总之，技术是人与自然联系的中介，从人类学的角度来讲技术是人的器官的延伸，技术进步是自然进化的继续，它把人从自然的束缚下解放出来，人类对科技进步的愿景还在不断推动技术的发展，技术对人类生存和发展发挥着重要的作用。人类在使用技术改变自然环境时，又反过来影响人类自身的处境，自然规律对人类技术活动具有制约性，要求人类遵循自然规律，审慎地使用技术，甚至改变技术进步的方式。自然具有自身价值，人类要维护自然的存在权利，为保护自然尽到自己的责任。虽然我们并不否认发展先进技术对于解决人和自然关系的问题的重要性，然而仅仅依靠技术解决问题是行不通的，而且也是危险的。

参考文献

程福祜. 1993. 环境经济学. 北京：高等教育出版社.

汉斯•萨克塞. 1991. 生态哲学. 文韬，佩云，译. 北京：东方出版社.

黄鼎成，王毅，康晓光. 1997. 人与自然关系导论. 武汉：湖北科学技术出版社.

刘思华，等. 1998. 可持续发展经济学. 武汉：湖北人民出版社.

丹尼斯•米都斯. 1997. 增长的极限——罗马俱乐部关于人类困境的报告. 长春：吉林人民出版社.

马中. 2019. 人口、资源与环境经济学. 北京：高等教育出版社.

杨云彦，陈浩. 2011. 人口、资源与环境经济学. 2 版. 武汉：湖北人民出版社.

佘正荣. 1996. 生态智慧论. 北京：中国社会科学出版社.

张帆. 1998. 环境与自然资源经济学. 上海：上海人民出版社.

赵丽芬，江勇. 2001. 可持续发展战略学. 北京：高等教育出版社.

朱永官，李刚，张甘霖，等. 2015. 土壤安全：从地球关键带到生态系统服务. 地理学报，(12) .

刘新建. 2015. 宏观经济学. 北京：电子工业出版社.

---

① 托马斯•安德森，卡尔•福克，斯蒂芬•尼斯特姆. 1998. 环境与贸易：生态、经济、体制和政策. 黄晶，周乃君，陆永琪，译. 北京：清华大学出版社，7-8.

② 埃德加•莫兰. 2001. 复杂思想：自觉的科学. 陈一壮，译. 北京：北京大学出版社，4-5.

第二章　自然条件与生物适应

生命是自然变化发展的产物，先有地球后有生命，自然条件作用于生命有机体——生物，生物也反作用于其自然条件。今天的生物圈是生物与自然条件相互作用、协同进化的结果。

各种形态的生物有机体遍布于地表各个地方，数量庞大。作为自然环境中有生命现象的有机成分，其总量为 $3\times10^{10}\sim3\times10^{11}$ t，还不足地壳重量的 0.1%，但却使地球上自然环境发生了极其深刻的变化。在地球上存在生物并受其生命活动影响的区域，叫作生物圈。它包括大气圈下层、整个水圈和岩石圈上层，厚度约 20 km。生物的大部分个体集中分布于地表上下约 100 m 厚的范围内，形成环绕地球的一个生命薄层。在这个有着大量生物生存的薄层里，生物有机体以及它们的集群参与了各种自然过程和不同自然景观的形成，并且常常成为自然景观最突出的特征；我们在观察任何一种自然环境时，它总是最惹人注目并具有指示环境特征的作用。生物也是人类生活的必需资源和生存的基本环境条件。生物是宇宙中最活跃的物质形式，在自然界物质循环与能量交换中扮演着十分重要的角色，它的出现使我们居住的这个行星表面变得绚丽多彩，生机勃勃。

地球上的生命界可以划分为不同的层次或组织水平（图 2-1）。从大分子有机物开始直到生物圈，复杂程度逐级增加。当从一个层次过渡到另一个较高层次时，生命组织便会出现前一级不曾具有的新的性质和特征。在这个生命系谱中，从生理学、形态学和分类学出发，以个体到大分子水平为研究对象的属于生物学领域，为向微观方向发展的研究；从与环境的关系出发，以个体至生物圈的各级组织水平为研究对象的是现代生态学的研究内容，为向宏观方向发展的研究。这两者都与自然-经济研究相关。

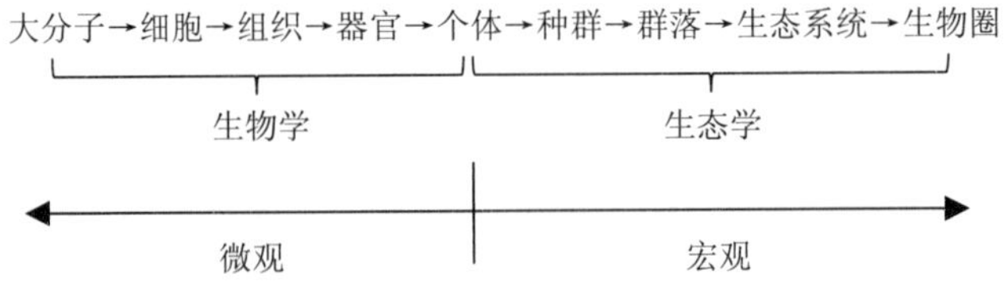

图 2-1　生命界的组织水平

世界上的生物复杂多样，但它们不是均匀分布的。在地球表面上，各自然圈之间的配合以及与太阳之间的相对位置都是千差万别的，不同地区自然条件各不相同，自然条件组合也不同，也就可能存在十分不同的生物类群，即所谓不同的生物区系。生物是生存在自然环境之中的，它们在个体发育的全部过程中，经常不断地与自然环境间进行着物质与能量的交换。它从自然环境中取得必需的能源和营养物质，建造自己的躯体，同时又把不需要的代谢产物排放到外界环境中，以此维持其正常的生命活动和种族的繁续。任何生物有机体都不能脱离自然环境而生存。每种生物对自然条件有着各自不同的要求和适应，只有在各种条件都能满足的情况下，才能生长发育、繁衍后代。任何一种生物在地球表面的存在都有一定的地理范围，即分布区，生物在地球上的分布是受自然条件制约的。由于地表各处自然条件的差异，相应分布着不同的生物种类和生物类型，其中植物对周围环境的变化，哪怕是微小的变化，都显示出特别敏感的反应。大多数动物以植物为食或捕食以植物为食的动物，都直接或间接地与植物有关，因而动物的分布与植物的分布有密切的关系。热带湿润地区，植物最为丰富，相应地动物种类也多；寒带地区，植物稀少，动物也贫乏。这说明自然条件影响着生物分布，其中尤以气候对生物生长和地理分布起着决定性的作用。

生物的自然条件是综合的、多方面的，不仅有物理、化学环境，生物之间（种内和种间）也互为条件。为认识生物生存发展的外部条件限制和适应，分析人类与自然的经济关系，我们这里将生物从大自然中分列出来进行分析，从生物及其自然适应的角度考察大自然，着重讨论非生命自然条件。非生命自然条件是最基本的物质条件。

第一节　地球与生物的起源和自然条件分类

一、地球的起源

生物生活的地球与其之外广阔无垠的“世界”，我们统称为宇宙。宇宙是由空间、时间、物质和能量构成的统一体，它不依赖于人的意志而客观存在，并处于不断的运动和演化中。

1. 宇宙的起源

关于宇宙的起源，天文学发展史上提出了各种各样的宇宙模型假说，比较有代表性的宇宙模型是大爆炸理论。1948 年前后，乔治·伽莫夫与他的两个学生拉尔夫·阿尔菲和罗伯特·赫尔曼，将相对论引入宇宙学，提出了热大爆炸宇宙学模型。热大爆炸宇宙学模型认为，宇宙最初开始于高温、高密度的原始物质，温度超过几十亿摄氏度；爆炸之初，物质只能以中子、质子、电子、光子和中微子等基本粒子形态存在；宇宙爆炸之后不断膨胀，导致温度和密度很快下降，随着温度降低、冷却，逐步形成原子、原子核、分子，并复合成为气体，气体逐渐凝聚成星云，星云进一步形成各种各样的恒星和星系，最终形成宇宙。

2. 太阳系的形成

太阳系的成因目前尚属探讨中的问题。关于太阳系的成因，至今至少有几十种不同的假说。其中科学界广泛接受的是磁耦合假说。该假说是英国天文学家 E. 霍伊尔和法国天文学家 E. 沙兹曼在 20 世纪 60 年代提出的，他们从电磁作用的机制来研究太阳系的起源问题，认为太阳系开始是一团凝缩的星云，但温度并不高，转动并不快，转动速度因急剧收缩而加快，当这团星云的半径收缩到一定的程度，它的转动就达到不稳定的状态，两极渐扁，赤道突出，物质终于由此处抛出，形成一个圆盘。圆盘的质量只有太阳的百分之一。当中心体与圆盘脱离后，中心体继续收缩，不再分裂，最后形成太阳。圆盘内物质则相互凝聚成了行星。星际空间存在很强的磁场，太阳的热核反应发出电磁辐射，使周围的气体云盘成为等离子体在磁场内转动，当太阳与圆盘脱离时，太阳与圆盘内缘就发生了电磁流体力学作用而产生一种磁力矩，从而使太阳的角动量转移到圆盘上。由于角动量的增加，圆盘向外扩展，太阳不断收缩。又因失去了角动量，太阳自转速度减慢。太阳辐射作用产生的太阳风推开了轻的物质，聚集成类木行星（木星、土星、天王星以及海王星），较重的物质未能被推走便在太阳附近聚集成为类地行星（水星、金星、地球、火星）。

3. 地球的形成

地球作为一个行星起源于原始太阳星云。地球在刚形成时，温度比较低（至于原始的地球到底是高温的还是低温的，现代研究的结果比较倾向于地球低温起源学说）且无分层结构，后来陨石等物质的轰击、放射性衰变致热和原始地球的重力收缩，使得地球的温度逐渐升高，其内部物质成为黏稠的熔融状态。在炽热的火球旋转和重力作用下，地球内部的物质开始分异。较重的物质渐渐地聚集到地球的中心部位，形成地核；较轻的物质则悬浮于地球的表层，形成地壳；介于两者之间的物质则构成了地幔。这样就具备了所谓的层圈结构。

地球演化早期，原始大气逃逸，陨石轰击事件使得地球表面温度升高，岩石中的挥发性物质分离出来形成了现今大气圈的雏形。另外，地球的排气活动（如火山喷发）又使得大气圈有了水和二氧化碳。同时，陨石的撞击使得陨石和地球上岩石中大量的结晶水汽化，后来随着陨石轰击事件的减少，地表温度逐渐下降，气态水经过凝结，通过降雨重新落到地面，最终形成水圈。

地球到底形成于什么时间？同位素测年技术的出现为推断地球和地壳的形成年龄提供了方法。人们对地球表面最古老的岩石进行年龄测定，获得了地球形成年龄的下限值为40亿年左右。另外，人们通过对地球上所发现的各种陨石的年龄测定，惊奇地发现各种陨石都具有相同的年龄，大致为46亿年。从太阳系内天体形成的统一性考虑，可以认为地球的年龄应与陨石相同。另外，取自月球表面的岩石的年龄测定结果显示，月球上岩石的年龄值一般为31亿～46亿年，这又进一步为地球的年龄提供了佐证。因此，我们一般认为地球的形成年龄约为46亿年。

4. 月球的形成

月球是地球唯一的天然卫星。有关月球起源的假说，目前的主流观点是撞击成因说。在地球历史的早期阶段，一颗火星大小的行星倾斜着撞击到地球上。撞击摧毁了那颗行星，其所形成的大部分碎块以及地球的部分碎块在地球周围形成了一个盘状带，盘状带中的碎块最终结合到一起成为月球。

二、生物的原始

在无限的宇宙中，至今还未发现除地球以外的第二个有生命存在的星球，只有在地球表面活跃着千千万万、形形色色的生命有机体。随着科学的发展，人们逐渐认识到，生命是高度组织化的物质结构，其分子基础是具有自我复制和负载遗传信息功能的核酸等生物大分子，通过生物膜实现内部及内外的分隔，形成形形色色的细胞、组织与生物体，并借助外界能量的输入，通过一系列相互关联的生物化学过程而实现内外物质交换和自身的复制。生命的存在和发展是有条件的，在地表生物圈中存在着生命活动所必需的条件。为什么地球表面会出现生命并得以发展？生命的存在有什么特殊的条件呢？

生命的起源问题一直是有待深化研究的热点问题。经过近百年对地球早期环境、早期生命形态和地球物理化学循环的研究，人类对这一问题达成了一定程度上的共识——地球生命起源于地球上的化学进化过程。生命的存在与发展离不开自然条件，生命也只有在一定的自然条件下才可能产生。

首先，这与地球和太阳之间的距离有关。地球接受太阳辐射适中，这有利于生物的生存。相反，金星离太阳太近，温度高于水的沸点；而火星离太阳太远，温度太低。其次，地球本身大小适宜，有适中的地心引力，地球表面不仅有大量液态水，还保持有气态、液态和固态的物质界面。

地球形成于 46 亿年前，当时地表为还原性大气，有水蒸气、H_2S、N_2、CH_4、NH_3 及 H_2 等，没有 O_2，大气层很薄，也没有臭氧层。紫外线照射强烈，昼夜温差和季节温差都很大。这些条件对今天的生物来说十分有害，但却是原始生命得以形成的条件。1953 年，S. L. Miller 在实验室中把混有 NH_3、CH_4 和 H_2 的水，流经一个电弧（模拟太阳紫外辐射），一周后，水溶液中得到了甘氨酸（$H_2N\text{-}CH_2\text{-}COOH$）、丙氨酸［$CH_3CH(NH_2)COOH$］等氨基酸（图 2-2），不少人重复该实验得到了类似的结果，这就为无机环境有机化提供了理论依据。在还原性大气中形成的各种简单的有机物积累在海洋中，那时候既没有生物的消耗，也没有 O_2 的分解，尤其在海洋中层也不会被紫外线破坏，随着时间的推移越聚越多，有的会形成较为复杂的化合物，在太阳紫外线辐射作用下，化合物越来越复杂，最后形成蛋白质和能够自我复制的核酸分子，也就是具有生命活性的大分子，这就是生命的开始。这一过程大约发生在 35 亿年以前，原始生命形态只能依靠分解复杂化合物时释放的能量来维持自身的生存，生命靠这种化学反应得到发生和发展，称为化学进化阶段。

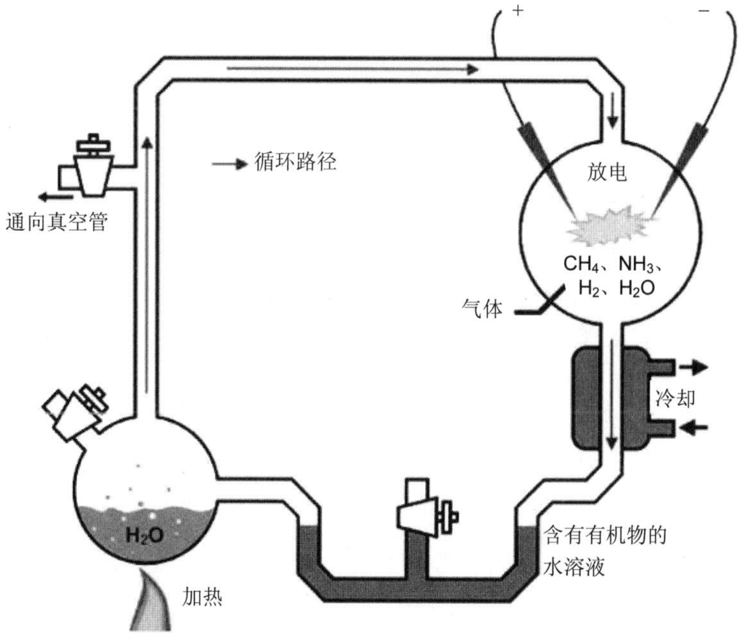

图 2-2　S. L. Miller 实验示意图

从具有生命活性的大分子到细胞，是生命进化中的关键所在。细胞出现后，生命就从化学进化过渡到生物学进化，进化过程由变异、遗传、选择等因素所驱动。但进化具体过程还不十分清楚，仍然是假说阶段。原始的生命得到发生和发展，逐渐演化产生了光合自养生物。从南非斯瓦茨兰的前寒武纪中期岩石中得到最早的光合细菌和蓝绿藻的化石，证明 30 亿年前已形成两类光合自养生物。具有叶绿体的生物在原始海洋中逐渐繁殖、蔓延，消耗 CO_2，产生分子氧，这一过程几乎进行了 28 亿年。分子氧的出现改变了大气的组成成分，使气体由还原性逐渐变为氧化性，氧化性大气的形成为绿色植物的登陆创造了条件；高空臭氧层形成，使陆生生物的生命有了保障。这时，从无生命物质演变为有生命物质的自然条件也就不复存在了，化学演化过程也就到此结束。大约在 4 亿年前，生物登陆成功，此后，陆地上出现了一片繁荣景象。

三、生境与自然条件分类

任何一种生物都不可能脱离特定的生存环境，这就是生境，具体指的是在一定时间内对生命有机体生活、生长发育、繁殖以及对有机体存活数量有影响的空间条件的总和，这里不仅包括对生命有机体有影响的外部自然条件，也包括生物体种内和种间的相互影响。组成生境的因素称为自然因子，对应各种自然条件。对应于生物的自然条件或称自然因子是指自然中对生物的生长、发育、生殖、行为和分布有着直接或间接影响的自然要素，如温度、湿度、食物、氧气、二氧化碳和其他相关生物等。生物生存所不可缺少的自然条件，也称生物的生存条件。生态学中认为的生态因子是环境因子中对生物起作用的因子，而环境因子则是指生物体外部的全部环境要素。构成环境的一切因素，并不是全部都对生物起作用，如大气中的游离氧，对非共生的绝大多数高等植物是没有直接作用的。从自然与经济的角度考虑，本书中所指的自然因子是包含了这两层含义的自然要素。从广义来讲，生境即除特定生物主体及其影响以外的自然。

自然因子的数量很多，可依其性质归纳为五类：

（1）气候因子：如温度、湿度、光、降水、风、气压和雷电等。

（2）土壤因子：土壤是在岩石风化后在生物参与下所形成的生命与非生命的复合体，土壤因子包括土壤结构、土壤有机和无机成分的理化性质及土壤生物等。

（3）地形因子：如地面的起伏，山脉的坡度，阴坡、阳坡等，这些因子对植物的生长和分布有明显影响。

（4）生物因子：包括生物之间的各种相互关系，如捕食、寄生、竞争和互惠共生等。

（5）人为因子：把人为因子从生物因子中分离出来是为了强调人的作用的特殊性和重要性。人类的活动具有自然性，但现在更突出的是社会性和经济性，人类的活动对自然界和其他生物的影响已越来越大和越来越带有全球性，分布在地球各地的生物都直接或间接受到人类活动的巨大影响。基于自然条件的考虑，本章后面只简略说明人为因子对生物的影响。当然，也作为自然属性的一般生物来考虑人类。

生境是一个综合体，由各种因素（条件）组成。对于这些复杂的自然因子，生态学家还有各自不同的分类方法，见表 2-1。

表 2-1　不同自然因子分类与各类群间的相应关系

<table>
<tr><th colspan="2">R. 达若分类</th><th>蒙恰德斯基分类</th><th>传统分类</th><th>按密度分类</th></tr>
<tr><td rowspan="5">A. 气候因素</td><td>温度</td><td rowspan="2">第一性周期因子（温度、光照、潮汐）</td><td rowspan="6">非生物因子：
气候因子（光、温度、降水）
土壤因子（土壤的物理性质）
地形因子（海拔、坡度、坡向等）</td><td rowspan="6">与密度无关的因素</td></tr>
<tr><td>光</td></tr>
<tr><td>相对湿度</td><td rowspan="2">次生性周期因子</td></tr>
<tr><td>降水</td></tr>
<tr><td>其他因素</td><td>—</td></tr>
<tr><td rowspan="2">B. 气候以外的自然因素</td><td>水域环境因素</td><td>次生性周期或非周期性因子</td></tr>
<tr><td>土壤因素</td><td>非周期性因子</td><td rowspan="4">生物因子：
植物因子（植物之间共生、寄生、附生等关系）
动物因子（摄食、传粉、践踏等）
人为因子（垦殖、放牧、采伐等）</td><td rowspan="4">与密度有关的因素</td></tr>
<tr><td colspan="2">C. 食物因素</td><td rowspan="2">基本上是次生性周期因子</td></tr>
<tr><td rowspan="2">D. 生物因素</td><td>种内的相互作用</td></tr>
<tr><td>不同种间的相互作用</td><td>非周期性因子</td></tr>
</table>

资料来源：R. 达若. 1981. 生态学概论. 张绅，等译. 兰州：甘肃人民出版社。

把自然因子分成生物因子和非生物因子，这是一种传统的分类方法。前者包括生物种内和种间的相互关系，而后者则包括气候因子、土壤因子、地形因子等，这种分法的特点是简单明了，所以不少学者继续沿用。

苏联生态学家蒙恰德斯基（Мончадский）将自然因子分成三类：①第一性周期因子，指的是温度、光照、潮汐等因子，它是因为受日月的影响，地球本身存在着自转和公转，这些因子也就有日、月、季、年的周期变化，而且生物对这些因子也都形成了周期性的适应；②大气的湿度、降水是由温度变化所制约，叫次生性周期因子；③有些因子是突然出现或者不存在周期性，叫非周期性因子，对生物而言是来不及适应的。这种分类方法表现出时态的变化，也反映了生物的适应性。

自然因子作用有几个特点：

（1）限定性。生物在生长发育的不同阶段往往需要不同的自然因子或自然因子的不同强度。因此某一自然因子的有益作用常常只限于生物生长发育的某一特定阶段。例如，低温对某些作物的春化阶段是必不可少的，但在其后的生长阶段则是有害的；很多昆虫的幼虫和成虫生活在完全不同的生境中，因此它们对自然因子的要求差异极大。

（2）非等价性。对生物起作用的诸多因子是非等价的，其中必有 1～2 个是起主要作用的，即主导因子。主导因子的改变常会引起许多其他自然因子发生明显变化或使生物的生长发育发生明显变化，如光周期现象中的日照长度和植物春化阶段的低温因子就是主导因子。

（3）综合性。每一个自然因子都是在与其他因子的相互影响、相互制约中起作用的，任何一个因子的变化都会在不同程度上引起其他因子的变化。例如，光强度的变化必然会引起大气和土壤温度和湿度的改变，这就是生态因子的综合作用。

（4）不可替代性和互补性。自然因子虽非等价，但都不可缺少，一个因子的缺失不能由另一个因子来替代。但某一因子的数量不足，有时可以靠另一因子的加强而得到调剂和补偿。例如，光强减弱所引起的光合作用下降可以靠 CO_2 浓度的增加得到补偿，锶大量存在时可减少钙不足对动物造成的有害影响。

生物存在尽管有各种各样的条件，但归根结底不外乎物质和能量两个方面。

生物所需要的生活条件，除了地球本身所提供的一切物质基础外，最根本的能量来源是太阳辐射。有了物质和能量，绿色植物才能进行光合作用，产生有机物质并将能量持续不断地在不同营养级传递下去，因此，地球和太阳是生命有机体最基本的自然基础。我们将自然条件分为物质和能量两大类。

第二节　生物的能量条件

来源于地球内部的能量称为内能，地球的内能包括地热能、重力能、旋转能、结晶能与化学能。地热能是地球内部散发出的热量，这种热量被认为有以下几个来源：①上地幔中放射性元素衰变产生的热能；②地球体积在逐渐收缩过程中，一部分重力能转变而来的热能；③地球形成时一部分动能转变而来并保留在地球内部的热能；④在地壳运动过程中，动能转变而来的热能。重力能是由地球内部物质的引力产生的一种能量，在重力能的作用下，物质具有从高位能的地方向低位能的地方运动的趋势。旋转能是由地球绕地轴自转和绕太阳公转而产生的能量，但自转产生的旋转能远大于公转所产生的能量，这是因为自转的角速度大于公转的角速度。据估算，地球自转产生的旋转能为 1×10^{29}J。结晶能和化学能是在地壳及地幔内部化学成分的转变以及结晶过程中产生的，常以热能的形式表现出来。对于人类利用来说，还有化石能源提供的能量。

来源于地球外部的能量称为外能。地球的外能是来自地球以外的能，主要是太阳辐射能、潮汐能和生物能。实际上，内能和外能大都与太阳有关。太阳以辐射的形式把热能传送到地球表面，使地表的温度发生变化，但由于不同纬度地区所接收的太阳辐射量不同，空气的温度、压力出现差异，从而产生空气对流和大气环流、水圈运动等。潮汐能是因日、月对旋转着的地球的各点的引力不断变化而产生的能。在它的作用下，地球上海水发生潮汐现象。潮汐具有机械能，是海洋中的地质营力之一。生物能是生命活动经过能量转换而产生的能。其中，人类大规模改造自然的活动是生物能的重要表现形式之一。

生命存在的一个重要条件是能量。耗散结构理论认为，一个有序的系统的存在必须不断地为其提供负熵流。生命是一种高度复杂的自动控制系统，地球上生命存在的能量主要来自太阳的辐射，万物生长靠太阳。

太阳是距离地球最近的恒星，它的直径为 1.39×10^6 km，相当于地球直径的 109 倍；其质量为 1.989×10^{30} kg，相当于地球的 33.34 万倍。太阳是一个炽热的球体，表面温度大约在 6 000 K，中心温度高达（5～20）$\times10^6$ K。在太阳的组成中 75%是氢，剩下的主要是氦，而氧、碳、氖、铁和其他重元素的质量分数少于 2%。在高温条件下，太阳内部通过热核聚变（氢弹的能量来源）将 4 个氢原子变成 1 个氦原子，释放出大量的能量（光和热）。

太阳产生的能量以电磁波辐射的形式向周围发射，太阳和地球的平均距离为 1.496×10^6 km，电磁波到达地球表面大约需要 499 s，在太阳直射地球、地球的大气圈不起作用的条件下，地球获得的太阳能为 8.12 J/（$cm^2\cdot min$），称为太阳常数。由于大气层对太阳辐射的吸收、反射和散射作用，辐射强度被大大减弱，到达地面的太阳能平均只有 47% 左右。

阳光发挥着两种不同的功能：一种是热能，它给地球送来了温暖，使地球表面土壤、水体变热，推动着水的循环，引起了空气和水的流动；另一种是光能，它在光合作用中被绿色植物利用，形成了碳水化合物，这些有机物所包含的能量，沿着食物链在生态系统中不停地流动，这就是生物的能量环境（图 2-3）。

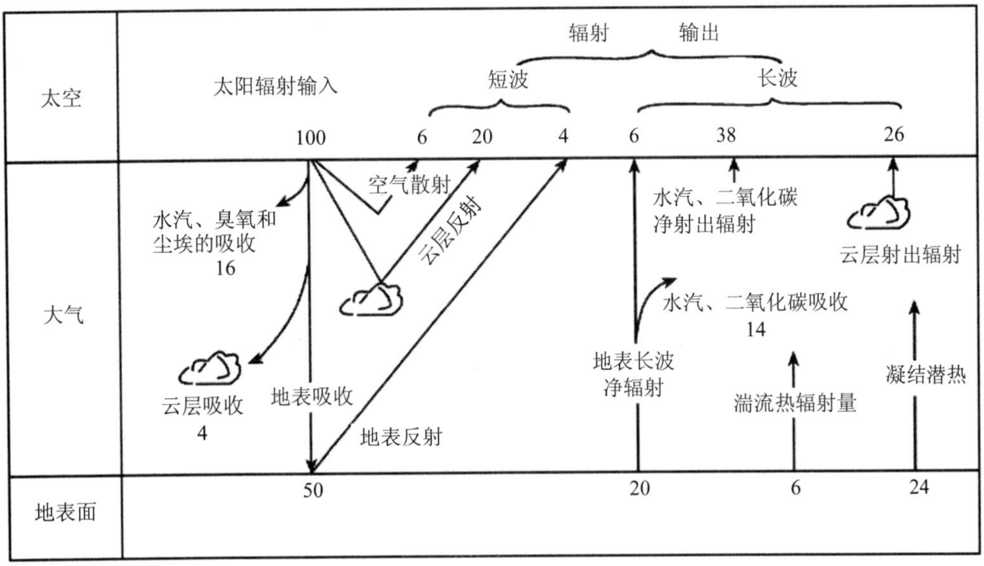

图 2-3　地球表层系统辐射平衡的图解模型（单位：%）

一、阳光在地球表面的变动规律

由于地理位置、海拔、地形特点和云量多少的不同，又由于地球的自转与公转的关系，地球和太阳的相对位置不断地发生变化，到达地球表面的太阳辐射被接收的多少也在变化。

（一）光照强度

光照强度在地球表面有空间和时间的变化规律。空间变化包括纬度、海拔、地形、坡向；时间变化则有四季变化和昼夜变化。

（1）随着纬度的增加，太阳高度变低，光照强度相应减弱；在赤道，太阳直射光射程最短，光照强度最大。海拔越高，大气厚度相对减少，空气密度也随之减少，光照强度随着海拔的升高而增强（图 2-4）。坡向和坡度也影响光照强度，如在北半球温带地区太阳的位置偏南，南坡所接受的光照要比平地多；反之，北坡就比较少。

（2）光照强度在时间上的变化，在一年中以夏天光照最强，冬季最弱。就一天而言，中午光照强度最强，早晚最弱（图 2-5）。这是因为太阳高度的关系，夏季高度最高，冬季最低；中午高度最高，早晚低。

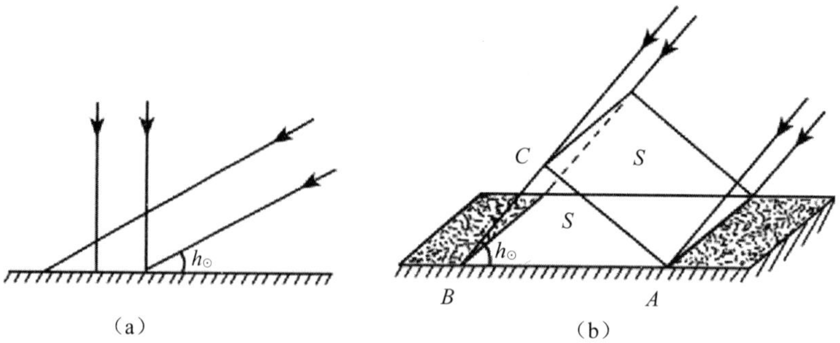

图 2-4 太阳高度（a）与辐射强度（b）的关系[①]

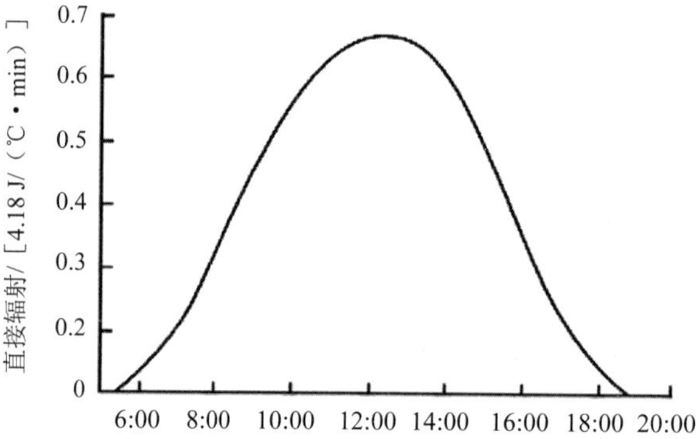

图 2-5 直接辐射日变化

（二）光谱成分

由于大气层对太阳辐射的吸收和散射具有选择性，所以当太阳辐射通过大气后，不仅辐射强度减弱，而且光谱成分——光质也发生了变化。随太阳高度升高，紫外线和可见光所占比例随之增大；反之，高度变小，长波光比例增加（表 2-2）。

表 2-2 不同太阳高度时各辐射光谱段的相对强度

单位：%

辐射光谱段	太阳高度						
	0.5°	5°	10°	20°	30°	50°	90°
紫外线（290～380 nm）	0	0.4	1.0	2.0	2.7	3.2	4.7
可见光（380～760 nm）	31.2	38.6	41.0	42.7	43.7	43.9	45.3
红外线（760 nm～1 mm）	68.8	61.0	58.0	55.3	53.5	52.9	50.0

资料来源：云南大学生物系. 1980. 植物生态学. 北京：人民教育出版社。

---

① $I=I_o \cdot \sin h_\odot$，式中：I 为大气上界水平面上的太阳辐射；I_o 为太阳常数；$h_\odot$ 为太阳高度。当 $h_\odot=0°$（日出、日落）时，$\sin h_\odot=0$，$I=0$，水平面上的太阳辐射为零；当 $h_\odot=90°$时，$\sin h_\odot=1$，$I=I_o$，表示太阳高度 90°时，太阳辐射强度最大，等于太阳常数。

光质在空间的变化：低纬度处短光波多，高纬度长光波多。同时，随海拔升高短光波也随之增多。在季节变化上，夏季短光波较多，冬季长光波多。一天之内，中午短光波增多，早晚长光波增多。

（三）光照长度

地球上不同纬度地带日照长度的变化各不相同，但它是属周期性的。从表 2-3 可以看出：纬度越低，最长日和最短日光照时间差距区别越小，如赤道地区分别都是 12 h；随着纬度的增加，最长日和最短日的差距越来越大，即纬度越高日照长短的变化越为明显。

表 2-3　不同纬度地带日照的最长日和最短日的时间　单位：h

纬度	0°	10°	20°	30°	40°	50°	60°	65°	66.5°
最长日	12	12.58	13.22	13.92	14.85	16.15	18.57	21.15	24
最短日	12	11.42	10.78	10.07	9.15	7.85	5.50	2.85	0

资料来源：云南大学生物系. 1980. 植物生态学. 北京：人民教育出版社。

二、温度的变化规律

太阳辐射使地表受热，产生气温、水温和土温的变化。地球上的不同地区与太阳的相对位置不同，而且相对位置不断地发生变化，这样温度也发生有规律的变化，称节律性变温。不仅节律性变温对生物有影响，而且极端温度对生物的生长发育等也有着十分重要的意义。

（一）空间变化

1．纬度

纬度决定一个地区太阳入射高度的大小及昼夜长短，也就决定了太阳辐射量的多少，低纬度地区太阳高度角大，因而太阳辐射量也大，并且昼夜长短差异小，太阳辐射量的季节分配比较均匀。在北半球随着纬度升高，太阳辐射量减少，温度逐步降低。纬度每增加 1°，年平均温度大约降低 0.5℃。因此，从赤道到极地可以划分为热带、亚热带、温带和寒带。

2．海拔和地形坡向

高山和高原上虽然太阳辐射较强，但是由于空气稀薄，水蒸气和二氧化碳含量低，所以地面上辐射的热量散失很大，通常海拔每升高 100 m，相当于纬度向北推移 1°，也就是平均温度降低 0.5～0.6℃。但是这也不是绝对的，因为温度还要受到地形、坡向等其他因素的影响。一般来说，南坡太阳辐射量大，气温、土温比北坡高。

（二）时间上的变化

1．季节变化

地球绕太阳公转，太阳高度角的变化是形成了一年四季温度变化的原因。一年中根据气候的冷暖、昼夜长短的节律性变化，可以分为春、夏、秋、冬四季（平均温度 10～22℃为春秋季，10℃以下为冬季，22℃以上为夏季）。由于各地纬度不同，海拔、海陆位置不同，地形、大气环流等条件不同，四季长短差别很大。例如，华南地区广州夏季长达 6 个半月，几乎没有冬天，相反，东北地区瑷珲冬天长达 240 天，没有夏天。

2．昼夜变化

地球自转出现昼夜之分，伴随之出现了地球表面的温度变化，日出后温度逐步上升，一般在 13：00—14：00 后达到最高值，以后逐渐下降，一直继续到日出之前为止，这时是最低值。昼夜温差随纬度、海拔以及海陆位置的差别而有所不同。一般来说，纬度高、海拔高以及离海洋远，昼夜温差也就大。

（三）土壤和水体中的温度变化

1．土壤中的温度变化

土壤表面在白天受热后，就有热量从表土向深层输送；夜间土壤表面冷却后，就有热量从深层向表土流动。土壤上、下热量正反两方面的输送量及流动速度决定了土壤湿度的状况。土壤温度的变化比大气来得缓慢且稳定，所以冬暖夏凉。

2．水体中的温度变化

光线穿过水体时，辐射强度随深度的增加呈对数值下降，因此太阳辐射增温仅限于水体最上层。由于暖水密度比冷水的密度小，在高温季节或者白天在静水体内形成一个非常稳定的比较明亮的表水层；在距表水层较深处有一个较冷、密度较大的静水层；在两层之间有一层温度剧烈变化的变温层。夜晚，特别是在寒冷季节，水面温度下降，表层水由于密度增加而下沉，它的位置被从深层上升的温暖的水所代替，上下层水体发生对流、交换而充分混合。

水体与土壤的温度变化有很大差别，水体的温度变化远较土壤少而缓和。这是因为：①水的容积热容量比土壤大 1 倍，因此当两者吸收或放出相等热量时，水的升温速度或降温速度是土壤的 1/2；②水为半透明体，太阳辐射可透入相当深的水层中，而太阳辐射在土壤中被很薄的表土层所强烈吸收，仅透入极薄的表土层；③水体蒸发耗热量远大于土壤，当水面受热蒸发旺盛时耗热量大，使温度不致剧升；④热量在土壤中基本上是靠分子传导，而在水体中热量主要靠乱流和对流的混合作用。

第三节 生物的物质条件

生命是物质运动的特殊形式。生命的物质基础是原生质，迄今发现原生质是由 30～40 种元素构成（表 2-4），它们均来源于自然。因此生命的存在和发展离不开物质条件。

生物体的物质基础是各种化学元素，任何生物中都含有碳（C）、氢（H）、氧（O）、氮（N）、磷（P）、硫（S）、氯（Cl）、钠（Na）、钙（Ca）、镁（Mg）等常量元素[①]，它们占生物体的 99%以上。其中碳、氢、氧、氮四种元素含量最多，约占 98%，是构成生物体

① 根据化学元素在生物体内的含量多少，可将其分为常量元素和微量元素。常量元素也称为宏量元素，是指占生物体重 0.01%以上的元素，包括钙、磷、钾、钠、氯、硫和镁等；微量元素则指生物体内含量小于 0.01%的元素，包括铁、铜、锰、锌、碘、硒和钴等。

的基本物质。此外，还有含量不足1%的元素，如钼（Mo）、钴（Co）、钒（V），它们是维持生物某些特殊机能和某些生物化学过程所需要的。生物体所含的元素，没有一种为生物所特有而在无机的自然界所没有的，这说明生物起源于非生物界，并与非生物界具有物质统一性。

表 2-4 有机体组织中存在的元素

基本元素（1%～65%）	含量恒定的元素		含量不恒定的元素		
	少量元素（0.01%～1%）	微量元素（<0.01%）	少量元素（0.01%～1%）	微量元素（<0.01%）	
H	Na*	B	Ti	Li*	Ru
C	Mg*	F*	V*	Be*	Mo*
N	S*	Si		Al*	Ag*
O	Cl*	Mn*		Cr	Cd*
P*	Ca	Cu*		Co*	Cs
		I*		Ni*	Ba*
		Fe		Ge	Pb
				As	Zn

注：* 表示该元素为特定的酶作用所必需的。

碳是一切生物体的主要成分，糖类、蛋白质、脂类、色素和木质素等都是以碳元素为骨架构成的。生物所需碳的来源是大气中的二氧化碳，绿色植物在光合作用时将其合成为有机物，动物通过摄食和微生物分解将其利用。游离状态的氧对生物进化和地球上生物的生存起着极其重要的作用，大气中的氧最初是由低等植物的光合作用产生的，之后才有可能进化出需氧代谢的高等生物，因为氧化代谢特有的高水平的能量释放，有氧呼吸比无氧呼吸获得能量的效率高得多，所以为生物圈的发展提供了极其有利的条件。氮的有机化合物是形成生物体的重要原料，是蛋白质和核酸的主要组成成分，大气中的氮不能被生物直接利用，必须依靠固氮生物（如某些蓝绿藻、豆科植物的根瘤菌和土壤中的固氮菌）才能成为生物可以利用的形式。土壤中的氨或铵盐，经硝化细菌的硝化作用成为亚硝酸盐和硝酸盐，被植物合成其体内的蛋白质，然后被动物所利用。磷是生物各种代谢活动必不可少的元素，也是核酸、细胞膜、骨骼和牙齿的主要成分，又是限制植物生长的主要因子，其主要来源是磷酸岩岩石和沉积物。硫是参与生物各种生物化学过程和组成蛋白质等生物物质所必需的元素，它主要来源于沉积岩石的风化和化石燃料的燃烧。

矿质元素是植物生理活动的重要物质基础。植物生活所必需的元素中，除了上述以外还包括硫、钾、钙、镁等。硫是植物蛋白质的必要组成部分，植物生长激素乙烯的前身，蛋氨酸和S-腺苷蛋氨酸中也含有硫。植物缺硫时，叶绿素合成受阻，幼叶较老叶更易退色。在植物中以钾为活化剂的酶有 60 多种，它对植物呼吸作用和糖代谢以及光合作用产物转化有重要作用。植物缺钾时，蛋白质合成受阻，叶片出现红褐色斑点。钙是植物细胞壁中胶层的果胶钙的组成成分，起到加固细胞壁的作用，它还使原生质黏性增加。植物缺钙时，幼芽和根尖生长显著受阻。镁是叶绿素分子中的唯一金属元素，是糖代谢与核酸代谢中许多酶促反应的活化剂。植物缺镁时，老叶的叶肉组织出现淡黄色和黑色，而叶脉还保持明显绿色。此外，植物生长还需要微量元素铁、锰、锌、铜、硼等，其中铁、锰、铜与叶绿素合成有关，缺乏时将导致缺绿症，它们还是某些氧化酶的组成元素和活化剂。硼是高等植物的必需元素，它可以加速花粉的分化和花粉管的伸长，保证受精作用，而在动物和细菌中则不需要。铝是硝酸还原酶和固氮酶的组成成分，对植物固氮作用有重要意义。还有一些元素为某些特别种类的植物所需要，如藜科植物需要钠，羊齿植物需要铝，禾本科植物和硅藻需要硅。

微量元素对动物的生理活动有重要意义。碘是哺乳动物甲状腺分泌的激素的重要组成成分。铁是细胞色素、血红素、肌球蛋白等的重要组成成分。胰岛素和碳酸酐酶中含有锌。黄嘌呤氧化酶中含有钼、胰蛋白中含有铬，精氨酸酶中含有锰、钙。在母岩为石灰岩的土壤里富含钙质，许多蜗牛和哺乳动物喜分布在含钙量丰富的土壤区域，这是因为蜗牛的壳和皮肤的黏液里都含有钙，哺乳动物的骨骼尤其是角的发育需要大量的钙。钴是生物体维生素 B_{12} 合成的一种必需元素，如果植物中含钴量太低，草食性动物消化道内的微生物就难以合成维生素 B_{12}，特别是反刍动物，会产生虚弱、贫血、消瘦等症状，严重时可导致死亡。动物缺乏铜时，生长就会变得缓慢，毛变得粗而凌乱，骨变得轻而质脆，其症状酷似缺铁者，原因是铜参与了铁的代谢过程。在所有土壤中，特别是干旱淋洗土壤中，硒含量较多，硒对大部分植物来说是有毒的，而某些植物却能积累硒，这是长期适应环境的结果。但以其为食的动物会中毒，中毒的动物眼睛失明，肌肉软弱，患上瞎眼蹒跚症。氟过少，则动物牙齿易受腐蚀；过多，则牙齿变脆且带斑点，患齿斑症。

一、土壤圈

土壤圈是构成自然环境的五大圈（大气圈、水圈、岩石圈、土壤圈、生物圈）之一。土壤圈与岩石圈有十分密切的关系，岩石圈是生物所需要的各种元素与化合物的源泉，是海洋盐类的源泉，是水圈的牢固的基础，也是成土母质。岩石圈地壳不同地方的组成也是不一致的，即它的地球化学背景也是非均质的。暴露在大气中的岩石表面在物理和化学的作用下，逐步风化分解成为母质，在生物的共同作用下，形成土壤，它是所有陆生生态系统的基底，栖居着无数的生物，包括动物、植物、微生物。

土壤圈由瑞典学者马特松（S. Matson）于 1938 年首先提出。土壤圈是由覆盖于地球陆地表面和浅水域底部的土壤所构成的一种连续体或覆盖层，犹如地球的地膜，通过它与其他圈层之间进行物质、能量交换，是岩石圈顶部经过漫长的物理风化、化学风化和生物风化作用的产物。

因为土壤是由岩石风化后在其他各种条件的作用下逐步形成的，土壤圈是一层被覆于地球陆地表面，能生长植物的疏松表层，即岩石圈最外面一层疏松的部分，其上面或里面有生物栖息。土壤圈的平均厚度为 5 m，面积约为 1.3×10^8 km^2，相当于陆地总面积减去高山、冰川和地面水所占有的面积。植物生长发育所需的水分和养分，一般都是从土壤获取。土壤也是支撑植物生长的基底。所以，土壤与植物是息息相关的。由于它位于大气圈、水圈、岩石圈和生物圈的交换地带，是连接无机界和有机界的枢纽，因此具有极为重要的作用。当然，土壤圈并不仅是专为植物生长而设的，它有净化、降解、消纳各种污染物的功能：大气圈的污染物可降落到土壤中，水圈的污染物通过灌溉也能进入土壤，但土壤圈的这种功能是有限的，如果污染超过了它能容纳的限度，土壤也会通过其他途径释放污染物。例如，通过地表径流进入河流或渗入地下水使水圈受污染，或者通过空气交换将污染物扩散到大气圈；生长在土壤之上的植物吸收了被污染的土壤中的养分，其生长和品质也会受到影响。

（一）土壤的形成和发展

土壤形成过程中的最初阶段是地壳表层的岩石风化，物理风化的本质是将地表整块岩石物理分解成大量小碎屑的过程，在气候条件的作用下，特别是温度的变化引起岩石各部分的膨胀与收缩，使其分裂成碎片。渗入岩石缝隙中水分的冰结和融化也是岩石碎裂的重要原因；在岩石碎裂的物理过程中，同时还伴随有氧化、还原、水解、磷酸化等化学过程。化学风化则改变了岩石的化学组成和矿物面貌，其中地表地下水和大气中氧、二氧化碳的作用最为重要，使造岩矿物分解，形成以黏土矿物为主的松散物质，即通常所说的风化壳。

风化把岩石分解成疏松的物质，它是组成土壤的矿物质部分，但它还不是土壤。生物在土壤形成过程中的意义更为关键。只有在岩石风化物的基础上，开始生物有机体的生命活动，以及加上动植物尸体等有机物质才能真正形成土壤。生物的风化作用是通过生物新陈代谢和生物死亡后生物降解作用实现的。生物腐烂形成腐殖质，增加了 N、P、K 和碳水化合物等养分，使风化壳最终形成土壤。土壤从贫瘠到肥沃的过程也是生物群落从简单到复杂的演替过程。可见，在土壤的形成和发展的过程中，除了有物理、化学过程外，还必须有生物过程。

（二）土壤的剖面结构

土壤形成不仅有时间的过程，而且自地表到土壤母质之间可以看到土壤的空间垂直结构，即土壤的剖面结构（图 2-6）。

一般的土壤剖面可以分 A、B、C 三层，各层的颜色、质地和结构均不相同。A 层总称腐殖质层，通常颜色较深，动植物的尸体和排泄物落在土壤表面，逐渐分解。倘若分解作用微弱，从外表上还能区别出有机体的各个部分时，称残落物（也叫枯枝落叶），人们常常把残落物单独作为一层，称枝叶层，即 A_{00} 层。残落物进一步分解、失去其本来面目和特征，并与矿物质结合，形成一种复杂的有机矿物质，称腐殖层，即 A_0 层。A_1 层就是这种腐殖质的积聚层，草原黑土的 A_1 层最发达。在森林土层中 A_1 层下面还可以分出 A_2 层，称淋溶层，通常呈浅白色，所以也称灰化层，它是由有颜色的物质（如腐殖质、铁和锰的化合物）被水溶解，随水下沉到 B 层中形成的，此层在森林中最发达，而在草原黑土和栗钙土中没有。A_3 层为过渡层。

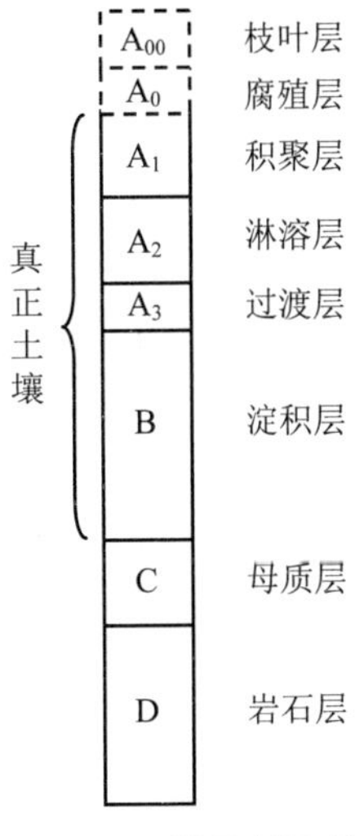

图 2-6　土壤的剖面结构

资料来源：郑师章，吴千红，王海波，等. 1994. 普通生态学——原理、方法和应用. 上海：复旦大学出版社。

B 层称淀积层，在这一层中堆积着由上面淋溶下来的物质，常呈褐色，较致密。

C 层称母质层，它是由形成该土壤的母岩经过风化形成的，因此具有该土壤母岩的特点。

D 层是岩石层。

土壤剖面结构强烈地受到外界环境影响。不同的土壤类型，各个层次的发育程度不同，因此，各层的相对厚度能代表在不同的气候、植被和地形位置上形成的土壤。在热带，尤其是湿润的地区，有机物分解矿化过程快，保持营养物能力差，容易水土流失。相反，在寒冷地区生物尸体分解过程缓慢、达到有机物质平衡需要很长时间，土壤受侵蚀后恢复很慢，不同植被类型（如草原和森林）、不同层次发育程度不同。陡坡由于地质分化和生物分解的产物容易流失，不容易形成成熟的土壤。

（三）土壤的理化性质及其对生物的影响

土壤是由固体（无机物和有机物）、液体（土壤水分）和气体（土壤空气）组成的三相系统（含四种成分），也有人将土壤看成独立的生态系统。土壤中这四种成分的质和量都是不同的，它们之间不是简单的混合，而是相互联系、相互制约的统一体。适合于生物生长的土壤按容积计算：固体部分的矿物质占 38%，有机质占 12%，空隙（包括土壤水分和空气）约占 50%。在自然条件下，空气和水分的比例经常在 15%～35%变动，最佳状态应该是空气和水分各占 25%。

1. 土壤质地

土壤固相颗粒是组成土壤的物质基础，占土壤重量的 85%以上。各种大小不同颗粒主要成分是矿物质，按国际统一标准，土粒大小分类如下：土粒直径 0.2～2.0 mm 为粗砂，0.02～0.2 mm 为细砂，0.002～0.02 mm 为粉砂，0.002 mm 以下为黏粒。这些大小不同颗粒的机械组成通常称土壤质地（图 2-7），它是土壤的重要特征之一。

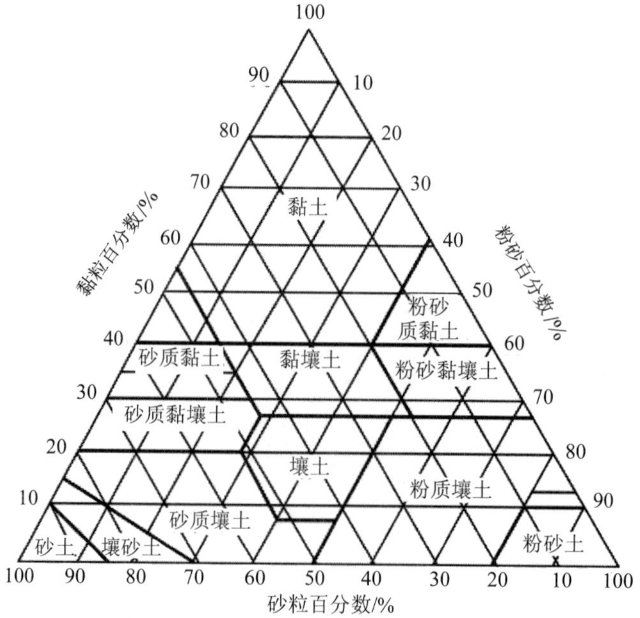

图 2-7 土壤质地的三角图

砂土类土壤颗粒组成较粗，含砂粒多，黏粒少，土壤疏松，黏结性小，大孔隙多，通气通水性能强，蓄水性能差，易干旱。有机质分解快，养料易流失，保肥性能差。

黏土类土壤颗粒组成以黏粒和粉粒为主，质地黏重，结构致密，湿时黏，干时硬，含黏粒多，保水保肥能力较强，但土粒细小，孔隙细微，通气、透水性能差，有机物分解慢。

壤土类土壤质地较均匀，砂粒、黏粒和粉粒大致等量混合，物理性能良好，既不太松又不太黏，通气、透水，有一定保水保肥能力，是较好的土壤质地，适宜生物生长。

由于土壤质地对水分渗入和移动的速度、持水量、通气性、土壤温度、土壤吸收能力、土壤微生物活动等各种物理、化学和生物性质都有很大影响，因而直接关系到生物的生长和分布。

所谓土壤的团粒结构，是指土壤中的腐殖质把矿质土粒互相黏结成直径 0.25～10 mm 的小团块。它具有泡水不散的特点，也称水稳性团粒。这些大大小小团粒组成土壤，能协调土壤中的水分、空气、养料之间的关系，改善土壤的理化性质，这是土壤肥力的基础。

2. 土壤养分

（1）土壤营养元素。植物在生长的过程中需要不断地吸收营养元素或养分，比较重要的或必需的元素有 17 种（表 2-5）。植物需要量大的称为宏量营养元素，需要量较少的称为微量营养元素。除了 C、H、O 三种成分可以从空气和水中获得外，其他都依赖于土壤的供应。特别需要指出的是，植物并不是直接吸收原子态的单质，而是只能利用有效态的养分。比如植物不能直接吸收铁，而是吸收亚铁离子（Fe^{2+}）；不能直接利用磷，而是利用磷酸根离子（PO_4^{3-}）。因此，土壤养分研究的重点是营养元素在土壤中的动态转化关系。

表 2-5 重要的营养元素及其来源

宏量营养元素			微量营养元素	
来自空气和水	来自土壤		来自土壤	
C	N	Ca	Fe	Cu
H	P	Mg	Mn	Zn
O	K	S	Mo	Co
			B	Cl

从植物体利用的角度来看，土壤中的养分可以分为无效态和有效态两种基本形态。封闭于固体矿物之中或存在于有机质内部的营养元素，不能被植物体直接利用，属无效状态。但固体矿物和有机质是土壤中营养元素的最大储备库，无效态的养分可以通过化学风化和有机质的矿质化作用被释放出来，转化为可被植物体利用的有效态。经风化与分解获得释放的有效态养分有两种可能去向：一是直接进入土壤溶液，成为自由态的离子；二是被土壤胶体吸附在表面，成为吸附态的离子。溶液中的自由态和胶体上的交换态之间存在相互调节的动态平衡关系。

单纯从数量上来说，含量最大的是储存态，交换态相对很少，而真正成为自由态的更少。三种形态之间构成一个动态的养分平衡系统，可以持续不断地为植物供应和输送养分，满足植物体在生长过程中对养分的需求（图 2-8）。

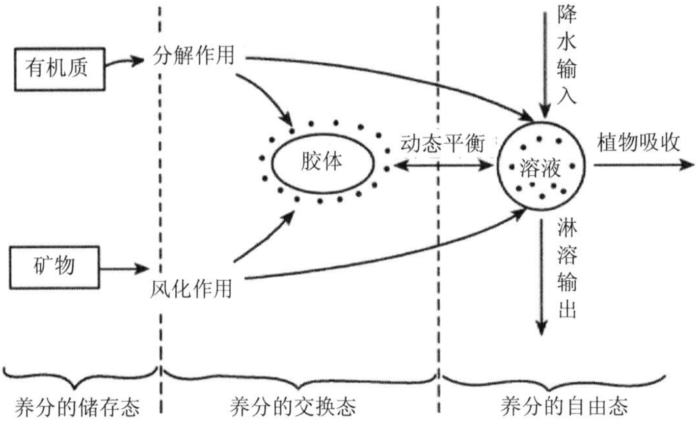

图 2-8 土壤养分的类型及其动能转化关系

（2）土壤水分。土壤水分主要来源于降雨、降雪以及人工灌水。此外，如果地下水位较高，地下水也可上升补充土壤水；空气中的水蒸气遇冷也会凝结成土壤水。土壤中存在三种形式的水分：①吸着水，土壤微粒具有很大的吸引力，能使其表面上覆盖一薄层水分子膜；②毛细管水，由于毛细管作用存在于土壤微粒之间的水分；③重力水，在土壤微粒之间由于重力作用而运动着的水分。具有团粒结构的土壤，其团粒之间有较大的孔隙，而团粒内部又有细的毛细管，能保持优良的吸水能力。

土壤水分对生物的影响。土壤水分可以直接为植物根系吸收，土壤水分和水溶性盐类一起构成土壤溶液，成为供给植物营养的媒介。土壤水分积极参加土壤中物质转化过程，如矿质养分的溶解和转化、有机质的分解和合成等，都在有水的条件下进行。土壤水分还有调节土壤温度的作用。

许多土壤动物能通过体外直接吸收水分，对土壤水分特别敏感。土壤动物在行为上是正趋湿性的，当上层水分不足时，土壤昆虫可以钻入较深的土层，土壤昆虫在土壤中常有垂直迁移现象。当土壤水分不足时，营腐食生活和粪食生活的昆虫能通过增加吃活植物来获得水分，因此，危害农作物的土壤昆虫在干旱的土壤和季节里危害更大。

土壤微粒之间完全被水充满时，对生物同样是不利的。土壤微粒间孔隙被水充满，空气被水取代时好气生物就可能窒息而死，有时可以见到淹水的植物萎蔫的现象，就是窒息的结果。土壤含水量增加促进真菌病的传播，雨水过多往往招致植物病害的爆发。根据这个原理，在一定条件下可以利用大量灌溉和淹没田园的方法来防治土壤害虫。

（3）土壤空气。土壤空气来源于大气，但又不同于大气，因为土壤中有一部分气体是由土壤中所进行的生化过程产生的。土壤空气的组成 80%是氮，氧和二氧化碳占 20%。由于土壤生物的呼吸作用和有机物的分解，不断消耗 O_2 和放出 CO_2，所以土壤空气中 O_2 和 CO_2 含量与大气有较大差别。土壤中 CO_2 浓度比大气高 10～1 000 倍，大气中氧的含量可达 20.96%，而土壤中只有 10%～12%，甚至可以低到 10%以下，这时就可能抑制植物根系的呼吸作用。

植物光合作用所需的 CO_2 有一半来自土壤，它直接关系到光合作用的强度。但是，当土壤中 CO_2 过多积累时，如当 CO_2 浓度达到 10%～15%时，根系的呼吸和吸收机能就会受阻，甚至会因窒息而死亡。

有的土壤动物是通过体表直接进行气体交换，如无气管的原尾目和弹尾目昆虫，以皮肤进行呼吸；有气管的大蚊和叩头虫科的昆虫以体表和角质膜交换气体。

土壤动物能主动迁移以选择适宜的呼吸条件。当水分过多、通气不良时，它爬到空气较多的土壤表层；当土壤表层蒸发干旱而不利于皮肤呼吸时，又转入土壤深处。

3．土壤温度

土壤的主要热源是太阳的辐射。土壤得到热量后，一部分通过水分的蒸发，散布到大气之中，另一部分为土壤吸收而提高土壤本身的温度。土壤表层的温度受气温影响较大，白天和夏天较热，夜间和冬季较冷；深层土壤的温度则比较稳定，地面的最高温和最低温出现的时间稍早，随着土层深度增加，最高温和最低温的出现时间越深越晚，其原因是热量的传递都需要时间。

土壤温度对植物的生长有密切关系，它直接影响植物种子的萌发，扎根出苗。同时，土壤温度还影响植物根系的生长、呼吸和吸收能力。土壤温度还制约着各种盐类的溶解度和溶解速度，土壤气体的交换和水分的蒸发以及微生物的活动等，土壤理化性质的变化，也都影响着生物的生长发育。

土壤表层与深层温度的差别，也是土壤动物垂直迁移的动因之一。

4．土壤酸碱度

土壤溶液中的主要阳离子可分为产酸阳离子（H^+、Al^{3+}）和盐基阳离子（K^+、Na^+、Ca^{2+}、Mg^{2+}）两类。土壤酸碱度主要是指土壤溶液中氢离子的浓度，是土壤的重要化学特性和指标。一般可分为活性酸度和潜在酸度两大类。

（1）活性酸度。活性酸度是指直接由土壤溶液中氢离子（H^+）的浓度所引起的酸度，也称有效酸度，通常用 pH 表示。对土壤溶液而言，pH 可视为土壤溶液中 H^+离子浓度的负对数。根据 pH 的高低，可将土壤分为强酸性土、酸性土、中性土、碱性土和强碱性土五种（表 2-6）。

表 2-6 各类土壤的 pH 范围

土类	强酸性土	酸性土	中性土	碱性土	强碱性土
pH	<4.5	4.6～6.5	6.6～7.5	7.6～8.5	>8.5

（2）潜在酸度。潜在酸度是指由吸附在土壤胶体表面的 H^+和 Al^{3+}被交换所引起的酸度。一般情况下，它并不显示其酸度，只有在被其他离子交换而转入土壤溶液后才显示其酸度，故又称为交换性酸度。潜在酸度可用 pH（KCl）表示。由于土壤中存在离子的交换，溶液中的离子可与胶体上的离子相互转换，因此，活性酸度与潜在酸度经常处于动态平衡状态。

pH 是土壤许多化学性质特别是酸碱状况的综合反映，它关系到土壤微生物的活动、有机质的合成与分解、营养元素的转化与释放、微量元素的有效性以及土壤养分的保持能力等。

不同种的植物对 pH 的适应范围和要求差别很大。根据这个特点，可以把植物分成酸性植物、中性植物以及盐碱植物。

酸性植物只能生长在酸性或强酸性土壤上（pH<5.5），它在碱性或钙质土壤上不能生

长或生长不良，如石松、芒萁、杜鹃、马尾松等。

大多数植物适宜生长在中性土壤上（pH 为 6.5～7.5），称中性植物。

盐碱植物（pH＞7.5）生长的盐土中含有较多的 NaCl 和 Na_2SO_4，碱土中含有较多的 Na_2CO_3、$NaHCO_3$ 和 K_2CO_3。常见的盐碱植物有大米草、怪柳、滨藜和碱蓬等。

土壤的酸碱度对于土栖动物区系及其分布有很大影响。例如，陆生蜗牛的种类在中性和弱碱性土壤（pH 为 7～8）中最为丰富，也有一些生物类群喜酸或喜弱酸性的土壤。

5. 土壤中的生物特性

土壤生物是生物圈的重要组成部分，从微生物到高等动植物，它包括从微观到全球陆地范围内纷繁复杂的生物多样性。1 kg 土壤中可能有 54 亿个细菌、100 亿个放线菌和 10 亿个真菌。土壤剖面 1 m 的土层中所包含的一株植物根系的总长度可达 600 km。土壤圈和岩石圈的主要区别就在于它的生物学特性。土壤圈与其他圈层主要功能的不同，在很大程度上就是依靠这一生物学特性。表征土壤生物学特性的指标主要有土壤生物、微生物、土壤有机质总量、土壤腐殖质含量等。

二、水圈

地球表面的 71%为海洋所覆盖，平均深度为 3 600 m；在陆地表面和地下也都有水的存在；大气圈中也有水汽和水滴的存在（图 2-9）。围绕地球的各种类型水的存在都应该看成是水圈的范围，换言之，各圈层之间是交错的。

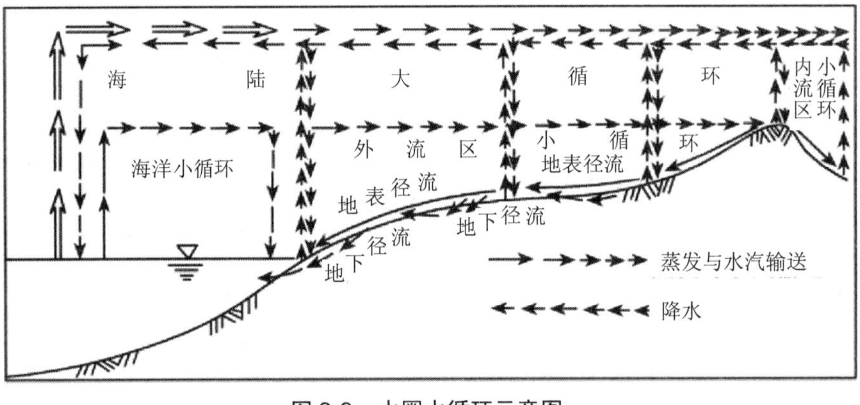

图 2-9 水圈水循环示意图

水具有三态，随空间和时间而变化，且其分布情况是不同的。地球两极的水，终年以固态的形式存在。对陆地环境影响最大的要算降水量。气态水构成大气的湿度，这些因子都影响着生物的生存与分布。

（一）降水量

1. 降水量与纬度

在地球表面降水的分布是不均匀的，从赤道到两极可划分成 4 个带。

（1）年降水量最大的赤道带，位于南纬、北纬 20°之间，年降水量在 1 000～2 000 mm，有些地区甚至高达 10 000 mm，这些地区高降水量是由湿热空气急剧上升造成的。

（2）从纬度 20°继续向南北推移（20°～40°）为副热带地区，该地区因为高气压环流不利于降水，降水量最少。该地区有广大热带草原和沙漠。

（3）南北半球 40°～60°为中纬度湿润带，年降水量超过 250 mm，这一地区降水量增多与中纬度盛行气旋有关。在大陆两岸降水量的增加更为显著，因为该地区受海洋性季风影响，在我国东部南北冷暖气流交换频繁，雨量明显增多。

（4）高纬度干燥区，极地纬度上的降水量很少，一般在 250 mm 以下，该地区气温低、蒸发作用减弱，空气中含水量很少。

2. 降水量与山地、海陆距离的关系

降水量除与纬度密切相关外，还受海陆、山地分布的影响。靠近海洋的地方，由于受海洋蒸发量大，潮湿的空气从海洋吹向大陆，遇冷凝聚成云降雨。因此，海洋性气候地区雨水较多。另外，地形起伏也影响降雨，湿热气流被山地阻挡，水汽在高空遇冷凝结成雨，这叫地形雨。例如，我国大兴安岭相当于 500 mm 的等雨线，秦岭则相当于 750 mm 的等雨线。

从空间上，降水量分布受以上几个因素的影响。我国降水量的分布，大致是从东南向西北递减，华南地区降水量在 1 500～2 000 mm，长江流域在 1 000～2 000 mm，而新疆南部只有 250 mm 左右。

3. 降水量的季节变化

季风的成因是大陆与海洋在一年中增热与冷却的差异所造成的。夏季大陆的温度上升比海洋快，热空气上升，大陆形成低压区，海洋为高压区，气流由海洋流向大陆，形成海洋季风。然而，冬季海洋增热快，气流从大陆吹向海洋，形成大陆季风。夏季海洋季风带来湿热气流，故我国大部地区，在夏季几个月内，降水量最大。

（二）大气湿度

1. 湿度指标

（1）绝对湿度：在单位体积的空气中，含水蒸气的绝对量称绝对湿度，通常以 g/m^3 表示。例如，在 20℃的空气中，当水蒸气达到饱和时，含有水蒸气 17.3 g/m^3。

（2）相对湿度：这是指空气中水蒸气的实际含量与同一温度下水蒸气饱和含量之比，用百分率表示。在不同温度下，空气中水蒸气达到饱和的量是不同的，空气温度越高，可以包含水蒸气的量也就越大。因此，空气中水蒸气绝对量相同，其相对湿度由于温度不同而不同，在空气中含水蒸气 8.65 g/m^3，在气温 20℃时，其相对湿度等于 8.65/17.3=50%。

（3）饱和差：某 温度下的饱和湿度和实际绝对湿度之差，称饱和差。接上例，20℃时，实际绝对湿度 8.65 g/m^3，其饱和差＝17.3−8.65=8.65（g/m^3）。

2. 环境的湿度条件

从相对湿度和饱和差两个指标中不难看到温度对环境湿度的影响。决定一个地区的湿润度，必须同时考虑温度和湿度两个因素。在两个降水量相同的地区，气温高的地区往往比较干燥，而气温低的地区比较湿润。例如，年降水量都在 500 mm，则年平均温度为 21 ℃以上的地区，应划为半干旱地区；年平均温度为−4～−5℃的地区就成了湿润、半湿润地区（图 2-10）。

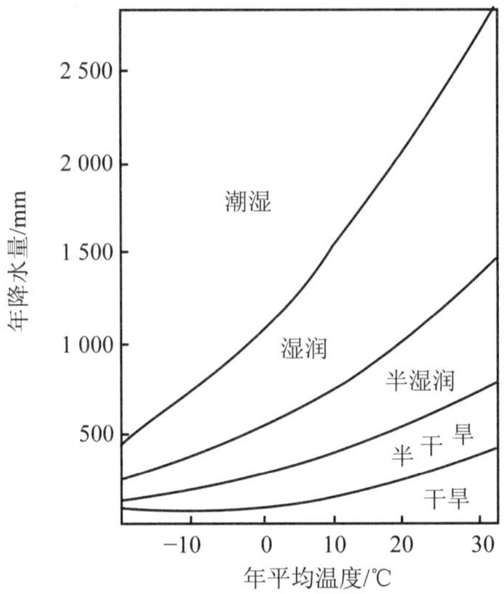

图 2-10　温度和降水量的关系构成了湿度不同的地区

资料来源：郑师章，吴千红，王海波，等. 1994. 普通生态学——原理、方法和应用. 上海：复旦大学出版社。

相对湿度同样存在地理变化，热带雨林中，相对湿度经常在 80%～100%；年平均相对湿度低于 50%时，属干旱地区；低于 20%则是极干旱地区。我国平均相对湿度最大的地方是东南沿海、四川盆地和贵州东部，最小的是西藏高原和新疆南部。

相对湿度还具有昼夜变化。一般来说，白天相对湿度较低，夜间较高。主要原因是白天气温高，水汽逐渐离开饱和状态，而夜间温度降低，相对湿度升高。在白天与黑夜温差比较大的情况下，往往会出现露水，原因也在于此。换言之，昼夜温度和湿度的变化方向正好相反。

（三）蒸发力

空气的蒸发力对动植物水分代谢有重要意义，有机体水分的散失程度主要取决于蒸发力，蒸发力又取决于相对湿度和饱和差。蒸发力与饱和差成正比，蒸发力与相对湿度成反比。蒸发力还与温度相关，温度升高，蒸发加速。例如，在同一座山上，阳坡受太阳辐射多，温度高，水分蒸发也快；而在阴坡，则相反。另外，蒸发力与风速相关，风速加快，蒸发力也加快。

三、气圈

气圈由围绕地球的多种气体混合物所组成，其高度达 10 000 km，接近地球本身的直径。但是大气质量的 99%在离地表 29 km 之内，再往上越来越稀薄。在海拔 3 000 km 以内，大约每升高 10 m，大气压减小 100 Pa。随高度上升，气压降低越来越少，超过 50 km 之后，压力的变化十分微弱。

（一）大气圈的分层

根据温度变化情况把大气圈划分为四层：对流层、平流层、中间层、热层，前三层为均质层，最后一层为非均质层。大气圈外即外层。

1. 对流层

贴近地表的一层，大气质量约 3/4 集中在这一层。其厚度在不同纬度不同；在赤道附近厚度达 16 km，在两极只有 8 km 左右，在中纬度是 10～20 km。大气温度随高度升高而降低，每升高 1 000 m，温度约下降 6.4℃；大气具有大规模的对流运动，垂直乱流混合剧烈，受地面影响显著；含有水汽，具有隔热作用，阻止地表热量的散发；含有尘埃；影响生物的一切气候现象都发生在对流层之中。

2. 平流层

对流层顶是一过渡层，一直到 50～55 km 高度。在该层中垂直对流不强，主要是平流运动，所以称为平流层。平流层气层比较平稳，温度开始变化不大，为−55℃左右，但到 30～35 km，气温反而上升，到该层顶部达 0℃（与臭氧层吸热有关）。

3. 中间层

从平流层顶至 80～85 km，温度自下向上骤降，并有强烈的垂直活动，顶部气温达−83℃。

4. 热层

从中间层顶往上进入非均质层，气温急剧上升，最高可达 1 100～1 650℃，这是因为太阳辐射中的紫外线被该层大气中的氧原子强烈吸收的结果。

5. 外层

距地表 800 km 以上，地球引力越来越小，空气越来越稀薄，为向宇宙空间的过渡层，其上界为 2 000～3 000 km。地球资源卫星多处于这一层。

（二）风的形成及其类型

1. 空气流动形成风

空气流动的方向是从高压区向低压区流动，地球表面不同地区气压高低不同，形成不同类型的风。

在赤道附近，太阳辐射强烈，地表受热多，形成了赤道低压带。反之，极地附近因受热少，地面温度低，形成极地反气旋。在纬度 35°附近形成副热带高压带，在极地气旋和副热带高压带之间形成副极地低压带（图 2-11）。

以北半球为例，在地面上从副热带高压带吹向赤道低压带的东北风，称为东北信风带，又称北半球信风带，东北信风带到赤道附近强度减弱，形成赤道无风带。由副热带吹向高纬度的风称为西风带。从极地反气旋向低纬度流动的是东北风，称为北半球极地东风带。极地吹来的东北气流大约在纬度 60°，可以与西风带会合，因两股气流冷热不同形成极锋。极锋因冷气流向南推移，所到之处温度骤降，这就是所谓寒流侵袭。

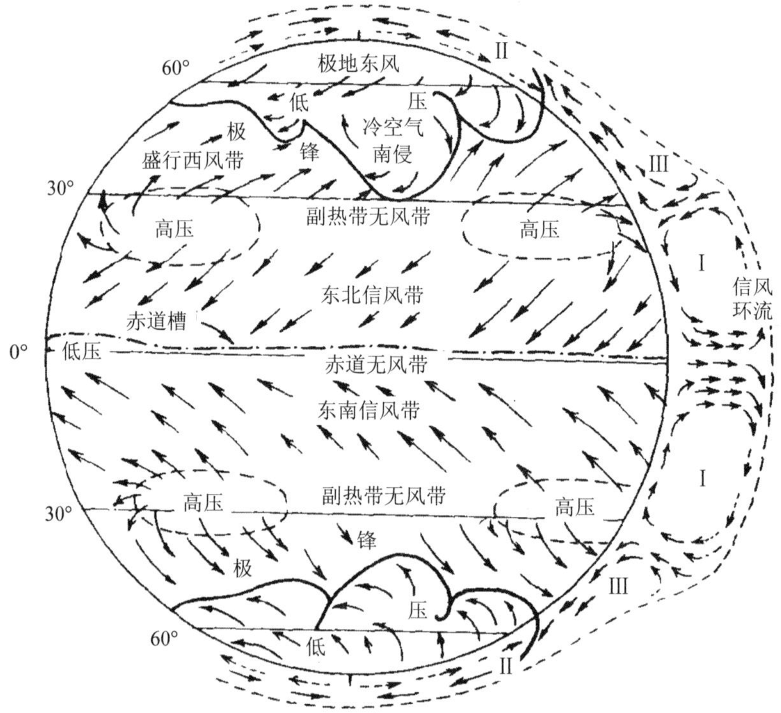

图 2-11　全球大气环流图示

资料来源：潘树荣，伍光和，陈传康，等. 1985. 自然地理学. 2 版. 北京：高等教育出版社。

2. 风的类型

风分为季风、海陆风、山谷风和台风等。

（1）季风：冬季大陆变冷、海洋温度较高，大陆的气压高于海洋；反之，夏季大陆温度较高，海洋温度偏低，海洋气压高于大陆。由于温度冷热的不同，形成气压高低差异，夏季气流从海洋流向大陆，冬季气流从大陆流向海洋，这就叫季风。

（2）海陆风：由于昼夜温差的变化，夜间气流从陆地吹向水面；反之，白天气流由水面吹向陆地，这叫海陆风。海陆风不仅发生在海陆之间，在任何大型水体（湖泊、大型水库）与陆地之间都能形成类似的气流。

（3）山谷风：夜间从山坡吹向谷地的叫山风，而白天从谷地沿山坡而上在谷中盘旋的风叫谷风，统称为山谷风。

（4）台风：台风是一种热带气旋，其边旋转边移动并伴有狂风、暴雨和巨浪狂潮。

第四节　生物圈和生物地球化学循环

一、生物圈

地球表面按物质状态可以分为岩石圈、土壤圈、水圈和大气圈，这几个圈层的交接界面的空间里有生命在其中积极活动，构成了所谓的生物圈。这个名词是由奥地利地质学家

E. Suess 于 1875 年首先提出，但当时并未引起人们的注意。50 年以后，苏联地质学家 V. I. Vernadsky 于 1926 年发表了著名的“生物圈”演讲，才引起了广泛重视。他认为：“生物圈是由对流层（大气圈的下层）、水圈和风化壳（岩石圈的表层）等三个地理圈的总和所组成，生物圈是地壳的一部分。”

地球表面的气圈虽然有 10 000 km，但是直接形成气体环境的只是大气层下部（对流层），大约 23 km 的高度下大气中含有生物所必需的 CO_2、O_2、水汽、粉尘等，在气温的作用下，形成风、雨、雪、霜、露、雾、冰雹，推动着地球表面水的循环，有利于生物的生长发育；当然，有时也会带来灾难。

海洋占地球表面的 71%，可以想象水圈在整个水循环中的作用，是水圈首先“制服”了太阳紫外光的照射，生命的演化从水生到陆生，海洋是名副其实的生命的摇篮。

地球表面有 16～40 km 厚的地壳，它是水圈和土壤圈的牢固基础。必须指出，不是所有的岩石圈中都有生命的存在，而只是在 12 km 的深度内有生命的活动。有人做这样的比方：如果把地球看作一个苹果，生物圈仅仅是一层薄薄的苹果皮。

二、生物地球化学循环

任何物质都在不停地运动，地球以及构成地球的元素也不例外；换言之，在地球表面出现生物之前，就存在着物质循环。水体表面由于太阳的辐射蒸发，水汽升到高空遇冷凝结成雨水或雪又降落回地表，这本身就是一种循环。地球表面的岩石圈因为风化裂解，变成砂、泥，释放出各种不同的元素，随着降水过程沿着地表径流，或带入地下水，并且都注入江河，汇向海洋。随水进入海洋的泥沙、矿质元素，经过分选沉积，沉积物经过巨大的压力或其他变质作用，转变为沉积岩。海底的沉积岩因地壳运动，抬升为平地或山脉，又开始新的一轮循环，这种循环规模大，经历的时间长，表现为沧海桑田的变迁，称为地质学大循环。因为这种循环和水的循环紧密相连也叫侵蚀循环。岩石风化壳中淋洗出的各种元素，在循环过程中，表现有分布和转移的地理差异，这是因为不同的地理区域具有不同的地区地球化学特征，不难看出以上物质循环过程中仅仅包含物理和化学过程。

地球运行到一定的历史阶段，大约在 35 亿年前，出现了生物圈，从物质循环角度来认识，同样发生了质的飞跃，出现了生物地球化学循环（biogeochemical cycle）。所谓生物地球化学循环，就是在地质上大循环和地区地球化学的背景下由生物活动操纵的物质循环。就生物在该循环中的作用而言，它们主要用生命活动的能量做功，使各个元素脱离了地质学循环的途径，在生物体与环境之间反复流转循环，这种循环不仅包含物理、化学过程，更重要的是包含生物过程。它是生态系统最主要的功能之一。相对于地质学大循环，生物地球化学循环也叫小循环。

三、Gaia 假说

英国科学家 J. Lavelock 于 1965 年在探讨火星是否有生命存在时，对地球及其邻近的火星、金星大气气体构成进行比较，发现有生命的地球同火星、金星的大气气体构成有明显不同（表 2-7），火星和金星大气中二氧化碳占绝对的主导优势，而氧气、甲烷及氮气的含量很低。如果将地球上的所有生命排除，然后用物理化学的方法计算地球大气中各种气体达到平衡状态时的浓度，那么大气中各种气体的浓度同火星、金星非常相似。同时，金星、火星的气体处于化学平衡状态，而地球上的气体组成则远远不是处于平衡状态。从大气组成来看，处在平衡状态的火星和金星表明它们不可能有生命存在。

表 2-7 几个星球气体的主要组成、浓度以及表面温度和大气压

指标	火星	现在的地球*	金星	没有生命时的地球*
CO_2/%	95.0	0.03	96.5	98.0
N_2/%	2.7	79.0	3.5	1.9
O_2/%	0.1	21.0	痕量	0.0
Ar	1.6%	1.0%	70×10^{-6}	0.1%
CH_4	0.0%	1.7×10^{-6}	0.0%	0.0%
表面温度/℃	−53	13	459	240～310
气压/atm	0.006 4	1.0	90	60

注：*指除去地球上的所有生命后，用物理化学的方法计算得出的地球上的气体组成、表面温度和大气压。

atm 为标准大气压。1 atm=101 325 Pa。

资料来源：郑师章，吴千红，王海波，等. 1994. 普通生态学——原理、方法和应用. 上海：复旦大学出版社。

大约在 35 亿年前，地球上出现生命以后，太阳的辐射量增加了 30%左右，然而地球上的气候却变化很小，地球表面的温度一直在 15℃左右（全球平均温度）；大约 20 亿年前，由于光合作用的生物大量出现，地球大气中氧气不断增加，后来一直稳定在 21%左右。因此，他认为地球上的所有生命总体控制着地球环境条件。

于是他提出了 Gaia 假说，Gaia 是希腊神话中的大地女神，因此，也称大地女神假说。该假说认为，地球表面的温度和化学组成是受地球表面的生命总体（生物圈）主动调节的。地球大气的化学成分、温度和氧化状态受天文的、生物的或其他的干扰而发生变化，产生偏离，生物通过改变其生长和代谢，如光合作用吸收 CO_2 释放出 O_2，呼吸作用吸收 O_2 释放出 CO_2，还有排泄废物、分解等，对偏离作出反应，缓和地球表面的这些变化。

假说认为，Gaia 是一个控制论系统。在地球历史中，陨星大冲撞至今已发现 30 次，每一次冲撞能量大于 10^{20}J，相当于世界核武器贮存在一次核战争释放的总能量的 1 000 倍以上。但是，生命与环境持续地存在下来，这也证明假说是合理的，有根据的。

第五节 光、温度和水的作用及生物的适应

一、光的作用及生物的适应

太阳辐射给地球带来了光。光是一个十分复杂的自然因子，它包括光强、光质和光照长度（每天光照时间）。生物对变化的光的作用有着极其多样的反应。

（一）光强的生态作用与生物的适应

（1）日常生活中，人们食用的豆芽、韭黄……这些都是植物的种子或繁殖体在无光的

条件下发芽、生长的结果，即所谓的黄化现象。叶肉细胞中的叶绿体必须在一定的光强条件下才能形成，植物许多器官的形成有赖于一定的光强，光更是植物进行光合作用不可缺少的条件。

光强在地球表面的分布是不均匀的。同样，不同的植物对光强的反应也是不一样的。在一定范围内，光合作用的效率与光强成正比，但是到达了一定强度，也就饱和了，倘若继续增加光强，光合效率不仅不会提高，反而下降，这点称为饱和点。另外，植物在进行光合作用的同时也在进行呼吸作用；就有机物而言，在积累的同时也在消耗，如果光强逐渐减弱，在某一光强条件下，光合作用的积累等于呼吸作用的消耗，这点称为补偿点。根据植物饱和点和补偿点的高低，可以把植物分为阳生植物、阴生植物和中生植物。阳生植物一般要在强光下才能健壮生长，其补偿点较高；阴生植物能够利用弱光进行光合作用，其补偿点较低；介于两者之间的称为中生植物。

（2）动物对光强的反应同样是多样的、复杂的。最常见的要算光强和动物视觉的关系，在一定的光强下，动物才能看得见周围的东西，进行觅食，维持生命。当然也有一些夜行动物，它们可以在很弱的光强条件下行动，例如一些啮齿类动物，它们的眼球大多突出于眼眶之外，可以从各方面感受到弱光，而且能在视网膜上的任何部分成像。鸟类早晨啼鸣的时间大多与光强有直接关系，麻雀一般在晨光达 5～10 lx 时开始鸣叫，随着季节的变化，鸣叫的时间也会发生变化。例如，在上海郊区（晴天），麻雀每天开始鸣叫的时间，在春天（3 月 15 日）是 5：45；在夏天（6 月 15 日）是 4：20；在秋天（9 月 15 日）是 5：17；在冬天（12 月 15 日）是 6: 20。不同的鸟类对光强的反应也不一样，白脸山雀（*Parus magor*）在 2～10 lx 便开始鸣叫，这时的光强称为醒觉亮度。

（二）光质的生态作用与生物的适应

白光通过三棱镜可以分解为红、橙、黄、绿、青、蓝、紫不同质（不同波长）的光，阳光就是由不同波长的光所组成，不同的光质对生物的作用和影响也是不同的（图 2-12）。

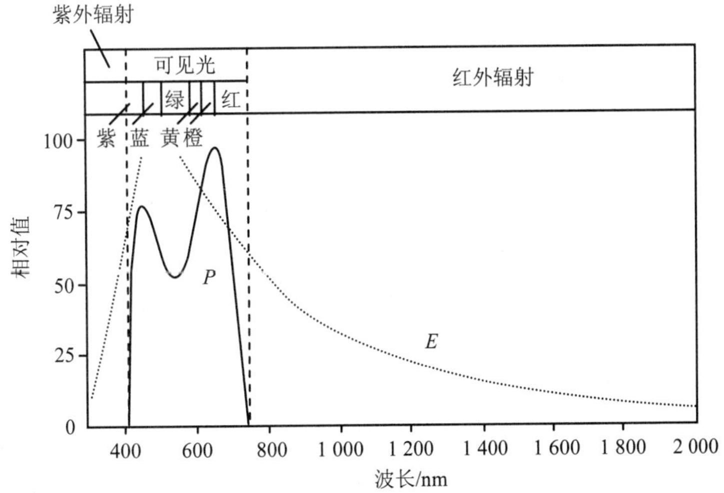

图 2-12　射到地表的太阳光谱中能量（*E*）、光合作用的相对速度（*P*）随波长的分布

资料来源：DAUBENMIRE R F. 1959. Plant and environment. 2nd ed. New York：John Wiley and Sons，Inc.。

（1）植物的光合作用并不能利用光谱中所有波长的光能，只是可见光区（380～760 nm），通常称这部分辐射为生理有效辐射，占总辐射的 40%～50%。在生理有效辐射中，红光、橙光是被叶绿素吸收得最多的部分，其次是蓝光、紫光，绿光很少被吸收，因此又称绿光为生理无效光。

另外，黄化苗对蓝光的反应特别敏感，蓝紫光还有利于蛋白质和有机酸的合成，促进花青素的形成，强烈抑制植物茎的伸长，所以在高山上，由于紫外光强，阳生植物大多呈莲座状，而且花色特别鲜艳。

有文献报道，日本等国已经利用彩色薄膜对蔬菜等作物进行试验，发现，紫色薄膜对茄子有增产作用；在蓝色薄膜下，草莓产量有提高，可是对洋葱生长不利；红光下栽培甜瓜可以加速植株发育，果实成熟提前 20 天，果肉的糖分和维生素含量也有增加。

我国也有一些学者在进行不同波长的光对组织培养，以及塑料大棚对栽培作物的影响等方面的研究。

（2）大多数脊椎动物可见光波的范围与人接近，但昆虫的可见光波范围则偏于短光波，相当于 250～700 nm，它们看不见红外光，却看得见紫外光，通常晚上看到夜蛾绕着灯光飞转的现象，说明照明灯光存在不同波长的光，既有夜蛾喜欢的，也有夜蛾所厌恶的。同样，人们可以用黑光灯诱蛾，这是利用昆虫对紫外光的趋光现象。

（三）生物对光周期的适应

地球不停地公转和自转，造成太阳高度的角度发生变化，因而也带来了地球上的日照长短的变化，虽然地球上不同纬度各不相同，但它都是周期性的，这种自然现象称光周期现象。光照长度超过 12～14 h 称为长日照，每天日照不足 8～10 h 称为短日照。

（1）由于长期适应和自然选择的结果，植物可以明显分为长日照植物和短日照植物。

在开花之前必须经过一个阶段的短日照叫短日照植物，如菊花、大豆、晚稻等；必须经过一段长日照才能完成开花结果的，叫长日照植物，一般越冬的夏熟的二年生作物如冬麦、油菜、菠菜、萝卜等均属这个类型。

植物中也有一些几乎一年四季都能开花结果，与日照长短几乎没有什么关系，如月季花、四季豆、黄瓜等。

植物在发育上要求不同的日照长度，这种特征主要与其原产地生长季节中的自然日照长短密切相关，一般来说短日照植物起源于南方，长日照植物起源于北方。在农业生产、林业生产实践中，尤其在引种上应特别注意植物对日照要求的生物学特性。

（2）动物与植物一样有长日照和短日照之分。大多数鸟类在春天繁殖，光照能促进这些动物生殖腺机能的活动。因此，在日照长度增长的情况下，就会有性的活动，这与长日照植物很相似。当然这也是长期适应和选择的结果。春天来了，夏秋也不远了，这是小动物觅食的良好时机。实验证明，日照不仅对鸟禽有作用，同样也有利于鱼类、两栖类、爬行动物生殖腺的活动。当然，人类也可以根据这个原理发展饲养业。例如，延长光照时间，增加禽蛋产量；相反，有些动物只有在短日照条件下才有性的活动，如绵羊、山羊、鹿等，同样它们也是对环境的适应，它们怀孕的时间都比较长。

二、温度的作用及生物的适应

太阳辐射使地表受热，产生气温、水温和土温的变化，温度因子和光因子一样存在周期性变化，称节律性变温。不仅节律性变温对生物有影响，而且极端温度对生物的生长发育都有十分重要的意义。

（一）温度因子对生物的影响作用

温度直接或间接地影响生物的生长、发育、繁殖、形态结构行为、数量和地理分布。

1. 温度与生长

任何一种生物，它的生命活动每一生理生化过程都有酶系统的参与。然而，每一种酶的活性都有它的最低温度、最适温度、最高温度，相应的则是生物生长的“三基点”，超过生物的耐受能力，高温使蛋白质凝固，酶系统失活；而低温将引起细胞膜系统渗透性改变、脱水、蛋白质沉淀以及其他不可逆转的化学变化。在一定的温度范围内，生物的生长速率与温度成正比，在多年生木本植物茎的横断面上大多可以看到明显的年轮，这就是植物生长快慢与温度高低关系的真实写照。同样，动物的鳞片、耳石等，也有这样的“记录”。

不同生物的“三基点”是不一样的。例如，水稻种子发芽的最适温度为25～35℃，最低温度为8～12℃，最高温度为38～42℃；家蝇生活的最适温度为17～28℃，最低温度为6℃，45℃中止活动，46.5℃即可死亡；雪球藻（*Sphaerella nivalis*）和雪衣藻（*Chlamydomonas nivalis*）只能在冰点温度范围内生长发育；生长在温泉中的生物可以耐受 100℃的高温。一般来说，生长在低纬度的生物高温阈值偏高，而生长在高纬度的生物低温阈值偏低。

2. 温度与发育

生物完成生命周期过程中，通过繁衍后代使种族得到延续，还要完成个体的发育。最明显的要数某些植物，它们一定要经过一个低温“春化”阶段，才能开花结果，就像信号开关一样，这个关不过，就不能完成生命周期。

温度与生物的发育关系的最普遍规律要算有效积温。法国雷米尔（Reaumur，1735）从变温动物生长发育过程中，总结出有效积温法则。当今，这个法则在植物生态学和作物栽培中应用得相当普遍。

$$K=N(T-T_0) \tag{2-1}$$

式中，K 为该生物所需的有效积温，它是一个常数；T 为当地该时期的平均温度，℃；T_0 为该生物生长活动所需最低临界温度（生物零度），℃；N 为天数，d。

同样，昆虫或者鸟类卵的孵化，不仅需要发育的最低温度（生物零度），而且还需要一定的有效积温。

发育速度 V，应是天数 N 的倒数，即 $V=1/N$，将其代入式（2-1），整理后得到

$$T=KV-T_0 \tag{2-2}$$

式（2-2）表示在发育的温度内，温度与发育历期成双线关系（图 2-13）。

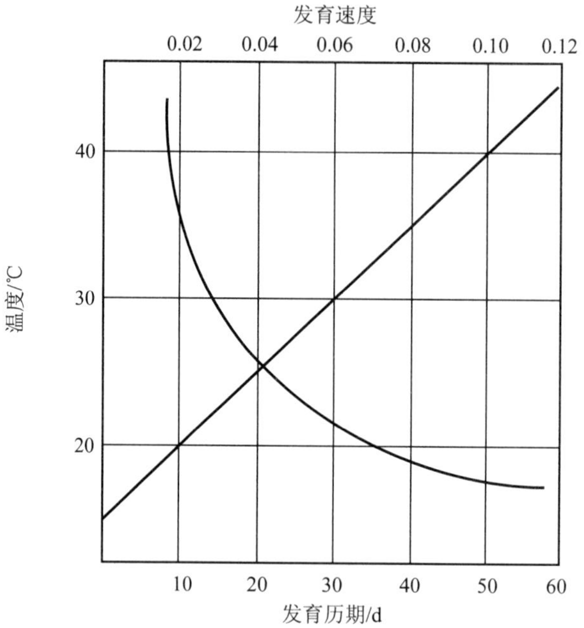

图 2-13 地中海果蝇发育历期、发育速度与温度的关系

资料来源：孙儒泳. 1987. 动物生态学原理. 北京：北京师范大学出版社。

有效积温及以上双线关系，在农业生产中有着很重要的意义，全年的农作物茬口安排必须根据当地的平均温度和每一作物所需的总有效积温；否则，将是十分盲目的。一种可能是土地不能得到充分利用，另一种可能是作物尚未成熟而低温已经降临，甚至可能颗粒无收。在植物保护、防治病虫害中，也是根据当地的平均温度以及某害虫的有效总积温进行预测预报的。

（二）生物对环境温度的适应

温度是一个重要的自然因子，而且这个因子又可以发生多种多样的变化，因此，生物对环境温度的适应也是多种多样的。

各种生物对温度都具有一定的适应范围。有的能适应较大的温度变化范围，有的只能适应较为狭窄的温度变化范围。故有广温性生物与狭温性生物之别。后者又分为喜冷和喜热的狭温性生物（图 2-14）。无论哪一类生物，其生命的最适温度范围通常并不在最低和最高温度的正中间，而是在靠近上限耐受温度的一端。但其安全耐受温度幅度在下限一端比在上限一端大。

植物一般生活在 0～45℃的温度范围内。在这个范围内，随着温度上升，生长加快，温度降低，生长减慢。当温度超过最低和最高限度时就停止生长，甚至受到伤害。在一些自然环境严酷的地区，仍然有植物分布，这是因为许多植物在长期演化过程中，逐渐形成了一些适应低温或高温防止伤害的特征。例如，西伯利亚东部的维尔霍扬斯克极端最低温度达−73℃，但仍有森林分布，那里共有 200 多种植物。我国东北大兴安岭地区的兴安落叶松能在−69.5℃下生存。

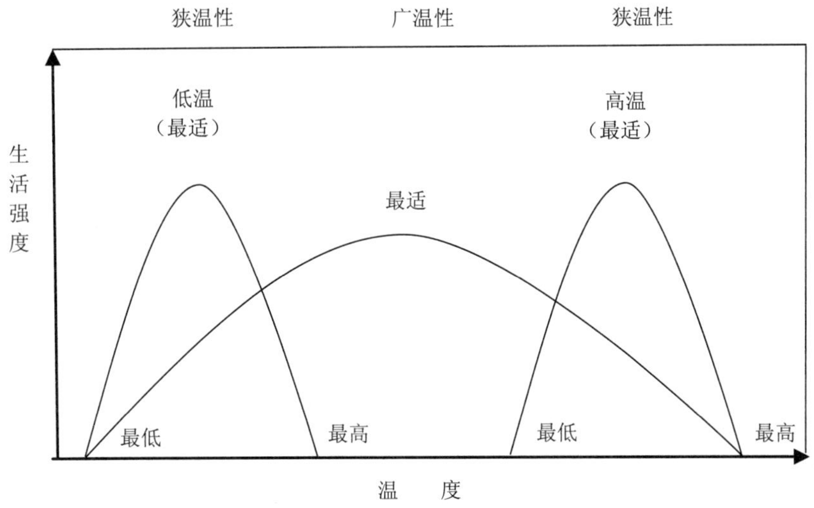

图 2-14 广温性生物和狭温性生物与温度（Odum，1971）

大多数动物生活在−2～50℃内，但因种类不同，适应温度范围也有变化。一般来说，比较低等的动物较高等动物对高温和低温都具有较强的适应能力。但各种动物忍受高温的能力都比忍受低温的能力差得多，而水生动物又比陆生动物差，即低温在某些方面对生物的破坏不如高温大，因为低温一般不引起蛋白质和酶的性质发生根本改变。

1．生物的分布

决定某种生物的分布区，绝不仅是温度因子，但它是重要的因子。温度制约着生物的生长发育，而每个地区又都生长繁衍着适应于该地区气候特点的生物。这里所讨论的温度因子，应该包括节律性变温和绝对温度，它们是综合起作用的。年平均温度、最冷月、最热月平均温度值是影响分布的重要指标。贝格尔就是根据这个指标来划分植被的气候类型的。日平均温度累计值的高低是限制生物分布的重要因素，有效总积温就是根据生物有效临界温度的天数的平均温度累计出来的。当然，极端温度（最高温度、最低温度）是限制生物分布的最重要条件。例如，苹果和某些品种的梨不能在热带地区栽培，就是由于高温的限制；相反，橡胶、椰子、可可等只能在热带分布，它们受低温的限制。动物也不例外，大象不会分布到寒冷地方，而北极熊也不会分布到热带地区。一般来说，暖和的地区生物种类多，寒冷的地区生物种类较少。

2．物候

生物长期适应于一年中温度节律性的变化，形成了与此相适应的发育节律称为物候。大多数植物在春天到来时开始发芽，随着温度上升，风和日丽、百花盛开，待到秋高气爽时，枝头果实累累，秋去冬来，枯枝落叶，进而休眠开始。当然动物也不例外。

3．休眠

休眠当然也是一种物候现象，在适应外界严酷环境中尤其对环境的极端温度（高温、低温）有着特殊意义。植物的休眠主要指的是种子的休眠，实际上，于纬度偏北的地区在冬天许多植物的芽也处在休眠状态。种子休眠的机制对于不同的植物各不相同。有的植物的种子离开母体时胚并没有完全成熟，需要有一个后熟过程，如银杏和人参；有的植物和种子脱离母体时，胚虽已成熟，但是由于果实或种子外有一个十分坚实的外壳，需要一段时间的腐烂、分解，如椰子；而有的植物的种子成熟后，果实内存在有抑制其发芽的物质，到该物质分解消除后，种子方能发芽，如番茄等。

动物的休眠对于不同种类、不同地区也各不相同。动物的休眠，从时间上可以分两种类型：一种是冬眠，另一种是夏眠（或称夏蛰）。处在休眠状态下过冬的称冬眠；处在昏睡状态渡过高温缺水夏天的称夏蛰。变温动物和恒温动物的机制各不相同，在寒带和温带绝大多数无脊椎动物和变温动物都有冬眠现象。蚯蚓冬天钻到土壤深处停止活动；昆虫、蜘蛛以卵过冬；两栖类中蛙、蟾蜍在水底，有的在泥下或田埂等处的洞穴中过冬；蛇类多在土堆、鼠洞中冬眠。夏蛰多见于无脊椎动物，尤以蜗牛为常见，较热地区陆生的蜗虫和蚂蝗，在干旱季节里埋在土中，昆虫和蜘蛛能在草原上蛰眠。

恒温动物休眠又分两种情况。一类为冬眠恒温动物，在冬眠时，其代谢降低，心跳和呼吸频率大大减少，体温下降，热量产生降低，平均体温约高于外界温度 1℃时成为变温动物；当体温下降到接近冰点时，就会激醒，以免冻死，如黄鼠、蝙蝠、旱獭等。另一类动物如熊、貉、臭鼬等，在冬天它们只是深睡，体温变化不大，与平常相比只是下降 1℃左右，又称“假冬眠”。这不仅是对温度的适应，也是对食物短缺的适应。

4．形态方面的适应

生物对温度的适应还表现在形态上。植物对低温的适应表现在芽及叶片常有油脂类物质保护，芽具有鳞片，器官的表面盖有蜡粉和密毛，树皮有较发达的木栓组织，植株矮小，常呈匍匐状、垫状或莲座状。对高温的适应表现在有些植物体具有密生的绒毛，鳞片能过滤一部分阳光，发亮的叶片能反射大部分光线，使植物体温不至增加太高、太快。有些植物叶片垂直排列，或在高温下叶片折叠，减少吸光的面积，避免高温的伤害。有的树干根茎附近有很厚的木栓层，有隔热保护作用。

温度不仅影响动物生长的速率，而且也影响动物的形态。低温延缓了恒温动物的生长，使性成熟缓慢，个体活得时间长，个体大；因此，同类动物生长在较寒冷地区的比生长在温热地区的个体要大，个体大有利于保温，个体小有利于散热。例如，我国的东北虎比华南虎大，北方野猪比南方野猪大。

同样，分布在南半球的企鹅也有类似的情况，纬度越高、温度越低的地方，企鹅的个体越大。这种规律在生态学中称贝格曼定律。

阿伦（Allen）根据自然界在较寒冷地带的哺乳动物的四肢、尾和耳朵有明显趋向于缩短的现象，也提出了一个定律——阿伦定律［寒冷地区的内温动物较温暖地区的内温动物外露部分（如四肢、尾、耳朵及鼻）有明显趋于缩小的现象。这是由于减少体表面积，有利于防止体温发散，说明动物为了保持体温而具有的一种适应性］。例如，北极狐、赤狐及非洲大耳狐的耳朵长短有明显不同。

实验动物饲养在不同温度条件下，也有类似情况。例如，小白鼠饲养在 15.5～20℃条件下比饲养在 31～33.5℃条件下的身体粗壮，但尾巴短。这不仅符合阿伦定律，也符合贝格曼定律。当然，也有例外。

生物对温度的适应还表现在生理、行为等方面。

三、水的作用及生物的适应

水，人们常常称它为生命的摇篮。从生物进化的观点来认识，最原始的生命是在水里诞生，生物系统发生是从水生到陆生。水生生物离不开水，这是不言而喻的，陆生生物同样少不了水。

水有三种状态，即液态、固态和气态，它们之间可以随条件变化而相互转化，它的存在与多寡，影响生物的生存与分布，同样，生物也以各种各样的方式适应环境中的水因子。

（一）水因子的生态作用及生物体内的水平衡

1. 水是生物生存的重要条件

首先水是生物体的组成成分。植物体一般含水量达60%～80%，而动物体含水量一般比植物更高。例如，水母含水量高达95%，软体动物达80%～92%，鱼类达80%～85%，鸟类和兽类达70%～75%。水是很好的溶剂，对许多化合物有水解和电离作用，许多化学元素都是在水溶液的状态下为生物吸收和运转的。水是生物新陈代谢的直接参与者，水是光合作用的原料；水是生命现象的基础，没有水也就没有原生质的生命活动，水有较大的比热，当环境中温度剧烈变动时，它可以发挥缓和和调节体温的作用。水能维持细胞和组织的紧张度，使生物保持一定的状态，维持正常的生活。

2. 水在生物体内的平衡

由于水是生物体的组成成分，并直接参与新陈代谢过程，所以生物体必须经常保持水的摄入与排出的动态平衡，才能进行正常的生命活动。这一点它区别于光、温度两个因子。

植物体的水平衡是指植物体的水分收入（吸水）和支出（蒸腾）之间的平衡，只有在吸收、运转和蒸腾三者比例恰当时，才能维持良好的水分平衡。植物需水量大部分消耗于蒸腾，一般在90%以上。当蒸腾超过吸收、运转时，平衡呈负值，水分亏缺引起气孔的关闭，减少蒸腾，又回到新的平衡。实际上，植物体内的水分经常处在正负值的动态平衡中。这种动态平衡是植物体水分调节机制和环境中各生态因子相互作用、相互制约的结果。

动物体同样存在水平衡问题。动物摄水的方式主要有：①通过体表直接从水环境或空气中获得，如大多数无脊椎动物、鱼类和两栖类；②由食物和饮水中获得，海洋中硬骨鱼类需要经常吞水，以补充体内水分的外渗，陆生昆虫如蜜蜂须经常饮水；③从生物体自身生物氧化过程中获得水分，如氧化100 g脂肪可以产生水分107～110 g，糖和蛋白质的氧化过程中同样产生水分。

动物体水分的散发主要是通过体表和呼吸道表面的蒸发和渗透作用、排泄器官排泄、消化器官排遗以及各种腺体的分泌等方式向体外排出，同样，也是通过自身调节和对环境的适应达到平衡的。

（二）生物对水因子的适应

1. 植物对水因子的适应

在生物圈中，水的分布是十分不均匀的，在长期进化过程中，所形成形形色色、不同类型的植物对水因子的要求各不相同。根据栖息地，通常划分为水生植物和陆生植物。

（1）水生植物。水生植物是指生长在水中的植物。水生植物可分为沉水植物（如金鱼藻）、浮水植物（如凤眼莲）、挺水植物（如荷花）等。水生环境与陆生环境有许多差别，如光照弱，缺少氧气，密度大，温度变化平缓以及可以溶解许多无机盐。以高等植物为例，其出现了许多适应性状。

长期适应缺氧环境的植物，其根、茎、叶形成了一整套系统。例如荷花，从叶片气孔进入的空气，通过叶柄、茎，进入地下茎和根部的气室，形成了一个完整的通气组织，以保证植物体各部分对氧气的需要。又如金鱼藻，属于封闭式的通气组织，该系统不与大气直接相通，系统内可以贮存由呼吸作用释放出来的 CO_2，供光合作用的需要，而光合作用释放出来的氧气又被呼吸作用所利用。植物体内的通气组织增加了体积，使植物增加了浮力。

水生植物在水下的叶片多分裂成带状、线状，而且很薄，以增加吸收阳光、无机盐和 CO_2 的面积。最典型的是伊乐藻属植物，叶片只有一层细胞。又如有的水生植物，出现有异型叶，毛茛在同一植株上有两种不同形状的叶片，在水面上呈片状，而在水下则分裂成带状。

水的密度大，有利于增加植物体的浮力。植物生活在不同水层中，适应于水体流动，一般具有较强的弹性和抗弯曲的能力。

（2）陆生植物。生长在陆地上的植物统称陆生植物。它可分为湿生植物、中生植物和旱生植物。

①湿生植物：湿生植物多生长在水边或潮湿的环境之中，即空气湿度大的环境，其蒸腾少，不能忍受长期缺水的环境，抗旱能力差，如秋海棠、海芋等。

②中生植物：一般植物大多属中生植物，在一定的湿度范围内都能生长发育。

③旱生植物：旱生植物生长在干旱环境中，能耐受较长时间的干旱环境，且能维持水分平衡和正常的生长发育。这类植物在形态或生理上出现了多种多样的适应干旱环境的能力。

旱生植物在形态结构上的适应，主要表现在两个方面：一方面是增加收入，另一方面是减少支出。一个显著的特点是有发达的根系，例如沙漠地区的骆驼刺地面部分只有几厘米，而地下部分可以深达 15 m，扩展的范围达 623 m，可以更多地吸收水分。许多旱生植物叶面积很小。例如，仙人掌科许多植物，叶特化成刺状；松柏类植物呈针状或鳞片状，且气孔下陷；夹竹桃，叶表面被有很厚的角质层或白色的绒毛，能反射光线；许多单子叶植物，具有扇状的运动细胞，在缺水的情况下，它可以收缩，使叶面卷曲，共同点是尽量减少水分的散失。有些旱生植物具有发达的储水组织。例如，美洲沙漠中的仙人掌树，高达 15～20 m，可储水 2 t 左右；南美洲的瓶子树、西非的猴狲面包树，可储水 4 t 以上。这类植物能储备大量水分，同样适应干旱条件下的生活。

除以上形态上适应外，还有一类植物是从生理上适应。它们的原生质的渗透压特别高，淡水水生植物的渗透压一般只有 2～3 atm，中生植物一般不超过 20 atm，而旱生植物渗透压达到 40～60 atm，最高达到 100 atm，高渗透压能够使植物根系从干旱的土壤中吸收水分，同时不至于发生反渗透现象，使植物失水。

2．动物对水因子的适应

动物按栖息地划分同样可以分为水生动物和陆生动物两大类。水生动物的媒质是水，而陆生动物的媒质是大气。因此，它们的主要矛盾也就不同。

（1）水生动物的渗透压调节。水生动物生活在水的包围之中，似乎不存在缺水问题。其实不然，因为水是很好的溶剂，不同类型的水溶解有不同种类和数量的盐类（表 2-8）、水生动物其体表通常具有渗透性，所以也存在渗透压调节和水平衡的问题。不同类群的水生动物，有着各自不同的适应能力和调节机制。水生动物的分布、种群形成和数量变动都与水体中含盐量的情况和特点密切相关。

表 2-8 三种典型天然水的组成 单位：g/L

类型	K^+	Ca^{2+}	Na^+	Mg^+	SO_4^{2-}	CO_3^{2-}	Cl^-	总含计量
软淡水	—	0.01	0.016	—	0.007	0.012	0.019	0.065
硬淡水	0.016	0.065	0.021	0.014	0.025	0.019	0.041	0.30
海水	0.39	0.42	10.7	1.31	2.69	0.073	19.3	34.9

资料来源：孙儒泳. 1987. 动物生态学原理. 北京：北京师范大学出版社。

洄游鱼类，如溯河的蛙鱼和降海洄游的鳗鱼以及广盐性鱼类的罗非鱼、赤鳞、刺鱼等，在生活史的不同时期分别在淡水和海水中生活，它们的渗透压又是如何调节以保持生物体水平衡的呢？一般来说，其体表对水分和盐类渗透性较低，有利于在浓度不同的海水和淡水中生活。当它们从淡水转移到海水时，虽然有一段时间体重因失水而减轻，而体液浓度增加，但 48 h 内，一般都能进行渗透压调节，使体重和体液浓度恢复正常。反之，当它们由海水进入浅水时也会出现短时间的体内水分增多，而盐分减少，然后通过提高排尿量来维持体内的水平衡。例如，一些鱼类进入海水时，肾脏的排泄机能就自动减弱，有的鱼类如赤鳟、美洲鳗鲡的腮细胞能改变机能，在咸水中能排泄盐类，而在淡水中能吸收水分。

（2）陆生动物对环境湿度的适应。影响陆生动物水平衡更多的是环境中的湿度，动物也有其各种各样的适应。

①形态结构上的适应：不论是低等的无脊椎动物还是高等的脊椎动物，它们各自以不同的形态结构来适应环境湿度，保持生物体的水平衡。昆虫具有几丁质（一般指甲壳质，甲壳质又称甲壳素）的体壁，防止水分的过量蒸发；生活在高山干旱环境中的烟管螺可以产生膜以封闭壳口来对低湿条件适应；两栖类体表分泌黏液以保持湿润；爬行动物具有很厚的角质层、鸟类具有羽毛和尾脂腺、哺乳动物有皮脂腺和毛，都能防止体内水分过多蒸发，以保持体内水的平衡。

②行为的适应：沙漠地区夏季白天地表温度与地下温度相差很大，因此，地面和地下的相对湿度和蒸发力相差也很大。例如，地面温度为 71.5℃，地下 30 cm 深的洞穴里温度为 29.8℃，45 cm 深的地下，温度为 27.9℃；但地面湿度为 0～15%时，洞穴相对湿度为 30%～50%。一般沙漠动物，如昆虫、爬行类、啮齿类等白天躲在洞内，夜里出来活动，更格卢鼠能将洞口封住，这表现了动物的行为适应。

另外，一些动物白天躲藏在潮湿的地方或水中，以避开干燥的空气，而在夜间出来活动。

干旱地区的许多鸟类和兽类在水分缺乏、食物不足的时候，迁移到别处去，以避开不良的环境条件。在非洲大草原旱季到来时，往往是大型草食动物开始迁徙的时候。干旱还会引起暴发性迁徙，例如，蝗虫有趋水喜洼特性，常由干旱地带成群迁飞至低洼易涝地方。

前面已经讨论过夏蛰行为，一方面是对高温的适应，另一方面也是对干旱条件的适应。

③生理适应：许多动物在干旱的情况下具有生理上适应的特点。“沙漠之舟”骆驼，可以 17 d 不喝水，身体脱水达体重的 27%，仍然照常行走。它不仅具有储水的胃，驼峰中有丰富的脂肪，消耗的过程中产生大量水分，血液中具有特殊的脂肪和蛋白质，不易脱水。另外，还发现骆驼的血细胞具有变型功能，提高抗旱能力。

第六节　生物之间的关系及人类对生物的影响

一、生物之间的关系

地球上没有任何一种生物单独地生存于非生物环境中，它总是不同程度地受到周围植物、动物和微生物的影响。对某一特定的生物来说，周围这些对它产生影响的生物便成为一个很重要的自然因子。生物之间的关系十分复杂。有种内关系和种间关系，有直接影响和间接影响，还有有利的作用与不利的作用，等等。归纳起来主要有下列六种形式。

（1）互助：在两个相互作用的物种或种群中，彼此均受到利益，但是它们并不须互相依赖，可以单独生存。例如，单独活动的麝香牛很容易受到狼群的攻击，但成群的麝香牛跟狼群相遇时，所有的雄牛头朝外围成一圈，把雌牛和小牛围在圈内保护起来。这是种内互助现象。非洲稀树草原上，放牧动物群与野生植食动物群（羚羊、长颈鹿、狒狒等）常混生在一起，每一种动物都为该组合提供其独特的报警系统，然而其中的每一种动物都可脱离该组合而独立生存。这是种间互助现象。昆虫和鸟类采食植物的花蜜，又传播植物的孢子和花粉则是动物与植物间的互助。

（2）互惠共生：两个不同物种的有机体密切地结合在一起，在共同的生活中互相依赖，均获得一定的利益，但是彼此不能分开而单独地生存。固氮的根瘤菌与豆科植物、白蚁与其肠内生活的鞭毛虫之间的关系都是共生现象的典型例子。

（3）共栖：两种生物生活在一起，其中一方受益，另一方并不受害也无利的关系即共栖。海洋中一些小鱼隐藏在水母或海葵的触手之间，来回游飞，穿梭自如，既能得到庇护又可从宿主获得一些残食。树木茎干上常附生一些地衣、苔藓甚至蕨类和有花植物，这些附生植物获得立足生长的基质而对树木无害。此外，森林中居于上层的乔木因遮阴而为下层阴性植物提供了适宜的生活环境，则是通过改变环境而使一方受益的间接作用的共栖现象。

（4）竞争：对于食物、生存空间和其他条件具有相似要求的不同物种或同种的不同个体，为了生存，相互间都力求抑制对方，从而给双方都带来不利影响。其结果，起初双方都受损伤，但最后是一方获胜而另一方被淘汰。竞争多发生在彼此共同需要的资源和空间有限而物种的个体密度过大的情况中。竞争可分为种内竞争和种间竞争。鸟类为占据地盘，营巢繁殖，争夺掩蔽处，争吃同一种食物以及雄性个体间为求偶而常常发生同种不同个体间的种内竞争。草原上的蚱蜢、鼠类、羊和其他野生植食动物为饲草而竞争可视为种间竞争的关系。

（5）捕食：是捕食者生物袭击并捕杀被捕食者生物的现象。捕食者因获得食物而受益，被捕食者则受到抑制或死亡。例如，植食动物吃草和狮子捕食羚羊，猪笼草和茅藁菜捕食昆虫等。捕食作用并不总是有害的，它有点像天然的质量控制法那样，淘汰了有病的或其他方面不理想的个体，通过捕食作用还可以控制生物的个体数量，维持生物种群间和生物与环境负荷间的平衡。

（6）寄生：一个物种的个体（寄生物）生活在另一物种个体（寄主）的体内或体表，并从其组织中汲取营养，但并不经常导致寄主生物的死亡。例如，菟丝子或列当常寄生在其他植物体上汲取所需要的水分和营养物质。产于我国西南山地的冬虫夏草，则是子囊菌纲的真菌寄生在鳞翅目蝙蝠蛾科的虫草蝠蛾幼虫体内的现象。

二、人类对生物的影响

人类自从在三四百万年前出现之后，就成为地球生物圈的一部分，除受自然规律制约外，人类有智慧、会劳动而不同于其他动物。现代人类的生产力已发展到对全球的生物及其生存环境施加重大影响的程度，以致在短时间内可以创造出大量的新生物，改变生物的特性，也可以毁灭无数有价值的天然物种，还能够改变生物的分布区。

人类在长期的劳动实践中逐步认识和改造着自然有机界。旧石器时代和部分中石器时代，人类主要是靠采集野生植物的果实、种子、块茎和捕猎野生动物来维持生活的。随着生产工具的不断改进，到了新石器时代，采集经济逐渐过渡到原始农业，狩猎经济也逐步过渡为原始的畜牧业。从那时起一些被采集的野生植物在一定的地理气候条件下，经过多代选择，最后变成符合人类需要的栽培植物。到现在，据初步调查，可以称为作物的植物有 2 300 余种，其中与人类生活关系密切的栽培植物有五六百种。而某些栽培植物种内的品种更是多得惊人，如菊花有近 10 000 个品种。

据考古学研究，在距今约 1 万年前后的中石器时代的后期和新石器时代，我们最熟悉的家畜和家禽以及家蚕都已驯养成功并加以利用了。狗和猪可能是最早被驯化的家畜，稍后是羊和牛，再就是马、驴、骆驼和家禽。现在家养动物种类很多，有些动物品种也为数不少，例如，我国猪的品种有 100 多种，金鱼有 160 多种。

人类在改变野生生物为家养生物的过程中，不仅增加了生物的种类，而且它们的性质也发生了明显的变化，主要是朝向有利于人类需要的方向发展。例如，粮食作物的产量，蛋白质、淀粉或糖的含量比其野生祖先大大提高。家猪是由生活在山林草莽和沼泽地带“狼奔豕突”的野猪驯化而来，其头、颈变宽缩短，体态肥大而四肢短小以及生理机能都不同于它的祖先。此外，栽培植物和家养动物的竞争能力与适应外界环境的能力一般较其野生祖先为弱，而变异性增大。

人类还扩大或缩小了生物原有的分布范围。栽培水稻原产于我国西南和印度等地，现在世界各大洲普遍种植。

人类在培育新的生物种类的同时，也在有意或无意地消灭和减少着生物的种类和生物资源。自从人类出现以后，由于狩猎、乱砍滥伐和环境污染等原因，地球上生物绝灭的速度大大加快了。据估计，人类已经消灭了四五万种动物。公元纪年以来，已有 100 余种大型兽类绝于人手。如欧洲野牛绝于 400 多年前，斑驴绝于 1864 年……还有一些种类除了人类圈养外，已无野生种类，如麋鹿（四不象）、黇鹿等。目前有更多的动物正濒临绝种，如黑犀牛、老虎、蓝鲸、白鹭、巨鹰等。我国野生动物资源也遭受到严重破坏。据初步调查，已经灭绝或基本灭绝的动物有高鼻羚羊、新疆虎、犀牛、白臀叶猴、豚鹿、朱鹭、黄腹角雉、台湾蓝鹇等；濒临灭绝的有长臂猿、金丝猴、海南坡鹿、华南虎、东北虎、儒艮、白鳍豚、扬子鳄、穿山甲、原鸡、丹顶鹤等 20 多个种和亚种。

人类开垦土地、砍伐森林，毁灭了大片植被。据估算，地球上现有的森林面积约为 28×10^6 km^2，而在几百年前约有 72×10^6 km^2。全世界高等植物每年灭绝 200 余种，还有 25 000 种植物也将濒临灭绝。我国海南岛的花梨、坡垒、红罗、绿楠等都是世界著名的珍贵稀有植物，现已为数不多，花梨已找不到能用于繁殖的母树。

令人惊异的是地球上生物绝种的速度已越来越快。例如，20 世纪前的 300 年里，平均每四年才有一种鸟类或哺乳类绝灭，但从 20 世纪开始后的 80 年里，平均每年就有一种鸟兽绝灭。此后，每天至少有一个物种从地球上消失。

鉴于上述情况，许多国家的科学家和一些国际组织发出了拯救珍贵稀有生物和濒临绝种的生物、保护自然资源的呼声。根据联合国教育、科学及文化组织 2020 年 1 月 5 日的资料，世界上已有 124 个国家建立了 701 个生物圈自然保护区，分布于 21 个跨境地点。我国已建立了 34 个自然保护区，开始形成较完整的以保护我国特有珍贵动植物为对象的自然保护区系统。其中吉林长白山、广东鼎湖山和四川卧龙三个自然保护区已加入了世界生物圈保护区网。这些保护区，生态环境复杂多样，生物种类十分丰富，是天然的生物基因库和自然资源库。建立并有效地管理好自然保护区，对于保存和培育生物物种，研究自然生态系统的物质与能量转换，维护自然界的生态平衡以及对人民进行生物学、地学知识的宣传教育都具有重要意义。

第七节 自然条件作用的一般特征与生物的趋同、趋异效应

生物与自然条件之间的关系是相互的、辩证的。我们从自然因子角度来考察自然条件的作用。通常，自然中非生物因子对于有机体的影响叫作用，而有机体对自然因子的影响称反作用。自然因子的作用方式十分复杂，可以从三个方面着重讨论自然条件作用的特征：生物与自然条件的相互作用，一方面是自然因子对生物的作用，另一方面是生物从形态、结构、生理甚至行为等方面对各自然因子的适应。自然因子对生物的作用是综合的，就生物而言，出现趋同适应、趋异适应和自然适应。

一、自然因子与生物之间的相互作用

众所周知，今日生机盎然、气象万千的生物圈的形成与绿色植物的出现分不开。原始的地球表面的大气圈中主要是 N_2、CO_2、CH_4、NH_3 等还原性气体，几乎没有 O_2，当然也没有臭氧层。太阳光包括强烈的紫外光可以直接照射到陆地上，生物是无法生存的。因此，最原始的生命只能在水中诞生。原始的植物进行光合作用，吸收 CO_2，放出 O_2，随着 O_2

的增加，臭氧层的出现，生物逐步从水生进化到陆生。奥德姆（E. P. Odum）指出："作为一个整体，生物圈的进化，主要是制服'日射'，利用它有用的部分，减缓或者消除了它的危险作用。"当然，也正是绿色植物将太阳能转变为化学能，才有生物圈中食物链的传递。

自然因子作用于生命有机体，而生物也影响和改变着周围的自然因子。这是普遍存在的，其表现也是多方面的。当然，有的表现是明显的，有的不明显。诸如土壤的形成、小气候的形成等都是自然诸因子和生物相互作用的产物。

二、自然因子的综合作用

自然因子对生物是综合起作用的，至少包含这样两方面的意思：一是自然因子之间是相互影响、互相作用的；另一方面自然因子之间是不可替代的，只有各因子之间恰当配合，才能对生物发挥更大的作用。

自然因子间相互影响是到处可见的。如果自然中某一因子发生变化，这种变化可能引起其他因子发生变化。例如，在水生环境中温度的变化对水中溶解氧的含量将产生巨大的影响。在陆地（除高海拔地区）上大气中氧的含量达21%，一般情况下，不会有缺氧的感觉；但是，在水中溶解氧的含量会随温度的上升而不断减少（表2-9）。因此，夏天高温时节，养鱼塘中常常会出现缺氧现象。在一些养鱼塘中，由于鱼群密度大，水体中温度高，溶解氧不足，鱼群就会出现"浮头"现象；在这种情况下，鱼抵抗毒物的能力也会降低。例如，在10℃时，CO_2对鲤鱼致死浓度为120 mg/L，而30℃时致死浓度则减少一半，只要55～60 mg/L，就会使鲤鱼致死。

表2-9 水体中温度与溶解氧的关系

温度/℃	淡水溶解氧含量/（mL/L）	海水溶解氧含量/（mL/L）
0	10.29	7.97
10	8.02	6.35
15	7.22	5.79
20	6.57	5.31
30	5.57	4.46

资料来源：郑师章，吴千红，王海波，等. 1994. 普通生态学——原理、方法和应用. 上海：复旦大学出版社。

因子之间是不可替代的，最普通的种子发芽试验便可清楚地说明这个问题。在一定的温度条件下，把成熟的种子放在干燥的杯子里，种子并不会发芽，因为缺少水分；反之，把种子淹没在水中，大多数植物的种子也不会发芽，因为缺少空气；只有在恰当的温度下，在恰当的水分和空气的条件下，种子才会发芽。试验说明，温度、水分、空气对种子的发芽是综合起作用的，而且各因子之间是不可替代的。

三、自然因子的限制作用

奥德姆指出："在生态学家开始进行环境分析时，特别重要的是不要忙于列出一系列非临界性的可能因子，而应该去分析研究哪些更为重要的对象：①通过观察、分析和实验，发现起'显著作用'的因子；②根据具体情况分析这些因子如何发挥它对个体、种群和群落的影响。"前面已经讲到自然因子之间尽管是互相影响、综合起作用的，但它们之间又是不可替代的。值得强调的是，在任何情况下都绝不能平均看待各种生态因子的作用，实际上，某些因子的量（强度）过低或过高都限制着生物的生长、繁殖、数量和分布，这些因子叫限制因子。限制因子的种类和限制作用的量（强度）常因情况的不同而不同，并不是固定不变的。

1. 利比希最低因子定律（Liebig's law of minimum）

利比希（Justus Liebig）是研究各种因素对植物生长影响的先驱者。1840 年，他发现，作物的产量并非经常受到大量需要的营养物质如 CO_2 和 H_2O 的限制（它们在自然界中很丰富），而是受到一些微量元素如硼的限制。因为，虽然作物对硼的需要量很少，但土壤中的含量也非常稀少。他提出了"植物的生长取决于处在最少量情况食物的量"的主张，后人称为利比希最低因子定律（法则）。

后来，一些生态学家如 Tayler（1934）等把这个定律发展为包括营养物质以外的因子（如温度以及时间等因素）。奥德姆（1981）认为"为了避免混乱，看来最好是把最小因子（最低因子定律）概念如同原来的意图那样，限制在生长和繁殖生理所需要的化学物质（氧、磷等）范围内，而把其他因子和最大量的限制作用放在耐受定律之中"。换言之，他认为利比希最低因子定律只不过是限制因子概念的一个方面。同时他认为，这个定律如果对实践有用的话，还必须补充两个辅助原理：首先利比希最低因子定律只能严格地适用于稳定状态，即能量和物质流入和流出是处在平衡的情况下才适用；第二个要考虑的重要问题是因子之间的相互作用。

2. 谢尔福特耐受定律

美国生态学家谢尔福特（V. E. Shelfort）于 1913 年指出，一种生物能够存在与繁殖，要依赖一种综合环境的全部因子的存在，只要其中一项因子的量和质不足或过多，超过了某种生物的耐性限度（the limits of tolerance），则使该物种不能生存，甚至灭绝。这一概念被后人称为谢氏耐性定律（Shelfort's law of tolerance），在这一定律中把最低量和最大量因子并提，把任何接近或超过耐性下限或上限的因子都称为限制因子。

奥德姆（1981）对耐受定律也作了如下补充：

（1）生物能够对一个因子耐受范围很广，而对另一因子耐受范围很窄。

（2）对所有生态因子耐受都很宽的生物，它的分布一般很广。

（3）在一个因子处在不适状态时，对另一因子耐受能力可能下降。

（4）经常可以发现，在自然界中，生物实际上并不在某一特定的环境因子最适的范围内生活。在这种情况下，可能有其他更重要的因子在起作用。

（5）繁殖期通常是一个临界期，环境因子最可能起限制作用。繁殖的个体、种子、卵、胚胎、种苗和幼体等的耐性限度一般都要比非繁殖的植物或动物成体的耐性限度狭窄些。

生态学家常常用狭温性、广温性、狭水性、广水性、狭食性、广食性……来表示生物环境因子耐受的相对程度（图 2-15）。

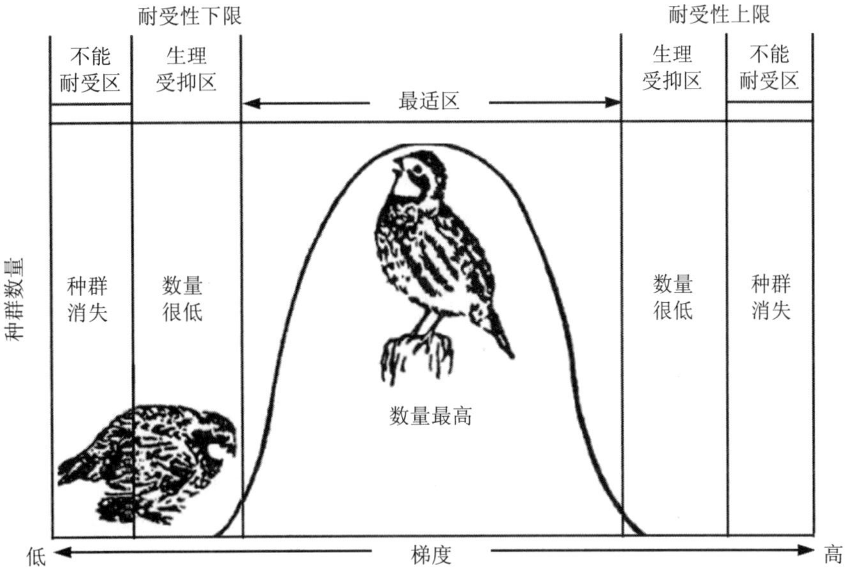

图 2-15 生物种的耐受性限度图解

资料来源：史密斯 • R. L. 1988. 生态学原理和野外生物学. 李建东，译. 北京：科学出版社。

生物对某因子耐受幅很狭，且该因子在环境又不稳定，则该因子常常可能成为限制因子；反之，生物对某因子耐受幅很宽，且该因子在环境中很稳定，则该因子不大可能成为限制因子。

四、生物的趋同适应（生活型）

所谓趋同作用，是指亲缘关系相当疏远的生物，由于长期生活在相同的环境之中，通过变异、选择和适应，在器官形态等方面出现很相似的现象，从生态学角度来认识，具有相似或相同的生态位。

蝙蝠属哺乳动物和大多鸟类一样，通过飞行来捕捉空中的昆虫，它的前肢不同于一般的兽类，而形同于鸟类的翅膀。鲸、海豚、海象、海狮、海豹均属哺乳动物，但它们却长期生活在水生环境之中，整个身躯呈纺锤形似鲨鱼，它们的前肢也发育成类似鱼类的胸鳍。

在不同地区相似的生境中生活着具有相似生活方式和形态的动物（表 2-10），同样是对动物生活型的划分。

表 2-10 在不同地区相似生境中生活着具有相似生活方式和形态的动物

类型	北美洲	南美洲	亚洲	非洲	大洋洲
跳跃行走的食草动物	长耳大野兔	—	沙漠跳鼠兔	跳兔	大袋鼠
穴居、在地上寻食的哺乳兽	长尾草原大鼠、小囊鼠	豁、豚鼠	仓鼠	松鼠	袋熊

类型	北美洲	南美洲	亚洲	非洲	大洋洲
穴居、在地下进食的哺乳兽	囊鼠	栉鼠	鼹鼠、滨鼠	金毛鼹	袋鼹
无飞翔能力的鸟	—	美洲驼鸟	—	鸵鸟	鸸鹋
奔跑的食草动物	叉角羚、美洲野牛	大羊驼、南关大草原鹿	草原羚、羊野马	斑马、跳羚	—
奔跑的食肉动物	丛林狼	狼	兔狲	狮、猪豹	袋狼

资料来源：史密斯 • R. L. 1988. 生态学原理和野外生物学. 李建东，译. 北京：科学出版社。

植物也不例外，仙人掌科的植物适应于沙漠干旱生活，它具有多汁的茎，叶子退化呈刺状。生活在与其相同的环境下，而属于不同类群的植物，却出现了相似的外部形态，如菊科的仙人笔、大戟科的霸王鞭、萝摩科的海星花等。

按趋同作用的适应结果，对生物进行生活型的划分。生活型，指不同种的生物因长期生存在相同的自然条件下，由于自然条件的限制作用，发生趋同适应，在形态、生理等特性上表现相似性的生物类型。不同学者有不同的划分方法，最一般的是按植物的大小、形状、分枝以及生命周期的长短等，将植物分为乔木、灌木、半灌木、木质藤本、多年生草本、一年生草本、垫状植物等。丹麦植物学家饶基耶尔（Raunkier）以芽对冬季条件的适应，将植物划分为高位芽、地上芽、地面芽、地下芽和一年生植物，长期以来为人们普遍采用。

五、生物的趋异适应（生态型）

同一种生物，生长在不同的环境条件下，它们中间可能出现不同形态结构和不同的生理特性的类型，这些特性的变异往往具有适应的性质。这种生态变异和分化，早在 20 世纪 20 年代就引起了生物学家的注意。早期的遗传生态学家瑞典的杜尔松（Turesson）1921 年通过移栽实验发现这些差异的物种栽培于同一条件下，在相当长的时间里这种变异还继续存在，说明这些差异是可以遗传的；换言之，它源于基因的差别。因此，他将生态型定义为："一个物种对某一特定生境发生基因型的反应而产生的产物。"他认为生态型是指种内适应于不同生态条件或区域的遗传类群。

随后，美国的 Clauson 和 Keek 等进行了大规模的生态型试验。生态型的概念也更加完善。一般认为生态型包括三个方面的内容：①绝大多数广布的生物种。在形态学上或生理学上的特性表现出空间的差异。②这些变异与特定的环境条件相联系。③生态学上的相关变异是可以遗传的。

这里有必要指出，生态型概念区别于亚种概念。亚种是形态的、地理的和历史的分类学概念。多型种中的不同亚种，在分布上存在地理隔离，每一亚种包含一系列具有其同起源的种群和完整的地理分布、明显的形态学上的区别。而生态型则是生态适应的概念，在同一地区，当生境存在差异时，通常可以发现不同生态型。生态型区别在于对环境的不同反应，这些反应可以表现在形态上，也可以不表现在形态上。一个亚种可以包含一个生态型，也可以包含多个生态型。

参考文献

潘树荣，伍光和，陈传康，等. 1985. 自然地理学. 2 版. 北京：高等教育出版社.

孙儒泳，李博，诸葛阳，等. 1993. 普通生态学. 北京：高等教育出版社.

孙儒泳. 1987. 动物生态学原理. 北京：北京师范大学出版社.

云南大学生物系. 1980. 植物生态学. 北京：人民教育出版社.

郑师章，吴千红，王海波，等. 1994. 普通生态学——原理、方法和应用. 上海：复旦大学出版社.

左晓敏，杨勇. 2016. 人类家园——地球. 济南：山东科学技术出版社.

左玉辉. 2002. 环境学. 北京：高等教育出版社.

奥德姆 • P. E. 1981. 生态学基础. 孙儒泳，等译. 北京：人民教育出版社.

史密斯 • R. L. 1988. 生态学原理和野外生物学. 李建东，译. 北京：科学出版社.

第三章　生命生发与人类起源

最初的生命是如何诞生的？是偶然还是必然？如果对这个问题有意识，就会注意到一点，意识是在生命和本能之后才有的，那么生命的诞生就意义重大。生存、繁衍，是生命的两大基本本能，而生存是最基本的本能，因为在一些条件艰苦的环境下，生命有不繁殖、不分裂保护自己的行为和本能。对于生存基本本能之上，我们有了更重要的思考。为什么要生存，这已经是生命神经细胞发展到一定复杂性后产生的意识和思考。生命开始有了智慧，就有了本能之外的追求，人类也就由此而诞生，才有了人类与自然的对立和统一，才有了自然与经济的辩证发展关系。

第一节　生命的生成

地球上的自然条件使大多数原子处于它们特定的最低量子态，并使原子聚合而形成分子。因而在地球上呈现出性质分明的、数不清的各种物质，如矿物、金属、水、空气等。这些条件在太阳表面上是没有的。太阳的温度太高，分子不能存在，即使有，它们也会立即被撕裂开来成为原子。在太阳上只有元素而没有分子化合物，每一样东西都处于炽热的蒸汽状态中。地球有变化多端的环境，我们生活在如此之多的处于固态、液态和气态的不同的物质中。

材料和化学物质都有惰性和钝性。只有在外因的影响下它们才能改变形状或化学成分。例如，由于日晒，空气才流动；由于风吹或重力，水才流动；由于风和天气一类的机械或化学影响，固体才移动。化学过程是在太阳和天气以及地球内部的热流对物质的加热与制冷中发生的。例如，河滩里的石头的尺寸从小米粒到大漂石，大小不等，它们都是由于山岳岩石崩裂风化之后的散乱岩屑所形成的。每块漂石都是由小晶体所组成，小晶体的结构和硬度是由大多数岩石的成分——氧化硅的特性所决定的。岩石的表面，有它和空气中的氧或和河水或雨水所发生的化学反应的痕迹。但尽管有变化，有永无尽期的化学活动，河滩给我们印象最深的还是它的一片寂静，除了水之外，没有什么东西在运动。水一度因被蒸发而上升到大气中去，现在由于重力而流到下面的山谷里来。一阵大风虽然可以吹动一些砂粒或者翻动一块卵石，但这些都是机械运动，并不会影响物质的惰性。

但在地球上还有不同的事物，它引起运动和变化，它代表了物质世界显现的不同的新形式。地球上不管在什么地方，都有生命的表现。生命现象与由原子和分子组成的物质所构成的非生命事物形象有很大的不同。生物没有钝性和惰性，它在地上、海里、空中活动着，生长，繁殖。它的活动是由内因，而不是由外因所决定的。生物显示出特有的形态，同普通非生命物质所组成的任何东西形成鲜明对照。它们的形状和大小重复出现，基本上不受它们环境偶然性因素影响。生物有明显的个体，即单个有机体，比如，细菌、树或狮子，都有其确定的含义，这些单位比分子这个自然物质单位要大得多。

化学分析证明了生物同非生物是由同类原子所组成的。生物主要是由碳、氧、氢和氮四种常量元素所组成，其他的元素如铁、磷和镁只占微量。生物没有含有什么特殊物质，或者说原子之间的相互作用的定律没有不同。生命最主要的组成元素有碳、氢、氧、氮、磷、硫等，和宇宙中形成日月星辰的物质元素是一样的，都是起源于宇宙诞生之初。生命现象必然是原子和分子之间的普通的相互作用的结果。但生命分子是很特殊的分子，其结构和复杂程度同无生命物质的分子有显著的差异。

至今我们还不完全了解这些分子是怎样相互作用产生生命现象的。但近几十年来，生物学研究已经提供了很多有关生命分子结构的新见解，使我们对生物体内的生命机制有了一定的认识。对生命的理解的最新进展是伟大的科学成就之一，因为不仅我们自己的身体是生物，而且生命以某种方式构成了我们环境中的最重要的部分。

一、生命的分子

生命存在于多种形式中。首先让我们来看生命的一个简单形式——细菌（图 3-1）。它是一个很小的东西，大多数已知细菌的直径为 0.4～2 μm，长度为 0.5～5 μm，状如长粒体，有一层表皮，里面是胶状物质。这样的一个单体叫作细胞，细菌只是一类细胞。在细胞里面，情况极为复杂，内含物也大大地分化了。组成这种物质的单位是很多所谓大分子的复杂结合物。在一个细胞里面，不同的大分子不是只有一两种，而是多达 5 000 种。每种大分子都具有十分确定的特殊结构。

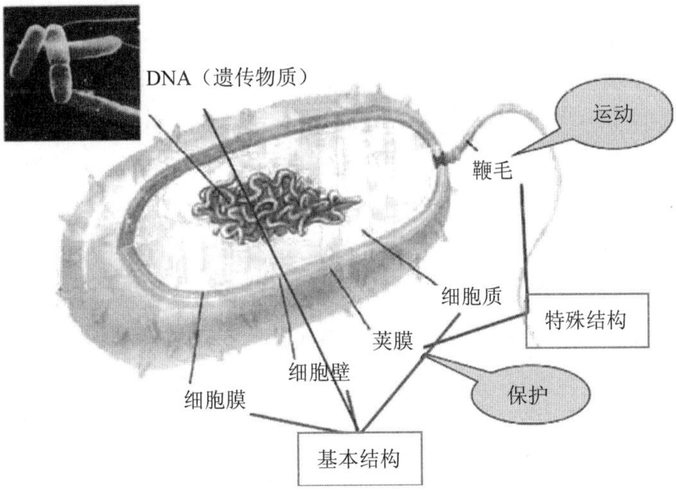

图 3-1　细菌的结构

细胞会有很多的变化，它会生长，在细胞里会形成更多的大分子。溶液分子通过表皮渗入细胞内，并被分解，原子经过重新排列而形成新的大分子。当这一过程进行一段时间之后，细胞分裂成为两个，而且每个部分开始各自生长。当所有的营养物质被用完之后，营养物质比较简单的分子——糖、磷酸盐、氨——都转化为细胞的复杂的大分子。这就是生命的过程。

在细胞里主要有两类大分子，即蛋白质和核酸。细胞的大部分是由蛋白质组成的；核酸则只占细胞的小部分，但是却起着决定性的作用。

蛋白质是由氨基酸分子所组成的大单位。氨基酸分子就像链节一样排成一串：一个挨着一个呈线形排列，一列常有多达上千个链节，这就是生命大分子的典型性质。蛋白质是由较小单位组成的链，这些小单位按某种确定的次序排在一起成为长链，其中一个分子挨着另一个分子。这些单位排列的次序非常重要。蛋白质有 20 种不同的氨基酸，例如，甘氨酸或丙氨酸等，描述一种蛋白质的时候，只要把它的氨基酸按照它们排列的次序列举出来就行了。

在生物体中所发现的蛋白质只是所有可能有的蛋白质里的一部分。它们是氨基酸的结合，即用于细胞结构和细胞化学中的结合。这种有意义结合成的蛋白质的数量是极大的。例如，组成人体皮肤的蛋白质，因人稍异，这就是为什么除了两个同样的孪生子之外，不可能把一个人的皮肤移植到另一个人身上去的缘故。

细菌细胞是最简单的生命单体之一，其含有的蛋白质的种类最少。在这种细胞里，大约有 5 000 种不同的蛋白质。它们在很多方面都互不相同。有些是僵硬的，看起来像纤维，它们用作细菌细胞表皮的材料，以及内部分界和薄膜的材料（和人体皮肤里的蛋白质并无两样）。有些蛋白质非常柔软，以致氨基酸的长链盘编成一团子，叫作球状蛋白质，其能够动来动去，细菌细胞的大部分胶状内含物就是由它们组成的。它们是化学反应剂，能够参与化学反应，而生长过程需要这些化学反应。生命过程具有很复杂的机制，这就是为什么有些蛋白质是分子的很复杂的结合物的缘故。

核酸只是细胞的小部分，但那是决定性的部分。最重要的核酸是脱氧核糖核酸，简称 DNA。DNA 也是由其组成单位一个挨一个地作线形排列构成的链。这些单位不是氨基酸，而是叫作核苷酸的分子①。它们只有四种：胞嘧啶（C）、鸟嘌呤（G）、胸腺嘧啶（T）和腺嘌呤（A），它们含有碳、氮、氢、氧和磷原子。组成大分子 DNA 的链的单位要稍微复杂一些，它们是成配对的核苷酸。用作链里的链节有下列两对：C 和 G，以及 A 和 T。

由于核苷酸成对地排列，因此把核酸描述为梯子恐怕比描述为长链还要恰当一些（图 3-2）。梯子中的每个梯级就是一对。在成配对的核苷酸里，哪一个是在梯级的右边和哪一个在左边，这是会造成差别的。因此梯级，即链节共有 4 种：CG、GC、TA 与 AT；它们以确定的次序一级挨一级地排列着，这是 DNA 分子梯子的特征。这梯子扭转成螺旋状，就使得整个大分子看起来更像一个螺旋状纽带，每一级就是一对核苷酸。在活细胞里面，这些分子很长，在一列里含有几亿对核苷酸。在细胞中，这个螺旋状的东西卷成紧密的一团。当这一团展开时，螺旋梯子的总长度对于细菌细胞是 2 cm 左右，人体内一个细胞的 DNA 长度约 2 m。

---

① 核酸链不仅包括核苷酸序列，还包括其他序列。螺旋状的外框（图 3-2 中的双线）是由一定类型的糖和磷酸盐分子构成的。

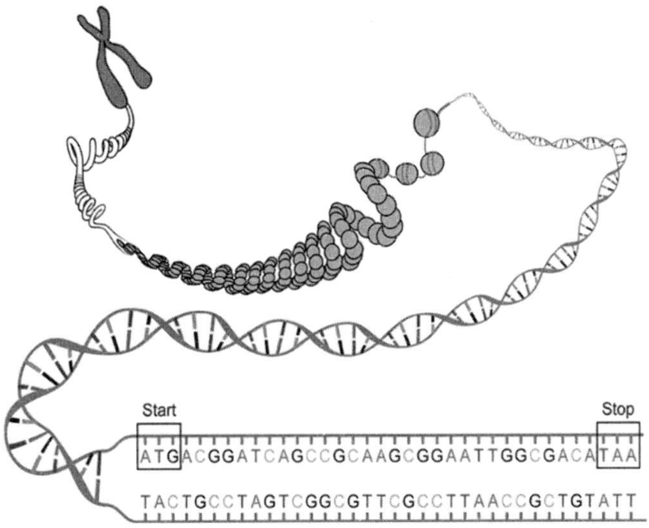

图 3-2　DNA 分子示意图

DNA 仍然是单个分子，只是由于核苷酸数目太大才会产生这样长的尺寸，每一对核苷酸是很小的，小到像普通无生命的分子那么小，约为 10^{-7} cm，若干亿个排成一列就要长达数米了。维持生命需要这样长的分子是有原因的。

DNA 有为数极多的排列方式。用 20 种氨基酸链节构成包含 1 000 个氨基酸念珠的蛋白质长链的方法，为数是十分巨大的。

在 DNA 的分子中，只有 4 种不同的链节，但链节的数目有上千万个至上亿个之多。链节的种类限于 4 种（而蛋白质则有 20 种），不同的排列法因此就减少了，但也减少不了太多，因为这种减少，由于链节数目极大而被大大地抵消了。我们没有 20 个字母，而只有 4 个。但是，即使只用 2 个字母也可能构成一种书写语，莫尔斯电码（也即摩斯密码）就是这样做的，它只是用了点和划，每个字母平均得用三四个莫尔斯信号。一个 DNA 分子（有 4 种符号）有 10^7～10^8 个梯级，是一个蛋白质分子的几何级数倍。因此构成一个 DNA 分子的种种不同方法的数目非常庞大（不论它们的排列是有意义的还是无意义的）。

这种千变万化是同生命的千变万化相联系的，在 DNA 分子里，4 种配对的排列就像许多指令一样，它指示细胞去干什么，如何去发育。剩下的问题就是怎样去了解这些信息和机制了。

二、生命的化学过程

生命的过程，是细胞的生长，以及它浸入糖、磷酸盐和氨的营养液后分裂成两个新细胞的现象。

糖和氨是很简单的分子。因此在细菌细胞里一定有两种机制：①从糖和氨中制造出 20 种氨基酸分子和 4 种核苷酸。对应的制作链节工作，是由细胞内的某些蛋白质担任的。这些蛋白质能够把通过表皮渗透进来的营养液分子加以分解，并能够重新排列它们的原子而生成氨基酸或核苷酸。②把氨基酸以正确的次序结合成以千种计的不同的蛋白质，并且在分裂的过程中提供核酸的复制品。对应的工作是将链节按正确次序排列构成新的蛋白质或新的核酸，在这项工作中必然产生出大的核酸链来。

这种机制的细节我们还知之不详。它是一个很复杂的过程，这也是为什么需要这样多而又这样复杂的蛋白质和核酸的缘故。这种机制的基本认识是在近几十年才发现的，下面简要地进行描述。

这个在形成氨基酸时以及在它们互相链接起来成为蛋白质的过程中，要有一个必需品，即能量，能量把各个部分移在合适的地方并以正确的化学键把它们连在一起。

能量的产生。在细菌所浸入的营养液的糖分子中，含有能量。糖燃烧转变成 CO_2 和水时，就可以以热的形式释放出很多能量来。仅此而言，热能没有什么用处，因为它是不规则的任意运动，对于有目的的分子形成是用不上的。通过借助特殊的机制，有可能把燃烧能从热转变为某些分子的较高能量的量子态。在细胞中，某些特定的蛋白质就承担这种工作。这些蛋白质能够把糖分子吸引到它们的表面上。在那里糖分子被迫分解为原子团，它们由蛋白质来重新排列而成为 CO_2 和水。这个过程相当于“燃烧”，在这个过程中蛋白质也吸引另一种分子，这些分子被保持在分解的糖的附近。这些分子（在细胞中总是存在的）叫作三磷酸腺苷，简称 ATP。它们可以有两个量子态，一个能量低些，一个能量高些，所以可以作为从糖里提取的能量的贮存所。每当糖被蛋白质燃烧时，ATP 分子就提升到较高的量子态中。如果在细胞内有什么别的地方需要能量来合成分子的话，ATP 分子就跑到那里，把能量释放出来，自己降回到低能量的量子态中①。这种 ATP 能量载体还有另一个优点，它们携带着很小量的能量。一个糖分子燃烧时所释放出来的能量分散给 40 个左右的 ATP 分子。可以这么说，能量在这里变成了很多的小单位，可以更容易地分配到许多需要能量的活动中去。

细胞里的分子和大分子是怎样拼合起来的？氨基酸中所含有的原子在营养液里都可以找到，在糖和氨分子以及其他盐里，都含有这些原子。这些分子通过表皮的微孔进入细胞里。因此，只要把营养液里的这些简单分子加以分解，并把分解出来的部分拼合成一个氨基酸就行了。完成这关键一步的依然是蛋白质。每一种氨基酸的产生，得由一组特定的蛋白质去完成。这些蛋白质具有吸引营养液中合适的分子的性质，并且借助 ATP 所提供的能量就能把原子重新排列，一直到它们产生出特定的氨基酸来。当蛋白质碰到糖和氨时，后两者的原子就附着在蛋白质的某些特定的棱角上。这些棱角的排列使得那些原子一旦附上去，就被迫陷入所要形成的氨基酸的体制之中。也有其他的蛋白质，以同样的方式由营养液的分子中制造出核苷酸。

这些过程，都是蛋白质具有惊人性质的例子。它们能完成和指导化学反应，诸如从燃烧的糖到 ATP 的能量的转移，以及氨基酸和核苷酸的形成。具有这种能力的蛋白质通常称为酶。它们比不是酶的简单的蛋白质要复杂得多，后者只能提供细胞结构和调节物质的流动。蛋白质可以制造出所有组成蛋白质的成分，但它们不能把那些成分组合成蛋白质。我们进而需要了解组成蛋白质的机制。

---

① 事实上，低能态的是二磷酸腺苷分子（ADP），其在载上能量的同时获得另一个磷原子，因而高能态的是三磷酸腺苷（ATP）。

三、生命的主体设计

氨基酸是怎样拼合成蛋白质的？这个步骤包含细菌生命的全部秘密。因为正像我们已经看到的那样，在细胞的化学生命中完成所有重要步骤的，是依靠各种不同的蛋白质。确定氨基酸在链节上一个挨一个地排列的次序的这种主体设计，隐蔽在细胞里的什么地方呢？每一种蛋白质就是上千种氨基酸组成的一个行列。在细胞里面，哪里去寻找信息呢？核酸大分子本身就有表达内容的可能性。4 种核苷酸配对在盘绕螺旋上排列的次序，就能包含和提供信息。细菌中核酸梯级的次序排列起来有各种可能性，所有这些可能的次序刚好够用来决定构成细菌的 5 000 种蛋白质。

核酸中的核苷酸的次序怎样来决定蛋白质中氨基酸的次序呢？螺旋的梯级中所含有的信息又怎样传递给新形成的蛋白质呢？当细胞生长和分裂时，细胞怎样能读取信息，并遵照它的指令呢？我们对于这一点知道得不多，我们只知道确实有这种信息的传递。可以把蛋白质的形成十分简单地描述如下：螺旋状梯子的一组梯级吸引一种氨基酸，另一组梯级吸引另一种氨基酸，如此等等。这些梯级的排列使得氨基酸就此以正确的次序排列起来，而这种次序就是氨基酸形成蛋白质的应有次序。蛋白质始终沿着核酸梯子形成。这个梯子很长，足以安置细菌所需的总数为 5 000 种的蛋白质。实际过程远为复杂，其细节大部分还不清楚，这种描绘有助于了解细胞内的基本过程。①

细胞是由不同种类的蛋白质所组成的，简单的蛋白质组成表皮和结构的构架。其他的用来燃烧糖并产生荷载能量的 ATP 分子；最复杂的蛋白质从营养液所提供的化学物质中生产氨基酸。细胞也含有少数大的核酸分子，这些分子能使氨基酸按正确次序组合起来，从而使它们形成生长过程中所需的各种新的蛋白质。

当细胞长到一定大小的时候，存在机制引起蛋白质的重新排列，细胞分裂为两个相等而较小的细胞。在那个阶段，必须把极其重要的核酸变成双份，因为每个新细胞为了进一步的生长需要各有一套核酸。这样长而秩序井然的分子的加倍存在复杂机制，它能使组成 DNA 长分子的螺旋梯子复制出来。我们并不确切地知道自然界是怎样做这件事的，但我们可以想象它可能发生的途径。

梯子的每一梯级是确定的一对核苷酸。在细胞分裂时，每一梯级从中间破裂，而使梯子沿着纵长的方向被剖裂成两个部分（图 3-3）。组成梯级的配对的两个单链分离开来，就把梯子分成了两半。细胞在那一刹那含有自由游动的核苷酸，它们是由特殊蛋白质（酶）所产生的。其后，每一半梯级在细胞中找到相应的核苷酸，又形成完整的梯级。在这个过

① 蛋白质实际上并不是直接被 DNA 分子集合起来的。第一步是先做出 DNA 中含有关于某一特定蛋白质的信息的那些部分的副本。这些副本以另一种核酸——核糖核酸（RNA）的形式出现，后者是由单个的核苷酸构成的一条链组成的，而不是像在 DNA 中那样核苷酸总是成对出现。这些副本的每一个当然要比原来的 DNA 短得多，因为它只包含涉及一个蛋白质的那一部分。我们称它们为“先驱 RNA”。对于形成每一个蛋白质都有不同的副本。它们从细胞中出现 DNA 的那些部位即细胞“核”脱离开来，来到细胞中专门生产蛋白质的特殊地位即所谓“核糖蛋白体”所在的地方。先驱 RNA 就在那里找到各种不同的氨基酸。然后，这些氨基酸就按正确次序排列起来，形成一种特定的蛋白质。RNA 链里的一组念珠吸引一种氨基酸，第二组念珠又吸引另一种，如此等等。核糖蛋白体里面的其他化学物则用来帮助氨基酸沿着先驱 RNA 先找到合适的位置，并帮助它们彼此连接起来。

程的末尾，梯级次序完全相同的两张完整的梯子就建成了，在分裂之后，每一张进入一个新形成的细胞里去。

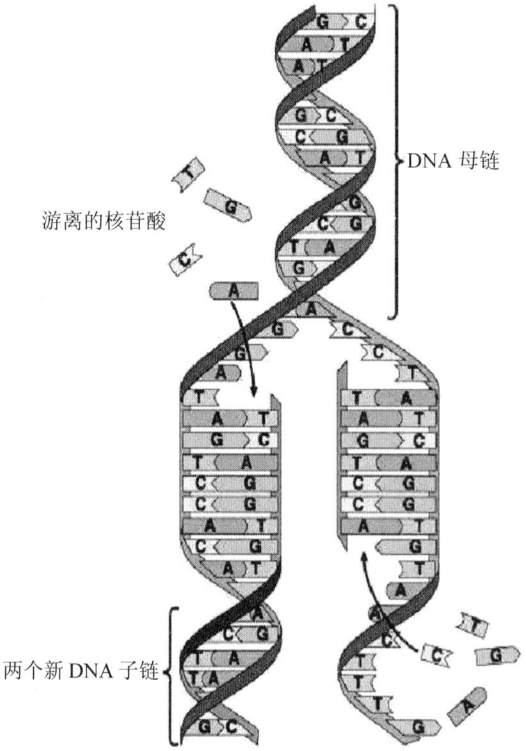

图 3-3 DNA 的增殖

注：DNA 分裂的两部分各自在收集合适核苷酸，以形成一个新的、完整的分子，它和原来那个一模一样。

我们现在对于细菌是怎样生长和繁殖的情况，已经有了一个模糊的概念。当少数细菌放进营养液之后，生命过程就把简单的但能量丰富的营养液分子转变成越来越多的细菌的复杂分子，直到把营养液用完为止。这个过程之所以有可能，只是由于存在 DNA 大分子。这种大分子，非但决定菌体的结构，而且每一次细胞分裂时，它们本身也会繁殖起来，这样菌体才能连绵不断地繁殖下去。

四、病毒和人

前面我们描述了细菌的结构和细菌的生命过程，那么从病毒到人（或动物和植物）的其他的生命形式又是怎么样的呢？所有的生命表现，尽管形式和种类千差万别，有些基本特征都还是一样的。

我们在这个范围内看一下两个极端的例子：一个是病毒，另一个是人。病毒比细菌小得多，是由简单的蛋白质所构成的外膜包裹着一种核酸所组成的（图 3-4）。病毒没有任何产生氨基酸或 ATP 的复杂的蛋白质，它不需要它们，它过着寄生的生活，它只有在侵袭其他某种细胞时，才能生活和繁殖。当病毒紧附在寄主细胞的表皮之后，就把它的核酸漏进寄主细胞里，并取用寄主的氨基酸和核苷酸以及寄主的 ATP 能源，以供它自己的分裂并取得新外膜。它发展得非常迅速，以致寄主细胞很快就充满了新生成的病毒，病毒把表皮胀破，并杀死细胞。因此，病毒引起了疾病，它们侵袭我们身体的某几种细胞，并为了它们自己的繁殖，把细胞的物质用尽，从而杀死细胞。病毒的核酸，自然用不着像细菌的核酸那样起作用，它只需要产生组成它的外膜的蛋白质，并繁殖它自己；它也不需要其他的蛋白质，因为寄主细胞会给它一切。因此病毒的核酸比细菌里找得到的要短得多，它的螺旋梯子大约只有 10^5 级。病毒是最简单的生命单体，它具有最短的 DNA 链。

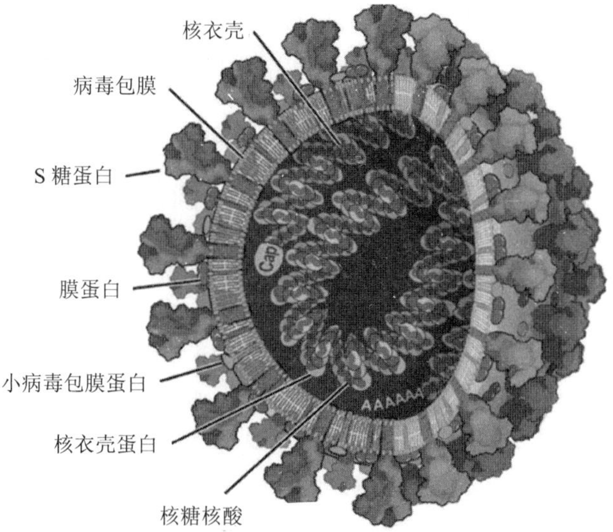

图 3-4 病毒结构示意图

我们再来看最复杂的生物——人，并且把他和细菌加以比较。首先，细菌是一个单细胞，而人则是很多不同种类的细胞的集合体，尽管它们的种类很多，人的细胞的许多基本特征都同细菌细胞相似。人的细胞也是由蛋白质构成的，这既包括皮肤和结构简单的纤维状蛋白质，也包括执行化学反应的复杂的球状蛋白质。人的细胞含有带着能量移动的 ATP 分子。每个细胞都含有 DNA 分子，是很长很长的，比细菌的 DNA 要长 100 倍左右，长度达 2 m。但是，按其实际形式，这些链条盘绕在一起，在每个细胞里只占很小的空间。它们的梯级为数高达数十亿级。

人的全部细胞虽然都含有同样的 DNA，但在其他各方面，却很不相同。每一种细胞都起着不同的作用。皮肤细胞保护躯体，胃细胞产生消化所需的化学物质，肌肉细胞能收缩并完成体力劳动，眼睛里的网膜细胞是感光的，此外还有神经细胞。

从单个细胞发展到高级物种，神经系统是最重要的进化。神经是长股的特殊细胞，它们把信息从一个地方传到另一个地方，有特定的传递机制。当光线落在网膜上时，刺激就传递到脑，当皮肤在某个部位受到刺激时，信息就传送到别的地方。反之亦然。发源于脑内的一个刺激，经过神经到达身体的任何肌肉，使它产生收缩。脑本身是一个有极大数目（高达百亿个）的神经细胞的复杂的器官，它们是怎样相互联结和排列的，还有待深入研究，但这个神经细胞的巨大的体系能够对来自外界的刺激发生反应。它能思索，能感觉。

细菌和人之间有一个基本的生物学差别。当细菌生长和分裂时，它产生出在一个单细胞里所需要的一切。当人生长时，必须制造出很不一样的多种细胞——皮肤细胞、肌肉细胞、骨骼、神经，等等。身体的每一部分必须遵循不同的主体设计。

这个事实，是一个最难对付的问题，到现在也还没有得到解决。每个细胞都含有 DNA 分子，它含有人体的全部信息，它可以产生人体用到的一切蛋白质。一个细胞怎么能知道 DNA 主体设计中的哪个部分是专管它自己的生长的呢？它如何能把设计中的其他部分摒弃而只采用合适的部分呢？

从个体生长和发育来看，我们知道，最初胚胎只有一个细胞，它分裂成几个，每个都很相像。但不久就发生分化，有些细胞发育成脊柱，有些成为四肢，有些成为胃管，也有些成为神经系统。它们虽都有相同的核酸，但发育则不同。怎么会是这样的呢？

细胞的这种特异的选择能力，我们在观察创伤的愈合时可以看得到。创伤附近的细胞，总是会想办法来“懂得”怎样去生长，怎样朝着恢复原结构的方式和方向去繁殖。只有适合其模型并使得所需的结构得以发育的那些蛋白质才产生出来。

解释这个问题要沿着下面的思路去进行：核酸分子的排列使得它的不同部分的效用要根据它们的环境才能发挥。胚胎发育开始时，在 DNA 里，只有那些制造初期细胞的部分才是有效的。其后，新产生的蛋白质对 DNA 产生影响，使得它的其他部分变为有效了，从而又产生一组新的蛋白质。在发育的每一步，DNA 的一个不同部分就变得活泼起来。在人体的每个细胞里，DNA 里只有相应于该细胞特殊需要的部分才起作用，其他部分，受到环境的某些特别的化学效应，保持不活泼。举例来说，用各种胚胎细胞所做过的实验证明，其所处部位必将成为动物尾巴的一部分的一个细胞，如果移植到应该生长出动物头部的环境中去，就会发育成为该动物头部的一部分。

DNA 里核苷酸的次序，当形成一个新个体时，并不是丝毫不变地保持原状。分子链复杂极了，其中这里或那里来一点小的偏差，虽然不会根本改变个体的发育，但却引起小的变更。因此，没有一个个体是和另一个个体完全相同的。有性生殖的结果，这些变更在每个新的一代里混杂起来了。孩子们基本上像他们的父母，但在细节上又有不同，他们的 DNA 约为父亲 DNA 的一半和母亲 DNA 的一半的复制品。这就是生物个体和原子之间的根本差别。两个同类的原子在各方面都是相同的——它们完全一样，同一物种的两个生物却永远不会完全同样。DNA 长长的分子链，在一个给定的物种里面就提供了发生变异的多种可能性，正是这种变异，才使生命如此有趣和活跃。

五、营养的来源

形成人并使生命生长的物质是从哪里来的？可以从病毒来考察，它是个寄生物，在寄主细胞内形成自己的后代，把寄主所产生的氨基酸和核苷酸都用光。细菌要比较独立一些，它凭借特殊的蛋白质，制造出氨基酸和核苷酸，但它必须浸在含糖和其他化学物质的营养液里才行。人必须吃东西才能生活和生长。他吃生命物质，如植物或肉类。在这方面，人和其他动物的独立性就要比细菌差一点。我们不能依靠糖和氨溶液来生活，因为人的细胞不能合成必不可少的氨基酸，在这方面我们是寄生物。我们必须从其他生命物质中获得氨基酸和核苷酸的供应。我们的食物里的蛋白质，在消化过程中被分解成组成它们的种种氨基酸。人的细胞就利用这些氨基酸来造出它们自己的生长和化学反应所需的蛋白质。

就我们人类的能量的需要而论，为了我们的肌肉劳动和蛋白质的合成，我们做着细菌所做的同样的事情。在我们的细胞里，我们也有那些蛋白质，它们能够利用糖的“燃烧”所释放出来的能量，并把能量以很小的份额分别储藏在 ATP 分子的量子态里面。这些分子就是人体的能量的载体，当肌肉收缩和做功时，就要用到它们，当一个细胞要用能量来产生新的蛋白质时，也要用到它们。

细菌需要糖，我们需要氨基酸和糖。所有这些物质是从哪里来的呢？我们和所有其他的生物，包括细菌在内，都是把糖燃烧成 CO_2 和水而把它用光。我们也把氨基酸用得光光的，比如，人死后躯体会分解，各种氨基酸腐烂分解为碳和其他简单的化合物。糖分子和氨基酸以及核苷酸都是能量丰富的原子结合物。这些能量丰富的分子的供应必然要有一个来源，糖在哪里合成（生命才可能进行），氨基酸也在哪里制造出来给动物使用。假如没有这样的地方，生物就会很快地用完所有可资利用的供应。

植物是发生这种合成的地方。植物的绿色来自一种叫作叶绿素的化学物质（图 3-5）。叶绿素这东西，仅次于 DNA，是地球上生命赖以存在的、非常关键性的一种分子。叶绿素分子虽然不如 DNA 分子那么大，但它具有错综复杂的结构，能完成一种重要的功能。当暴露在阳光下时，叶绿素就利用日光能，把能量丰富的分子（如糖）从它们的“灰烬”（二氧化碳和水）中再造出来。太阳能转变成化学能。

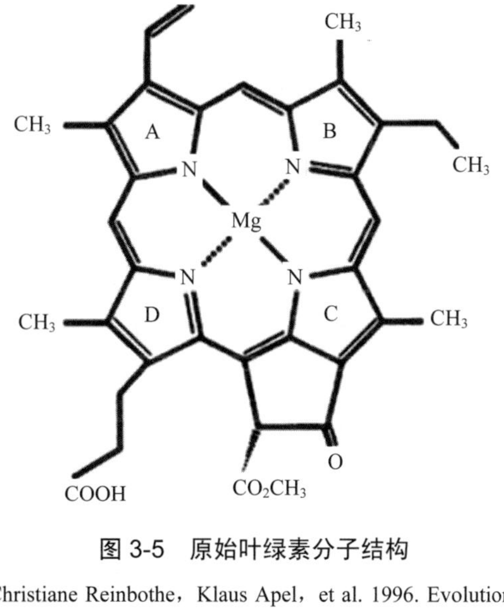

图 3-5　原始叶绿素分子结构

资料来源：Steffen Reinbothe，Christiane Reinbothe，Klaus Apel，et al. 1996. Evolution of chlorophyll biosynthesis—the challenge to survive photooxidation. Mini Review，86（5）：704。

叶绿素分子在绿色植物的细胞里工作。植物从土壤里得到水分，从空气里得到二氧化碳，从太阳光里得到能量。以下是光合作用的化学式：

$$6CO_2+12H_2O\xrightarrow[\text{叶绿素}]{\text{光能}}C_6H_{12}O_6+6H_2O+6O_2$$

糖（$C_6H_{12}O_6$）比起 CO_2 和 H_2O 来，含氧（O）要少一点。当这种过程进行时，作为副产物的自由氧便产生了。植物的叶绿素在做产糖工作的同时，大气里的氧也就由植物制造出来了。要不是植物经常工作产生氧的话，我们就无法呼吸了。以下是呼吸作用的化学式：

$$C_6H_{12}O_6+6O_2 \longrightarrow 6CO_2+6H_2O+能量$$

只要绿色植物在生长，它就总在产生叶绿素分子。植物细胞和我们已经讲过的细胞相类似，不过，它们比细菌更具有独立性。它们不仅具有蛋白质来制造一切必需的氨基酸，而且还能制造叶绿素，叶绿素则借助日光把糖合成出来。植物就这样生活并生长，而不需要营养糖溶液，也不需要“吃”生命物质。它们所需的一切就是光、二氧化碳、水和几种化合物，诸如氨，这在土壤里就有。从这个角度来说，植物是理想的生命系统。植物是唯一的一种“生产性”的生命物质，它们借助光从简单的矿物里制造出所有的它们的物质。一切其他的生命形式都是“破坏性”的，它们需要植物所形成的能量丰富的物质，用来生产它们自己的结构。动物和人是最厉害的“罪犯”，它们为了制造自己的细胞，不仅需要像糖这样能量丰富的物质，而且也需要诸如氨基酸这样非常复杂的东西。但我们和动物可以因具有高度分化的组织而自豪，因为这些组织比生命其他形式的组织远为高级，我们更可为我们的神经系统而骄傲，这个系统赋予我们感官知觉和运动之间的协调，神经系统也使思维成为可能。

生命是什么？它是某些特殊分子结构的表现，这些结构不断繁殖它们自己，并且按照一个既定的设计（因物种而异，但原则相似）诱导产生出其他的分子结构。只有在很特殊的条件下，原子才能聚集在一起而形成生物。温度必须足够低，因而热运动不会破坏大分子的复杂结构，但又不能太冷，因为只有在蛋白质和核酸能够完成它们的化学合成的情况下才能有生命，对于这种活动，必须有一定的热运动。如果细胞物质冻结起来，那么所有的化学反应就会停顿下来。为了合成能量丰富的分子，必须取得阳光，但也不能太多，温度必须适中。这些条件很明显，在地球上是能够得到满足的，在我们地球这个行星的表面上，绿色植物以及我们称为生命组织的各种奇异的结合物，是十分丰富的。

每个物种，连同它所有的器官、神经、骨骼和脑子等，都是由胚种细胞按照在核酸大分子内事先搞好的设计按生物方式发育起来的。原子物理化学规律和生命的最高级形式紧密地联结起来了。长链里的每一个核苷酸有它十分确定的量子态，这种量子态是它的特性的基础。它们由电子联结在一起，而成为各种不同的典型的量子模型，这些量子模型很稳定，尽管细胞内有热运动和其他扰动效应，还是能保持链的次序。不仅个体的发育，而且物种的繁殖都是依靠这个次序的。DNA 里量子模型的稳定性是孩子们基本上像他们父母亲的保证，也是物种得以延续的保证。生命的种种形式就是核酸内核苷酸的种种不同结合方式的反映。这些生命形式的恒久性，在每一代中的重复出现，乃是原子稳定性的一种反映。

第二节　生命的发展

一、生命发展背景

我们这个世界经历了从氢气云直到发展为恒星及行星的演化过程，行星是以更为“高等的”形式出现的物质团块，它们的成分大部分是比氢要复杂的元素，地球就是由多种元素组成的，大半是重金属，其中铁是主要的，外层是岩石与矿物，表面上有许多水，外部笼罩着一层气体，即大气层。在这个保护气层之下的地球表面，物质进一步分化，地球上的生物世界越来越复杂，物质单元得以形成与繁殖。

我们的地球在 30 亿年前的样子（图 3-6），总体来说，它同现在的状态没有什么很大的不同。它环绕太阳的轨道以及它的内部结构都同现在差不多，只是在地面上有所不同。那时地面上尽是岩石和水，没有别的东西。大气里有氮、二氧化碳、甲烷、氨，但没有氧。氧能同大多数材料发生很强的化学反应，并生成稳定的化合物。只有经历某种过程从化合物中释放氧，不断地把氧再产生出来，它才能够存在于大气之中，这个过程今天在绿色植物的叶绿素中进行着，不过在初期的地球上植物并不存在。

图 3-6　生命出现之前的原始地球表面想象图

地球暴露在太阳光下，太阳不停地提供热量，保持地面温暖。太阳与地球之间的距离使得地球表面的大部分温度介于 0～100℃，水就能以液态为主存在于地球表面。这一情况对于地球的继续发展至为重要，因为液态水是许多种化学物质的最好的储存所，并使它们彼此易于进行化学反应。

没有氧，就会产生一个重要的效应：来自太阳的紫外线畅行无阻地穿透到地球的表面，而在今天，紫外线几乎全部被大气最外层中的氧所吸收了。紫外光的化学活性很强，它能打断原子间的分子键，并使原子以另外的方式结合，结果是它从老的化合物中制造出新的化合物来。由于太阳辐射制造出多种多样的以前并不存在的新型化合物。在这些新型化合物中，肯定会有某些在生命结构中能起作用的分子，如糖、核苷酸和氨基酸。这些分子的形成是一个十分缓慢的过程。紫外光首先得把含有所需要的原子的分子分解开来，由于地球自转和月球引力作用，水和大气产生扰动，偶然的机遇又把这些原子集中在一起，但各自处于形成新分子时所处的位置。形成简单的结构比形成复杂的结构必然要频繁得多，因为几个原子进入特定位置的概率比许多原子进入特定位置的概率要大得多。由太阳光生成的醇与糖的数量比形成氨基酸和核苷酸的数量要多得多。

分子的生成是缓慢的，但是经历亿万年以后，这些东西确实积累起来了。分子在水面形成后，沉入较底层里，从而得到保护，免遭紫外光的破坏。在今天，这样的积累是不可能的。氨基酸和核苷酸会很快地并入有机体中，或者被大气中的自由氧氧化而解体。远古时代，处于不毛之地条件下的分子就能缓慢地积累起来。地球上的水就这样慢慢地开始含有少量的糖和类似的化合物，以及更少量的氨基酸和核苷酸了。

在海洋里，分子很容易失落，彼此散开，相距甚远，但经过久远时间的发展，散落的分子逐渐增多，机会也在不断积累，分子集中的可能性就越来越大。某些核苷酸甚至可能联结在一起形成一个核酸的小链，某些氨基酸也可能连接在一起而形成一个蛋白质的链。因此，水中必然会含有少量形成短链的核酸与蛋白质。偶然碰在一起的分子所形成的链并不是生命中起作用的链，前者是偶然的组合，并无什么特殊的重要意义，也没有特殊的化学活性。某一天会形成一种类型的蛋白质，第二天会形成另一种类型的蛋白质。

由核苷酸偶然连接而成的核酸具有更加深远的效应。DNA 型的核酸链能够分成两半，然后每一半收集恰当的核苷酸来构成两个等同的完整的链，这样丝毫不差地再生出自身来。如把一个核酸链放在含有核苷酸的介质中，该链就会生产越来越多的和它自己一模一样的链来，一直到所有的核苷酸都用完为止。如果偶然相遇的分子形成了一个链时，这个链就会诱发其周围的所有别的核苷酸来形成同一种类的链。核酸能够在可以得到核苷酸的环境中产生出和它自己一模一样的东西来。在许多方面，这种性质是生命的基础，因为它可以使一个复杂的结构在有利的条件下把自己再生出来。

核酸可以复制再生，核酸也是把氨基酸集合在一起，以一定的秩序加入到链里，并形成某种蛋白质的模板。每一种核酸链（如为 DNA 型，则是螺旋的梯形）就是一种或几种蛋白质的模子。当有某一类型的核酸存在于一种液体中，而液体中又含有氨基酸时，它就会使氨基酸组合成蛋白质的链，核酸会产生出以它自己为模板的那些蛋白质。

每逢水中有一些核苷酸偶然同核酸链连结起来时，这个链就不仅形成和它自己一模一样的东西，而且促使某种蛋白质的形成，附近的所有的核苷酸与氨基酸会被用完，以形成核酸与蛋白质，其类型则取决于第一个偶然生成的核酸。

这个过程十分缓慢。理由：①水中的氨基酸与核苷酸为数甚少，而且彼此相距甚远。由紫外光形成的大多数分子都是比较简单的分子，如糖或醇，对于核酸或蛋白质的形成并没有用处。②链的构成是需要能量的。在这个原始阶段，只有热能与辐射能可用，它们都不是很有效。尽管如此，在行星产生与生命开始之间的亿万年里，必然生成了许多核酸。

二、偶然事变

偶然相遇的分子，碰巧产生出一个特殊的核酸，这个核酸就是从糖与氨来制成核苷酸的那些蛋白质的模板。以后，一模一样的东西的产生就会大大地得到加速，所形成的那些蛋白质会用尽所有可资应用的糖与氨，并产生出大量的核苷酸来复制核酸。发生这种偶然事件的水里必然越来越含有更为丰富的核酸。水中含有更多的核苷酸，核酸的偶然组合发生的频率就高。这个特殊的核酸，即制造核苷酸的蛋白质的模板，会时时捕获更多的核苷酸，并把它们加到自己的链上来。这样的增长并不只发生在这一个核酸上，这个核酸的每一个复制品都会发生这种增长的情况。这种链的增长乃是偶然产物，因此在大多数情况下，不会产生多种重要的蛋白质的模板来。但是在久远的年代中，在这些得天独厚的水里，就有可能形成一个较长的核酸链，这个链能够产生不止一种“有用的”蛋白质。

发展过程中产生的有用的蛋白质有以下几种：

（a）从糖、磷酸盐与氨产生核苷酸的蛋白质。

（b）从糖、磷酸盐与氨产生氨基酸的蛋白质。

（c）能够“燃烧”一个糖分子的蛋白质——也就是能够把包容在糖中的能量转移给那些能量载体的蛋白质，那些载体就是名叫 ATP（腺嘌呤核苷三磷酸，简称三磷酸腺苷，化学式为 $C_{10}H_{16}N_5O_{13}P_3$）的分子。

（d）作为核酸外膜或表皮的蛋白质，这种表皮具有微孔，能使简单的化合物渗透进去，但链分子却能保留在表皮以内。

（e）制造特殊分子的蛋白质，这种特殊分子借助太阳光能够合成糖（如叶绿素）[①]。

不同的蛋白质都有相应的效能。蛋白质（a）对于核酸的形成具有重大用处。蛋白质（b）会大大增加氨基酸的供应，此前氨基酸只能以紫外光生产的缓慢方式来提供。如果有可用的核酸模板，蛋白质（b）的这种功能会加强任何一种蛋白质的生成。

蛋白质（c）加速所有的链的形成过程，因为它提供了合适的能量载体 ATP，它们有助于链中相邻的两个分子联结在一起。在这些 ATP 可供利用之前，分子互相联结所需的能量由热来供给，那时链的形成十分缓慢且不可靠。

蛋白质（d）的用途极为重要。在这种蛋白质生成之前，水中核苷酸越来越多，任何一种核酸都会利用核苷酸来增殖，对该蛋白质的产生起作用的核酸也利用水中的核苷酸来增殖。这个特定的核酸就不能排除别的核酸同样进行增殖，耗尽周围原材料。如果这个核酸能产生出表皮来，有生产能力的蛋白质与它的产品便被约束在一起，产品便为这个特定的核酸所专用。这个核酸能产生出很多的复制品来，它的发展就会比别的核酸快得多。这不仅夺去了别的核酸所需的不断增加的核苷酸的供应，而且表皮还把业已匮乏的营造材料保留在附近以备取用。

随着能够生产（a）、（b）、（c）与（d）型蛋白质的核酸的形成，生命就开始存在了，很像一个细菌的细胞，当这样一个单体存在于含有糖与别的简单化合物的水体中时，它实际上是活着的。在这个单体里产生出氨基酸与核苷酸来，前者被作为模板的核酸拉在一起，形成必需的蛋白质，后者在核酸形成它自己的复制品时被用掉。单体变得过大时，它会破裂开来，每一个分离出来的核酸就再一次形成它自己的单体。这种破裂与再形成也许就是最初的最简单的细胞分裂的方式，但过去是十分浪费的方式，因为许多物质在分裂过程中被丢掉了，现在细胞有了无物质损失的好得多的分裂方式。

即使这个高级的化学单体也不能永远地持续增殖下去，因为它必须以糖、磷酸盐与氨这样的简单化合物为“食”。在地球上，过去和现在都不缺少磷酸盐与氨，它们是简单的低能化合物，可以大量地获得。但是，糖的供应并不是无限度的。糖是高能化合物，用紫外光只能生成少量的糖。当水体中的糖耗尽时，单体便不能再增殖下去了。由于外部原因——诸如碰撞、暴露于过多的辐射中或者在最初的分裂过程中丢掉了蛋白质，所毁坏的单体不再能够得到补充，单体就逐渐绝灭了。

蛋白质（e）具有巨大的重要性，除了产生蛋白质（a）到（d）之外还能产生蛋白质（e）的一种核酸，具有十分特殊的地位：它所从属的单体不再依赖于水里的糖，而利用寻常的（不是紫外光）太阳光作为能源产生出自己的糖来，而且进行这个过程时，它只需要二氧化碳和水这样十分简单的低能化合物。

---

① 把每一个任务说成只需要一种蛋白质，是把情况简化了，事实上，每一个任务需要由几种特殊蛋白质所组成的一个完整的体系来完成。这里只是作合理的推论，是合用的。

所有五种蛋白质所执行的任务只不过是对自然界的过程起一种加速的作用而已。例如，蛋白质（a）与（b）从比较简单的化合物中生产出核苷酸与氨基酸来，这种过程在水中早已发生，只不过进行得十分缓慢，远远比不上这些蛋白质的效能罢了。蛋白质（c）提供的能量是用一个个现成的载体装着的，但是热能早就有了，只不过不很有效而已。蛋白质（d）为每一核酸制造进行筛选和保护，极大地增加了化学反应的速率。蛋白质（e）生成一种物质，在太阳光的帮助下制造糖，其效率远远超过紫外光制造糖的效率。由此看来，蛋白质乃是自然界进化过程的极为有效的催化剂。

三、生命的进化过程

在地球上某些地方由分子形成链的某些组合出现了。如果可以获得简单分子形式的原材料，这些组合就具有自我再生的非凡的性质。再生取决于一种特殊的分子链，即核酸。事实上，只有核酸链才能真正地自我再生。这个分子的新的复制品招致相同的蛋白质的形成，从而创造出先前单体的一个新的复制品。这样的组合一旦出现，就一定会大量地积累起来。特别是那些在自我再生中卓有成效地利用简单化合物作为原材料的组合会繁殖得很快，因为在地球上那种形式的原材料是很丰富的。

进一步的发展是以两个因素的相互作用为依据的。一个因素是单体的自我再生；另一个因素是核酸结构的“变异”。在自我再生的过程中，有时核酸链的复制品并不是丝毫不差的。这种情况一定会发生，变化总会时时发生。可以料想有两种变化。

（1）在复制的过程中发生了差误，有时新的核酸同旧的核酸并不完全相同。如果新的形式变得不能够产生所需的蛋白质时，发生了变化的单体就要停止发展。但是，如果新形式的核酸尽管发生了变化，还是能产生出所需的蛋白质来，那么新核酸不同于旧核酸之处将在其每一复制品中重复出现，从此一直在它们的后代中延续下去。

（2）核酸可能获得额外的核苷酸从而增加了它们的长度。第一批核酸的链毕竟是很短的，它们只能作为极少数蛋白质的模板。每逢一些核苷酸偶然加进来时，这些新添的核苷酸从此就在复制品中一直再生下去。在大多数情况下，这些新添的核苷酸对于蛋白质的产生是没有用处的。但是，在极为长远的年代中，必然会时时发生这样的情况：它们总会导致一种更好或更强的蛋白质的产生，或者核酸的延长能够额外地产生出一种新的蛋白质来，这种新的蛋白质能帮助单体在自我再生时更为有效地利用可资利用的原材料。每逢这种情况发生时，这种新型的单体就很快代替了旧的单体，因为前者繁殖得更快，为了自我再生会用尽所有可资利用的材料[①]。

还可能发生的是，新的蛋白质使单体在不同的外界条件下繁殖。比如，旧的单体在温水中繁殖得最好，而新的单体在较冷的水中繁殖得最好，或者旧的单体在深水中繁殖，而

① 有一种构成较大的核酸链的过程，当一个链再生出它自己的复制品时，这个过程很可能经常发生。有时复制品并不同原来的分子完全分离开来，它们的末端可能彼此仍然粘住，这时就形成了一条长度增加一倍的链。这条新链不能比旧链产生出种类更多的蛋白质来，它产生出相同的蛋白质，数量却增加一倍。但是它在以后的复制中发生变化时，危险较小。每逢有变化发生时，另一半原样不动，它能够产生所需的蛋白质。因此，变化就能够遗传给下一代。倘若链的长度未增加一倍，这些变化就可能导致死亡。经过几次这样的变异，除原来的核酸所产生的蛋白质以外，长度加一倍的链就能够产生新的蛋白质。

新的单体则在近海岸的浅滩中繁殖。既然这样，新的类型就不会代替旧的，而会在地球上新条件存在的地区繁殖起来。

这就是一个自然选择的过程了。每逢某些单体有能力再生它们自己，而且这种再生的主体设计经受任意的改变时，就一定会发生自然选择的过程。这两个因素，自我再生与变异，是同时发生作用的。如果再生不受变化的影响，发生的事情不会很多。变化遗传给后代，如果由于变化而减少了繁殖，受害的单体就会绝灭，如果由于变异而产生的单体能够更为有效地自我再生，这些单体就会代替旧的单体。这样，就有一种缓慢的发展在进行着，其方向是产生出更能适应现有条件来从事繁殖的单体。

这个发展有一种特有的趋势——单体势必越来越复杂。单体失掉了它们在生命史开始时所具有的简单的特色。大多数的变化都是向着更高级的分化迈进，向着更长的核酸链迈进，这些核酸链产生出更多的具有更为专门的任务的蛋白质。因此，从能够形成自身的复制品的单体开始存在的时刻起，以生产出越来越复杂的单体为方向的一种发展也就必然开始了。为了更好地适应外界条件，几乎无例外地引起更加复杂单体的产生。

大自然不能在自然选择过程中重新设计，自然界只能通过把核酸主体设计中的这里一点点、那里一点点的变化积累起来而有所发展，有所前进。自然界不能从头开始重新发展，它只能在前一段的发展基础上继续发展。因此，自然界的进展几乎总是以转变为更加复杂的单体来实现的。

自然选择是一个具有真正非凡性质的机制。它使自然界有可能改进自己，“建造”越来越复杂的结构，并以十分“自然”的方式来“建造”，毫不违反物理学与化学的任何基本定律，也不求助任何预先制定的方案。这种过程格外有意义，因为我们经常从无机世界看到与此截然相反的趋势：复杂的结构衰变为不那么复杂的结构，从秩序走向紊乱。建造过程之所以可能，仅仅是由于有自我复制的现象。它自动地繁殖出一个更为复杂的结构，如果这个结构是在更好地适应它的环境的话①。

我们从最初的植物细胞开始来看由自然选择所引起的发展。植物细胞含有所必需的蛋白质，蛋白质利用糖、磷酸盐、氨合成氨基酸和核苷酸。细胞里还有叶绿素，它在阳光帮助下生产糖。细胞含有核酸，核酸是制造所有蛋白质的模板。在进一步的发展中，变异给核酸增添了更多的步骤。这时核酸提供蛋白质的模板，从而产生一种结构更为复杂的细胞，比最初的细胞先进得多，组织也健全得多。细胞分裂的过程已经组织得好得多了，分裂时细胞的物质也没有损失。完成这种进化的实质就是由适当的蛋白质的活动所引发并支配的一种精巧的机制。

生长没有就此停止，如果若干个细胞聚在一起作为一个多细胞的单体来活动，它就能长得更快，繁殖得更多。如果不同的功能分配给不同的细胞，这个单体就能工作得更为有效。某些细胞可以作为骨架，某些可以从水中或土壤中搜集原材料，某些在太阳光很强的地方可以生长，主要作为糖的生产者。把一个个复杂的组织加合在一起，像我们今天的植物那样的单体就发展出来了，它们由成百万个、有着许多不同的功能的细胞组成。从此，

---

① 生物结构复杂化的趋势同热力学总的定律并不是不一致的，热力学总的定律认为总的熵（紊乱的量度）必然不断地增加。一个生物结构中的“秩序”的增多总是随伴着维持其生命的物质环境的秩序的减少。这种均衡在植物有机分子的形成中最为重要，它们是靠着太阳光形成的。每形成一个分子就会吸收那么多的能量。产生这一光能的同时，发射光能的太阳物质中就丧失了很多的“秩序”。

植物绿毡就覆盖了地球地面（图 3-7）。

图 3-7　植物绿毡覆盖了地球

一旦植物覆盖了大地，生命的新的可能性就出现了。两个方面发生了根本性变化：①植物有了糖、核苷酸与氨基酸的充分的供应。这种供应因繁殖而不断地自行更新。②叶绿素制造糖的过程释放出大量的氧气。地球的大气层慢慢地加进了氧气，由于氧化与别的化学反应所造成的损耗也不断地得到补充，氧就保留在空气中。

让我们来看一下这两个重要变化所产生的效果。在植物产生之前，对一个有生命的单体来说含有叶绿素好处极大，因为有了它单体就可以自己生产糖。由紫外辐射产生糖，效率极低，因此地球上的糖是十分稀有的。但在地球上产生大量植物之后，糖就可以大量地产生于植物。就氨基酸与核苷酸而言，情况更是如此。在植物产生之前，这些比较复杂的分子是很难得的，但在以后，它们就遍布于地球上了。

到了这个发展阶段，有生命的单体能够生存，而无须产生它们自己的糖或氨基酸。它们以植物供给的这些物质为"食"，很容易发展并繁殖。这个事实的后果极为有趣。在植物产生以前，破坏核酸产生氨基酸与叶绿素的能力的任何变异，会使单体不可能进行有效的繁殖，发生变异的单体就会死亡。但在植物开始产生以后，这种变异就不那么危险了，单体靠植物供养能够持续繁殖了。许多先前要死亡的变种现在能够活下去并继续繁殖。这就是为什么在植物产生之后新型的生物物种得到发展的原因，我们称它们为动物。新型物种没有必要再来生产基本的化合物，诸如氨基酸、核苷酸与叶绿素，因而这些新的单体就向着新的方向来发展其核酸的主体设计（图 3-8）。多细胞的单体发生时其不同的细胞也就具有其他的功能，诸如移动以及对于光和声的感应等。它们能够运动，能看，能听。

这个发展非常缓慢，延续了一二十亿年。物种的改变来自变异效应的积累。核酸链偶然的变化或者增长导致主体设计添上一点有用的东西，这需要很长的时间。当两个单体在自我复制之前就彼此结合并利用它们混合起来的核酸去制造复制品时，一种新型的更为有效的发展方式就产生出来了。这种体系，即有性复制，具有很大的优越性：它把两个单体各自的新的成功的发展趋向结合起来，它加速了更能适应环境的单体的发展。在今天它成了更为复杂的单体最寻常的复制形式，其理由即在于此。

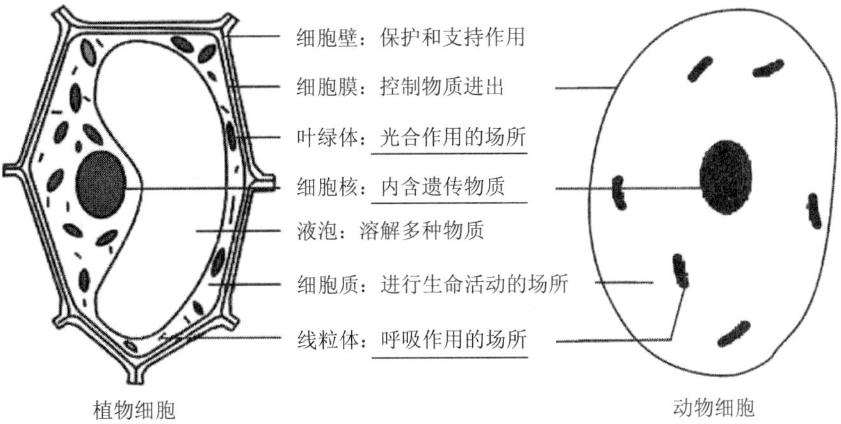

图 3-8 动植物细胞的结构和功能

在生物进化过程中，动物和植物均产生性别分化，这些都是生物基因变异的结果。性别分化通常利害都有，基因变异导致两性分化，在动物界，性别分化，使雌雄社会分工更明确，增强了生存能力。随着自然界的生存淘汰，剩下来的都是能够适应环境的品种。黄鳝、蜗牛虽然是雌雄同体的动物，但是它们能够适应环境，所以一直生存至今。

生物结构进化的一个极为重要的事实是，获得性不能遗传。个体在躯体结构上所遭受的变革永不会遗传给后代。把一群动物的尾巴全都割掉，并把它们后代的尾巴也割掉，但是新生出来的总还是有尾巴的。躯体结构所遭受的变革对于细胞之中含有新个体的蓝图的核酸并无影响。只要蓝图把尾巴设计在内，后代就要长出尾巴来，不管亲体的尾巴发生了什么情况。

植物生长所引起的第二种变化，是大气中氧的出现。蛋白质与核酸的形成需要能量，能量虽由某些蛋白质供应，这些蛋白质能够调节糖的燃烧（生成 CO_2 与水），并能把能量一点一点地分别存储在 ATP 分子中。没有充足的氧的供应，糖的燃烧是不容易的。糖分子本身含有氧原子，可以用来燃烧，这种利用糖里的氧进行的燃烧叫作发酵，这是从糖里取得能量的一种效率很低的办法。一旦大气里有了自由氧可资利用，在细胞中燃烧糖以及在 ATP 分子中储存能量就容易得多了。利用大气中的氧来产生它们的能量的新型单体产生出来了。这不仅使新型细胞的生长比过去要快得多，而且在单体内部也制造出过剩的能量可以供给单体的运动部分使用。肌肉生长出来，并使单体的末端活动起来从事移动和搜集食物。

在我们称为动物的那些很大的多细胞单体中，大气中的氧不能很容易地渗透到躯体细胞中去。因此，主体设计中的下列变化引起适应能力要高得多的单体的产生，一个动脉系统产生了，含有特种红色细胞的液体通过动脉流经全身。这些红色细胞很容易地吸收自由氧，并把它输送给所有的需要氧来产生能量的躯体细胞。氧的吸收发生于不断获取新鲜空气的组织（肺）中。因此，具有血液循环的动物利用氧来获得能量的能耐比其他生物要高明得多。

在这种越来越善于应付环境的趋向中，最重大的前进的一步是神经系统的成长。这是一种能够把刺激从单体的一个部分传递给另一个部分的互相连锁着的细胞的特种组合。凭着这些特种细胞，各种感觉器官，通过联结着的神经细胞，能够指使肌肉的动作同单体所看到的光或听到声音协同一致。结果是，单体能以多种最有利于保护个体以及获取食物的方式来对环境的变化做出反应。动物能够朝着光运动，它能凭着气味或形状来辨别食物，当大的物体接近它时，它能跑开或者保护自己以免受伤。单体有了我们所谓的“行为”了。

神经系统的发展有这么大的功效，因此导致更大的神经系统产生的任何变异或者两性结合都会引起越来越成功的单体的出现。于是，朝着神经细胞增加的连续进化就此开始，并导致脑的形成。这个器官是为数众多的互相联系着的神经细胞的堆积，这些神经细胞能够把单体所受到的刺激的效应存储起来。这种存储我们称为记忆的本源。在摄取食物或回避疼痛方面曾经有过良好效果的一个动作保留在记忆中，如果遇到类似的环境，就会很快地重复这些动作。“记得”这些情况的能力对单体来说是极为可贵的，它帮助单体在困难条件下为生存而斗争，它提供了从经验中学习的能力。

这种记忆与学习的机制不一定是十分复杂的。我们能够容易地制成具有“神经系统”的机器，它依靠现代的电子设备记得过去的情况，并据此规定它的动作。一个互相连锁着的神经细胞的系统在许多方面都相当于一个互相连接着的电子网络系统。具有高度集成芯片的电脑能够作出记住情况，但之后因运行程序又不对这些情况作反应，却又不同。

实际上，即使是一只昆虫的脑也是一个更为复杂的器件，它含有一万到十万个神经细胞，人的脑子里的神经细胞多达一百亿个。在生命的发展中，脑的形成是重要的一步。在这个事件发生之前，生物单体以及它对外界的反应完全取决于化学结构。在这件事之后，单体的反应不仅取决于它的结构而且也取决于它先前的经历。它的行为不仅取决于核酸主体设计，而且也取决于它一生之中的经历。一个单体的形成原因不仅是它从核酸开始的生物进化，而且还有周围环境对于它的行为的影响。

在脑的发展过程中，记忆与获得的经验所起的作用慢慢地更为重要起来。神经不仅把刺激从躯体的一部分传递给另一部分，神经适当地交错组合时，还能够储存知识并把知识转变为以后引起新动作的概念。这种机理的巨大优势十分有效地推动了复杂的神经细胞集合体的进化。核酸所形成的链如能刺激神经细胞集合体成长，这些核酸就使成功的生物单体发展起来。从此，动物遍布于地球上了。

以学习和记忆为基础的行为仅是行为模式的很小一部分。原始动物的大部分的行为是先天决定了的，是依据核酸的主体设计发展出来的，就是遗传的。飞禽筑巢、喂养雏鸟、本能地冬季南飞，这些行为模式不是学来的，是生来就有的。引起这些活动的神经复合体在生长着的躯体中已经预先形成了。通过学习而获得的反应为数极少。鸟类学会某些叽叽喳喳的叫法，比较高等的一些动物学会某些猎取的技巧。但是，动物大部分的重要反应是天生的，这从大多数品种的新生幼小动物与其同类隔离豢养而仍能正常地生活下去的事实中，可以看到。个体的躯体结构及其群居的行为都是由细胞里的法规来支配的。核酸预先确定其形状与行为，这些在每一新的一代中都重复出现，只在发生变异时才有所改变。行为发生变化和躯体结构一样变化缓慢。蚂蚁和蜜蜂，只要物种相同，其群居生活方式也就一样，而这些物种要延续存在千万代之久，比较高等的动物也是如此。

人类的进化，是某种特别的新的生物随生命的发展，进入成长的阶段，这个阶段是组成神经系统的细胞单纯在数量上的增加引起的。在物质世界中，数量增加到某一点时，常常引起深刻的质的变化。神经系统使动物在其感觉器官与记忆的帮助下能够适应它们的环境。动物从经验中“学习”，并且这种学习本领是生存下去的一个重要因素。但是，动物大部分的行为仍然是以“本能”为基础的，是生物遗传的一部分。当人类从动物王国进化出来时，必然形成了某种新的事物。这种新的要素完全是基于神经系统中量的差别的。凭借神经系统中量的增加，大自然就建立起一种新型的进化，它已经破坏并还将破坏在先前各个进化时期所建立的所有法则。

新型进化的各种要素，动物界全都具有，如记忆和学习，甚至概念和观念的形成，只是它们还不能进一步超越发展，不能成为建设性的东西。动物界在学习方面的尝试大部分都随着个体的死亡而被“溶解”了。当人类进化出来时，脑与神经系统的复杂性由于继续增长已经达到这样的程度，个体的死亡不再能够根除由于记住了经验而树立起来的东西。而且，个体变得能够利用他的头脑从他的经验中得出结论，能够推论出行动的后果而无须亲自去行动了。他能想到在某些条件下会发生什么，并能斟酌情况，准备他的行动。

语言和记忆的发展使一个成年人能够把他的经验与推理过程传授给一个年岁较轻的人，学生就能够有过同样经验似的或者经过同样的一番思考似的做出行动。脑的作用复杂得足以吸取别人的经验和别人的推理，足以使人能把人们各自的经验与思考集中起来，终于能把经验与思想一代一代地积累下来。这种积累之所以可能是由于概念的发展、心理建设的发展、抽象观念的发展以及其他许多表达与传播思想的方法（诸如绘画与文字写作）的发展。由此，产生了所谓的“文化”，进入文明时代。当整个人类所收集的经验比起由于一个个人的死亡而失掉的经验还要多时，新的过程——“传统”的形成就开始了。

进化克服了获得性不能遗传这种障碍。只要亲代不能以其经验传授给子代，每一新的一代的行为就只能以生物的遗传为基础，以包含在细胞里的主体设计中铭记的东西为基础，即使从一代到下一代有一些经验的传授，这种情况也改变不了多少。只要由死亡所失掉的经验的总数大于或者等于传授给后一代的经验的总数时，就不会有经验的积累。每一代的行为是根本相同的，是由生物遗传下来的性质所驱使的。但是，如果一代一代之间传授的经验多到足以引起积累的话，则幼小者就会从年长者的失败与成功中学习，新型的后天获得的行为模式就不是由核酸而是由口头或文化“遗传”下来。

从此，开始了一种完全新式的进化。行为模式的改变比起躯体结构的生物的改变要快得多。后一种改变非有新型的核酸链的形成不可，而行为模式的改变则要快得多。一种新的行为方式被创立出来并经由传统传授给子孙后代，这时行为模式就树立起来了。比如，人已从狩猎动物变为养殖动物，从穴居者变为城市建设者，他已发展了他的制造工具的能力，从打磨尖锐的石块到建设机械工厂。发生这一番进化的一段段时间同生物变化所经历的一个个时期，例如，从猿之类的动物进化到人，相比起来，要短不知多少倍。能够思考的大脑、概念的形成、语言的运用以及后来的书写的运用积累了丰富的经验，这种经验不再随着个体的死亡而丢失，反而随着新的一代得到进一步的发展。

一旦神经细胞的数目达到临界数目，而且进化达到上述阶段，前进的方向就定了下来，并以持续不断的加速步伐向前发展。最初，当人类第一次获得了发展传统的可能性时，传统的形成是十分缓慢的。但是，一旦形成了传统，它就越来越有力，越来越分化。

传统所采取的形式并不总是对物种有利的。但如果找到有利的手段——例如农耕、开采金属之类的事，这些手段就会在几代之内引入一种新型的生活方式，并引起人类所特有的行为方面的突然变化。科学正是观念与经验的积累所生成的这些新型手段或态度之一。把大量的观察结果清理就绪，把表面上的关系和真实的关系区别开来，把迷信和科学实际辨别出来，这要经历许多世代。一旦找到了识别事实的系统方法，就能有近300年来的科学革命。在随着传统的形成而开始的新型进化中，科学构成了重大的一步。

到现在为止，从一代遗传给另一代的只是行为与思考的模式，躯体结构仍是按照动物繁殖的古老的方式来重复出现，在许多世代中不发生变化。但是谁能断定将来会怎样呢？没有人能够断然排除一些科幻片中所预示的那种进化的可能性，任意地改变决定物种进化的核酸也许会成为可能做到的事。知识的增长快得惊人，人类干预生殖细胞的遗传结构并不是完全望不到的事。如果这个目标得到实现，那么，把躯体值得保留的性质有计划地遗传下来，就是力所能及的了。在尚未达到这个雄心勃勃的目标时，新的进化已在我们这个行星上留下了痕迹，已经在干扰先前类型的进化的机制。人类利用杂交与有目的的选择创造出新型的动物品种。动物界的天然进化永远不会按着老的方式进行下去了。当自然界的一种新型的发展为人所发现，它就被引向某种特殊的方向。大自然通过反复试验，消灭差错，经历许多世代缓慢而未受干扰地独自发展其种种形态的时代已经过去了。我们再也不靠机会去产生变异与新的形态以及新的生活方式了，人类不再是幸运的旁观者了。我们毅然承担了发展自然界以及我们自己的物种的任务。这是一个艰巨的任务，到处是陷阱，任重道远。我们只是在不久之前承担了这个任务，如果我们不时地铸成大错，谁也不必感到惊愕。在先前的进化中大自然毕竟也犯过大错：长毛象与恐龙长得越来越庞大，终于惨败而灭绝了。我们必须像大自然那样，经过反复试验和消灭差错来向前迈进。通过传统取得新型进化的步伐比起通过遗传的旧式进化的步伐来要快不知多少倍。有错误立刻就受到惩罚，犯错误者及其后代都受到巨大的痛苦。我们自己要对发生的事情负责，不能归咎于大自然。

人类本身难道不是自然界的一部分吗？人类所积累的传统、观念、概念、神话、宗教都是自然界从许多方面影响了人类而产生的结果。它们来源于人对自然事变的反应，对其同胞行为的反应，以及对于困难环境下生活艰苦的反应。我们的躯体以及动物的躯体的形状是在悠久缓慢的自然选择过程中造就出来的，它们成为几十亿年生命进化条件的见证者，在这几十亿年中只有适应状况良好的单体赖以产生的那些核酸才能够继续生存。人的思想与行为的传统也是人在自然的影响下的产物，受影响的是脑而不是核酸了。这种传统是在比较短暂的时期，大约100万年以内，进化而来的。

第三节　人类的起源

人类的起源，是指人类的历史发展的渊源。人类如何起源，历来争论很多。

一、人类起源简史

人为万物之灵，有智慧，有发达的大脑，有语言，有文化，不仅能劳动，制造工具而且创造了人类世界的社会文化和物质文明。但是，从生物学观点看，人也是由动物进化来的，是自然的一部分，是在自然过程中形成的。在林奈分类系统中，人、猿、猴都属于灵长目，人又独立为人科、人属、人种，有3种大猩猩则属于猿种，与人亲缘最近。

在探索人类起源时首先要确立一个前提，即人类是一个生物物种，他只能有一个祖先，不可能是多个祖先。不能说黑人有一个祖先，而白人又有另一个祖先。因为不同的物种之间虽能婚配，却不能生育后代，只有同种能育。如果主张人类多祖论，就会在生物学上犯常识性的错误，已证实了人类多祖论或多元论是违背科学常理的。

在地球发展史上，人的出现是自然演化的极重大事件。在宇宙空间中出现原始生命的概率是极小的，而由这些简单的生命再进化到具有高度智能的人类，其可能性更要小得多，因为它要求一种十分狭窄而又严格的自然要素组合，至今这种组合在宇宙中绝无仅有。相关研究认为，人类是由动物进化来的，人类的进化与自然的演化密切相关。新生代（从 6 500 万年前开始至今）是原始灵长类出现，也是鸟类和哺乳动物大发展时代。这时大陆各洲基本形成，气候从温暖转变为干冷，四季逐渐分明，森林广布全球。距今约 2 300 万年的中新世，哺乳动物出现，灵长类的猿、猴快速发展，由此也推动古猿起源与人类演化。

距今大约 7 000 万年以前，哺乳类动物分化出了一支灵长目，它们最早生活在热带和亚热带森林里。当时全球范围的气候比较温暖，多雨湿润。湿润期后，又有较长的干旱期，使热带雨林收缩，热带疏林草原等生物群落相嵌交错。灵长类中也相应分化出适应这种环境的半地栖古猿，它们开始直立。到第四纪，地球普遍发育冰川，森林大面积消失，沼泽干涸，山脉隆起，寒冷干燥的空气横扫大地，多汁的羊齿植物逐渐枯死，很多生物死亡、灭绝。哺乳类动物发展起来，其中一支作为人类远祖的灵长类在 6 000 万年前出现，并逐步发展成猿、猴和人。

古猿所属的灵长目物种最初起源于原始食虫动物，小动物则紧紧依附于森林这个天然生境。早期的食虫动物开始扩大食物范围，并克服消化水果、坚果、浆果、嫩芽和树叶等食物的困难。当它们进化为最低级的灵长目动物时，眼睛移到了脸的前部，前肢能够用于采果。有了三维的视觉、灵巧的四肢和渐增的大脑，它们成为树上的统治者。

在大约 1 500 万年前，它们赖以生存的森林大幅地减少。形态结构适合于地面生活的古猿被自然选择了下来，得以生存和繁衍后代。最后从古猿中分化出一支向人类进化的腊玛古猿。大猩猩以及长臂猿的祖先原地未动，它们的数目都逐渐变少。腊玛古猿另辟蹊径，走出密林，开始了与早已适应地面环境的动物竞争。面临新的环境，它们不得不使自己变得比过去的食虫动物更为先进，比过去的食草动物更加高级。在某种意义上，这两方面的努力都获得了成功。这些在地面上搜寻植物的猿再也不能像以往那样，懒洋洋地伸手去摘枝头上丰硕的熟果，而是被迫艰辛地在坚硬的土地上寻找宝贵的食物。

人祖古猿历史的最后 100 万年，有几件事同时发生。地面猿祖先已具备相当大且质量更好的大脑。它们的目光敏锐，双手灵活。作为灵长目动物，它们无一例外地有一定程度的群体组织。由于外界巨大的压力需要它们增强捕杀时的勇气，猿类开始发生巨大的变化。它们的姿势越发直立——能跑得更快更稳。它们的手也从行走中摆脱出来——能有力有效地掌握武器。它们的大脑也越发复杂——聪明、敏锐、善于判断，这一切并不是按照固定的程序进行的，而是同时发生、相互促进的。一个狩猎猿、食肉猿的雏形已经出现。

之后，狩猎猿成了领域性动物。它所有性的、亲缘的及其群居的模式开始受到影响，它旧时迁移、摘果的生活方式迅速消失。它已经完全离开了森林，成为有主动性的动物。它开始费心考虑火、食物储藏以及人工栖身所，开始建立安适的家园。这些发展的生物学基础在于大脑的发达，渐增与复杂化的大脑足以使狩猎猿产生以上变化，再也不是通过特殊的遗传控制形式。森林猿变为陆地猿，陆地猿变为狩猎猿，狩猎猿变为领域猿，领域猿又变为文化猿。

它们本是灵长目动物，但吸收了食肉动物的习性。人类进化历史表明，我们基本上是作为灵长目食肉动物而崛起的。作为一个物种我们曾有过一段掌管地球的激动人心的历史。人类是一个了不起的物种，仅此而已。尽管我们已经取得了科学技术上的长足进步，但是我们依然属于一种简单的生物学现象。尽管我们可以夸夸其谈，自命不凡，但是我们依然是受到动物行为的各种基本规律无情摆布的低级动物，人也必须受到动物学法则的制约。

一般认为，距今约 1 400 万年前的腊玛古猿是由动物进化到人的过渡形态，它通过用后肢直立行走和使用天然工具，形成了手和意识，逐渐发展到适应地上生活。手、脑的解放和手脑并用，给予了智力发展以极大的推动力。在经历了大约 2 000 万年的进化，猿逐渐过渡到人。从此，地球的历史开始进入了人类的历史。

1859 年，英国生物学家 C. R. 达尔文出版《物种起源》一书，阐明了生物从低级到高级、从简单到复杂的发展规律。达尔文的生物进化论，认为人类是生物进化的产物，现代人和现代类人猿有着共同的祖先。根据已发现的古猿和古人类化石材料，最早的人类可能在距今 300 万年或 400 万年之前出现。1871 年，达尔文又出版《人类的起源与性的选择》一书，列举了许多证据说明人类是由已经灭绝的古猿演化而来的。但他没有认识到人和动物的本质区别，也未能正确解释古猿如何演变成人。F. 恩格斯提出了劳动创造人类的科学理论，1876 年他写了《劳动在从猿到人转变过程中的作用》一文，指出人类从动物状态中脱离出来的根本原因是劳动，人和动物的本质区别也是劳动。文章论述了从猿到人的转变过程：古代的类人猿最初成群地生活在热带和亚热带森林中，后来一部分古猿为寻找食物下到地面活动，逐渐学会用两脚直立行走，前肢则解放出来，并能使用石块或木棒等工具，最后终于发展到用手制造工具。与此同时，在体质上，包括大脑都得到相应的发展，出现了人类的各种特征。恩格斯把生活在树上的古猿称为“攀树的猿群”，把从猿到人过渡期间的生物称作“正在形成中的人”，而把能够制造工具的人称作“完全形成的人”。随着考古化石材料的不断发现，测定年代方法的不断改进，人们对人类起源的认识也不断深化。尽管存在的问题还很多，已经可以大致勾画出人类起源和发展的线索。

从考古发现来讲，猿类的出现可追溯到地质学上的渐新世。现在所知的最早的古猿是 1911 年发现于埃及法雍的原上猿，其生存年代为 3 500 万～3 000 万年前。比原上猿稍晚的有 1966—1967 年在法雍发现的埃及古猿，其生存年代为 2 800 万～2 600 万年前。更晚的则有森林古猿，1856 年首次发现于法国的圣戈当，后来欧洲、亚洲、非洲许多地方都发现了同类型的化石，其生存年代在 2 300 万～1 000 万年之前。这些古猿很可能是现代类人猿和现代人类的共同祖先。

人类从人猿主干上分离，究竟发生在哪一地区？是在非洲，然后走进亚洲，还是开始就在亚洲？一个多世纪以来，人类起源于非洲还是亚洲，一直是古人类学家争论不休的话题。自 1924 年在非洲找到首个幼年南猿头骨以来，在非洲发现了一系列的人类化石，这一系列的化石构成了一个相当完整的体系。相比之下，亚洲出土的化石很难与之相提并论，因此，大部分古人类学家都认为人类起源于非洲的可能性较大。

二、人类起源的基因变异

通过研究发现，人类的产生和其他生物的产生是相同的：基因变异。

人类是怎样产生的？人类是一种生物发生基因变异，在本代或下一代突然变成了最初的新人类。这是产生新物种的重大基因突变。虽然这些新人类，功能很不完善，但他们是新物种。在此之后，环境的影响和人类自身的行为又缓慢地改变了基因，同一物种的基因变异，这种改变程度有大有小，但是不会产生新物种。也是在本代或下一代直接表现出来。小的变异：子女看上去和父母有些不一样。一家有 3 个女儿，长相都不一样。高度近视可以遗传给下一代，这时，基因在本代已经发生了变异。大的变异：先天性贫血、先天性唇裂、特异宝宝等。基因都是突变的，都是 DNA 长链的突然改变。因此，最初的人类，是“新物种的基因变异”产生的。现代人类，是新物种之后“同一物种的基因变异”不断优化的结果。

同一物种的基因变异来自四个方面的因素：①环境的影响，包括自然环境、心理环境、营养环境等。②人类的自身取向，包括人类的各种需求、行为。③基因的复杂程度，这决定人类下一代必然有一定程度的变异。④疾病等意外因素。家族精神疾病，可以解释为“对程度过高的刺激，不管是优点或缺点都能记录到遗传物质，并在下一代表现出来”。

每一种生物又都有维持该物种性状的本能，这是遗传物质 DNA 决定的。这就是鱼为什么下一代总是鱼，每种生物其后代还是那种生物。

当初，地球上发生了什么事情使得生物发生基因突变，产生了人类呢？尽管发生重大基因变异的概率非常小，但是大量的猿类，在漫长的时间里，发生新物种的变异，总的机会数量就比较多了。

是什么生物发生基因变异，产生了人类？它应该是和人类相似的生物，是他们的基因变异产生了第一个人，或者是第一群人。多数科学家认为猿类是人类的祖先，因为猿类和人类的基因最接近。

人类在世界各地都有猿类祖先，包括黑皮肤的、黄皮肤的、白皮肤的，甚至更多的祖先人类。因为在人类产生之前，和人类相似的生物——古代猿，已经大量繁衍后代，已经遍布于地球。分布在每一个地区的猿类都可能发生基因变异，产生人类。

在猿之前，人类更早的起源是什么，有很多假说，其中一个代表性假说就是：人类是从一种 3 亿多年前漫游在海洋中的史前鲨鱼演化而来的。这种棘鱼属的原始鲨鱼是地球上包括人类在内的所有有颌类脊椎动物的共同祖先。在猿的上一种生物，也是大量分布在地球不同的地区生活的。这就使得每一个地区，都可能产生一群人类。

也有人提出非常特别的假说，例如，人类是太空“外星人类”拜访地球时，丢下的一包种子吗？这种情况可能存在。高等生命用比自己低端的生命做实验，这样的情况就像人类拿小白鼠做实验一样，可是实验笼子中的小白鼠对人类的实验目的不得而知。

三、人类起源的描述——电影《智人》旁白

《智人》是 2003 年法国第三电视台播出的电影《人类进化史》的第二部曲，该剧在 2005

年 1 月首播立即创下了极高的收视率。超过 900 万的法国人守在电视机前观赏这部巨作，创下法国电视史上最高的收视率。随后发行的原声带和 DVD 更是造成轰动，单单法国一地便狂卖了数十万张。

1 000 万年以前，几个勇敢的先行者颤抖着站了起来，然而他们生存下去的机会微乎其微，因为危险来自四面八方，于是他们努力抗争，学会了创造、直立行走，他们跨过整个大陆和海洋，探索并最终征服了这个世界，我们就是他们的后代，无论今天我们的肤色是黑色、白色、棕色还是黄色，我们都是同一个祖先的后裔。凭借顽强的生命力，祖先们把他们的认知留给后代，就这样薪火相传，一直延续到现在。正是凭借血液中这种独特的认知，我们才能追溯自己的本源，去研究我们的过去并追随他们的脚步。故事开始于一只猴子的诞生，不过他和其他的猴子稍微有点不同，归属为猿类，他的父母生活在树上，夜里就悬在树枝上睡觉，以此来躲避在树下觅食的食肉动物，但他拒绝如此，他不会和他们一样，他从树上来到地面，并用两条后腿站立起来行走，他的勇敢使他注定先人一步，他可以从新的角度来探寻新的生存空间，但前提是他必须找到生存下去的办法，这第一个史前人类改变了整个地球的面貌。

追溯到 1 000 万年前的地球，各种哺乳动物迅速繁衍，大陆板块开始像今天的格局变化。非洲和亚洲继续向东北方向推进，辽阔的非洲丛林，一些灵长类动物开始进化，但是他们势必要屈服于自然界伟大的力量，非洲大陆在巨大的力量压迫下断裂开来，灵长类动物被卷入这场危机，大裂谷正在形成；西边，一座山脉阻隔了自西而来的一片雨云，而东面则是高原和苍茫的大海，大裂谷绵延数千千米，成为不可逾越的阻碍，峡谷两边的生命将向两个迥然不同的方向发展，幸存下来的灵长类被分成了两派，丛林派和热带草原派，等待他们的还有更严峻的考验。由于气候环境的戏剧性变化，丛林逐渐消失，东部的灵长类命运多舛，几个离散的部落分享着剩下的几棵树。但树上的生活局限性很大，灵长类面临着被饿死的命运，要么下树，要么死去，我们的第一位祖先就在这样艰苦的环境下诞生了，父母没有食物可以喂他，大草原绵延数千里，处处都潜藏着危机，先行者的内心充满了恐惧，其实放弃是很简单的，只要躺下了静静等死就可以，但非凡的生存本能战胜了恐惧，生活的苦难促成了这次重大的进化。

在苍茫的草原上，四肢着地使他无法辨别方向，因此他必须用后腿站立起来以便能看得更远，但当他开始移动时，一切又回到了原点，他的行走姿势注定了他的视野，本能在此刻再次发挥了作用，他开始尝试站立着行走。就这样，两足动物诞生了，由此他已经不再属于灵长类，他的名字叫欧罗尼人。第一步的成功让他备受鼓舞，也许他还很享受这种全新的姿态，这个角度让他感觉自己更高更强大了，他可以看到更远处的一切，于是长途跋涉开始了。

在外表上，人长出头发、眉毛，并且全身毛发退化成细小的汗毛；在人体内部，基因和一般动物不同。这些是人和一般动物的根本区别，也是古猿在基因变异后的初始人的特征。这种新物种，全身没毛，就不得不想办法，弄干草、藤条裹住身体来保暖。头发太长了，就不得不想办法弄断。身体的特殊，迫使人类不断改造自然，克服困难，于是智力得到极大发展。经过几百万年，今天，人类成为最动脑子，最有智慧，能够改造自然的生物。

在远古，黑猩猩和人类同是猿类的后代，两者的生存环境相同，但是黑猩猩变不成人的样子，智商赶不上人，就是因为黑猩猩的基因和人的基因不相同。猴子是有尾巴的，猿类（包括古猿、黑猩猩）没有尾巴。猴子的基因和人类的相差更多，也就是说猴子和人类的亲缘关系更疏远。

参考文献

黄鼎成，王毅，康晓光. 1997. 人与自然关系导论. 武汉：湖北科学技术出版社.

管康林. 2012. 生命起源与演化. 杭州：浙江大学出版社.

V. F. 韦斯科夫. 1979.人类认识的自然界. 张志三，等译. 北京：科学出版社.

杨佑兴，夏玮. 2000. 人与自然和谐发展. 北京：中国环境科学出版社.

左晓敏，杨勇. 2016. 人类家园——地球. 济南：山东科学技术出版社.

第四章　矿产资源及其自然-经济特征

自然-经济系统从本质上区别于自然生态系统，根本原因在于人类区别于动物。人类区别于动物的重要标志是人类会使用工具、进行社会生产，这大大地促进了生态系统中的物质循环。制造工具的材料是什么？大多是矿产资源，每当一种新的矿产资源被发现和利用，人类社会便向前推进一步。自然-经济系统的能流也区别于自然生态系统，除了有通过食物链的体内能流外，还有大量用于生产和生活的体外能，能量主要来自矿产。

人类社会的形成与发展，始终与开发矿业相关联，早在 5 000 年前，人类就开始发现、制造、利用陶器，进入青铜时代以后，古代的采矿业就有了很大的发展。铁器的出现和推广，促进了奴隶社会向封建社会的过渡。有色金属、煤和石油的逐步开发，改造了原来的作坊，推动了钢铁工业和机械工业的发展。同样，稀有和放射性元素的开发和利用，推动了电子工业和原子能工业的发展，并把人类引向原子电子时代。

矿产资源是人类社会生产最初始的劳动对象之一，对矿产资源的开发利用是人类社会发展的前提和动力。从石器时代到青铜器时代，到铁器时代，从木柴的燃烧到煤、原子能的利用，人类社会生产力的每一次巨大进步，都伴随着矿产资源利用水平的一次巨大飞跃。人类对矿产资源的开发利用，展示了与其他生物的根本区别，已超越了一般生物对自然的适应。

第一节　矿产资源的概念

矿产资源属于不可再生的自然资源，其中一些金属（如金、铂，甚至铜、铁、锡、锌等）是可以重复利用的，而石油、煤炭、天然气等能源矿产则是不能重复利用的。

一、矿产资源

由于矿产资源的开发利用历史悠久，人类对其认识也在不断深化，不同学科领域的专家对矿产资源的理解、要求不尽相同，地质专家主要侧重于矿产资源的形成、赋存等方面，找矿专家主要强调矿产资源的赋存状态和数量，即矿产储量，而经济、管理专家则主要强调矿产资源的经济意义，因此，这就使得矿产资源的定义各有不同。

1．常见定义

（1）矿产资源是赋存于地壳内部或表面，呈固态、液态或气态的地质作用产物。它既包括在当前的技术经济条件下可以开发利用的物质，又包括在未来的条件下具有潜在价值的物质[①]。

① 地质部地质辞典办公室. 1982. 地质辞典（五）：地质普查勘探技术方法分册. 北京：地质出版社.

（2）矿产资源是指今后几十年中具有经济意义的原地资源，它包括经济上可采的（实际上的储量）及次经济和边界经济的资源①。

（3）将勘探储量 A、B、C_1 和初步评价储量 C_2 合称为储量，将 P_1、P_2、P_3 等预测储量称为资源，资源总量等于储量加预测资源量加暂不能利用的资源量②。

（4）矿产资源总量定为矿产储量加次经济矿产资源量加潜在的矿产资源量③。

（5）在地壳内部或表面天然形成的固态、液态或气态物质的堆积体，它们现在或潜在有可能成为有经济价值的开采对象④。

2. 内涵理解

综上所述，我们可从以下几个方面去认识矿产资源的含义。

（1）矿产资源是赋存在地壳中有用的岩石、矿物和元素的聚集物，它们经过漫长的成岩成矿作用而富集，可作为一种物质财富或商品，在目前或可以预见的将来加以开发利用，即矿产资源的天然物质意义。

（2）矿产资源在开发利用的过程中，必须是在科学技术上能够实现的，在经济上是合理的。例如随着技术的进步，人类可利用的矿产资源，不论从品种上还是从数量上，都是在不断增加的。同时，随着社会劳动生产力的提高，就可能使一些过去不宜开发的低品位矿物堆积物变成矿产资源。因此，在分析研究矿产资源时，必须综合地考虑这两个方面，即矿产资源的技术经济含义。

（3）与其他一切事物一样，矿产资源量的确定，除了必须依据技术、经济条件外，还必须考虑政治条件和军事条件的变化，例如随着政治或国防上的需要，可能使一些在正常条件下不宜开采的矿产资源成为可供开采的矿产储量，也可能为了战略储备，禁止开发某些矿产，使一些可供开采的矿产储量变成实际上的矿产资源，即矿产资源的政治军事意义。

（4）矿产资源开发与人类的关系。随着人类对矿产资源开发利用程度的提高（包括数量和质量两个方面），矿产资源对人类的贡献也越来越大，若处理不好，则对自然界的破坏作用也将越来越大，并造成自然对人类的反作用不断增强。应确保人类与自然的平衡，避免只顾眼前利益而引起的对矿产资源的盲目开采从而造成自然对人类的惩罚（包括产生资源危机和自然灾害），即矿产资源的社会意义。

由此可见，矿产资源应是一个包括地质、技术、经济、政治（含军事）、社会的综合概念，由以上各因素所决定的它在数量上的变化，使其也是具有动态性的概念。所以在我们今后考虑矿产资源问题时，必须考虑上述诸多因素，同时还应从动态的概念出发，分析矿产资源的现状和未来，合理地解决矿产资源的勘查、开发、利用和保护等问题。

3. 定义

综上所述，我们可以将矿产资源这个术语归纳为：赋存在地壳内部或表面，由地质作用形成的呈固态、液态或气态的天然富集物。它既包括在当前技术经济条件下可以开发利用的天然物质（储量），也包括在今后几十年中能具有经济意义的天然物质资源，还包括根据地质理论推断可能存在的、具有经济价值的天然物质潜在资源，其资源总量则为这三

---

① 联合国矿产资源定义和术语专家小组. 1979. 矿产资源的国际分类系统.

② 苏联国家矿产储量委员会. 1981. 固体矿产储量和预测资源的分类.

③ 立见辰雄. 1986. 矿产资源研究. 地质新闻，（11）.

④ 美国矿业局和地调所. 1976. 矿产资源和储量分类原则.

者之和。矿产资源的开发利用，受科学技术、社会需求、经济条件、政治军事形势以及环境保护等因素的影响。从数量上看，它又随这些条件或因素的变化而变化。因此，矿产资源既具有客观存在的自然物质的属性，又具有社会、经济、政治乃至军事的属性，从本质上看，是一个技术经济概念。

二、矿产储量

矿产储量即矿产储备量，是一个地质、采矿业常用的名词，矿业部门有时也称其为矿量，也就是矿产的蕴藏量。矿产储量是矿产资源中在目前技术经济和社会政治条件下可供经济合理开发的那一部分矿产资源。《中国资源科学百科全书》中定义矿产储量为：有一定工程控制、用一定方法的地质工作计算的有用矿产的储藏量。它是地质工作的一项重要成果，也是编制矿山开发方案，确定矿山建设规模和矿山建设计划，制定国民经济建设规划的重要依据。与矿产储量有关的常见名词如下。

（1）可采储量（recoverable reserves）。在当前开采生产工艺、技术经济条件下，可以采出的矿产储量。目前，石油、天然气勘查部门将油气储量分为地质储量和可采储量，固体矿产“生产矿量”“三级矿量”和石材的“荒料储量”“板材储量”及水资源的“允许开采量”等均属可采储量的范围。

（2）探明储量（proven reserves）。采用一定的探矿工程证实的矿产储量。可作为矿山生产建设、制订国民经济计划、合理规划工农业布局的重要依据。矿产储量表习惯地将已控制的 A、B、C、D 级储量列为探明储量，石油天然气勘查部门的“二级储量”属于探明储量。

（3）保有储量（preserved reserves）。截至国家要求统一上报的某一时间，已开采矿山还拥有的实际各级储量和尚未利用的储量的统称。它反映了国家和矿山的矿产资源现状。

（4）预测储量（forecasting reserves）。即预测资源，指经过区域地质调查和成矿规律研究，对成矿区带或矿田范围内的矿产资源所作的预测资源量。从工作程度和资料的可靠性看，这一阶段估算的储量及技术经济资料，满足不了矿山建设技术经济评价的要求，因此其估算的储量只能称为预测资源。

三、矿产资源与矿产储量的关系

矿产资源是自然资源的组成部分，是赋存于地表或地壳中能为人类所利用的矿物资源。矿产资源概念就其内涵而言，实为尚未开发利用的矿物原料，是一种自然财富，它一方面体现了客观地质作用形成的有用物质的天然富集，另一方面它又在目前或可以预见的将来，具有一定的经济价值。只有达到这两条标准者，才能称为矿产资源。

矿产资源的量一般用储量和储量基础表示。储量是查明资源的一部分，它能满足现行采矿所要求的最低的理化标准，包括对品位、质量、厚度和深度所要求的标准。储量基础除包括那些在已确立的技术和目前经济条件下可以利用的资源外，还包括在成为经济可用方面具有根据的潜力资源，它包括目前经济可行的资源（储量）、经济上处于边界条件的资源和某些目前是次经济的资源。储量是储量基础的一部分，是在进行测定当时可以经济开采的一部分查明资源量。

矿产资源和矿产储量是两个相互联系又相互区别的概念。西方国家尤其是美国，对矿产储量的定义是相当严格的，除了要求达到一定的勘探精度，还要求在经济上可以盈利采收。他们按矿石品位-价格来计算储量，并把指标的高低和储量的多寡与市场价格、行情好坏直接联系起来，故其储量标准和储量的多少均受到市场影响，是可变的数字。我国是一个由传统的计划经济向社会主义市场经济过渡的国家，早期的储量标准虽是储量委员会与工业部门在某个时期经济技术条件基础上制定的，但与市场经济条件和价格行情的变化不发生直接的联系，这种条件下计算出的储量，数量偏大，平均品位偏低。1999 年 12 月 1 日实施的《固体矿产资源/储量分类》（GB/T 17766—1999）[①]适应了市场经济要求，实现了与国际接轨。

四、矿产资源在人类社会中的地位与作用

矿产资源对于人类的生存与社会的发展具有极为重要的意义，主要表现在以下六个方面。

1．矿产资源的开发和利用是人类诞生与发展的基本条件

远在人类诞生之前，人类的祖先南方古猿（距今 500 万～100 万年）可能由于生活方式和劳动习惯改变的结果，逐渐由动物的四肢行走变为双脚直立行走，“完成了从猿转变到人的具有决定意义的一步”[②]。这些善于直立行走的猿类，利用解放了的上肢来拾取天然石块或树枝敲打树上的果实，挖掘地下的块根，采集所需要的食物，并利用石块来抵御猛兽的袭击。南方古猿在利用天然石块与自然力量进行长期斗争的过程中发现有些坚硬和尖锐的石块利用起来效果较好，便尝试着利用燧石、石英岩等坚硬的石块来砍砸一般的石块和木棒，以便使其更加适用。当这种进步类型的古猿（正在形成中的人）在砍砸石器工具获得成功，并开始有意识地、自觉地制造石器工具和使用这些工具时，就完成了从动物本能的劳动形式真正过渡到人类劳动形式的巨大的质的飞跃，它标志着猿类最终从一般动物中分离出来而转变为人类。由此可见，人类在从其祖先南方古猿分化出来开始有意识地制造石器工具而转变成人的第一天起，就与石料矿产发生了极为密切的关系，并揭开了旧石器时代的序幕。从世界各地考古发现来看，人类最初制造与利用的石料，均属于非金属矿产这一大类，如燧石、石灰岩、石英岩、砂岩、花岗岩等。

人类形成以后，在历史发展过程中，通过开发利用铜矿、铁矿、石油、煤炭等矿产资源，有力地促进了生产力的发展和社会的进步。人类社会在经历了旧石器时代、新石器时代、青铜器时代、铁器时代、原子能时代过渡发展到今天的电子信息时代，都与逐步扩大开发利用的矿产资源有关，可以毫不夸张地说，没有对矿产资源的开发利用，人类社会就不可能达到今天的境界。

2．矿产资源是人类生存的主要物质来源

人类的食、衣、住、行、用、医等各方面都离不开矿产资源。要解决吃饭问题，就要

① 本标准于 2020 年修订，名称更改为《固体矿产资源储量分类》（GB/T 17766—2020）。

② 马列著作选读：哲学. 北京：人民出版社，1990.

发展农业，而发展农业，就需要肥料、农药、水、饲料。我国约有 1/3 农田灌溉靠地下水资源，煤、石油等是生产化肥、农药和矿物饲料的原料。穿衣也离不开矿产资源，当今时代的纺织原料化纤就是矿产资源（如石油、煤炭、石灰岩等）加工而成的。我国以化纤为原料制成的纺织品约占衣用纺织品总量的 1/2。住宅方面，从一般的黏土、砂石到钢筋、水泥，从一般的砖瓦到陶瓷制品、玻璃制品、花岗石、大理石等高级装饰建筑材料，都离不开矿物原料。至于行，各种交通工具，如飞机、轮船、火车、汽车、摩托车、自行车以及宇航工具等的制造都需要通过对矿产资源的开发加工来提取各种金属和非金属材料。在用的方面与矿产关系就更为密切，从做饭用的炊具，吃饭用的餐具，饮水用的茶具都与陶瓷原料矿产、玻璃原料矿产以及铁、铝、铜等金属和非金属矿产有关；电视机、洗衣机、电冰箱、照相机等也都需要矿产品作为它们的原料，萤光灯的各种稀土荧光粉则与稀土矿产有关。在医疗方面，古代就曾采用一些矿物作为药物来治疗疾病，李时珍的《本草纲目》中就有这方面的记载。长春地质学院和长春中医学院合编的《中国矿物药》一书中搜集有 54 种矿物药品，另有 16 种矿物制品药和 4 种矿物药制剂。此外，人类为了生活与生存，还耗用大量的煤炭、石油、天然气等矿物能源，作为发电、取暖与生活燃料。总之，矿产资源是人类赖以生存与发展的重要物质资源。

3．矿产资源是现代化建设的重要物质基础

人类生产建设的发展需要耗用大量的矿产资源，并且随着现代化程度的提高，耗用矿产资源量将进一步增多。以铜矿为例，人类利用铜矿已有几千年的历史，全世界已从地下采出铜金属约 2.7 亿 t，其中 20 世纪以前的几千年中仅采出 3 200 t，进入 20 世纪以后的近 100 年中就采出 2.38 亿 t，平均年产量约为 240 万 t，而到 1996 年世界铜年产量已达 1 000 万 t 以上。再以能源为例，1952 年，我国一次能源消费量为 4 695 万 t 标准煤，而 1996 年则为 13.88 亿 t 标准煤，为 1952 年的 29.56 倍。从国家间横向对比来看，现代化水平越高，人均消耗矿产品越多。据有关资料，1996 年我国人均消耗原油为 129 kg，同年，世界人均消耗原油为 590 kg，为我国的 4.6 倍。即使在人类进入信息时代和知识经济时代的今天，矿产资源仍是不可替代的现代化建设的重要物质基础。95%以上的能源资源为矿物资源，80%以上的工业原材料依赖矿物原材料，70%以上的农业生产资料来自矿产资源。中国如此，世界也大体是这样。作为信息高速公路的载体——光导纤维本身就是以高纯度的石英和锗的氧化物为原料制造的，而石英属非金属矿产，锗则是稀散元素矿产中的一种。

4．矿产资源对于国家经济发展具有导向作用

（1）制定经济发展战略的导向作用。矿产资源特别丰富的国家，输出矿产资源自然就成为这个国家的经济发展战略。如石油资源非常丰富的中东地区的一些国家，主要靠输出石油来发展自己。资源十分短缺的国家（如日本），资源输入就必然成为其经济发展战略中的重点，通过国际贸易和到海外勘查、开发矿产资源来满足自己的需要。

（2）国家经济结构形成的导向作用。矿产资源多的国家，以矿产品勘查、开发和加工为主体的矿业就可能成为其支柱产业，如澳大利亚、智利、南非等国，矿业及矿产品加工业就成为这些国家的重要支柱产业。

（3）地区经济发展的导向作用。以我国为例，中华人民共和国成立以来，通过广大地质工作者的努力，在许多荒无人烟或人口稀少的穷乡僻壤，发现了一批批大的矿产地，而这些矿产地的勘查开发的成功，使得 300 多座新兴矿业城市在华夏神州拔地而起，如克拉玛依、大庆、金昌、乌海、平顶山、白云鄂博、攀枝花等，从根本上改变了这些地区的面貌。

（4）交通建设的导向作用。贯通我国大西南的南昆铁路的修建，虽有多方面因素影响，但西南地区丰富的矿产资源，特别是云南的磷矿、贵州的磷矿和煤矿等外运的需要，对于促进南昆铁路建设具有重要的导向作用。

5. 矿产资源是国家安全的重要因素

矿产资源特别是能源资源能否稳定供应，直接影响整个国民经济能否沿着快速、持续、健康的轨道安全运行。我国的矿产资源在品种结构和质量方面存在的某些弱点，国计民生中不可缺少的矿产中有些属于短缺矿产，因此需要从国外市场谋求资源供需的平衡。如果短缺矿产供求矛盾日趋扩大，矿产品进口增加，势必引起耗汇额度增加，从而影响国家储备与外汇平衡。即使在有足够外汇支付的情况下，进口矿产品渠道是否稳定，数量和质量是否能有保证，都会直接影响到相关的产业经济能否安全正常地运行。特别是在一些非常时期，如贸易制裁、战争等突发事件时，短缺矿产不能正常从国际市场进口，支柱性矿产急剧短缺，将会导致国民经济难以正常运行，造成巨大损失，从而影响到国家的经济安全与国防安全。

石油、核能矿产对于国家的安全无论从国防角度还是从经济角度都是显而易见的。在当今时代，无论是平时还是战时，没有石油是不可想象的。而铀矿则既是军用战略物资，又是一种清洁能源，拥有相当实力的完整的核工业体系，将是国防安全强有力的保障。

稀土资源由于其特殊的用途和重要性被人们广泛关注，大家经常称其为“工业维生素”或者“工业味精”，已被广泛应用于国防军工、航空航天、特种材料、冶金、能源和农业等诸多领域。我国着重发展的高端装备制造、新能源、新材料产业、新能源汽车产业等重点制造领域都和稀土有密切的关系。稀土作为战略性矿产资源也得到了国家的高度重视。稀土资源具有极高的经济价值和战略价值。一方面，资源价格高。如铽和镥 2021 年 4 月的价格分别达到了 8 450 元/kg 和 5 125 元/kg；另一方面，稀土资源在国防军事高科技领域也有无可替代的作用。例如，美国弗吉尼亚级核动力潜艇每艘使用约 4 173 kg 稀土金属、阿利伯克导弹驱逐舰需要大约 2 359 kg 稀土金属、F-35 联合攻击战斗机需要约 417 kg 的稀土金属。

我国是稀土资源大国，已探明的稀土资源量约 6 588 万 t。我国稀土资源不但储量丰富，而且还具有矿种和稀土元素齐全、稀土品位及矿点分布合理等优势，为我国稀土工业的发展奠定了坚实的基础。2012 年国务院新闻办发布《中国的稀土状况与政策》白皮书指出，我国以 23%的稀土资源承担了世界 90%以上的市场供应。我国稀土行业的快速发展，不仅满足了国内经济社会发展的需要，而且为全球稀土供应做出了重要贡献。

6. 矿产资源是国际交往中的重要手段

由于矿产资源在人类生活和国民经济中占有的重要地位，特别是能源矿产所具有的极为重要的战略意义，矿产资源在国际事务中具有十分重要的地位。在国际贸易和经济技术合作中，矿产资源占有很大的份额，如 1992 年世界矿产品出口贸易额为 6 189.7 亿美元，占当年全球贸易总额的 18%。矿产资源不仅是国际交往中的一个重要筹码，而且往往成为国际争夺的对象，甚至为此而爆发战争。20 世纪 90 年代初发生的海湾战争以及此后的伊拉克战争都与有关国家在争夺与维护石油资源方面的战略利益分不开。

第二节 岩石圈及其物质构成

矿物的集合体构成岩石，岩石是固体地球岩石圈的基本物质组成，岩石圈物质循环形成了地球上丰富的矿产资源。

一、岩石圈

地球的半径约为 6 400 km。地球中心是炽热的地核，半径约为 3 475 km，由铁、镍等组成；在地核外部是地幔，由硅酸盐组成，厚度约为 2 895 km；地球的最外层是地壳，厚度只有 16～40 km，它的质量只是地球总质量的 0.714‰，但它直接影响着生命的存在和繁衍，组成原生质的元素来源于此，见表 4-1。

表 4-1 组成地壳的主要元素

元素	O	Si	Al	Fe	Ca	Na	K	Mg
质量占比/%	46.6	27.7	8.1	5.1	3.6	2.8	2.6	2.1
体积占比/%	93.8	0.9	0.5	0.4	1.0	1.3	1.6	0.3

地壳不同地方的厚度并非均匀一致。例如，帕米尔高原的厚度达 75 km，而海洋盆地地壳厚度只有 5～6 km。由于地壳构造运动，形成的山地、平原、盆地等不同地壳形态，最高的山峰高达 8 848 m（珠穆朗玛峰），最深的海谷在海平面以下 10.7 km。

岩石圈（The lithosphere），是地球上部相对于软流圈而言的坚硬的岩石圈层。厚 60～120 km，为地震高波速带。包括地壳的全部和上地幔的顶部，由花岗质岩、玄武质岩和超基性岩组成。其下为地震波低速带、部分熔融层和厚度 100 km 的软流圈。从固体地球表面向下穿过地震波在近 33 km 处所显示的第一个不连续面（莫霍面），一直延伸到软流圈为止。对岩石圈的认识，分歧很大，有人认为岩石圈与地壳是同义词，而与下部软流圈即上地幔有区别，但岩石圈与上地幔系过渡关系而无明显界面；一般认为岩石圈至少应包括地壳和地幔上层。

岩石圈可分为六大板块：欧亚板块、太平洋板块、美洲板块、非洲板块、印度洋板块、南极洲板块。

岩石圈的厚度因地而异，平均厚度约为 100 km。一般而言，大陆地壳的岩石圈厚度大于海洋地壳的岩石圈厚度，但是其具体深度存在争议。

地表形态的塑造过程也是岩石圈物质的循环过程，其基础是岩石圈三大类岩石——岩浆岩、变质岩和沉积岩的变质转化。

在地球内部压力作用下，岩浆沿着岩石圈的薄弱地带侵入岩石圈上部或喷出地表，冷却凝固形成岩浆岩。裸露地表的岩浆岩在风吹、雨打、日晒以及生物作用下，组件崩解成为砾石、沙子和泥土。这些碎屑被风、流水等搬运后沉积下来，经过固结成岩作用，形成沉积岩。同时，这些已经生成的岩石，在一定的温度和压力下发生变质作用，形成变质岩。岩石在岩石圈深处或岩石圈以下发生重熔再生作用，又成为新的岩浆。岩浆在一定的条件下再次侵入或喷出地表，形成新的岩浆岩，并与其他岩石一起再次接受外力的风化、侵蚀、搬运和堆积。如此，周而复始，使岩石圈的物质处于不断地循环转化之中。

我们今天看到的山系和盆地，以及流水、冰川、风成地貌等，是岩石圈物质循环在地表留下的痕迹。

对于地球岩石圈，除表面形态外，是无法直接观测到的。由于岩石圈及其表面形态与现代地球物理学、地球动力学有着密切的关系，因此，岩石圈是现代地球科学中研究得最多、最详细、最彻底的固体地球部分。由于洋底占据了地球表面总面积的 2/3 之多，而大洋盆地约占海底总面积的 45%，其平均水深为 4 000～5 000 m，大量发育的海底火山就是分布在大洋盆地中，其周围延伸着广阔的海底丘陵。因此，整个固体地球的主要表面形态可认为是由大洋盆地与大陆台地组成，对它们的研究，构成了与岩石圈构造和地球动力学有直接联系的“全球构造学”理论。

二、岩石圈的物质构成

1．元素

地壳中含有化学元素周期表中所列的绝大部分元素，而其中 O、Si、Al、Fe、Ca、Na、K、Mg 8 种主要元素占 98%以上，其他元素共占 1%～2%。地壳中化学元素的平均含量相差极为悬殊。氧约占 1/2，硅约占 1/4，铝约占 1/13，而表 4-1 中未列入的大多数元素的含量是微不足道的。这些微量元素，其含量也十分悬殊，有些还是超微量的。对于整个岩石圈的原子组成来说，以质量占比来计，氧占 60.4%，硅占 20.5%，铝占 6.2%，氢占 2.9%，钠占 2.49%，铁、钙、镁和钾分别占 1.9%、1.88%、1.77%和 1.37%，其他元素含量都小于 1%。

2．矿物

矿物是人类生产资料和生活资料的重要来源之一，是构成地壳岩石的物质基础。自然界的矿物很多，约有 3 000 种，最常见的只有五六十种，至于构成岩石主要成分的不过二三十种。组成岩石主要成分的矿物，称造岩矿物，它们共占地壳重量的 99%。最常见的造岩矿物有下列几种：

（1）长石：是构成地壳的最主要的一类矿物，常见于火成岩、沉积岩和变质岩中。具瓷状光泽，摩氏硬度为 6，二向完全解理。解理呈正交者称为正长石，多为肉红色；解理呈斜交者称为斜长石，多为浅灰白色。由于长石晶体构造中允许大量的离子置换，因而有多种类型。如斜长石中的钠和钙可以完全置换，故产生了从钠斜长石至钙斜长石的一系列种类和成分的变化。

（2）石英：在大陆地壳中的数量仅次于长石，也常见于各类岩石中。成分简单，无解理，贝壳状断口，具典型的玻璃光泽，硬度 7，性硬，相对密度 2.5～2.8。石英在自由生长时结晶成六面锥体，但在结晶岩中因晶体发育受空间限制，皆呈不规则形状。石英性质稳定，难以风化。

（3）云母：假六方柱状或板状晶体，通常呈片状或鳞片状，单向极完全解理，易剥成具有弹性的光滑透明薄片；玻璃及珍珠光泽，硬度 2～3，成分复杂多样，常见的有黑云母、白云母和金云母，在酸性岩浆岩、砂岩和变质岩中常见。

（4）角闪石：成分复杂多变，常见的一种为普通角闪石，呈长柱状或条状，暗绿至黑色，硬度 5.5～6，相对密度 3.1～3.3，二向完全解理呈彼此斜交，性脆；在中性和酸性岩浆岩和某些变质岩中常见。

（5）辉石：成分与角闪石近似，但含铁镁较多而不含羟离子。其中常见的为普通辉石，呈短柱状，二向中等解理呈彼此正交，绿黑色，硬度 5～6，相对密度 3.2～3.6；常与角闪石、橄榄石、某些斜长石等共生，在基性和超基性岩浆岩中常见。

（6）橄榄石：粒状，橄榄绿色，玻璃光泽，硬度 6.5～7，性脆；为超基性岩和基性岩的主要组成矿物。

上述造岩矿物又可归纳为两种类型：一种为长英质（或浅色）矿物，包括石英、长石和白云母，其色浅，相对密度较小，含铁镁少；另一种为铁镁质（或深色）矿物，包括橄榄石、辉石、角闪石和黑云母，其色深，相对密度较大，富含铁镁而得名。两者共占地壳重量的 80%以上。

此外，其他常见的造岩矿物有方解石，白云石和各种黏土矿物，它们是某些沉积岩的主要造岩矿物。

3. 岩石

岩石是在各种地质作用下，按一定方式结合而成的矿物集合体，是构成地壳及地幔的主要物质。岩石是地质作用的产物，又是地质作用的对象，是各种地质构造和地貌的物质基础。岩石中矿物的结晶程度、颗粒大小和形状以及颗粒间相互关系的特征，称为岩石的结构。岩石中矿物的组合形状、大小和空间上相互关系和配合方式，称为岩石的构造。结构和构造是识别岩石的重要特征之一。根据成因，岩石可分为三大类：岩浆岩、沉积岩和变质岩。

（1）岩浆岩：是由地壳内部上升的岩浆侵入地壳或喷出地表冷凝而成的，又称火成岩。岩浆主要来源于地幔上部的软流层，那里温度高达 1 300℃，压力约数千个大气压，使岩浆具有极大的活动性和能量，按其活动又分为喷出岩和侵入岩。未达到地表的岩浆冷凝而成的岩石叫侵入岩。深成侵入岩颗粒较粗。浅成侵入岩颗粒细小或大小不均。喷出岩是在岩浆喷出地表的条件下形成，温度低，冷却快，常成玻璃质、半晶质或隐晶质结构，具有气孔、流纹等构造。岩浆岩常见的如在地壳中分布很广的中粗粒结构的侵入岩——花岗岩，气孔构造发育，黑色致密的玄武岩，流纹构造显著的酸性喷出岩——流纹岩等。

（2）沉积岩：是地面先成岩石在外力的作用下，经过风化、搬运、沉积固结等沉积而成，其主要特征是：层理构造显著；沉积岩中常含古代生物遗迹，经石化作用即成化石；有的具有干裂、孔隙、结核等。常见的沉积岩有：直径大于 3 mm 的砾和磨圆的卵石及被其他物质胶结而形成的砾岩，由 2 mm 到 0.05 mm 直径的砂粒胶结而成的砂岩，由颗粒细小的黏土矿物组成的页岩，以方解石为主要成分、硬度不大的石灰岩等。

（3）变质岩：是岩浆岩或沉积岩在变质作用下形成的一类新岩石。和前两类岩石主要区别是变质岩属重结晶的岩石，颗粒较粗，不含玻璃质和有机质的残体。其主要特征是：①有的具有片理（片状）构造如片岩；②有的呈片麻构造（未形成片状），岩石断面上看到各种矿物成带状或条状等，如花岗片麻岩；③有的呈板状构造，颗粒极小，肉眼难辨，如板岩。常见的变质岩如由方解石或白云石重新经过结晶而成的大理岩，由页岩和黏土经过变质而形成原解理状的板岩，由片状、柱状岩石组成的片岩，多由沉积岩和岩浆岩变质而成的片麻岩，由砂岩变质而成的石英岩等。

三、岩石圈与人类

岩石圈与人类的生产和生活密切相关，是人类生存与生活的基础。

岩石圈表层是人类生活的场所。人类生活在地球表面，主要生活在岩石圈表层。在目前条件下，人类无法长期生活在水中或者空中。假如没有固体岩石圈的支撑，很难想象人类能否诞生，能否演化为今天的人类。从生物演化的历史看，地球上最早的生命诞生在海洋中，但如果没有陆地，没有一部分海洋生物登上陆地，就不可能有今天的人类。人类的食物主要依赖于岩石表层的土壤的生产力。没有岩石，也就没有土壤，人类的食物来源将会成问题。没有固体岩石圈的支撑，水圈的形态将会明显不同于现在，对生物、人类将会产生巨大的影响。

岩石是重要的建筑材料。岩石作为重要的建筑材料，是人类修筑房屋，建造公路、桥梁、水库、大坝等不可缺少的材料。石制工具是人类使用时间最长的工具。在人类历史长河中，金属工具使用的时间只有几千年，而石制工具（石器）使用的时间却长达几百万年。

矿物是人类生活资料的重要来源。如果没有矿物的开采利用，很难想象现代社会会是什么样子。因为几乎所有生活用品，都离不开矿物的利用。我们居住的房屋，几乎都离不开钢筋、水泥；做饭用的厨具离不开铁、铝、钢等；电视机、电风扇、计算机的零配件都或多或少离不开金属和非金属矿物的参与；我们的交通工具汽车、火车、飞机、轮船等的制造，离开了矿物的利用将会是很困难的；我们穿的衣服、保暖的被褥，大多都含有化纤和尼龙（全棉的除外），这些化纤和尼龙大多都是石油化工产物。

矿物是人类生产资料的重要来源。假如没有足够的石油、天然气和煤的供应，许多工厂将陷入瘫痪，现在的大部分汽车、火车、飞机将无法开动，许多地方的夜晚将会成为一片黑暗。尽管太阳能、核能、水能、风能、地热能、潮汐能、波浪能的开发利用越来越广泛，但到目前为止天然矿质燃料仍然是世界主要的能源。这些矿质燃料来自岩石圈。地热能也是来自岩石圈或通过岩石圈到达地表的。核能的原料，相当一部分也来自岩石圈。

人类的进化以及人类改造世界的程度，是与人类利用矿物资源的程度密切相关的。能否制造工具是区别人与猿的根本的标志。随着人类对金属矿床的利用和冶炼技术的发展，人类也从石器时代、陶器时代，演进到铜器时代和铁器时代，人类对自然的改造能力大大加强和对自然的影响范围明显扩大。

岩石圈在为人类提供立地条件和丰富的矿物资源的同时，还因岩石圈的运动而产生各种地质灾害，威胁着人类的生存和生活。主要的地质灾害有地震、火山、崩塌、滑坡等。地震是岩石圈破裂的表现，火山是岩浆沿着岩石圈薄弱地带喷出地表的结果，崩塌、滑坡则是岩石块体在重力作用下向下位移的结果。它们毁坏建筑，堵塞交通，危及人类及其他生物的生命安全，应加以警惕和防范。

第三节 矿产资源的形成

随着地球物理、地球化学、海洋地质、遥感地质、同位素地质等资料的积累，众多的矿产资源形成理论日趋成熟，构成了各自的理论系统。综合分析这些成矿理论可以发现，其研究主要有三大主题，即成矿物质来源研究、成矿控制研究和成矿作用研究。对矿产资源的形成来说，三者之间的联系可归纳为：成矿物质来源是基础，成矿控制是条件，成矿作用是过程。

一、成矿物质来源

研究成矿物质来源，需要联系到地球的组成及演化历史。地球形成初期由地核和地幔组成，太古宙时期，地球浅表部分发生过复杂的构造和岩浆活动，地幔的近地表部分演变为地壳。因此，成矿物质的初始来源可追溯到地幔。

从理论上讲，地幔、地壳各层圈以及水圈、生物圈、大气圈中的各类物质都可以作为成矿物质的来源，具体包括：

（1）地幔源：幔源岩浆、幔源流体等。

（2）地壳源：包括深部和浅部两种。深部源：硅铝质、镁铁质岩浆、流体等；浅部源：结晶基底、沉积盖层、深循环地下水、岩浆流体、变质流体等。

（3）地面源：地表岩石、海洋及湖泊等。

（4）宇宙源：陨石、陨尘等。

1．地幔源

地幔源既是成矿物质的直接来源，又是地壳源、地面源的初始源。地幔分为上下两部分，上地幔物质包括镁铁质-超镁铁质岩浆、岩石和地幔流体等，下地幔曾称为硫氧化物圈，物质成分除硅酸盐外，金属氧化物与硫化物（特别是铁、镍）显著增加。一般认为成矿物质主要来自上地幔。

（1）地幔岩浆。上地幔的镁铁质-超镁铁质岩浆在构造力驱动下，沿着深断裂向地壳浅部侵入时，岩浆内部发生不同程度的结晶分异作用以及混熔作用，形成各种基性和超基性岩体。与此同时，由于岩浆富含 Fe、Cr、Co、Ni、V、Ti，以及 Ca、Zn、As、Mo、Sb、Hg、Au、Ag，它们也随着结晶分异作用在岩体中富集。

（2）地幔热液。地幔热液指上地幔中产生的热液，主要化学组分为 C、H、O、N 和 S，以及少量 F、Cl、P 等。地幔成矿物质在一定的温度和压力条件下，可随地幔的排气作用而聚集，形成一定量的含矿汽水热液，并沿着断裂把成矿元素运移到地壳上层甚至地表附近，从而造成某一区域的成矿元素的富集。

2．地壳源

（1）地壳深部源。地壳深部物质在碱金属（K、Na）和挥发分（主要是 H_2O、Cl、F）的参与下，经过重熔而产生花岗岩浆。在这种花岗质岩浆中，除了 K、Na、Al、Si 等主要元素外，还有大量 W、Sn、Mo、Li、Bc、Nb、Ta、Zr、Hf、U、Th、稀土等所谓壳内元素。如果岩浆中碱金属和挥发分比较集中，则可导致成矿元素的富集。与重熔花岗岩有关的成矿元素大部分为亲氧元素，如 W、Sn、Na、Ta、Be 等，部分为亲硫和亲铁元素。

（2）地壳浅部源。地壳浅部源指距地表 10～15 km 的深度，在这个范围内，既有结晶基底，又有发育沉积盖层，各种地质流体能充分萃取岩石中的矿质。矿源层中分散状态的矿质经过化学活动性强的地下热水的浸取，参加到各类热水溶液中形成含矿热液。按热液的成因，可将其分为岩浆热液、变质热液、地下水热液。

①岩浆热液。岩浆中含有足够的水，并在岩浆结晶过程中有相当一部分水能释放出来成为热水溶液，这种热水溶液中含有足够数量的成矿元素。除岩浆含矿热液外，还有火山热液，特别是海底火山喷气热液，是形成各种矿床的很重要的物质来源。

②变质热液。变质热液是指在区域变质过程中，岩石矿物中的各种形式的水及其他挥发组分受热、压影响，从岩石、矿物中析出，发生活化转移而形成的热液。热液在运移的过程中，能从流经的岩石、矿物淋滤汲取成矿物质，从而变成含矿热液。

③地下水热液。在火山活动、地热异常、冷却中的侵入体、深断裂带附近等较高温的热源区，可发生冷渗流水加热成为热水溶液的现象。受热地下水渗透到一定深度时，水温升高，溶解金属的能力增强，特别是当它们从围岩中获得盐分时，则变为热卤水，具有较强的溶解金属的能力，能携带活泼性元素，如Hg、Sh、As、U、Cu、Pb、Zn等到适宜的地带形成矿石堆积。一般认为，地下水热液对于地壳浅部金属矿床的形成具有重要意义。

3. 地面源

由地表出露的岩石及矿石经过风化而提供的成矿物质，在风化作用、沉积作用下分异和浓集而形成矿床；海洋和内陆湖泊中储有的大量盐类、Mg、B、Cs等，经蒸发-沉淀作用或海水化学（生物化学）分异作用而富集形成矿床。

4. 宇宙源

地球形成后，宇宙空间中有大量陨石不断地降落到地球上，据统计，地球平均每年要接收500块陨石及宇宙尘埃。如果陨石足够大，当其降落到地球时，强大的冲击力和爆炸力，可使地壳局部遭到破坏，同时，其产生的热量可使陨石本身重熔分异，并使有用组分富集成矿。

5. 多来源

成矿物质多来源可以从两个方面来理解：一是从全球成矿作用看，含矿岩浆起源多样，矿质来源的层圈有多个，含矿质流体也是多种类型；二是对一个具体矿床来说，成矿物质不只是一种来源，而是多来源。例如，在不少层控矿床中，既有沉积-同生作用阶段的矿质来源，又有后生作用阶段的矿质来源，如岩浆、热液来源的矿质重叠在同生矿层之上。这些层控矿床兼有内生与外生，同生与后生，水成与火成等多种地质作用和物质来源，是多来源、多阶段、多成因矿床的典型代表。就目前的研究水平，还未完全形成一套精确区分多种来源的可靠方法。

二、成矿作用

成矿作用就其基本概念而言，是地球在演化过程中，使分散在上地幔和地壳中的有用物质（化学元素、矿物、化合物），在一定的地质条件下，相对集中而形成矿床的作用。成矿作用是伴随着地质作用而产生的，因此，它和地质作用一样，按作用的性质和能量的来源可划分为内生成矿作用、外生成矿作用和变质成矿作用三大类。

1. 内生成矿作用

内生成矿作用指由地球内部热能所产生的作用力导致的各种地质作用形成矿床。地球内部热能包括：放射性元素蜕变能，地幔及岩浆物质的热能，地核形成过程中所释放出来的位能以及表生物质转入地壳内部后释放出来的能等。

2．外生成矿作用

外生成矿作用主要指在太阳能以及生物能、化学能等影响下，在岩石圈、水圈、大气圈、生物圈的相互作用过程中，使地壳表层的某些有用元素或物质迁移和聚集形成矿床。外生成矿作用发生在地壳的表面，这种成矿作用的温度和压力都比较低。

3．变质成矿作用

变质成矿作用是指外生成矿作用或内生成矿作用形成的岩石或矿床，在地壳内由于地质环境的改变，温度和压力的增加，它们原来的矿物成分、结构和形状都发生了一定程度的改变。变质成矿作用可以有各种成因的气化-热液作用参加，甚至有岩浆作用参加，这类成矿作用一般温度和压力都比较高。变质成矿作用按其产生的地质环境又可以分为接触变质成矿作用、区域变质成矿作用和混合岩化成矿作用。

应当指出，这样的分类是从分析的观点，把各种成矿作用解析为若干基本类型进行归并而成的。事实上，成矿作用并非单一，往往是多成因的、综合的，成矿作用彼此之间不是截然可分或无联系的。在自然界，内生成矿作用和外生成矿作用往往是交织在一起的，对于变质成矿作用来说，更是与内生成矿作用或外生成矿作用紧密地联系在一起。有的学者在以上三类的基础上增加了一种复合成矿作用，即在先期形成的矿床或含矿建造的基础上，又叠加后期成矿作用，从而不仅对原来矿床或含矿建造有所改造，而且还有新的成矿物质加入，这种作用形成的矿床称为叠生矿床。

三、成矿控制

矿产资源在其形成过程中，受到各种因素的控制和影响，包括不同圈层运动、区域地球化学特征、构造活动、流体作用以及古地理、古气候条件下的岩石组合等。不同的矿种、不同的区域背景、不同的地质时代，各种控制因素所起的作用是不同的。

1．区域岩石圈的组成、结构和演化

大陆岩石圈形成和演化的本质是地球物质在差异应力、时间因素、热状态等因素综合制约下流动、迁移、重新定位的结果，岩石圈的组成、结构和演化对区域成矿有根本的控制作用。

（1）岩石圈的组成和结构。大陆的上地壳主要由沉积岩及侵入岩中的花岗岩类组成，中地壳由相当于混合岩的物质组成，富含 K、Th、U，下地壳是由麻粒岩相组成。上地幔的岩石成分主要是超镁铁岩和镁铁岩类。

近年来的研究表明，岩石圈内部的构造和变形是不均匀的，并且随温度、压力的改变而改变。这些变化在板块边界带表现得更为明显，反映在地质、地球化学和地球物理的多个方面。在这些边界带中，构造运动强烈，物质和能量的交换显著，成岩和成矿作用活跃，常是主要成矿带的所在地。

（2）壳幔作用与物质再循环。地幔和地壳物质间的再循环表现在，地幔来源的地壳岩石经过构造运动沉降再返回到地幔中去，一部分物质有可能参与部分熔融作用，或者进入地幔对流系统形成新的物质循环。

从理论上分析，大多数金属元素在地幔岩石圈部分熔融和抽取熔体形成地壳的过程中均属不相容元素，它们有向地壳中富集的倾向。当已富集这些元素的洋壳和陆壳通过俯冲再次进入地幔或地壳深部，然后通过部分熔融又返回地壳时，就等于以精矿再重复进行浓集的过程，这就必然大大增加了成矿的可能性。从现有资料看，板块汇聚带等壳幔再循环剧烈的地带往往是重要的成矿带，如环太平洋构造成矿带。世界上不少大矿和矿集区是壳幔长期演化、元素高度浓集的结果。

（3）岩石圈演化与构造-岩浆活动。综合分析全球范围内的地质、地球物理和地球化学资料，可为认识岩石圈的演化过程提供重要线索。人们通过对碳酸盐岩、蒸发岩、燧石层等的O、C、S、Si同位素研究，获得大气圈、水圈的历史演化信息；通过对Pb、Sr和Nd同位素研究，了解地壳、地幔和造山带的历史演化趋势。

以中国东部为例，该区有丰富的矿种和矿床，其成矿的岩石圈背景引人注目。大量的地球物理和岩石学资料显示，中国东部古老岩石圈根受到侵蚀、减薄，改变了大陆地幔成分和热累积状态，也控制了后来的岩浆活动的基本类型和成分，对有关的成矿作用有重要影响。

2. 区域地球化学控制

化学元素在地幔和地壳中的丰度、化学活性和赋存状态，是它们成矿的前提。一些大丰度元素如Fe、Al、Ti等，只要富集十倍或几十倍，且有一定规模时，即成为矿床；而一些小丰度元素如Hg、Sb、As、Ag等，则要富集上万甚至十万倍，才能形成矿床。在同样的物理化学条件下，活泼元素如U、Hg、Sb、As、Ag等易于大量析出，而稳定元素如Fe、Co、Ni、V、Ti、Cr等难以析出。化学元素在地质体中的赋存状态，以及由其决定能否被活化析出从而参与成矿的性质，是能否作为实际成矿物质来源的决定条件。

各种地质-地球化学作用从地质体中活化析出元素的能力不同，例如地表流水从固体岩石中萃取成矿物质活化转移的能力很小，而岩浆和含矿气液有较强的化学作用力，容易与围岩物质发生显著的交代蚀变作用，活化析出成矿组分。因此，地质体中的成矿物质的丰度和赋存状态是前提，而将它们活化和萃取，参加成矿的地质-地球化学作用是关键。

在元素地球化学中，不同岩石类型具有不同的特征元素，表4-2所列的是岩浆岩及部分沉积岩（矿产）所含的特征元素组合。这些元素在一定的地质条件和物理化学条件下，或经结晶分异、气液运移等途径富集成矿，或作为矿源层再经流体溶释萃取而在一定条件下富集成矿。

表4-2 岩石（矿产）特征元素组合

岩石（矿产）名称	特征元素组合
超基性岩	Fe、Co、Ni、Cr、Au
基性岩	Ti、V、Mn、Cu、Zn、As、Mo、Ag、Cd、Sb、Hg
中性岩	无最丰量级元素，较富的有Ti、V、Cu、As、Zr、Ta
酸性岩	Li、Be、Nb、Sn、Ta、W、Ti、Pb、Bi、Th、U、F、Br
碱性岩	Li、Zr、Nb、Sn、Sb、Ce、Au、Pb、Th、U
黑色页岩	Cu、Ag、U、As、Mo、Au、V、Ni、Pb、Zn、Cd、Se
煤	U、Ge、Mo、Ag、Ni、Au、Bi、C
沥青及石油	V、Mo、Ni、Pb、Cu、Zn、Cr、Co、Sn、C

岩石（矿产）名称	特征元素组合
磷块岩	P、U、V、Mo、Pb、TR、Ag、Nb、As、Ni、Cr、Co、Cd、Sc
锰瘤	Cu、Mo、Mn、Pb、Ni、Tc、Te、Ti、Zu
蒸发岩	Li、Sr、Zn（Ba、Cs、Pb）
铁质红土	Fe、Co、Ni、As、Be、Cr、Mo、Cu（Se、Se、V）
富铝红土	Al、Be、Ga、Ti

资料来源：余中平. 1998. 成矿与找矿导论. 北京：冶金工业出版社。

3. 大地构造控制

大地构造运动是岩石圈深部，尤其是软流圈热动力显著变化所导致的地球物质的大规模运动。这种运动引起地球上部层圈的物质输运、能量交换和动量传递，推动着岩石圈的演化。从区域性层次看，构造运动常能诱发沉积、岩浆、变质和流体作用，以及改变区域地球物理场的特征。

在一定的时空域中，一定性质的构造环境和构造运动，对于成岩和成矿来说，均有其特定的物源、热源、物理化学和动力学条件。因此，大地构造尤其是大型和巨型构造对成矿的控制有至关重要的作用。

（1）大地构造理论。大地构造理论是研究地壳构造发生、发展规律、分布组合规律、形成机制和地壳运动原因的理论。国外较早出现的有收缩说、地槽-地台说、均衡说，之后又相继出现了大陆漂移说、放射性旋回说、对流说、振盈说、波动说等。在我国，影响较大的有地质力学、多旋回学、断块构造说、地洼学说、波浪状镶嵌构造说、重力构造说等。

各种不同的大地构造学派都认为。大地构造控制着全球性和大区域性矿产的形成和分布。其最基本的观点是，不同的大地构造单元具有不同的地质发展史，以及不同的岩浆活动、构造活动、沉积作用、变质作用等，因而产生不同的矿化特征。

（2）大型构造与成矿。一般将那些贯通地壳，可影响上地幔的构造称为大型和巨型构造，其长度在 100～1 000 km 或更长，深度可达几十千米到上百千米。大型构造在各类型的成矿作用中起着不同的作用。

①幔源成矿型。含矿元素在上地幔局部富集，通过深切地壳而达地幔的大型断裂或影响到地幔热状态的其他大型构造，使含矿元素与幔源岩浆或流体物质一起到达地壳表层直接成矿或作为其后改造成矿的物质来源。大型构造以其规模大、贯通性好而直接作为成矿的通道和储矿场所。如加拿大肖德贝里铜镍矿可以说是一个由大型撞击构造诱发幔源侵入体上升而形成的超大型矿床，中国的攀枝花钒钛磁铁矿区也可以说是幔源热活动及晚古生代的裂谷作用的直接结果。

②壳源内生成矿型。具有较高背景值的壳内成矿元素，经构造、岩浆、变质及流体等内生作用而迁移富集成矿。大型构造在使成矿元素从母岩中萃取、迁移、沉淀和富集中起着中介场和储矿场的重要作用。

③外生成矿型。地壳中分散的成矿元素，经长期的地表风化、剥蚀、搬运和沉积，在特定的大气圈、生物圈造就的地球化学场中重新富集成矿，大型构造（如裂谷、同生断层）为这种特定的地球化学场提供了储矿的场所。世界上许多中元古代和泥盆纪的层控矿床，是在古大陆边缘或裂谷的有利成矿条件下富集成矿的。

④多源复合成矿型。不同岩石圈中的物质和能量的交换，使成矿物质来源复杂多样，一个矿田（床）中既有幔源物质，也有地壳物质，形成多源复合成矿。例如，著名的白云鄂博稀土-铁矿床的成因复杂，其中一种有代表性的观点为铁矿质是壳源的，而巨量的稀土元素和氟等挥发分则来自地幔，是由幔源的火成碳酸盐浆和热流体喷溢到裂谷海底堆积成矿的。

大型构造活动的长期性、脉动性和继承性，有利于维持一个足够长的古地热异常场、稳定的热液对流系统、稳定的地球化学和成矿环境。大型构造的多期活动和不同层次的叠加，有利于成矿物质的反复叠加富集，汇聚在同一有限空间而形成大型、超大型矿床。

大型构造的另一个特点是作为一个不同级别、不同序次构造有机组成的体系，其不同构造组分在成矿作用中起着不同的作用。当随着时间的迁移，不同系统矿化的叠加，就会为大型矿床的形成提供有利的条件。

由此可见，大型构造对矿床的形成有重要的控制作用。如果大型构造与丰富的矿源、流体和有利的岩石、物化条件相匹配，则有可能形成超大型矿床和矿产资源富集区。

4. 岩石建造

岩石建造是指在一定的大地构造环境中和一定的古地理、古气候条件下形成的岩石组合，是地层在一定环境和条件下具体的物质体现。矿床大都产在一定的岩石建造中，研究岩石建造与成矿的关系，既有利于阐明成矿的构造环境和条件，又有助于查明矿床产出的位置和成矿地球化学特征。

岩石建造对矿床形成控制和影响首先体现在岩性因素，即岩石建造作为矿床的主岩。第一种情况是作为同生矿床的主岩，即矿床与岩石建造是在同一地质环境和同一地质时代形成的，区别在于矿床是成矿物质高度浓集的局部地段。第二种情况是作为后生矿床的主岩，先成岩层或因物理性质有利，或因化学性质有利，或两者都有利，因而能使后生矿体定位在该岩层中，如裂隙发育的碎屑岩中的充填脉状矿体等。第三种情况是有些岩层本身就是矿层，如达到一定经济、技术条件的可开发利用的石灰岩、大理岩、花岗岩和辉绿岩等。

含矿岩石建造成矿的影响还体现在：

（1）岩石建造作为矿源层。即初步富集某（几）种成矿物质，能为成矿提供矿质。如产于大洋还原环境的黑色页岩建造，它富含 V、Ni、Mo、Cu、U 等金属，可作为这些金属成矿的物质来源；又如富镍的超镁铁质岩可作为风化壳中红土型镍矿的矿源岩。

（2）岩石建造可供应成矿流体。含有一定量水的岩层在受热或动力扰动时水分被排出，这些水分经过孔隙、裂隙等渠道，可参加到成矿流体系统中去参与成矿过程。尤其是膏盐层或富硫岩层中的原生水，因富含矿化剂而易演化为卤水，卤水可溶解较多的元素及其化合物，更有利于携带金属组分并堆积成矿。

富含 C、H、O、N 和生物有机质的岩层在一定条件下可析出这些物质，参加到成矿流体中去，从而影响或控制矿质搬运和沉淀的物理化学条件，包括氧化还原状态等。

另外，岩石建造能与流经其中的含矿流体相互作用，进行物质和能量的交换，从而改变流体的组成和性状，对其以后的活动和作用产生影响。

（3）一些火成岩建造可提供热源。如富含铀、钍等放射性元素的高热花岗岩，在其冷凝固结以后相当长时间内可因放射性元素蜕变产生热并向外辐射，从而改变周围地层岩石的热状态，直接或间接地影响成矿作用。

5．地质流体

地质流体是地球组成物质中最为活跃的部分，是一种将地球内部各个系统相互联系在一起的基本媒介。对于成矿作用而言，它既能汲取、溶解、包含各类成矿物质，又能将其运移、输导到有利的构造——岩石空间而富集成矿。广布于地壳中的流体对于金属、非金属、石油、天然气等矿产资源的形成均起到关键作用，多年来在矿床学界已形成一种共识，没有大量的水，很难成矿。

地质流体多种多样，按其地质产状和成因可分为岩浆水、变质水、热卤水（含原生水、同生水）、地热水（或泛称热水溶液）、地下水（包括大气降水）、海水、石油和天然气、地幔来源的流体，广义的流体还包括岩浆在内，能形成矿床的流体，称为成矿流体。

在上述各种流体中，以热水为主的流体对固体矿产的成矿最为重要，尤其是岩浆水、变质水、热卤水和地幔成因流体。各种热水经过水-岩作用和其他地质作用形成成矿流体，矿质从成矿流体中沉淀出来形成矿床。同一种矿床可能会有不同性质和来源的成矿流体共同起作用，显示出成矿作用的多元性和复杂性。

构造和流体都是重要的控矿因素，二者又相互作用和联系。构造是驱动和输导流体运移的重要因素，又是导致流体中矿质堆积的必要条件。而流体尤其是处于高压态的流体因具有强大内压，能显著改变所在地的构造-岩石条件，并可产生水致断裂等非应力成因的构造形式。将构造与流体作用结合研究，有利于深化对控矿因素和成矿机理的认识。

第四节　全球成矿时空结构及演化趋势

地质学家真正从全球高度来研究世界矿产资源的形成与分布规律，主要是近几十年的事情。一方面，矿业在世界各大洲的兴起，积累了丰富的地质和矿床资料，为总结全球矿床的分布规律提供了信息基础；另一方面，板块构造理论的提出引发了一系列重大国际地学对比与合作计划的开展，使以地球动力学为核心的全球构造理论得到迅速发展，为认识全球矿床的形成与演化背景奠定了理论基础。

通过研究岩石圈及与相邻圈层物质和能量迁移交换过程中造矿组分的分散与富集机制和时空演化规律，预测矿床出现的种类和聚集的部位，特别是大型、超大型矿床和矿集区的位置与矿化形式，已成为当代国际地学界所关注的前沿问题之一。

一、成矿期及重要矿产

成矿作用总的是由低级向高级发展。在演化过程中，由于受到地球上若干重大地质事件如古陆聚散、大气成分突变、生命活动爆发等的制约和影响，成矿作用的地质环境和矿化特征会出现突然变化，即由渐变到突变，这些突变使地球历史上总的成矿过程表现为阶段性或节律性。以这种地质成矿过程中的突变为依据，可以划出几个大的成矿阶段（表 4-3）。

表 4-3 全球主要成矿期及其地质构造背景

序号	主要成矿期	大地构造背景和重要地质事件	主要矿种	主要矿床类型
1	太古宙成矿期（>2 500 Ma）	地球降温，陆核形成；原始地壳薄，成分偏基性，表层热流值高；镁铁质火山活动强烈，绿岩带发育	Fe、Cr、Ni、Cu、Zn、Au	绿岩型金矿，阿尔果马型铁矿，火山岩型铜、锌矿，科马提岩型铁（铜）矿
2	古元古代成矿期（2 500～1 800 Ma）	富钾花岗岩发育，硅铝质陆壳增生加厚，花岗质及玄武质层圈形成；原地台形成；大陆架宽广，杂砂岩、砾岩层发育	Au、U、Fe、Cu、Zn、Cr、Ni	含金-铀砾岩型，苏必利尔型铁矿，层状火成杂岩型铬-铂-钒-铁矿，火山岩型铜-锌-铅矿
3	中元古代成矿期（1 800～1 000 Ma）	稳定地台形成，宽阔盆地及狭长地槽；长期古陆风化剥蚀；大气和水圈中 O_2 剧增，氧化还原状态急剧变化，红层出现；1 600～1 400 Ma 地球膨胀明显	Zn、Pb、Fe、Mn、Cu、U、Ni、V、Ti	海相热水沉积铅-锌（铜）矿，红层铜矿，赤铁矿矿床，岩浆熔离型铜-镍镌矿，奥林匹克坝铜-铀-金矿，白云鄂博稀土-铁矿，斜长岩型钒-钛-铁矿
4	新元古代成矿期（1 000～600 Ma）	超大陆形成；生命活动显著增强，沉积物中有机碳增加；全球性造山及褶皱带，其后发育震旦纪盖层	Mn、P、Cu、Pb、Zn、W、Sn、Fe	海相沉积锰、磷、铁矿，砂页岩型铜矿，碳酸盐岩型铅-锌矿，火山岩型铜矿，与花岗岩有关的钨、锡矿
5	早古生代成矿期（600～400 Ma）	显生宙纪元开始，板块构造活动明显；高等生物大量发育；黑色岩系，硅质岩，含磷岩系发育；台地型礁灰岩广布	Mn、P、Zn、Cu、Mo、V、Pb、Zn、石油、盐类	黑色页岩型铜-钒-铀矿，火山岩型铜-铅-锌矿，生物成因磷矿，海相沉积铁、锰、磷矿，碳酸盐岩中的铅-锌矿
6	晚古生代及三叠纪成矿期（400～200 Ma）	大陆扩张，生命活动大量由海登陆，陆上高等生物剧增；陆相及海陆交互相沉积岩发育；地球膨胀明显（290～230 Ma），裂谷发育	Pb、Zn、Cu、U、V、Al、Fe、Sn、Ag、石油、煤、盐类	海相热水沉积型铅-锌-银矿，陆缘浅海铁、铝矿，煤田、油气田，盐类矿床
7	晚中生代—新生代成矿期（<200 Ma）	陆内造山带，盆山系统，线性构造带；地中海、环太平洋挤压俯冲带，大洋底中脊及转换断层，花岗岩类有陆内碰撞型和陆缘俯冲型；大陆风化壳，稳定海岸带	W、Sn、Mo、Cu、Pb、Zn、Nb、Ta、Hg、Sb、As、Te、Al、Ni、Cr、Mn、Ti、Zr、盐类、石油、煤等	斑岩铜（铜、金）矿，浅成低温热液金矿，黑矿型，花岗岩型钨锡、钼矿，砂岩型铅-锌矿，塞浦路斯型铬矿，蒸发盐湖，现代洋底热水型硫化物矿床，红土型镍矿，滨海砂矿等

注：Ma 为百万年，即 10^6 年。

资料来源：翟裕生，等. 1999. 区域成矿学. 北京：地质出版社。

二、成矿区带

矿产资源是地壳中导致化学元素富集的岩浆、构造、沉积、风化和变质等作用的综合产物，这些成矿作用在更高层次上又受到地球动力学过程的控制。地球动力学的演化使成矿作用发生的时间和地点显现出不均一性，导致地球上的矿床成区、成带出现。

按照矿床分布的范围大小和密度以及在地球动力学演化中的成矿联系，把全球成矿区带分成二级，即成矿超带（Ⅰ）、成矿域或大成矿区（带）（Ⅱ），主要单元如下：

Ⅰ-1 环太平洋成矿超带

Ⅰ-1-1 安第斯中段成矿带（Cu-W-Sn-Mo）

Ⅰ-1-2 科迪勒拉成矿带（Au-Cu-Pb-Zn-Mo-Ag）

Ⅰ-1-3 东亚陆缘成矿带（W-Pb-Zn-Au-Mo-Cu）

Ⅰ-1-4 西南环太平洋边缘成矿带（Cu-Au-Mo-Ni）

Ⅰ-1-5 环加勒比海成矿带（Ni-Al-Cu）

Ⅰ-2 特提斯-华力西成矿超带

Ⅰ-2-1 地中海成矿带（Hg-Cu-Mo-W-Pb-Zn-Al）

Ⅰ-2-2 西亚成矿带（Cu-Mo-Sb-W-Sn）

Ⅰ-2-3 喜马拉雅-三江成矿带（Cu-Pb-Zn-Sn）

Ⅱ-1 南非成矿区（Au-Ce-Ni-Pb-Zn-U）

Ⅱ-2 苏必利尔成矿区（Au-Cu-Pb-Zn-Ni-Fe）

Ⅱ-3 西澳成矿区（Fe-Au-Ni-Cu）

Ⅱ-4 乌拉尔成矿带（Fe-Cu-Ce-Zn-Mo-W）

Ⅱ-5 中亚-蒙古成矿带（Cu-Pb-Zn-Au-Mo-W-Sn）

Ⅱ-6 斯堪的纳维亚-波罗的海成矿区（Ni-Ce-Cu-Pb-Zn）

Ⅱ-7 澳大利亚东部边缘成矿带（W-Sn-Mo-Cu-Pb-Zn）

Ⅱ-8 阿巴拉契亚成矿带（Pb-Zn-W-Cu-Mo）

Ⅱ-9 巴西东部成矿区（Al-Au-Sn-Co-Pb-Zn）

Ⅱ-10 西非南部成矿区（Al-Au-Sn）

Ⅱ-11 比亚成矿带（Cu）

Ⅱ-12 密西西比成矿区（Pb-Zn）

Ⅱ-13 加拿大丘吉尔成矿区（U）

三、成矿演化趋势

大量的地质和矿产资料表明，随着地球动力演化以及地球各层圈的形成和发展，地史上的成矿作用呈前进的、不可逆的发展过程，主要表现在以下方面。

1. 成矿物质由少到多

从地球古老时期到显生宙时期，成矿物质（元素及其化合物、矿种）数量在逐步增加。由太古宙时的 Fe、Ni、Cr、Cu、Zn 等少数几种元素成矿，发展到中生代—新生代时的几十种元素成矿，包括一大批有色金属、稀有金属和放射性金属等。一些高度分散的元素如 Te、Ge 等过去只认识到它们在一些金属矿床中作为伴生有益组分产出，但近年来发现它们在中新生代也能高度富集并形成独立矿床。

2. 矿床类型由简到繁

矿床成因类型从古到今在增加。太古宙时只有绿岩型金矿、火山岩型铜-锌矿、阿尔果马型铁矿和科马提岩型镍矿等少数几种矿床类型，反映了当时成矿环境的单调和含矿介质种类的单一。这种情况随时间的推移发生了重大变化，成矿环境类型增多，含矿介质如各类热液和地表水也是种类繁多，因而到中-新生代时，矿床成因类型已增到几十种。例如，生物成因矿床在前寒武纪数量稀少，只在显生宙以来生物大量繁衍时期才显著增多，多因复成矿床是经过两个地质时代的成矿叠加形成的，也只有在古生代以来才大量出现。

3．成矿频率由低到高

据对中国 631 个大中型金属矿床（包括 Fe、Mn、Cr、Ti、Cu、Al、Pb、Zn、Sn、W、Sb、Hg、Mo、Ni、Ag、Au 和稀土共 17 个矿种）成矿时代的统计，它们在各地质时代的分配是：太古宙 45 个，占 7.1%；元古宙 64 个，占 10.1%；古生代 151 个，占 24%；中生代—新生代，占 58.8%，这表明成矿频率有随地史进化而迅速增长的趋势。成矿频率增大这一趋势与上述的矿种、成矿环境、成矿物的增加有关联，同时，地球化学元素在地壳中经历多次循环，其浓集度提高也是一个重要的背景因素。

4．聚矿能力由弱到强

聚矿能力或矿化强度随地史演化而增强。成矿强度的一个辨认标志是形成矿床的规模和品位，矿床规模越大，品位越富，表示成矿强度越大。如果成矿物质能高度富集，则能形成超大型矿床，因此，一个地质时代的成矿强度在一定程度上可以用所形成的超大型矿床的数量来衡量。全球 108 个超大型金属矿床在各地质时代每 100 Ma 的形成数如下：从太古宙—古元古代、中元古代—新元古代、古生代到中新生代，分别为 0.65 个、2.27 个、5.0 个和 21.7 个，说明随着地球演化和各层圈的发育，成矿系统日趋成熟，成矿强度显著增强，因而超大型矿床的数量有从老到新、呈近似等比级数增长的趋势。

由上述可知，随着地球自太古宙早期至今的演化，成矿物种、矿床类型由少到多，矿化频率由小到大，成矿强度由弱到强。

第五节 矿产资源的分类

矿产资源的分类是根据矿产的性质、用途、形成方式的特殊性及其相互关系而分别排列出的不同次序、类别和体系，它反映出人类在一定历史时期内识矿、找矿、采矿的生产实践水平、科技发展水平和认识水平。

《山海经·五藏山经》是世界上最古老、最丰富的有关矿产及其分布和分类的书籍，它将矿产分为金、玉、土、石四大类，此外，对矿的产出环境进行了初步分类。现代，由于研究角度不同，矿产资源的分类体系各异。例如，根据矿产的成因和形成条件，分为内生矿产、外生矿产和变质矿产三大成因体系；根据矿产的物质组成和结构特点，分为无机矿产和有机矿产；根据矿产的产出状态，分为固体矿产、液体矿产和气体矿产；根据矿产特性及其主要用途，分为能源矿产、金属矿产、非金属矿产和水气矿产。

地质学中矿产资源分类最初是以矿床形态或矿床形成的位置作为分类的依据，随着矿床实际资料的增多，物理学和化学的进展，出现了矿床的成因分类；矿管部门将矿产资源按储量分类；而人们一般习惯于按矿产资源物质属性分类。

一、成因分类

矿床成因分类一般以三个基本要素，即成矿作用、成矿环境和成矿物质及其来源为依据，其中成矿作用是划分矿床成因类型的基本依据。第一级分类与成矿作用相对应，第二级分类则进一步考虑成矿地质环境的差异，第三级分类更要反映出各类矿床的主要特征和标志（表 4-4）。

表 4-4 矿床成因分类

1. 内生矿床	①火山岩浆矿床
（1）岩浆矿床	②火山-次火山气液矿床
①岩浆分结矿床	③火山-沉积矿床
②岩浆熔离矿床	2. 外生矿床
③岩浆爆发矿床	（1）风化矿床
（2）伟晶岩矿床	（2）沉积矿床
（3）接触交代（矽卡岩）矿床	（3）可燃有机矿床
（4）热液矿床	3. 变质矿床
①岩浆气液矿床	（1）接触变质矿床
②非岩浆热液矿床	（2）区域变质矿床
（5）火山成因矿床	（3）混合岩化矿床

1. 内生矿床

由内生成矿作用形成的矿床叫内生矿床。除了到达地表的火山成矿作用外，其他各种内生成矿作用都是在地壳内部，即在较高温度和压力下进行的。

（1）岩浆矿床。指各类岩浆在地壳深处，经过分异作用和结晶作用，使分散在岩浆中的成矿物质聚集而形成的矿床。与岩浆矿床有关的主要矿产有铬、镍、钴、铂族元素、钒、铁、钛、铜、铌、钽和稀土元素等金属矿产，以及金刚石、磷灰岩和一部分建筑材料等非金属矿产。上述矿产中，有些只产自岩浆矿床，例如原生铬铁矿和原生金刚石矿。

（2）伟晶岩矿床。指由粗大晶体组成的脉状岩体，其成分与其有关的母岩基本一致，当其中的有用组分富集并达到工业要求时，即成为伟晶岩矿床。伟晶岩矿床在矿床成因分类中，作为一个单独的矿床类型，有着特殊的工业意义，它是某些稀有元素、稀土元素和放射元素矿产的重要来源。自然界常见的是花岗伟晶岩，长石、石英和云母等矿产则是本类矿床中最普遍存在的有用矿产，许多宝石类矿产，如黄玉、绿柱石、水晶、电气石等也产于伟晶岩矿床中。

（3）接触交代（矽卡岩）矿床。指在以中酸性-中基性侵入岩类与碳酸盐类为主的围岩接触带中或其附近，通过含矿水汽溶液的交代作用而形成的矿床。矿体在空间上或成因上都与一种特殊的接触变质岩（矽卡岩）有密切的生成联系，故本类矿床又称为矽卡岩矿床。相当一部分铁、铜、铅、锌、钨、锡、钼、钴、砷、铍、硼、石棉、压电石英、金云母等矿产都赋存于接触交代矿床中。就我国而言，已知赋存于接触交代矿床中的富铁矿、富铜矿储量已分别占全国同类矿产储量的第一位和第二位。我国具有世界优势的钨、锡、钼、铍等矿产中的大型乃至特大型矿床多属接触交代矿床。

（4）热液矿床。指含矿热水溶液在一定的物理化学条件下，在有利成矿的构造和岩石建造中，经过充填和交代等作用而形成的矿床。热液矿床类型众多，工业价值很大，大部分有色金属矿产，若干稀有和分散元素矿产，以及放射元素矿产都产自本类矿床，不少铁、镍、钴和许多非金属矿产（硫、石棉、重晶石、萤石、水晶、明巩石及冰洲石等）也产于本类矿床中。

（5）火山成因矿床。指与火山岩、次火山岩有成因联系的矿床。因其成矿条件具有特殊意义，不少国内外学者将这类矿床划为一个独立的类型。火山成因矿床种类多，分布广，很多金属矿床（铁、铜、金、银、铅、锌、锰、钼、镍、铀、硼、锂、锡、铍、稀土、铌或钽）及黄铁矿、金刚石、明矾石、沸石、叶蜡石、石膏、重晶石、高岭土等非金属矿床都属此类型。

2. 外生矿床

由外生成矿作用形成的矿床叫外生矿床，按其作用的性质又可以分为风化矿床、沉积矿床和可燃有机矿床。

（1）风化矿床。指出露在地表附近的岩石或矿床，长期受物理和化学风化作用，发生破坏和分解以及物质溶解、淋溶和迁移等富集而成的矿床。风化产物不仅是许多沉积矿床成矿物质的重要来源之一，而且某些风化产物本身就是重要的工业矿床。例如，巨型的风化镍矿床就占世界全部镍矿储量的一半以上，红土型铝土矿和红土型铁矿也具有重要的工业价值，陶瓷工业主要原料高岭土也产于风化矿床中，至于若干重要稀土元素矿床和红土型金矿床也都属于风化矿床。

（2）沉积矿床。指地表岩石和矿石在风化作用下被破碎或分解后的有机、无机有用物质，以及火山喷出的有用物质，经流水、风、冰川及生物等营力作用，原地或异地分异沉积和成岩作用形成的各类沉积物或沉积岩。当其中有用物质富集到符合开采要求时，便成为沉积矿床。

沉积矿床中蕴藏着十分丰富的金属和非金属矿产资源。人类开采的矿产中有 75%～85%来源于沉积矿床，其中铁矿大约为 90%（包括变质的沉积铁矿床），铅锌矿为 40%～50%，铜矿为 25%～30%，锰矿和铝矿的大部分也产自沉积矿床。

（3）可燃有机矿床。指由可燃有机物形成的外生矿床。它是过去地质历史时期某一阶段，地球上极为茂密的生物群（动物和植物）死亡后，在适宜的环境中堆积起来，经过特定的物理作用、化学作用和成矿作用而形成的能够为人类提供燃料的地下资源，包括煤、油页岩、石油和天然气等能源矿产。

3. 变质矿床

地质环境的改变（如温度、压力等），使早期形成的岩石、矿床在矿物成分、结构和形状等方面均发生不同程度的变化，其结果是产生某种有用矿物富集，这种矿物集合体就称为变质矿床。其包括三类：接触变质矿床、区域变质矿床和混合岩化矿床。

（1）接触变质矿床。主要是指由于岩浆侵入而引起围岩温度增高所产生的变质作用形成的矿床，其成矿作用主要是重结晶和重组合作用，如石墨矿床、刚玉-红柱石矿床、大理石矿床。

（2）区域变质矿床。指在大范围区域构造运动产生的高温、高压以及岩浆活动的综合作用下，原有岩体或矿床经受强烈的改造而产生有用矿物的富集，形成区域变质矿床。该类矿床分布广泛，矿产种类多，主要有铁、铬、镍、铂、金、铀等，此外，还有铜、铅、锌、银、磷、硼、菱镁矿、石墨、石棉等。

（3）混合岩化矿床。指在深度区域变质作用下，由深部上升的流体与原岩发生一系列混合岩化作用，导致一部分成矿物质迁移富集而形成的矿床。主要矿产有刚玉、石墨、磷灰石、白云母、绿柱石、硼、铁、铜、铀、稀土元素等。

变质矿床在矿产资源中占有很重要的位置，如前寒武纪变质铁矿广布于全球各大陆，占世界铁矿总储量的 2/3 以上，为富铁矿石的重要来源。与变质铁矿有关的层状金矿，也是金矿床的重要类型之一。变质的块状硫化物矿床在变质岩区分布十分广泛，变质沉积型铜矿和变质火山型铜矿都属规模巨大的矿床，此外还有菱镁矿、变质锰矿、变质磷矿、变质硼矿、石墨、蓝石棉、金刚石、云母、宝石，以及某些稀有分散元素矿床等。

二、物质属性分类

按矿产资源的物质属性的不同，又可分为金属矿产、非金属矿产、能源矿产和水气矿产。

1. 金属矿产

通过选矿和冶炼等工序，从中可提取一种或多种金属单质或化合物的矿产。它是钢铁、有色金属等原材料工业的物质基础。金属矿产又可分为以下几种。

（1）黑色金属。即一般用于炼铁及铁合金的金属矿物，包括铁、锰、铬、钛、钒等。

（2）有色金属。除用于炼铁及铁合金以外的所有金属。共分为四类，即重金属、轻金属、贵金属和稀有金属。稀有金属和贵金属常各自成为一类，因此，有色金属通常是指重金属和轻金属。

①重金属。一般指相对密度大于 5 的金属，有铜、镍、钴、铅、锌、铋、锡、锑、钼、钨、汞等，这些金属及其合金广泛用于机械、电工、化工等部门。

②轻金属。一般指相对密度小于 5 的金属，有铝、镁、钛、钠、钾、钡、锶等，前 4 种在工业上多用作还原剂，铝、镁、钛及其合金广泛用于航空和航天部门。

（3）贵金属。实际上是有色金属的一类，因在地壳中储量很少，曾认为是最贵重的金属，包括金、银和铂族元素，铂族元素指铂（Pt）、钯（Pd）、铑（Rh）、铱（lr）、钌（Ru）、锇（Os）。这类金属多数具有很强的化学稳定性和很好的延展性。

（4）稀有金属。主要是指锂、铍、铌、钽、铷、铯、锆、铪 8 种金属，由于在地壳中这些元素少，不易富集成矿，提取比较困难，区域分布又很不平衡，所以人们称这些金属为稀有金属。

（5）稀土金属。是元素周期表第Ⅲ副族元素钪、钇及原子序数从 57 到 71 的 15 个镧系元素（镧、铈、镨、钕、钷、钌、铕、钆、铽、镝、钬、铒、铥、镱、镥）的合称。它们的共同特点是化学性质相似，一般不形成独立的矿物，共生于其他矿物之中。

（6）分散元素。一般指镓、锗、铟、镉、硒、碲、铼、铊等，这些元素在地壳中含量很低，很难富集成矿，很多情况下都是呈分散状态伴生在其他矿产中，因此称为分散元素。

2. 非金属矿产

能提取某种非金属元素或可直接利用其物化或工艺性质的矿产。只有少数非金属矿产用于提取非金属元素或化合物，如硫、磷、砷等，大多数非金属矿产是利用它的物理性质、化学性质或工艺特性。按工业用途，非金属矿产大致可分为以下几类。

（1）冶金工业原料。如萤石、菱镁矿和耐火黏土等。

（2）化工原料及化肥原料。如黄铁矿、磷灰石等。

（3）工业制造用的矿物原料。如金刚石、石墨、石棉、云母等。

（4）压电及光学原料。如压电石英、光学石英、冰洲石和萤石等。

（5）陶瓷及玻璃工业原料。如长石、石英砂和高岭土等。

（6）建筑材料。如长石、石灰石、大理石、珍珠岩和花岗岩等。

此外，还可分为铸石材料、水泥原料和研磨材料等，包括水晶、冰晶石、磷、硫、硼、黏土、白云石、硅藻土、硬玉、琥珀、叶蜡石、蛇纹石、孔雀石、绿柱石等。

3. 能源矿产

蕴含某种形式的能，并可转换成人类生产和生活必需的热、光、电、磁和机械能的矿产。按其性质可分为以下几种。

（1）蕴藏太阳能的矿产。如石油、天然气、煤炭、油页岩等。

（2）以热能形式储藏在地球内部的地热能。如地下喷出的温泉、蒸汽等。

（3）通过人工原子核反应可以放出大量能量的核物质。如铀、钍等元素以及氘、氚等同位素。

4. 水气矿产

以气体或液体为载体形式的矿产资源，包括地下水、工业矿水、二氧化碳、硫化氢、氦气和氡气等。其中地下水具有水资源和矿产资源的双重属性。

矿水包括工业矿水和医疗矿水，矿物质含量达到工业开采价值的工业矿水，又称卤水。卤水化学成分以氯化钠为主，有的还伴生有钾、镁、芒硝、石膏，以及硼、锂、锗、镓、铷、铯、溴、碘等成分。医疗矿水是指温度大于或等于25℃，或所含的某一化学成分达到医疗界限值的矿水。

饮用天然矿泉水是指来自地下深处，含有一定的矿物盐和微量元素，或含二氧化碳，通常情况下其化学成分、流量、温度等相对稳定，以及污染物、微生物等含量符合食品卫生要求的矿水。

水气矿产因数量和用途的相对有限，或把其归为水资源（如地下水、矿泉水），或把其归为天然气资源或地热资源，一般不作为单独矿产类型加以研究。

三、储量分类

根据当前技术经济条件与地质可靠程度，将矿产资源划分为不同的类型和级别。它是定量区分和评价矿产资源储量的统一标准，也是矿山建设规划、设计、生产的依据。各国矿产资源分类分级方案差异很大，以美国和苏联两大模式最具代表性。

美国从经济可行性出发，将矿产资源分为经济资源（储量）及次经济资源两大类，而次经济资源中又分为准边界的和边界下的两个亚类，因此美国把凡是不符合在当前技术经济条件的和推测的那部分矿产统归于矿产资源量，仅将已探明的、目前可采的那一部分矿产资源划归矿产储量。

苏联首先从地质可靠程度将矿产资源总量划分为已查明的矿产储量和尚未发现的资源量两大类，然后根据其经济可行性将储量分为能利用的（平衡表内）和暂不能利用的（平衡表外）储量两类。能利用的储量是指符合当前生产技术经济条件的储量，相当于美国的经济资源量；暂不能利用的储量是指由于有益组分或矿物含量低，矿体厚度薄，矿床开采技术条件或水文地质条件特别复杂，或该种矿产的加工技术方法尚未解决，因而当前在技术上不可行，或经济上不盈利，但将来可以利用的储量。

我国以往是沿用苏联的分类规定，后又结合我国实际情况，在 1983 年由地矿部制定了矿产资源预测量的分类方案，1993 年国家矿产储量委员会在《固体矿产地质勘探规范总则》中对矿产储量分类分级提出了一个方案，在 1999 年 12 月 1 日又实施了新的《固体矿产资源/储量分类》国家标准，2020 年修订为《固体矿产资源储量分类》（GB/T 17766—2020），该标准既适应了市场经济的需求，又充分考虑了我国的国情，是我国矿产资源储量分类的一项重大改革。该标准界定固体矿产资源为在地壳内或地表由地质作用形成的具有利用价值的固态自然富集物。下面重点说明我国矿产资源储量分类情况。

1．分类依据

（1）地质可靠程度。地质可靠程度指矿体空间分布、形态、产状、矿石质量等地质特征的连续性及品位连续性的可靠程度。地质可靠程度是不同勘查阶段（普查、详查、勘探）①的结果，是可行性评价和分类的基础。分为资源、推断资源量、控制资源量和探明资源量 4 种：

①资源量。经矿产资源勘查查明并经概略研究，预期可经济开采的固体矿产资源，其数量、品位或质量是依据地质信息、地质认识及相关技术要求而估算的。

②推断资源量。经稀疏取样工程圈定并估算的资源量，以及控制资源量或探明资源量外推部分；矿体的空间分布、形态、产状和连续性是合理推测的；其数量、品位或质量是基于有限的取样工程和信息数据来估算的，地质可靠程度较低。

③控制资源量。经系统取样工程圈定并估算的资源量；矿体的空间分布、形态、产状和连续性已基本确定；其数量、品位或质量是基于较多的取样工程和信息数据来估算的，地质可靠程度较高。

④探明资源量。在系统取样工程基础上经加密工程圈定并估算的资源量；矿体的空间

---

① 矿产资源勘查：发现矿产资源，查明其空间分布、形态、产状、数量、质量、开采利用条件，评价其工业利用价值的活动。矿产资源勘查通常依靠地球科学知识，运用地质填图、遥感、地球物理、地球化学等方法，采用槽探、钻探、坑探等取样工程，结合采样测试、试验研究和技术经济评价等予以实现；按照工作程度由低到高，矿产资源勘查划分为普查、详查和勘探三个阶段。（1）普查。矿产资源勘查的初级阶段，通过有效勘查手段和稀疏取样工程，发现并初步查明矿体或矿床地质特征以及矿石加工选冶性能，初步了解开采技术条件；开展概略研究，估算推断资源量，提出可供详查的范围；对项目进行初步评价，做出是否具有经济开发远景的评价。（2）详查。矿产资源勘查的中级阶段，通过有效勘查手段、系统取样工程和试验研究，基本查明矿床地质特征、矿石加工选冶性能以及开采技术条件；开展概略研究，估算推断资源量和控制资源量，提出可供勘探的范围；也可开展预可行性研究或可行性研究，估算储量，做出是否具有经济价值的评价。（3）勘探。矿产资源勘查的高级阶段，通过有效勘查手段、加密取样工程和深入试验研究，详细查明矿床地质特征、矿石加工选冶性能以及开采技术条件，开展概略研究，估算资源量，为矿山建设设计提供依据；也可开展预可行性研究或可行性研究，估算储量，详细评价项目的经济意义，做出矿产资源开发是否可行的评价。

分布、形态、产状和连续性已确定；其数量、品位或质量是基于充足的取样工程和详尽的信息数据来估算的，地质可靠程度高。

（2）可行性评价阶段。分为概略研究、预可行性研究和可行性研究3种。

①概略研究。通过了解分析项目的地质、采矿、加工选冶、基础设施、经济、市场、法律、环境、社区和政策等因素，对项目的技术可行性和经济合理性的简略研究。

②预可行性研究。通过分析项目的地质、采矿、加工选冶、基础设施、经济、市场、法律、环境、社区和政策等因素，对项目的技术可行性和经济合理性的初步研究。

③可行性研究。通过分析项目的地质、采矿、加工选冶、基础设施、经济、市场、法律、环境、社区和政策等因素，对项目的技术可行性和经济合理性的详细研究。

2．分类及类型

根据可行性评价阶段和地质可靠程度两个要素，把矿产资源储量分为储量、可信储量、证实储量三大类。

①储量。探明资源量和（或）控制资源量中可经济采出的部分，是经过预可行性研究、可行性研究或与之相当的技术经济评价，充分考虑了可能的矿石损失和贫化，合理使用转换因素后估算的，满足开采的技术可行性和经济合理性。

②可信储量。经过预可行性研究、可行性研究或与之相当的技术经济评价，基于控制资源量估算的储量；或某些转换因素尚存在不确定性时，基于探明资源量而估算的储量。

③证实储量。经过预可行性研究、可行性研究或与之相当的技术经济评价，基于探明资源量而估算的储量。

3．资源量和储量类型划分

（1）资源量类型划分。按照地质可靠程度由低到高，资源量分为推断资源量、控制资源量和探明资源量（图4-1）。固体矿产资源按照查明与否分为查明矿产资源和潜在矿产资源。查明矿产资源是指经矿产资源勘查发现的固体矿产资源。其空间分布、形态、产状、数量、质量、开采利用条件等信息已获得。潜在矿产资源是指未查明的矿产资源，是根据区域地质研究成果以及遥感、地球物理、地球化学信息，有时辅以极少量取样工程预测的。其数量、质量、空间分布、开采利用条件等信息尚未获得，或者数量很少，难以评价且前景不明；潜在矿产资源不以资源量表述。尚难利用矿产资源是指当前和可预见的未来，采矿、加工选冶、基础设施、经济、市场、法律、环境、社区或政策等条件尚不能满足开发需求的查明矿产资源。尚难利用矿产资源不以资源量表述。

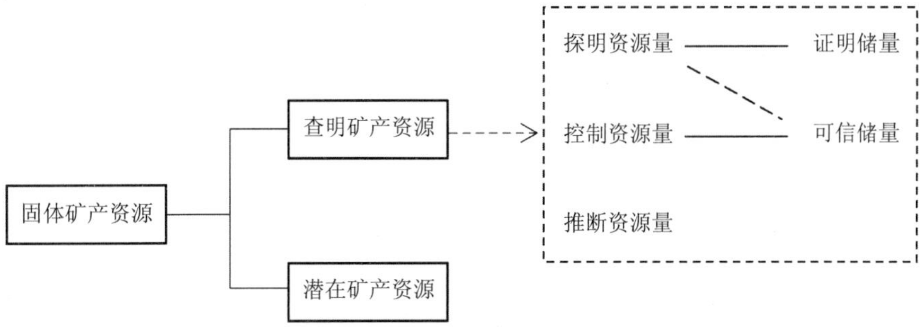

图4-1　固体矿产资源类型示意图

（2）储量类型划分。考虑地质可靠程度，按照转换因素的确定程度由低到高，储量可分为可信储量和证实储量（图 4-2）。

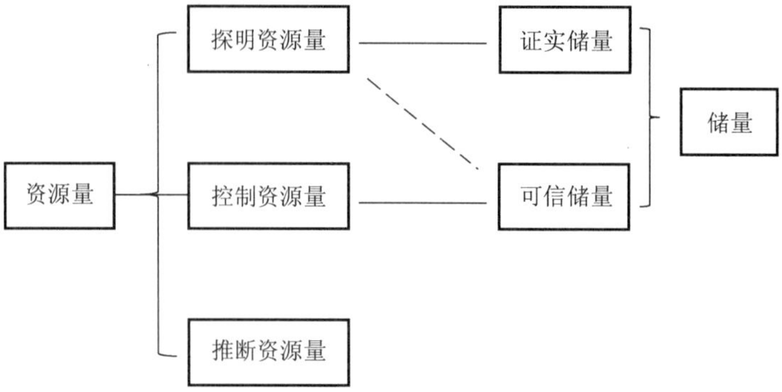

图 4-2　资源量和储量类型及转换关系示意图

4．资源量和储量的相互关系

（1）资源量和储量之间可以相互转换（图 4-2）。在资源量转换为储量时应考虑的转换因素主要包括采矿、加工选冶、基础设施、经济、市场、法律、环境、社区和政策等。

（2）探明资源量、控制资源量可转换为储量。

（3）资源量转换为储量至少要经过预可行性研究，或与之相当的技术经济评价。

（4）当转换因素发生改变，已无法满足技术可行性和经济合理性的要求时，储量应适时转换为资源量。

第六节　矿产资源的自然-经济特征

了解矿产资源的自然、经济以及开发利用特征，对于人类合理开发、利用和保护矿产资源具有极其重要的意义。

一、矿产资源的自然特征

地球在不同的地质时期、不同的地区，都有形成矿产资源的可能性，但其时空分布是不均匀的，具有它自己的规律和特性。其自然特征是指在自然界展现出来的，不受政治、经济影响的特征，概括起来有以下几点。

1．成矿的长期性与不可再生性

矿物元素聚集成具有工业利用价值的矿床，是一个漫长的地质历史过程。据研究，现在世界上储藏量和开采量都最大的铁矿，多形成于距今 26 亿～30 亿年、18 亿～26 亿年的太古代、元古代时期，成矿期均以亿年计算。据 A. 伊力诺夫计算，乌拉尔卡姆斯克二叠纪形成的厚度 350～400 m 的盐矿，沉积成矿期达 1.5 万～1.7 万年；据 H. 别洛乌斯提供的资料，西西伯利亚一个矿层厚仅 1～15 m 的铁矿层，成矿期长达 1 000 万～1 500 万年，顿涅茨煤田的石炭纪煤系，成煤期长达 5 000 万～6 000 万年。大洋底部的锰结核的核粒增长速度，每万年仅 1 mm 左右。石油形成也需 100 万年左右。因此，从人类世纪的角度来看，矿产资源是不可再生的。

与此相反，人类开采、消耗矿产却十分快速，一个矿区开采期仅百年、数十年甚至几年。故此，企图在人类世纪内恢复和再造所消耗的矿产，不过是一种幻想而已。矿产资源的不可再生相对于其他自然资源则更加明显。例如，耕种的土地，年年耕种，而土地面积并不减少；有的虽然减少了但可再生；森林被砍伐以后，虽然减少了，但仍可再种而获得。

2. 矿产聚集过程的共生性与伴生性

大多数矿产都不是单独产出，而是以多种矿物相伴出现的。其原因不外有两条：一是具有近似地球化学性质的成矿元素，在成矿过程中的相聚作用；二是多元成矿条件相互叠加，使不同来源的成矿物质聚集，形成多组分的综合性矿床。

（1）矿种共生。元素在地壳中聚集时，常具有成组出现的特点，其中有些造矿的元素和矿物常表现为典型的共生组合。成矿条件有利时，这些元素富集达到工业品位，形成两种或两种以上矿产共生的综合矿床。因此。矿种和元素共生是矿床共生的基础。

由于多种成矿物质共生或伴生所形成的综合矿床，在世界和我国都是屡见不鲜的。江西著名的铜矿基地的矿床内，除铜外还伴有大量的金、银、钼、硫等；河西走廊龙首山下的金川镍矿，除镍以外还有钴、金、银、铂、钯、锇、铱、钌等共计 21 种稀有金属矿物；著名的个旧锡矿是锡、铜、铅、锌多种金属伴生；海南岛石碌富铁矿，除铁以外，也伴有钴和铜。

（2）矿床共生。矿床（类型）共生是指一个矿床或矿区范围内。由于有多种成矿条件和环境的配合，因而有一系列不同矿种和（或）不同成因类型的矿床紧密共生在一起。如长江中下游一系列火山岩浆、火山沉积、火山热液及矽卡岩型铁、铜矿床共生。

我国著名的白云鄂博含稀土矿物的铁矿就是多次成矿作用叠加在一起而形成的。据研究，这里的稀土矿物和铁主要是在 14 亿～15 亿年前（太古代、元古代）沉积、变质作用形成的，但距今 2 亿～3 亿年的华力西运动期间，受岩浆热液作用，又有少量铁和稀土矿产生成。

3. 区域分布的不均匀性

全球各地矿产资源丰缺不齐，贫富不均，乃是一种普遍现象。世界上许多已知矿产分别集中在地壳的某些地区而形成著名的成矿区域，成矿区域的范围常与一定的大地构造单元、一定的构造-岩浆带或一定的构造-岩相带相符合，前者常赋存某些内生矿床，后者常赋存某些外生矿床或变质矿床。

从现在已知的情况来看，东南亚、我国和南美玻利维亚是世界性的锡矿成矿区，锡的总储量占世界的 70%左右；环太平洋的铜储量约有 2.47 亿 t，占世界斑岩型铜矿总储量的 95%左右；大约 90%的铁矿石的探明储量集中分布于俄罗斯、巴西、加拿大、澳大利亚、印度、美国、南非、瑞典、委内瑞拉等几个国家；铬矿则偏集于南非、津巴布韦和俄罗斯；钴矿主要集中于扎伊尔、新喀里多尼亚、赞比亚、古巴、俄罗斯和加拿大；铝土矿主要集中于赤道两侧地区，几内亚、澳大利亚、巴西、牙买加、印度、苏里南、喀麦隆、印度尼西亚、哥伦比亚等国的铝土矿，其储量要占世界总储量的 86.35%。可以说，在世界上称得上矿产齐全的国家是不存在的，没有一个国家的矿产资源能够完全做到自给自足。

4．赋存状态的隐藏性和成分的复杂多变性

绝大部分矿床都隐藏在距地表一定深度，甚至很大深度以下的地壳深处，而且在自然界中绝无完全类同的矿床。这个特点就增加了资源勘探和开发利用工作的复杂性和艰巨性，工作的探索性强，风险性大；费时多，耗资也大。因此，为使投资取得最佳经济效果，必须特别重视矿山的准备工作，使可行性研究真正起到保证拟建矿山技术经济效果好，风险性小。

二、矿产资源的技术经济特征

矿产资源的技术经济特征是指人们对矿产资源的开发与利用过程中所展示的社会经济方面的特征。矿产资源作为天然的生产要素是人类社会经济系统的有机组成部分，其经济特征如下：第一，矿产资源是人类生产和生活资料的基本源泉；第二，各种矿产资源在地理分布上的不均衡状态，对资源的合理配置及生产力的合理布局，对国际矿产品市场、资源形势，以至于国际政治、经济关系都有着重大影响；第三，矿产资源的不可再生性决定了矿产资源的相对有限性和稀缺性，决定了人类在社会生产活动中必须十分注意合理地开发、利用和保护矿产资源；第四，矿产资源受地质、技术和经济条件制约而具有动态性。现阶段发现的矿产和探明的储量只能反映现阶段人类对自然的认识，随着地质工作的不断深入和科学技术的不断进步，人类对矿产资源开发利用的广度和深度会不断扩展。

主要矿产资源的经济特征如下。

1．主要金属矿产

（1）黑色金属矿产

铁：是世界上发现较早、利用最广的金属，是现代钢铁工业的基本原料，按重量计算铁占所有被利用金属的90%以上。铁矿石经过冶炼后，可制造各种生铁、铁合金、熟铁、碳素钢、合金钢、特种钢和工具钢等。

工业用铁是将铁矿石、焦炭和助熔剂（如石灰石等）置于高炉中冶炼而得，根据铁中含碳量的不同，可分为生铁（含碳量在1.7%以上）、工业纯铁（含碳量一般在0.04%以下）和钢（含碳量在 0.04%～1.7%），纯铁用于制造发动机和电动机的铁芯，铁粉用于粉末冶金，钢铁用于制造机器和工具。铁及其化合物还用于制造磁铁、药物、墨水、颜料、磨料和染料等。

锰：是钢铁工业不可缺少的原料，早期人类利用锰作为陶瓷和颜料的原料，目前世界锰矿产量的90%～95%都用于炼钢和炼铁工业的脱氧、脱硫及合金化原料，锰可使钢具有韧性、延展性、坚硬性，炼1 t钢需要6 kg锰，此外，锰在化学工业、轻工业、医药、焊接、肥料、国防工业、照相以及水的净化和农业等领域也得到广泛应用。

铬：是钢铁工业的重要原料，铬铁合金具有坚固性、耐磨性、耐热性等，铬铁合金中含铬越高，上述优点越显著。铬矿用在制作耐火材料，其熔点高达 2 200℃以上，在高温下体积稳定，对任何炉渣不起反应。

钒：金属钒熔点高、耐腐蚀性强、加工性能优良。据统计，80%以上的钒用作冶炼低合金钢、工具钢和其他合金钢的原料。产品广泛用于冶金、化工、飞机和汽车制造、原子能动力工程、国防工业和其他技术领域。

钛：目前世界上90%的钛矿用于钛白工业，它是油漆墨、造纸和塑料生产的重要原料。钛金属和钛合金是十分优良的金属构件材料，主要用于航空、航天工业，海水淡化及发电装置的冷凝系统等方面。

（2）有色金属矿产

铜：具有良好的导电和导热性能，延展性好，耐腐蚀性强并易于铸造，用途十分广泛，是电气、建筑、运输、机械制造、军事等工业不可缺少的金属原材料。

铝土矿：铝金属是世界上仅次于铁的第二项重要金属，由于其密度小、导电导热性能好，易于机械加工，广泛用于国民经济的各个行业。目前世界铝消费量的60%以上用于建筑、交通运输和包装业。铝是电器工业、飞机制造业、机械工业和民用器具不可缺少的原材料。铝土矿也可用作耐火材料、研磨材料、化学制品及高铝水泥原料。

铅锌矿：铅和锌两种金属的地球化学性质和生成的地质条件相同或相似，常在多金属矿床中共生，因此，这两种金属经常放在一起研究。

铅具有柔性、韧性和防腐性，因而在电气工业用于制造蓄电池、电缆包皮和熔断保险丝，在化学和冶金工业中用于制造管材和设备的防腐内衬，在原子能工业中用于核能装置和对核辐射的防护，在建筑工业中用作减音和减震填料等，铅与锡、锑、铜等可制作各种合金。

锌具有防腐性，主要用于镀锌、木材的涂料和制作各种合金。锌的化合物广泛用来制造油漆、颜料和染料。

镍：除了化学稳定性、热稳定性及机械安定性都很高外，还具较强的磁性、导电性及导热性能。镍是冶炼高镍合金钢和合金结构钢等的重要材料，广泛用于飞机、舰艇、导弹、雷达、宇宙飞船、坦克、拖拉机、汽车等各种军工制造业和机械制造业。由于镍具有俘获热中子的性能，可制造原子能反应堆中的热中子机械断续器，在化学工业中，镍粉被用作氢化催化剂。近年来，在制造电视机、录音机及其他通信器材等方面，镍的用量也在不断增长。

钴：是具有较高熔点（1 495℃）和良好稳定性的磁性金属，是生产耐热合金、硬质合金、防腐合金、磁性合金和各种钴盐等的重要原料，广泛用于航天、航空、电器、机械、化学和陶瓷等工业。钴的同位素 Co^{60} 是常用的放射源，广泛用于工业、医疗和科研中。

钨：具有很高的熔点及很高的硬度、强度和耐磨性能。钨在高温下的抗张强度超过任何金属，其导电及导热性能好，热扩散系数低，还具有抗磁及耐腐蚀等优点。钨用途很广，主要用于生产碳化钨、钨金属及各种钨合金钢等，碳化钨是制造冲压磨具、机械抗磨部件、钻头、穿甲弹等的材料，金属钨是电器工业的重要材料，钨合金钢用于制造高速切削工具和机械中抗磨、抗击、耐腐的结构材料、耐高温阀门、汽轮机、高温容器，此外还用于化学制品、染料、陶瓷制品和石油催化剂等。钨的用途还在日益扩大，其应用领域已广及冶金、机械、航天、核能、造船、电气、军事工业及日常生活。

钼：其物理化学性质与钨相似，在高温下钼蒸气压很低，蒸发速度慢，导电及导热性强，膨胀系数小。硬度及强度极限比钨低，加工性能稳定，在无氧化剂的条件下，对无机酸具有突出的耐腐蚀性能。世界钼消费量的90%用于冶金工业，其余10%用于化工等行业。钼加入普通合金钢中能提高产品的可淬性和韧性，增强其耐磨和耐腐蚀能力及高温条件下的硬度和强度。铸铁加钼可提高抗张强度、韧性和抗破碎性能，许多镍基和钴基合金中，均含有一定量的钼。钼作为难熔金属，还用于品种繁多的电器及电子元件。在非冶金方面，钼主要用作润滑剂、催化剂及颜料等。

锡：银白色，具强光泽，相对密度大，熔点低，质软具延展性，抗腐蚀，化学性质稳定。锡盐无毒，易熔，摩擦系数小。金属锡在常温下不氧化，具防锈特性，易与其他金属混熔，制成合金，因而广泛用于食品、汽车制造、航空工业、化学工业、玻璃工业、电气工业等方面。在冶金方面，主要用于生产马口铁及巴比特合金等耐磨合金、焊料等。各种锡盐可用于珐琅、印染、电镀、食品及军工工业。在化工方面，主要用于生产各种化合物和化学试剂。在轻工业方面，主要用作牙膏等的软管包装材料、干电池、罐头、灯泡等的焊料及各种电镀材料。在建材方面主要用于浮法玻璃工艺。

锑：是一种银白色的脆性金属，化学性质稳定不溶于水和稀酸，只溶于王水及浓硝酸。主要用作合金的添加剂，以增强合金的强度、硬度及抗腐性。在160余种锑合金中，最重要的为巴比特合金（锑铅合金）、不列颠合金（锡锑合金）及铝锑合金等。巴比特合金除用于蓄电池板、轴承、印刷、耐酸及耐磨元件、电缆包皮外，还可用于制造榴霰弹、曳光弹等。不列颠合金可代替白银作餐具及装饰品等。

铋：性脆、熔点低、易发挥。在航空工业上用作制造飞机上的薄质软管及雷达零件材料，也是低熔合金、制造轴衬及消防和电气安全设备所需的重要低熔合金材料和有色玻璃的原料，其化合物还用于制药业等。

汞：是常温下唯一呈液态的金属。具有挥发性、吸附性、络合性、变形性、电离势和负电性大、极化力强、比热小、蒸发热小等多种特性，广泛用于工业、农业、科技、医药卫生、军工等众多领域。汞在电气和仪器工业方面主要用来制造紫外光灯、水银灯、水银真空泵、反光镜、交通信号灯的自动控制器、水银整流计、温度计、气压计以及其他测量控制仪器。化学工业中用汞作催化剂、电极及颜料等。医学中用汞作升汞、甘汞、各种药膏及医用汞膏等，并可用于各种医学仪器。此外，汞还用于精密铸件的铸模、钚原子反应堆的冷却剂、镉基轴承合金等。其化合物可用于制作皮革、木材的防腐剂及抗腐油漆，农业则用其化合物作种子的媒染剂。

（3）贵金属

金：黄金是人类最早发现和使用的贵金属，由于黄金的特殊性能，很早就用来制造货币和装饰品或作为硬通货加以储备，它在工业用途和需求方面日趋广泛，在宇宙航行及原子能、半导体等工业中有特殊用途。但主要用途仍然是做金器、首饰和储备。

银：最初仅作为一种稀贵的物品被收藏，后来大量用于制造货币、首饰、器皿和宗教物品等。现在，银是重要的工业金属，在电子、计算机、通信、军工、航空航天、影视、照相等部门得到广泛应用，尽管如此，银在社会经济活动中仍具有一定的硬通货性质。

铂族金属：是对在地球化学性质和物理化学性质上有许多相似之处的铂、钯、锇、铱、钌、铑这六种金属的统称。这些金属具有熔点高、耐腐蚀、热电性稳定和良好的催化性能等优良特性，其用途极为广泛，特别是国防、化工、仪器仪表、电子、机械制造和医疗等工业所必需的重要材料，此外，也大量用作珠宝首饰。

（4）稀有金属、稀土金属和分散元素

稀有金属是指在地壳中含量较少、分布较散、提炼较难的金属，它包含的金属非常广泛；稀土金属由于含量稀少，提取分离困难，不易得到单个元素，因此取名“稀土”，其实稀土元素并不稀少，在地壳中比铜、铅、锌、锡的含量还高；分散元素是指在自然界中形不成独立矿床而以杂质状态分散于其他矿物中的元素。一般来说，稀有金属的概念涵盖了稀土金属和分散元素。

稀有金属：广泛用于航天和航空、核工业、军事和民用等尖端技术。例如锂，是一种特殊的高能金属，用于原子反应堆、轻合金及电池等。其同位素锂 6 是生产氢弹不可缺少的原料，金属锂也是宇宙火箭、人造卫星的高能固体燃料添加剂。目前主要应用于炼铝工业、玻璃陶瓷制造和润滑剂生产中的锂，占市场消费量的 80%以上。碳酸锂作为炼铝的添加剂，可以大量降低电力消耗，降低成本，提高产量。在陶瓷工业中，用于生产抗冲击陶瓷、耐温陶瓷和高温强固玻璃等。锂制造的多用途润滑油，可以在−50～150℃的范围内使用。铝锂合金（含锂 2%～3%）是火箭、飞机的重要结构材料。

稀土金属：用途很广，特别是在石油、冶金、玻璃和陶瓷、电子、化学工业以及照明和核技术领域等方面都有重要的用途。稀土微量元素对农作物的增产作用值得重视，我国稀土农用面积累计达到 400 多万 hm^2，粮食作物因此而增产 9 亿 kg。稀土在超导材料的领域发展很快，1986 年研制成功的一种镧、钡、铜和氧的化合物，在温度 36 K 下成为超导体，随后，又发展一种钇、钡、铜和氧的陶瓷化合物，在 90～100 K 温度下成为超导体，预计不久的将来，以稀土合金为基础的超导体会进入商业生产，在发电、电贮存和电动机等许多领域得到广泛使用。

分散元素：多与有色金属，特别是铅锌为主的多金属矿伴生在一起，如镉、铊、铟、锗是精炼锌的副产品，铼、硒、碲是精炼铜的副产品，镓是加工铝土矿和锌的副产品，从煤中也能提炼镓和锗。世界上对这些金属的消费，少的只有几十吨（如锗、镓、铟），多的也不到 2 万 t（如镉），但都广泛使用在电子、航天和军事工业以及各种工业部门中，具有很高的战略价值。

2．主要非金属矿产

非金属矿产广泛用于建筑、冶金、化工、轻工、石油、机械、农业、医药、环保等多种部门，并已越来越多地进入光导、激光、新能源、国防和航天等尖端工业领域。非金属矿业在国民经济中占有十分重要的地位，其开发应用水平已成为衡量一个国家科学技术、国民经济发达程度和人民生活水平的重要标志之一。

磷：是重要的化工矿物原料，广泛用于农业、医药、轻工、纺织、冶金、国防等领域。其最主要用于农业，80%以上用于制造磷肥，其余用于生产黄磷、赤磷、磷酸和其他磷产品。

石墨：具有涂敷、润滑、可塑、导电、耐高温、耐腐蚀、化学稳定等性能。目前其应用领域主要是：在铸造业中作铸件模子涂料；在冶金工业中作坩埚、石墨砖及钢铁冶炼保护渣；在机械工业、纺织与食品工业中用作润滑剂，在电气工业中作电极、碳棒、拉丝润滑剂及高电阻物等；在化学工业中作化学反应用石墨管道、催化剂橡胶及塑料填充剂等；在轻工业中作磨光剂和防锈剂、油漆原料和油墨填料；在原子能和国防工业中作原子能反应堆的中子减速剂、防原子辐射外壳、火箭发动机尾喷管喉衬、人造卫星结构材料等。此外，石墨还是人工合成金刚石的原料、铅笔芯原料及防腐剂等。石墨最主要的消费领域是铸造涂料及冶金坩埚，其用量占石墨总消费量的 2/3。

硼：是一种重要的矿物原料，硼与硼化合物具有多种优异性能，广泛用于化工、冶金、建筑、轻工，电子、医药、农业，以及国防等尖端工业领域。以硼矿为原料，可制取硼砂、硼酸、硼化合物和元素硼等，在冶金工业方面，用于生产硼钢、冶金助熔剂、金属焊接剂和助导电剂；在化工、建筑、轻工、电子、医药等行业，用于玻璃、搪瓷、洗涤剂、印染、涂料、防腐剂、杀菌剂、激素、电子元件的制造；在农业上用于制取微量元素硼肥；在国防与尖端工业中，用作原子能保护材料、装甲防护材料和高能喷气燃料等。

芒硝：泛指各种含钠硫酸盐类工业矿物，是轻工业和化学工业的重要原料，主要用于制取无水硫酸钠、硫化碱及硫酸铵等化工产品。广泛用于洗涤剂、造纸、玻璃、纺织、印染、油漆、人造纤维、橡胶、医药、冶金和建材等工业领域。

石灰岩：是一种用途非常广泛的非金属矿产。据统计，在人类社会的经济活动中，石灰岩的用途已超过 300 种。如在建材工业中用作制造水泥和烧制石灰的原料，在冶金工业中作熔剂，化学工业中用于制碱、制造电石及制造氮肥和磷肥，在油漆、塑料、造纸、涂料、橡胶等轻工业部门作填料等；在食品、玻璃、陶瓷、印刷等工业部门和农业、环保等方面也得到广泛应用。石灰岩用于水泥工业主要是作原料，与黏土质原料、硅质原料、镁粉配合，煅烧成水泥熟料，其用量约占水泥原料的 80%。

玻璃硅质矿产：是指石英 SiO_2 含量很高的天然矿物原料，通常包括石英砂、石英砂岩、石英岩、脉石英、粉石英等。玻璃硅质矿产是生产玻璃的重要原料，在玻璃配料中一般占 60%～70%。玻璃硅质矿产除用于玻璃制造业外，还用于耐火材料、陶瓷、铸造、石油，化工环保、研磨等行业。

花岗石：是饰面石材的一种商品名称，泛指具有装饰功能，可加工成所需形态的岩浆岩、火山岩和部分深变质岩，如各种花岗岩、橄榄岩、蛇纹岩、辉长岩、闪长岩、玄武岩、安山岩、辉绿岩、片麻岩等。这些岩石的共同特点是：结构致密坚硬、颗粒均匀、耐酸。长期以来，花岗石被大量用作工业建筑和民用建筑材料以及墓碑和雕刻工艺品材料。花岗石具有许多优异的性能，如变形小，能保持加工后的高精度；受损伤后只局部脱落，不影响整体的平直性；膨胀系数小，耐用性高，弹性模数大，刚性好，内阻尼系数大，能防震，消震，耐酸、碱、盐的腐蚀；不导电、不导磁，场位稳定，可切割、研磨、抛光、胶合镀膜，色彩鲜艳美观，光洁度高等，这些性能使花岗石成为现代建筑材料中的宠儿，成为当今世界豪华建筑物中最流行的墙体装饰材料。在机械、化工、电子、精密仪器、冶金、航空、轻工等工业部门，花岗石也得到广泛的应用。

大理石：泛指大理岩、白云质大理岩、蛇纹石化大理岩、结晶灰岩及白云岩等可以加工成材、具有装饰功能的碳酸盐岩石。大理石在装饰石材中是应用历史最悠久，应用范围最广泛，用量最大的一种石材。它以古朴典雅的风貌，缤纷的色彩，以及硬度小，易于开采、加工等特点，千百年来一直在石材业中占据主导地位。其用途很广，诸如作为高级建筑室内外装饰板材、电器绝缘材料和雕刻工艺美术品原料。高度致密均质的大理石可加工成塑像或纪念碑，白色大理石加工磨细成粉可作造纸填充料，大理石开采加工中的废料还可作为水磨石、水刷石、汰石子、干黏石等的优良骨料。

重晶石：具有相对密度大、硬度低、化学性质稳定和性脆等特点。其化工产品（硫酸钡、碳酸钡、氯化钡、锌钡白等）广泛用于颜料、油漆、玻璃、橡胶填料、塑料改性剂、医药、制糖、陶瓷、制革和军工等方面。重晶石在建材工业方面是铺设高级公路用混凝土的配料，在核工业方面用于核子防御系统。重晶石粉大量用作石油、天然气钻井泥浆加重剂。

石膏：应用范围涉及建材、化工、陶瓷、橡胶、造纸、农业、卫生以及文教等领域，用量最大的是建筑工业。在建筑工业中，石膏可用作硅酸盐水泥的缓凝剂，制作石膏板，石膏墙等多种轻型材料；在造纸和油漆工业中，石膏主要用作填充料和添加剂；在陶瓷工业中，石膏可用来制造高级瓷器模型、模具；在农业方面，石膏可替代硫酸铵作速效肥料和作土壤调节剂等，医药卫生业常用石膏作骨料及牙料和固定绑带等，石膏还可用来雕塑艺术品，在某些情况下，石膏可以作为制取硫酸的代用品。目前我国90%的石膏用于水泥行业作缓凝剂。

宝石、玉石：按照我国的习惯，常常把宝石分为宝石和玉石两类。宝石是指硬度高、透明的天然矿物晶体，如金刚石、红宝石、蓝宝石、祖母绿、水晶等；玉石是指具有美丽的颜色和花纹，强烈光泽的矿物集合体（岩石）。宝石、玉石矿产较多地用于艺术品，也用于工业，如金刚石（又名钻石）具有高硬度、高透明度、高熔点，高热导率、高折射率、强色散、强金刚光泽等优良特性，广泛应用于机械工业、国防工业以及尖端技术。

3．主要能源矿产

能源矿产是人类取得能量的主要源泉，在世界一次能源消费结构中约占93%。能源矿产一般分为常规能源矿产和非常规能源矿产（也称新能源矿产），前者包括煤、泥炭、石油、天然气和油页岩，后者包括核能矿产和地热资源。

煤：煤既是动力燃料，又是化工和制焦炼铁的原料，素有“工业粮食”之称。根据煤化程度，煤可分为褐煤、烟煤和无烟煤3种，烟煤又分为炼焦用烟煤和非炼焦用烟煤。无烟煤挥发分低，固定碳高，相对密度大，燃点高，燃烧时不冒烟，主要是民用和制造合成氨的原料。低灰、低硫和可磨性好的品种不仅可做高炉喷吹及烧结铁矿石的燃料，而且还可以制造各种碳素材料，某些优质无烟煤制成的航空用型煤还可用于飞机发动机和车辆马达的保温。炼焦用烟煤包括气煤、肥煤、焦煤、瘦煤及其过渡型煤（如1/3焦煤）等。非炼焦用烟煤包括烟煤中煤化程度最高的贫煤和煤化程度最低和较低的长焰煤、不黏煤及弱黏煤等。煤化程度高的主要用作发电燃料，也作民用及工业锅炉的掺烧煤；而煤化程度低的则主要用于气化或发电，也可用作动力煤和民用燃料等。褐煤的煤化程度仅高于泥炭，通常用作发电、气化（制管道煤气和氢）、低温干熘等工业及其他化学加工的原料，也可直接用作燃料和吸附剂等。

石油：石油是多种烃类（烷烃、环烷烃、芳香烃）的复杂混合物，常含有氧、氮、石蜡及有机硫等组分，其平均碳含量为84%～87%，氢含量11%～14%。石油经炼制加工可得汽油、煤油、柴油、润滑油、固体石蜡及沥青等产品，也是制造溶剂、塑料、合成橡胶、合成纤维等的原料。炼油剩余物石油焦可作电极，沥青可作建筑材料。石油有“工业的血液”之称，是当今世界最重要的能源，又是近代有机化工的重要合成原料。

天然气：天然气是岩石圈中天然生成的气体的总称，但地质学的定义是指天然形成的可燃性气态碳氢化合物。通常把以生物成因为主的可燃的油田气和气田气称为天然气。天然气主要属烃类化合物，甲烷是其主要成分。天然气作燃料，与煤、石油相比，具有干净清洁、使用方便、燃烧效率高、当量热、价格低等优点。天然气还是重要的有机化工原料，其中的甲烷是生产合成氨、甲醇的主要原料。天然气凝析油是裂解乙烯的优质原料，用凝析油裂解乙烯，收率高，成本低，投资少。天然气还可用来制造橡胶工业所需的炭黑。

铀：在军事上铀主要用来制造核武器，还可作核潜艇、核驱逐舰、核航空母舰等的燃料。铀的日常用途最主要的是作核电反应堆的燃料。铀裂变时产生的同位素及其射线，在工农业生产和科学技术领域中有广泛的用途。例如，在工业上利用射线实现生产自动控制，对产品进行无损伤检查等；在农业上利用射线培育良种，促使作物生长，防治病虫害等；食品工业用射线照射食品，使其保鲜，并延长保存期；在医学上用于灭菌消毒，临床诊断及治疗，在地质勘查工作中用来找矿等。

油页岩：也叫“油母页岩”，一种含有可燃性有机质的黏土岩或泥灰岩，为低热值能源矿产。可直接燃烧发电，是人造石油的重要原料之一，经低温干馏后可得类似石油的页岩油、绿油及氨等。页岩油再经炼制可得汽油、煤油、柴油、润滑油和石蜡等。油页岩灰渣还可作建材配料。

地热：从地热直接利用规模来说，最大最普遍的是地热水沐浴、医疗保健，其次是地热水养殖和种植、地热采暖。此外，还从热水中提取盐类、有益化学组分和硫黄等。地热用于发电非常普遍，但低于 150℃ 的中低热发电经济效益低，在商业上没有竞争力。

三、矿产资源开发利用的趋势

从矿产资源开发利用的历史过程看，随着社会劳动生产率的不断提高，人们对矿产资源的需求量将日益增长，对所需的矿物原料的品种将逐渐增多，环境保护对开发矿业的要求将日益严格。未来除了增加勘查找矿力量，为社会寻找出更多的矿产资源外，更应积极研制新的采选技术、工艺流程、生产设备，并向节省矿产资源的产业结构方向发展。因此，今后矿产资源的开发利用，具有以下发展趋势。

1. 规模巨大的低品位矿床将成为主要开发对象

随着技术的进步，人们开发矿产资源的能力将不断增强。如以铜矿为例，在古代主要开采的铜矿石含铜量达百分之十几，到 20 世纪初开采的还是含铜百分之几的铜矿石，而 70 年代已降到 0.6%。目前美国对条件好的大型铜矿，采用堆浸法提炼铜，所利用矿石的品位已降到 0.2%。

开发利用低品位矿床，就可使矿产储量有巨大的增加，从而满足社会的需要。此外，从采选技术进步动向看，如大型、自动化采掘设备的发展，药剂和生物选冶技术的进步，已使低品位的前寒武纪沉积变质（鞍山式）铁矿、斑岩铜矿、红土型镍矿和卡林型金矿得到了利用，这种情况还具进一步发展的趋势。因此，低品位矿石的利用，将具有很大的发展前景。

2. 综合利用组分复杂的矿石和开发新矿种发现新矿床

综合利用组分复杂的矿石。随着选矿、冶炼技术和综合利用的发展，使许多过去认为工业上不能利用的或只能提取某种组分而丢弃大量其他组分的矿石，现在已得到了较好的利用。如钒钛磁铁矿，过去认为铁的品位不高并难以选冶使用，但现在它不仅成为钒的主要来源（约占世界钒产量的 75%），而且也是钛和铁的重要来源之一。

开发新矿种发现新矿床。随着工业的需要，如沸石、膨润土、硅线石等普通矿物也得到了开发。由于选冶技术的进步，如红土型硅酸镍矿床、硅酸石型铍矿床等也成为镍、铍金属的新的来源。又如美国拥有大量的氧化铁燧石过去由于这种燧石中的铁矿颗粒极细而难以利用，20 世纪 70 年代采用新的选矿技术后也成为铁矿资源被开发利用了。毫无疑问，现有已知矿种和储量将来会被新的发现所补充，尤其是隐蔽的“盲”矿床可能构成大量潜在的矿物资源。

3．开发海洋和海洋资源将成为获取未来资源的重要途径

海洋占地球面积的 70%，海洋中蕴藏着无穷无尽的矿产资源。在海水中赋存着食盐、重水、铀、锂、钒、锶、镁等稀有金属，以及钾盐等，在海底表面有锆、钛、锡、金刚石、独居石、铁砂等海滨砂矿床，在海底深部有煤、铁、石油和天然气等。近年来在红海发现了铜、铅、锌热温水矿床。各国目前正在积极研究开发的深海锰结核，更具有极大的经济意义。

据有关资料介绍，在 1.5×10^{18} t 的海水中，所含的铀就达 4×10^{9} t，为陆地估算的 150 万 t 铀的 2 667 倍。海洋中的石油，已逐步成为世界石油的主要来源。深海中的锰结核，仅在太平洋公海范围内，水深 5 000 m 左右处的赋存量估计就达 1.7×10^{12} t。除铜以外，锰、镍、钴的资源量，均为陆地探明储量的 1 000 倍以上。锰结核除了富含锰、钴、铜以外，尚有钒、钼、锌、铁等元素可供利用。除现有资源外，海洋中的锰结核，据估算现在还以全年生成约 1 000 万 t 的速度在增加。为此，美国、俄罗斯、西欧和日本等国的数十个公司，均投入了很大的资金和人力，开展锰结核资源的调查、探查、采矿和冶炼方面的研究。随着科学技术的发展，海洋资源必将成为未来资源的重要来源之一。可以预见，未来争夺海洋资源的斗争将会日趋激烈。

4．替代资源将获得迅速发展

随着社会对矿产资源需求量的大幅增加，目前在使用的矿产资源将会由于资源量有限而不能满足需要，或因有更经济、更合理的资源被发现而可能替代现有资源，或因现有金属资源价格的迅速上涨，促使使用部门不断探索新的替代资源。以能源为例，随着世界石油资源的日益枯竭，人们一方面积极开发煤炭资源，另一方面又必将积极开发原子能资源、水力资源、太阳能资源、潮汐能资源及其他生物能资源等来替代石油资源。再以炼铁为例，最先主要利用木炭，以后改为焦炭。由于焦炭资源有限，就有采取吹入重油减少焦炭消耗的冶炼方法，使冶炼每吨生铁所需的焦炭，从过去的 800 kg 降到了现在的 400 kg 左右，同时还在积极发展不用焦炭的直接还原技术。今后，可能利用原子能和其他还原剂来冶炼生铁。此外，高炉冶炼用的耐火材料，过去主要是耐火黏土，现在则开始利用能耐更高温度、使用寿命更长的蓝晶石、矽线石等高温变质矿物。综上所述，随着科学技术水平的提高，以及社会需求的增加，替代资源将获得迅速的发展。

5．矿产资源的开发利用程度将不断提高

从近 200 年世界矿业史来看，如果说 19 世纪是以煤、铁等基础资源为象征，20 世纪以石油、铝、铜、镍等为象征，那么 21 世纪对矿产资源的利用则是以非金属、稀有金属、稀土金属的广泛利用为标志，传统工业在整个经济中所占比重越来越小，传统资源的使用数量会逐步减少，信息技术，新型材料、生命科学技术、空间技术等新兴产业不断发展壮大，其产品也向体积小、重量轻、耐腐蚀、耐高温、高强度等方向发展，非金属矿物、稀有金属、稀土金属以其自身的特性成为尖端技术不可缺少的重要原料。如高性能碳纤维塑料是以碳素纤维代替现有的玻璃纤维，此工程塑料成本更低、强度更高，成为车船壳体和建筑材料；以金属、陶瓷、生物膜和高分子等复合制成的高性能金属基复合材料由于高强度、高耐热性而将被用于飞机和火箭新材料。新技术可极大地改变人类对传统矿产品的依赖程度，新材料的出现将节约大量的矿产资源。

此外，自然环境的污染和生态平衡的破坏日趋严重，迫使人们在开发矿产资源的过程中充分利用废弃物，在采矿过程中向无废石方向发展。例如，目前有的煤矿就将废矸石用于制砖，在选矿过程中有的金属矿还综合回收了非金属建材资源。这些再生资源的大幅度利用，一定将进一步提高矿产资源的开发利用程度。

总之，随着社会需求的不断增加，以及科学技术的不断进步，人们对矿产资源的开发利用程度，不论是在广度上还是在深度上均有很大提高。同时也可以预见，这种趋势今后必将随科学技术的进步、社会需求的增加以及矿产资源的日益枯竭而加快。

6. 矿产资源的运输方式将有很大改变

在目前全球处于开放式经济条件下，矿产资源的运输条件必将对其开发利用产生很大的影响。煤、铁等基本矿产资源的开发，如果没有铁路和轮船的运输条件，要想大规模开发也是不可想象的。特别是国际贸易，则必须具有海运能力，不同吨级的船，其单位矿石的运费相差甚大。例如，2 万～4 万 t 级船的运费，为 10 万 t 级船运费的 2～3 倍。从澳大利亚运铁矿石到上海，若用 10 万 t 级海轮运送，则运费不到离岸价格的一半；若采用 20 万 t 级海船运送，则运费所占份额就很小了。由此可见，运输对资源开发的影响很大。我国已建造了 40 万 t 级的运矿船，而运油船最大的已达 50 多万 t 级。除了船体加大以外，在世界能源紧张的前景下，各种节能型船舶的设计和建造也将改善矿产资源的运输条件。此外，管道运输也将会获得较大的发展。

参考文献

康静文，薛俊明，刘洪福，等. 2002. 矿产资源学. 北京：煤炭工业出版社.

汪云甲，黄宗文，等. 1998. 矿产资源评价及其应用研究. 北京：中国矿业大学出版社.

朱裕生. 1984. 矿产资源评价方法学导论. 北京：地质出版社.

冯钟燕. 1984. 矿床学原理. 北京：地质出版社.

陈于恒，孙建明，等. 1989. 矿产经济学. 北京：中国矿业大学出版社.

李廷栋. 2010. 中国岩石圈的基本特征. 地学前缘，(3)：1-13.

潘树荣，伍光和，陈传康，等. 1985. 自然地理学. 2 版. 北京：高等教育出版社.

王建. 2001. 现代自然地理学. 北京：高等教育出版社.

第五章　人类经济活动与自然

迄今为止，地球是我们发现的唯一适合各种动植物生存的场所，也是唯一适合人类这种智慧生物生存的场所，离开这个场所人类就无法生存。人在地球上生存，必须有足够和适当的食物、水、空气、温度等，这对于一切人种和民族是共同的、必不可少的生存条件。然而，自然界往往不能自动地满足人的诸多要求，人必须通过自己的活动来影响周围环境、改变对自然界的依赖方式，以获得对于自然界的独立性。人对自然界的依存性和独立性，这两个似乎是对立的过程，实际上是并行不悖地向前发展的。即使人们将来不再食用植物和肉类，而食用纯粹人工合成的化学方法制造的食物，但这些食物也还是用自然界的材料做成的。如果人类对大气圈的污染，迫使人们不得不躲进密闭小屋中呼吸化学合成的空气，这种空气也仍将是氧、氮、二氧化碳和其他自然气体的混合物。同样，人造水，不论它多么纯净，仍然是氢和氧化合物。人对于这样一些一般性自然条件的相对独立性表现在：比如当冬天来临的时候，人们可在茅屋或帐篷中，在城市公寓或乡村别墅中，为自己创造温暖舒适的小环境，也可以用兽皮或兽毛，用植物纤维或各种化学合成纤维织成各种温暖轻便的保暖物，甚至制造出电器调控的服装，以适于在严寒的户外从事活动。人们也创造了各种必要的物质条件，在高原缺氧的环境下生活，在深达数千米的海底工作，在太空舱中连续实验 200 多天，等等。这表明人类对于自然条件有着顽强的独立性和适应能力，然而这一切都是按照自然规律、按照生命有机体自身活动的规律而人工制造出来的，并且是用大自然慷慨提供的天然物料做成的。只有在自然界能够保证所需的物料和能源得到充分满足的情况下，人对于自然界的独立性才能得以保证，人才有可能适应各种苛刻多变的自然条件。人对于自然界的任何完全的独立，不依赖于自然条件也不遵从于自然规律的独立都是不可能的。人类与自然的依存关系，决定了人类必须对自然加以保护，人类保护自然的目的，是更好地利用自然，这是自身生存的需要。

第一节　人类的双重属性

人类繁衍增长是与其社会的发展相适应的，至少在人类发展的相当长的一段时间内是这样的。两者交织在一起，相互作用，相互推进，在一定程度上还相互依赖。所以，除了自然创造了人类，人类遵从自然进化，人类首先是自然人，人类进化是自然发展史外，人类发展史也是人类社会的文明发展史，社会经济、文化发展史，人类又是社会人。从自然与经济角度来讲，人类又是经济人。自然人专指生物学意义上的人，是自然界长期发展的产物，是自然界的一部分，自然人在现如今的生命有机体中属于最高形式。自然人最核心的属性是自然属性，是自然存在物，自然人反映的是人与自然的关系，自然是自然人赖以生存的载体。经济人是经济活动的主体，经济人存在于社会之中，与经济社会的其他个人或事物存在密切联系，其核心属性是社会属性，经济人是理性而有目标的，会能动地认识世界并改造世界，在现实经济活动中，经济人以谋求自身利益或效用的最大化为目标。通常将自然属性对应于社会属性，经济属性包含于社会属性之中，如果只讨论人类的自然属性和经济属性是不全面的。基于常规认识考虑，我们从自然属性和社会属性两方面来讨论人类的双重属性。

人类是自然界中独特的物种，从诞生之日起就有三重身份：人类是自然的成分，是自然的产物，又是自然的改造者和创造者。①人类机体的基本成分均源于自然环境。人体必须不断地与自然中的基本生命维持系统交换物质和能量，输入负熵流，以保持自身的稳定；人体的节律与周围无机自然环境的日变化和年变化的周期是相适应的。②人类与其他生物一样是活有机体、处于消费者的地位、参与地表物质的生物循环，且有基本的生理要求。人类必须依赖于生物圈，从中获得生存所必需的食物、氧气和水；人类新陈代谢的产物也必须由周围生物来处理掉。人类作为生物长期演化最新阶段的产物，必须尊重自然生命史亿万年进化所产生的生命秩序，把自己看成是自然有机联系网络中的一名成员。③人类不仅是自然的产物，同时还是自己所创造的社会和文化培养教育的结果。他们必须参与社会活动，服从社会的要求和指导，具有一定的社会地位，执行一定的社会功能。他们有对幸福和理想的追求，并有实现这种理想的能力。他们对社会环境有特定的要求。人类在环境中一身兼具三重身份，前两者是自然造成的，是人类永远无法摆脱而必须服从的。这是人类的自然属性。后者是社会教育的结果，人类对此有一定的选择和改造能力，这是人类的社会属性。

一、人类的自然属性

人是进化的产物，是一个生命有机体，具有基本的生物功能，尽管在进化过程中出现了许多有别于其他生物的特征，但自然赋予的生物属性仍属于其基本特征。因此，人是自然的，尤其在种群的增殖上更是这样。这就是我们要讲的人的自然属性。自然属性除了新陈代谢、生老病死外，包括以下内涵：①有主动捕食的能力；②有生殖的本能和繁殖能力；③有寻找并占据有利环境的能力；④有与其他生物争夺生存资源的能力；⑤有依赖于其他生物，并为这些生物创造有利生存环境的能力；⑥有对环境的依赖性，即当环境的变化超过一定的范围时，人类便不能生存。

人具有自然属性，也就是具有一种自然的本能，这种自然本能表明了人与动物之间的联系和共同点，进而表明了人是自然的一部分，任何动物都有自我保存的本能，越是高等动物，其生存的本能也就越高强。这种生存本能或欲望表现为食欲、性欲、自卫欲等方面。

作为消费者有机体，人类的食性是所有动物中最广泛的。这使他们能在广泛的范围内与各种各样的生物之间发生食物关系，因而具有最有利的生态优势和最广阔的生存空间。但作为一个种群而言，人类群体与一些社会性的动物，如蚂蚁和蜜蜂，完全不同。在动物聚集体中，个体的分工是完全由生理遗传特性本能地决定的，而人类不具有这种遗传特性。人类的自然属性也不足以协调社会成员之间的关系，而必须由更为重要的因素即社会因素来调节控制。在这方面，人类的某些自然属性不再像一般生物那样直接表现出来，而是以更为复杂的形式曲折地表达的，例如，表现为“对财产的占有欲望、掠夺性、自私等”[①]。

人的进食行为，乍看起来是其最富于变化、最具随机性、最易受文化影响的活动之一，但即使这样，也有一些基本的生物规律在起作用。寻求食物的活动不得不经过精心策划和组织。宰杀猎物的欲望不得不和吞食猎物的欲望部分分化开来。猎物须被带到一个固定的家庭场所后，才被分光吃完。大量的食物必须加以储存。食量也加大了，而且进食时间间隔也延长了。食物构成中的肉量急剧增加。

这些变化都是在很长一段时间内发生的，尽管近代人类取得了巨大的技术进步，但我们仍然遵循着这些长期以来养成的习惯，看来它们似乎不只是文化的附属物，被时尚的热浪冲来冲去，从我们现今的行为来看，它们肯定已成为我们这个物种根深蒂固的生物特性了。

发育成熟了有性的冲动（性欲），这也是人的生物特性之一。可以说，不是文明的发展铸成了现代的性行为，而是性行为铸成了文明的形态。人和动物一样，在性活动方式上都有特定阶段性。我们仅以求偶阶段的表现，便可以知道人的性欲也和动物一样，并不是人自身独有的，求偶期，也就是通常所谓的求爱期，从动物标准来说，是很长的，往往需要几个星期，甚至几个月的时间，它与其他一些物种一样，这一过程充斥着惊恐、进攻和性魅力相互交织、捉摸不定的举动。倘若双方的性信号都很强烈，紧张和迟疑就会慢慢减轻。这包括复杂的面部表情、身体动作和声音，后者包括话语这种高度专一、象征性的声音信号，但它们对异性产生的独特的音调也具有同样重要的作用，面部表情和声音表达之后，就是简单的身体接触，往往是边走路边进行。现在的情侣在一起时，这些动作相当亲近。

同样，人与动物都具有搏斗的本能，都能在生命受到威胁时奋起反抗这种自卫欲，也是人的生物本性之一。人是非常好斗的，也可以说好斗冲动是我们的本质。我们作为一类物种，在目前是如此热衷于群体所制造的，而又毁灭群体的暴力行为。

动物间的相互争斗有两个很明显的理由：一个是为了在一个社会等级中建立起它们的统治地位；另一个是为了在一块特定的地盘上确立自己的领地权。有些物种完全是等级性质的，却又没有固定的领地；有些物种则完全是领地性质的，而无等级问题；有些物种的等级是建立在它们的领地之上的，因而以上两类进攻方式兼而有之。我们属于最后那一种：我们为了以上两种理由而相互进攻。

人的自然属性决定了人同其他任何生物一样，都有无限扩大其种群数量的潜力，这是生物的本性，也是生物生存的基本要素之一。这种本性要求生物在条件适宜时，能以其最大速率增加其个体数量，扩大分布范围，充分占领所有适宜的生境。由于人的这种自然属性是所有生物的共同特性，也可通过分析其他生物所具有的扩增其种群的潜力来间接表达人数增长的能力。

1. 生物的增长

生物在一定阶段内，其数量增长是指数型的，或称为几何级数，那就是 $N_t=N_0e^{rt}$。其中，N_t 表示 t 时间的生物数量；N_0 表示 t 为 0 时即生物增长起点的数量；t 表示任一段时间；r 表示生物所具有的增长率。自然界永远不会出现让一种物种无限增长的环境条件，要不

---

① 马克思，恩格斯. 1961. 德意志意识形态. 北京：人民出版社.

然地球上的生物会很快绝灭。虽然这种情况不会发生，但生物有这种增殖潜力，在适当的条件下，能在一定程度上表现出来。

生物的指数增长是其增长潜力的一种表达，仅能维持很短一段时间，随后就会使其生境条件恶化，从而导致其增长率下降、停止，甚至转为负增长。也就是说，自然界对特定的生物都存在一个环境容量，即所能容纳的某种生物的最大量。这种环境容量可以作用于生物的增长率，从而影响生物数量的增长方式。这种增长方式称为指数增长，其数学表达形式是：$dN/dt = rN(1-N/K)$。在此式中，K 即是该生物的环境容量，而 $1-N/K$ 称为环境阻力，它的作用是使生物自身的无限增长趋势转变为趋于环境容量为 K 的指数有限增长。

借助其他生物所表现出的上述两种增长方式，我们试图说明：人类的增长也有无限增长的潜能；人类的增长也会保持在一定限度内，这个限度即是特定时期人类的环境容量。

2. 人类的增长

人类，一方面是物质资料的生产者，即生产力中的劳动力；另一方面是物质资料的消费者。这两方面的属性都与经济相联系。一定数量的人是经济发展的必要条件。经济发展水平和自然资源在一定时期内是固定的，人类的过度增长会对社会经济造成多种影响。

资料表明，自有人类数字记载以来，世界上的人类数量在很长时间内是缓慢增长的，这种增长与生产力的缓慢发展是相适应的。工业革命以后，生产力大发展的同时也带来了人数的大爆炸。如果将此期间人的数量对时间做图，可以清楚地表现出其指数增长的性质。我们也可用另一种方式来反映这一时期的人数增长，利用人数的倍增时间表示，所谓的人数倍增时间是指人数从某一基数开始以恒定速率 r 增长到原来人数的 2 倍大小所需要的时间。若用符号表示，就是人数从 N_0 开始增长，经过一段时间 T_d，人数变为 $2N_0$，若增长速率 r 不变，再经过一个 T_d 时间段，人数就增加为 $4N_0$，若是 r 逐渐增大，在这个新 T_d 时段，人数增加要大于 $4N_0$。有人得出一个关于计算倍增时间的简单关系式，对于描述呈指数增长的量（如呈指数增长的人数）来说十分简便，即 $T_d = 0.7/r$。其中 r 是以年增长百分率表示的增长率。加倍时间不是一个常数，因而不是指数增长，但比指数增长变化更显著。

自然界的生物都有一个环境容量，人也不例外，但人的环境容量不单由自然因素所决定，更多的是取决于社会因素，尤其是生产力发展水平。自然资源及自然环境状况和社会经济发展水平共同决定着人的容量。人类的自然属性不仅是指人类与其他生物一样要维持种族的延续，而且也指其与其他生物同样要从自然界索取一切维持生存所必需的生活资料，甚至比它们要求的更多更广泛。不管人类文明发展到何种程度，人类进化成多么高级的生命，最终仍会保持这种自然属性。

二、人类的社会属性

在体力上，在许多器官的功能上，人体没有什么优势可言，甚至比许多其他生物更不能适应自然环境，特别是人类裸露的躯体和长时间的婴孩发育阶段，使得人体面临的生存压力和危险大大加重了。作为补偿，自然历史在人类身上发展出高度发达的思维器官——大脑。人类大脑不仅具有一般动物的第一类反射系统（且更加完善），还在此基础上产生了特有的第二类反射系统，从而可以自觉主动地处理外界环境变化的信息，认识到不同环境因子对人类的意义，避开不良环境，同时提高自己的认识能力。这种独特的能力使人类在更好地适应自然环境方面，不再依靠生理器官的变异，而是更多更直接地依靠文化的进步。

人的社会属性是指人们在社会生产过程中形成的经济关系以及由此产生的政治关系、思想关系等的综合。然而，即使是社会属性，同样也是自然发展的产物。在动物世界中，也存在着群体。特别是为了生存，在群体中，它们必须增强与同类的交流、协作能力。由于新的生活方式的需要，它必须克制灵长目动物的欲望，永不离群。这种行为“意识”的连续培养，直到人类进入了有社会的历史。在原始社会，最基本的社会组织是以血缘亲属关系结合起来的氏族。由几个近亲氏族联合组成的部落是原始社会的社会组织的最高形式。由于当时的自然条件，以及生产力水平极为低下，绝不存在个人利益。原始人的生产劳动和社会生活都以氏族为单位进行，个人离开氏族集体是无法生存的，既不能抵抗猛兽，也不能抵抗自然灾害，更无法对付其他氏族、部落的袭击。正如恩格斯所说：“部落、氏族及其制度，都是神圣而不可侵犯的，都是自然所赋予的最高权力，个人在感情思想和行为上始终是无条件服从的。”①

人类的社会属性主要表现在：①有通过社会教育获得认知周围事物的能力；②有做出价值判断的能力；③其行为具有目的性和组织性；④有在行动过程中更新认识和自觉调整的能力；等等。

上述特征使人类，即使是人类个体的行为，也能体现出整个以往人类史和他依赖的社会集体的力量，极大地加强了人类在自然环境中的地位。

人类的社会属性是人类的第二本质，是人类为了更好地适应和利用周围环境，在其成熟的自然属性的基础上发展起来的。社会属性的形成从根本上改变了人与自然环境的关系，但也造成了不少新的严重问题，如人类对环境控制能力的增强和医学水平的不断提高，明显地改变了定向的自然选择作用，引起自然生态系统中物种的退化和灭绝，不断地打破人类与正常自然环境之间精巧的平衡。

人类的社会属性所决定的人类对社会的需求，不管其怎样发展，都不能代替、取消或违背由人类自然属性所决定的人类对自然的需求。但人类迅速膨胀的社会力量却极易因无知或过分贪婪（无视）而超过有限的自然环境的承受能力，影响人类对自然需求的满足。本来是为了保证人类更好地生存的人类的社会属性，这时却变得对人类生存有威胁，甚至有毁灭人类的危险。

作为单个人来说，他必须存在于一定的区域、一定组织内，否则就无法生存。人和别人必然发生关系，这是不以人的意志为转移的客观事实。可以说，人类社会是自然界长期发展的产物，没有自然界，也就没有人类社会。

人的社会性是人由群居性的动物逐渐进化出的特别属性，是人有别于其他生物的特点，包括人类文明和人类社会的一切方面，甚至还包括人体自身的一切特性，如语言、思维、意识和直立行走。

人的社会性的发展，使人逐渐远离其自然属性，远离其他生物，如果说自然界的许多生物是朋友的话，那么人类只能跟其同类交往，甚至连同类都将可能成为敌人。在与自然界的关系上，人类不再仅听命于自然界，受大自然的摆布，有时甚至会“逆天行事”；从

① 恩格斯. 1972. 家庭、私有制和国家的起源. 北京：人民出版社，95.

自然界索取的生活与生产资料，不再是自然界中的原本状态，而要经过一番加工改造；从自然界中索取的不再仅仅是一点点能维持生存的生活资料，而且除满足正常的生活需求外，还要更多地能满足其更高要求的物质资料；不仅从自然界索取物质生活资料，还要求满足其精神享受，这当然要经过社会的加工，但一经加工，就成社会性的了。这便是人的社会属性，人之所以是人的属性。

人是社会财富的生产者，也是消费者，更是不知满足的消费者。社会的发展、文明的进步就是不断满足人们日益增长的物质文化需要。因此，人口的过度增长就会使人的消费超过社会生产所能提供的产品。这样不仅不能使人们的物质文化水平逐步提高，甚至会下降，这显然不符合人类文明进步的要求。

人的社会性伴随着人类文明的进步，伴随着社会生产力的发展，从而也伴随着生产关系的不断变化而变化，而每一次改变都使人的社会性得到发展和逐渐加强，也就是说人的社会性程度的高低，与其社会生产力和生产关系极为密切，甚至完全一致。人的社会性表现为社会生产力和生产关系，表现为人类社会的一切方面，也表现在人类社会与自然界的关系上，包括人口的增殖对人类自身的压力。

无论从人的起源还是人的自然属性，或人的社会属性，都可以得出这样一个结论：人是自然的一部分，绝不能站在自然的对立面上。

第二节　人工生态系统

人类是地球生物圈演化的产物。一方面，人类是地球生物圈的一个组元，受自然生态系统的约束；另一方面，人类与其他生物的区别在于他能够为自身的生存创造条件而改变环境。因此，人类活动又是对地球自然系统的一个扰动源。目前人类扰动地球自然系统的强度，无论在速率上和强度上都已经超过了地球自然系统的自然调控能力。与地外因素（太阳辐射）和地内因素（地核驱动）对“人类-环境系统”的单向影响不同，人类与其他地球圈层之间的作用是双向的。目前人类的力量已强大到在某些方面可与地质力量相比。人类每年约消耗 500 亿 t 矿产资源，这超过了大洋中脊每年新形成的岩石圈物质的数量（约 300 亿 t），比全球河流每年搬运的物质的数量（约 165 亿 t）要大得多。人类活动的力量不仅表现在量上，而且表现在质上。人类每年制造（有意或无意的）大量化学物质，参与并不断改变全球系统的物质循环过程，在人类同其他地球圈层的相互作用中，一方面，人类活动的空间在扩大；另一方面，自然资源的大量消耗和环境的不断恶化，正严重威胁人类的生存和发展。因此，人类的当务之急是认清自身在地球生态系统中的双重身份、认清自己与其他地球圈层之间的双向作用，在更高的程度上找到自己的“生态位”，进而控制并重新设计人类自身的活动。

由于人类的社会文明发展程度不同，人类对自然界的作用和影响的程度也不同。在原始自然人时代，人类在各方面与动物差不多，一个人所消耗的能量与一个同体积的动物相似。随着人类文明的进步，人类对自然界作用与影响的程度越来越大。人类社会文明发展到一定阶段，导致智慧圈的生成。即便如此，目前仍然存在着两种不同的生态系统：自然生态系统（受人类活动影响不大）和人工生态系统（受人类活动影响很大），自然生态系统的范围正变得越来越小。目前在陆地上不受人类活动影响的自然生态系统几乎已不存在。

一、人工生态系统与人为演替顶极

人工生态系统是在自然物质的基础上，通过人类长期有意识的社会劳动，加工和改造自然物质、创造物质生产体系、积累物质文化等所形成的生态体系。

从远古至今，人类为了满足自身的需求，创造了丰富多彩、堪比自然界鬼斧神工的人工事物。人工生态系统就是在自然的基础上经过人类带有目的的、创造性的劳动所形成的，是人类精神文明和物质文明发展的标志，随着人类文明的演进而不断地丰富和发展。由于带有人类智力劳动和创造的痕迹，与自然形成的环境在形成、发展、变化以及结构、功能等方面存在本质的差别。从地表以下的矿井，深海航行的潜艇，水面的船只、舰艇，地面上的城市、乡村，空中的飞行器，乃至太空舱等，都是典型的人工生态系统，各自具有独特的结构和功能，以满足人类多样化的需求。

相对于漫长的自然演化历史而言，人工生态系统出现的时间非常短，但是在这很短的时间内，它的内容得到了非常迅速的发展和极大的丰富，并且正在以更快的速度发展着。随着人类驾驭客观规律能力的提高，人类影响环境的力度不断增强，范围逐渐扩大。如今，从地壳内部、大洋深处到地球表面、九天苍穹，都有人类活动的痕迹。

自然生态系统与人工生态系统的巨大差别如下：

（1）自然生态系统只消耗其自身捕获和转化的能量，并且有恒定的能量储存，人工生态系统消耗的能量大大超过了其初级生产捕获、转化的太阳能，而必须消耗岩石圈储存的太阳能（化石燃料——煤、石油、天然气等）及其他能量来维持。

（2）人工生态系统中物质转移的速度千百倍于自然生态系统，例如，在发达国家人均年消耗钢铁为 0.5～1.0 t，其他金属为几百千克。

（3）人工生态系统大大降低了物种和环境之间的分异度。由于大量物种灭绝，不少生态系统成为靠人工维持的以农业物种占优势的单一生态系统。

总之，人工生态系统是一种靠巨大能量消耗来维持的、地球化学物质流已经失衡的、单调的和不稳定的生态系统。这种靠人为干涉所引起和维持的成熟和过成熟的生态系统被称为人为演替顶极[①]。人为演替顶极是靠投入很高的能量来完成和维持的。目前，人为演

---

① N. J. 格林伍德，J. M. B. 爱德华兹. 1987. 人类环境和自然系统. 刘之光，等译. 北京：化学工业出版社。何谓演替顶极？植物演替顶极是植物演替的最后阶段，或称为顶极群落。顶极群落学说可分为 3 个发展阶段：（1）美国 F. E. 克里门茨提出的植物演替的单元顶极学说。他认为一个地区的全部演替都将会聚为一个单一的、稳定的、成熟的群落，即顶极群落。这种顶极群落的特征完全是由当地的气候决定的，因此又叫气候顶极。如果有充分的时间，任何地形、母质、土壤条件下，都将趋同于单一的群落，而这个地区最终也将被一种单一的顶极群落所覆盖。在自然状态下，演替总是向前发展的，即为进展演替，而不是逆行演替。（2）20 世纪 20 年代 A. G. 坦斯利提出的多元顶极学说。他认为虽然演替有趋同性，但这种趋同是不完全的、部分的。在一个地区除存在气候顶极外，还会由于不同的地形、土壤、火干扰、放牧干扰等不同而存在地形顶极、土壤顶极、火烧顶极和动物顶极等。（3）20 世纪 50 年代 R. 怀特克提出顶极格局学说。他认为植被是一个连续体，演替的结果是不同顶极群落的综合格局。尽管经历了不同阶段，但其共同点是强调群落发展的预定性，强调群落发展最后有一个稳定的状态。顶极群落学说的主要贡献是：（1）指明了演替系列群落和自我维持群落之间在稳定性上存在着现实的、重要的差别；（2）通过选择具有一个共同顶极群落的地段，可以为比较演替群落的组成、结构、功能及其实际经营措施提供一个基础；（3）可为鉴定特定的物理环境，确定气候和土壤变化，提供一个途径。（摘编自：孙鸿烈，石玉林，等. 2000. 中国资源科学百科全书. 北京：中国大百科全书出版社）

替顶极主要是指世界上环境已经严重恶化的不少大城市。另外，人为演替顶极也已在许多农村地区出现。从根本上说，人为演替顶极产生的原因主要是难以控制的人类的过度集中。在这里，人类的数量已接近或远远超过了环境对人类的适宜承载量（又称环境容量，指某一地区环境条件和资源所能维持的人类数量）。

人类的增长在短期内不会有大的改变。随着人类数量的增加和科技的发展，人类对地球表层环境的影响将会进一步增大。人工环境或经过人工改造的环境的比重将会越来越大，而纯粹的自然环境将会越来越少。以人为中心的人工生态系统将会越来越大、越来越多，而以天然动物（不包括人）、植物为中心的自然生态系统将会越来越小。随着城市化的发展，城市将会越来越多，越来越大。随着人类数量的增多，要求农业、牧业、渔业生态系统要么规模增大，要么效益提高，规模经营和结构调整是必由之路。因此农业、牧业、渔业生态系统的个体规模将会有所扩大，结构也将会有重要的变化。本来规模比较大的自然生态系统，由于人类活动的影响，将会变得支离破碎，规模变小，并且结构变得单一。规模小、结构单一的生态系统，将会变得比较脆弱。但由于社会的进步和科技的发展，人类对自然规律的认识将会更加全面，对于自然过程的调控能力将会大大加强，只要尊重自然规律，珍惜人类赖以生存的地球表层环境，力争做到与环境和谐相处，人类的明天将更加美好。

人为演替顶极的主要标志是在这些环境中所能提供的能量与越来越多地被消耗的能量之间失去平衡。合理地使用能量是保护和稳定人类环境质量的关键所在，如果人类不再对人为演替顶极群落施加影响，或抛弃了这一生态系统，则人为演替顶极可逐渐恢复到原来的状况。也就是说，当人类不再干预这个系统，则这个群落最终将会再成为一个自然演替的顶极群落。

总之，如果人类能约束自己的需求，生态圈的循环就能继续下去，或者至少在预期太阳还能存在的时间内，能够维持地球上的生命。人类与自然系统之间谁占统治地位的斗争焦点，最尖锐地集中在能量问题上，在任何情况下，限制人类对自然系统的侵犯，是保护人类环境的唯一有效的途径。

人类不是生态圈的入侵者。作为其内部成员，人类必须控制自己的破坏性倾向，以使自己永远成为生态圈中的优胜者。

二、农业生态系统

地球上主要的自然生态系统，现今除了冻原、荒漠、部分热带雨林和远洋等生态系统较少受到人类活动影响外，其他生态系统都受到人类活动的影响。尤其陆地自然生态系统的许多部分已被开发利用，其中的一部分又经过加工改造，变为农田、人工林、人工草场、鱼塘和城市。即在一定的社会经济和科学技术条件下，经过人的干预把自然生态系统分别改造成为农业生态系统和城市生态系统。这些人工生态系统与自然生态系统在组成成分、结构和功能方面有其基本相似的一面，但也有它们的独特性。它们既服从自然规律的制约，也受社会性质和经济规律的羁绊。所以，从整体来看，人工生态系统比自然生态系统更加庞大而复杂。

当原始的人类作为自然界的一员出现时，是自然生态系统的组成部分。由于当时对自然界的认识和生产力水平极低，人类深受环境条件的限制，对各种自然生态系统的作用还仅限于采食野生植物的果实和捕杀野生动物，影响极微。人类社会的发展，逐步扩大了对自然界的认识能力和利用程度。火的利用和在居住地附近从储存的野生植物果实、种子、块茎的萌发受到启示，到有意识地播撒一些植物种子的原始农业开始，人类对自然界已产生了显著影响。但是，当古代人口还很稀少，生产力水平尚极为低下的时期，他们仍然生活在本质上没有受到很大改变的自然生态系统之中。现代，人类经过数千年的辛勤劳动，已经改变了大部分自然生态系统，并在认识和掌握某些自然特点与规律的基础上，根据社会需要把森林、草原和荒漠中的绿洲等原生自然生态系统改造成为在人工管理控制下包括有各种农田、经济作物种植园、人工林地、人工草场以及鱼塘等不同类型的农业生态系统。

农业生态系统是指在一定区域的气候、水文、地貌和土壤等环境条件下，以作物、家畜为基础，包括区域的林木、草地、益害虫、杂草和微生物共同构成独特的能量转移和物质循环的系统。换句话说，农业生态系统就是在人类生产活动的干预下，农业生物群体与其周围自然和社会经济因素彼此联系、相互作用而共同建立起的固定、转化太阳能，获取一系列农副产品的人工生态系统。在这个系统中，人既是其组成成分，也是系统的调节者与控制者。因此，与自然生态系统相比，它有以下特点。

（1）在人工控制下，以农业生物的群体，包括农作物、蔬菜、家畜和家禽取代了原有的野生生物及其群体，使生态系统的生物成分发生了明显变化。这些农业生物大都具有生活周期短（作物）、产量高、蛋白质与淀粉和脂肪等营养成分含量丰富、变异性大、利于杂交培育新品种等优点。但是农业生物对环境的适应性和抗逆性有所降低，例如，农作物往往竞争不过杂草而必须辅以人工管育。可塑性变大也经常发生品种退化和串种现象，不利于优良品系的保存，也需要人工经常培育新品种，予以替换。

（2）在农业生态系统中，动植物成分明显减少，即生物种类的多样性大大降低，同时农作物种群的年龄基本相同、生活周期短促，害虫与天敌又常被同时消灭，所有这些使食物链变短，层次结构简化，缺乏自我调节能力。因此，生物群体抵御外界压力的能力变小，系统的稳定性减弱，容易出现生态平衡失调现象。例如，由于施用农药，不但杀灭了害虫，也可能同时杀灭了害虫的天敌，削弱系统的内在反馈机制。一旦个别害虫被遗留或从系统外侵入，往往会爆发式地增长，严重毁坏农作物。所以农业生态系统是一种脆弱的系统，需要高度地管理和保护。不过，农业生态系统旧的平衡被打破后，只要通过人工正确地调控，一般容易恢复或建立起新的平衡。例如，在农业生产中常常由于单一经营，作物种类少，结构简单，作物生存时间短，削弱了系统负熵流的引入，使系统退化，生产力下降。因此，应该避免单一的农业经济，发展多种经营，使农业生态系统的结构复杂，能量与物质的流通转化过程更为合理有序，这样不仅可以提供种类多、数量大的农副产品，而且增强了农业生态系统的抗灾能力和稳定性。

（3）为了满足社会需要，人类经常要从农业生态系统中获取粮食、肉类、纤维素等农畜产品并运销外地，使一部分能量和物质传输于系统之外。为使系统保持平衡和具有一定的生产力水平，必须同时通过多种途径投入化肥、有机肥料、水，以及用于开动各种机械的化石燃料等物质和能量，以补偿产品输出后所出现的亏损。所以农业生态系统是一个能量和物质的输入与输出量大而且比较迅速的开放系统。此外，随着生产资料的投入与产品的输出，使农业生态系统中的能量流动和物质循环不单发生于“生物-环境”系统中（像大多数自然生态系统那样），而是进行于“生物-环境-社会”系统之中，途径多，变化大。从这个意义上说，农业生态系统是一种更加复杂、更为庞大的系统。

专栏 5-1　绿色革命

1966 年，印度开始了农业“绿色革命”，这个农业新战略经过 15 年左右，到 20 世纪 80 年代初已基本实现粮食低水平自给，这确实是一个了不起的成就和进步。“绿色革命”是福特基金会和洛克菲勒基金会推动的，国际水稻研究所等推出了新品种，即对肥水敏感并抗病的半矮秆高产小麦、水稻。这次农业上的重大突破使“绿色革命”一时如日中天。小麦良种培育者，1970 年诺贝尔和平奖获得者布劳格对印度总理说：“到 1970 年，印度将成为世界第三产粮大国……”但是这一预言没有实现，其推广的范围并非预期的那样大，由于“绿色革命”的核心是水、肥、农药的高投入，如印度 1965—1980 年，粮食产量增加了 1 倍多，农药使用却增加了 2～3 倍，商品能源增加 10 倍，化肥则增加了十几倍。其代价是：滥垦土地、砍伐森林、土地干旱、地下水超采……到 20 世纪 80 年代初，印度的“六五”计划（1980—1985 年）文件正式提出了农业持续发展问题，文件指出：“迄今为止，发达国家和印度部分地区的农业发展道路严重依赖不断增长的非再生能源。很明显，这种有限的资源不可能以成倍的方式进行开发。……如果水、土和环境这些生命支撑体系遭到破坏，农业这一资源将成为非再生的”。实际上，“绿色革命”只不过是所谓“常规农业现代化”的另一种表现形式而已。常规农业现代化模式是发达国家都经历过的，也称为“石油农业”，其特点是在规模经营的基础上，通过资金的大量投入，用不可更新的商品能源生产出的生产资料（化肥、农药、电及燃油）的大量消耗，再通过技术改进，达到大幅度提高劳动生产率（“高投入，高产出”）的效果。如美国人均消费商品性能源达到 10 000 kg 标准煤，而食物生产全过程所消耗的商品能源占总耗能源的 1/6。这种农业现代化对资源环境的副作用日益暴露，以致发达国家目前无一例外地在探索旨在消除这种“高投入，高产出”模式的弊病的“持续农业”。另外，当前世界除了“工业化农业”（常规现代化）外，还有“绿色革命农业”和“资源贫乏型农业”，都面临问题甚至危机。其中“绿色革命”只在部分发展中国家的局部地区表现出过增产潜力，而且由于要求的物质投入和其他条件太多而难以为继。

（4）农业生态系统的生产力，既是衡量系统的结构和功能是否合理与完善、农业生物群体与环境是否协调的指标，也是反映人类管理农业生态系统水平高低、衡量自然资源与社会资源被利用和转化为产品的效果的指标。可以说它是反映农业生态系统的一个综合指标。因此，这里所说的系统的生产力不同于农业生产上的只是作物的产量。它应包括第一性生产者的初级生产力和消费者家畜家禽的次级生产力，即整个系统的生产力。

农业生态系统生产力的高低，在很大程度上取决于系统的能量和物质转化特点与转化效率（输出与输入之比）。丰产田的生产力和转化效率之所以比较高，不仅是农业生态系统相当于自然生态系统演替的早期阶段，群落用于呼吸消耗的能量少，净初级生产量很高的缘故；也是农业生物群体的成分和结构适应于环境并充分利用其资源和人类控制微生物、昆虫和动物等，使消耗在这些异养生物方面的能量大大减少的结果；还是向系统投入了大量补充能量和物质，即像奥德姆所说的是由于人类以某种形式在物质和能量方面给予“奖金”或“补贴”的结果。

（5）农业生态系统还有着明显的地域性特点。不同地理地带都有各具特点的农业生态系统类型。它们从农业生物的种类组成、系统的结构与功能特点到社会经济技术条件都会有差异。因此，在建立合理的农业生态系统时，不能千篇一律，而应遵循因地制宜、扬长避短的原则。

（6）由上述几个特征可以看出，人是农业生态系统的重要组成成分和调控者。系统的生物成分和非生物成分，它们在时间和空间上的分布，它们之间物质循环与能量转换，以及系统的稳定性与生产力高低等都受人类强烈影响，只是在不同时期和地区调控的途径与效果各有不同。过去，人们往往只注意局部利益和纯经济效益，缺乏生态平衡和整体观念，常常是先破坏了自然生态系统，而后又未建立起良好的农业生态系统，致使生产力水平很低，甚至陷入恶性循环深渊。人类应当从生态系统的观点出发，根据各地的自然与社会经济条件，因地制宜地调整农业生产的结构和布局，控制和提高能量流动和物质循环的途径与效率，建立起高产、稳产、高效率的农业生产体系。广东省珠江三角洲地带在 9 世纪前，本是无法农耕的低洼沼泽地带，潦水为患极为严重。这里的人民在长期生产实践中，因势利导，把一些低洼地深挖成水塘，将挖出的泥填高地面成“基”，逐渐地把低洼水网区改造成“基塘”地区。基上种桑，桑是生产者，它吸收光、热、水、肥生产桑叶；桑叶喂蚕，蚕是初级消费者；蚕沙（粪）、蚕蛹养鱼，鱼是次级消费者；微生物是还原者，分解鱼粪和其他有机物归还给塘泥；塘泥肥桑，又进入新的循环（图 5-1）。形成一种循环性生产关系，物质呈“半封闭式”循环，这就是“桑基鱼塘”或“荒基鱼塘”。它把种桑、养蚕、养鱼有机地结合起来，充分利用

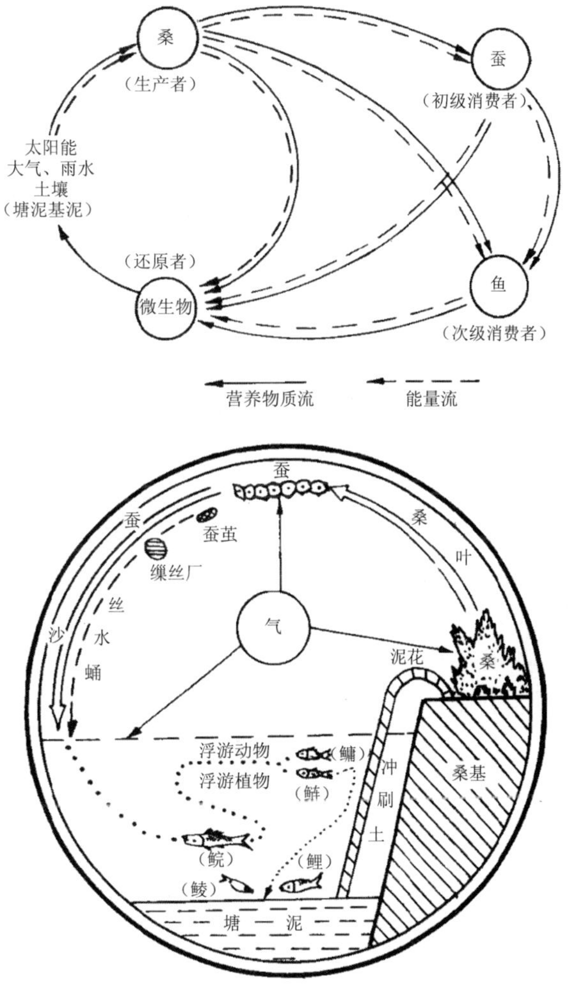

图 5-1　珠江三角洲的桑基鱼塘

资料来源：钟功甫. 1980. 珠江三角洲的“桑基鱼塘”——一个水陆相互作用的人工生态系统. 地理学报，35（3）。

资源，提高了生产力，创造出一个结构布局比较合理，功能比较完善、水陆相互作用的人工生态系统。

三、城市生态系统

城市生态系统作为人类高度集聚的生态系统，其环境更加脆弱。城市生态系统作为一个完全人工化的系统与环境，集中了人类社会的工业、商业生产与生活活动的主要区域，形成了巨大的不同于农田、农业生态系统的物流、能流与信息流。在城市生态系统中，生产与生活中产生的废弃物往往需要异地分解与消化。工业生产中产生的各种固体、液体、气体废弃物等对城市的生态与环境安全造成不利影响。

城市生态系统是在人类不断改造生存环境和促进能量与物质流通的过程中逐步形成的。人类从依赖自然生态系统到利用农业生态系统，最后建成了以人为主体，充分利用空间和集约人口、经济、科学技术与文化的地域大系统——城市。因此，城市作为生物圈中独特的人工生态系统，便具有不同于自然生态系统和农业生态系统的许多特点。

第一，从构成城市生态系统的环境看，这里是人类对陆地自然生态系统影响最强烈、改造最彻底的地方。它除了大的气候特点和地貌形态可能受影响较小外，几乎没有遗留下自然生态系统的任何重要特征。地面上集中了各式各样的建筑物，鳞次栉比；高楼之间的街道犹如一条深邃的峡谷，有的很少见到直射阳光；坚硬的水泥或柏油道路纵横交织，密如蛛网；各种机动车辆往来不绝；绿色植物很少；原生的自然景象完全被人工的建筑景观所代替；这样的下垫面性质加上空气的污染和人为热的释放，就使城市具有不同于郊外自然状态下的气候。例如，空气中有较多的悬浮物质，尘埃比郊外一般多 10 倍，云量比郊外多 5%～10%，使太阳总辐射比郊外少 15%～20%；风速和相对湿度都低于郊外；而人为热的大量释放，引起城市的局地升温，年平均气温一般比郊外原野高 0.5～1℃，冬季平均最低温度比郊外高 1～2℃，出现热岛效应。由于上述自然因素和人为因素的影响，城市环境与郊外其他生态系统的环境具有显著差异。

第二，城市生态系统缺乏生物成分，特别是植被覆盖率一般很低，即使生存着少量绿色植物，也未给居民和某些动物提供有意义的生产量。动物种类也比较少，多为鼠类和蚊蝇。相反，消费者人口却非常集中。这种特征使城市生态系统中的食物链（网）变得比较简短，系统的稳定性差，并且还使其生物量常常具有倒金字塔结构，如表 5-1 所示。生产者的缺乏和第一性生产量甚微，还使它永远无法脱离自然生态系统和农业生态系统而独立存在。

表 5-1 城市人类现存量和植物现存量

城市	人类现存量（a）/（t/km^2）	植物现存量（b）/（t/km^2）	b/a
东京（23 个区）	610	60	1/10
北京（城区）	976	130	1/8
伦敦	410	280	7/10

资料来源：潘树荣，伍光和，陈传康，等. 1985. 自然地理学. 2 版. 北京：高等教育出版社。

第三，城市是一个高度耗能和需要大量物质输入并有产品输出的开放系统。由于缺乏绿色的第一性生产者植物，对太阳能的利用很不充分，土地又基本用于承载建筑物、道路或人类经济技术与文化活动的范围，很少能够给生产者提供有效的营养物质，以制造含能的有机物质，所以城市生态系统在能源与物质供应方面难以达到基本上自给自足的程度。为了满足城市居民在生活与生产活动中对能量和物质的需要，使系统继续正常运转并保持其供需平衡，必须从周围其他生态系统输入食物资源、动力资源和生产原料。然后通过人和各种经济技术系统，制造出大量产品，除满足城市需要外，其余部分输出系统之外。由此可见，城市生态系统是一个能量和物质的流通量很大和储存与转换时间短的非闭合系统（图 5-2）。

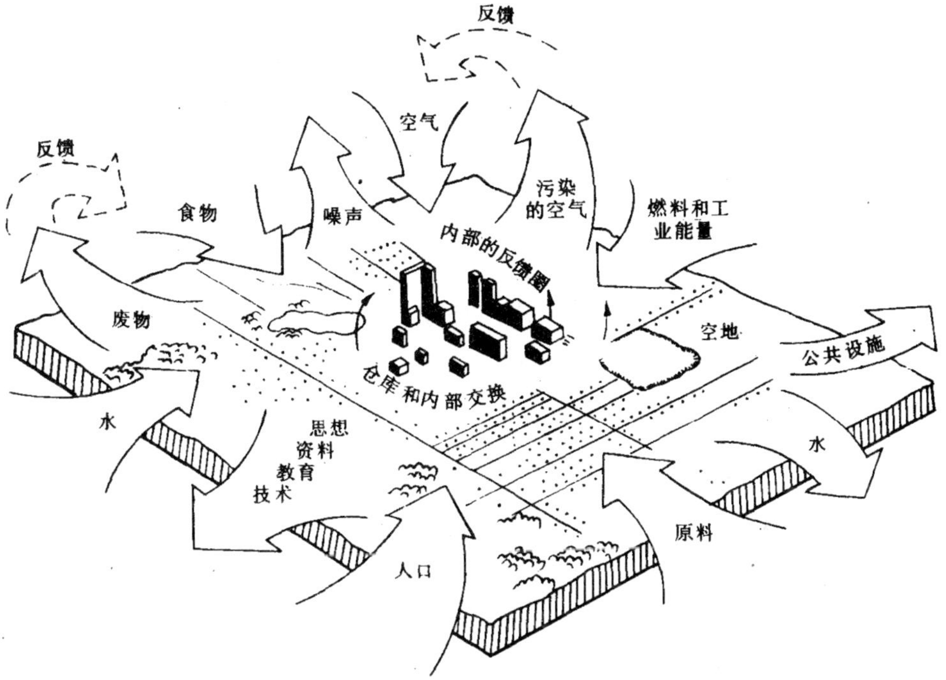

图 5-2　典型城市生态系统的输入与输出图解

资料来源：DCTWYLER T R，MARCUS M G. 1972. Urbanization and environment. Belmont：Duxbury Press。

但是，城市生态系统中输入与输出的能量和物质不完全是通过以营养关系构成的食物链，除此之外，大量的能量和物质则是通过非生物的经济技术系统或环节进行转移的。后者是人类根据社会需要与可能建立起来的，不像食物链是生物在长期演化过程中，彼此之间通过适应和自然选择确立下来的。故常由于各种原因发生变动，稳定性程度低。如果这种系统或任何一个环节发生故障，将会立即影响城市正常功能的进行和居民的生活。从这个意义上讲，城市生态系统又是一个比农业生态系统更为脆弱的系统。因此，需要人们加以高度的科学管理，以维持其动态平衡。

第四，城市生态系统虽然是深受人类调控的典型人工生态系统，但是不可避免地受到所在地区自然条件的影响。例如，气候和大地貌单元等特点常常规定着城市的整体规划布局与设计要求；山水风光资源常常决定着某座城市是否以旅游为重点；以常绿或落叶树种为主的植物资源的特点又往往关系到城市绿化设计的要求；等等。因此，城市生态系统与上述其他生态系统基本一样具有一定的地域性烙印。这就要求人们在规划建设城市时，避免模式化，应当具有民族风格和地方特点。

从上述这些特点可以说明，城市生态系统是一个有机整体，它是由“环境系统”“生物系统”“技术经济系统”共同构成的一个自然-技术经济生态系统，是一个十分复杂的多要素、多变量和多层次的动态系统，而人是这个系统的核心或主宰。

城市生态系统是人类最为集中、人类活动十分频繁的地方。为了发展生产，为了给人类创造更加美好的生活环境，在改造老城市、建设新城市时，除了考虑其他许多重要的原则外，还必须具备生态的观点，应用生态系统的基本原理开展工作。例如，城市地址的选择、城市总体规划中功能区的划分和各功能区的内部规划都必须考虑当地自然生态系统的特点，并加以合理利用和改造。那些不影响城市建设的河、湖、山丘、片状林地等应尽量保留，或加以改造修饰，以适合城市的需要，并发挥良好的生态效益。加强“三废”治理，使污染物的排放控制在排放标准和生态系统的自净能力范围内。大力进行城市绿化，建设起完整的绿化系统和达到一定的绿地定额，起到美化城市、改善小气候、净化大气、减弱噪声和有益于人体健康等作用。就改善城市小气候而言，在城市种有树木的地方，通过遮阴和蒸腾水分降低夏日市内的气温（图 5-3）；林木的覆盖、树干枝叶吸收与反射太阳辐射，又可提高冬天的气温，使城市年、日温差缩小。又如，城市绿地与建筑区具有不同的热力状况，温差可以形成一种类似海陆风的空气对流，建筑区混浊的空气被带至高空而降低了污染程度和气温；同时新鲜空气源源不断地从绿地流向建筑区（图 5-4），从而起到了改善城市局部小气候的作用。

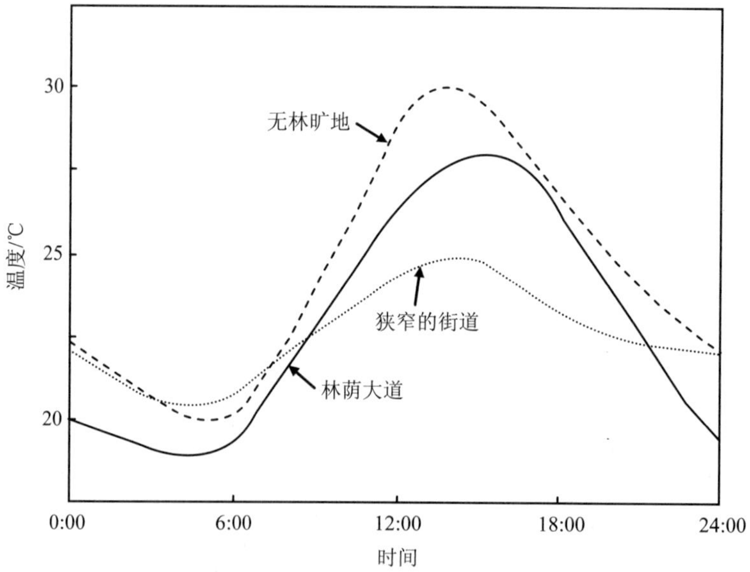

图 5-3　8 月份城市无林旷地、狭窄的街道和林荫大道昼夜温度变化

资料来源：潘树荣，伍光和，陈传康，等. 1985. 自然地理学. 2 版. 北京：高等教育出版社。

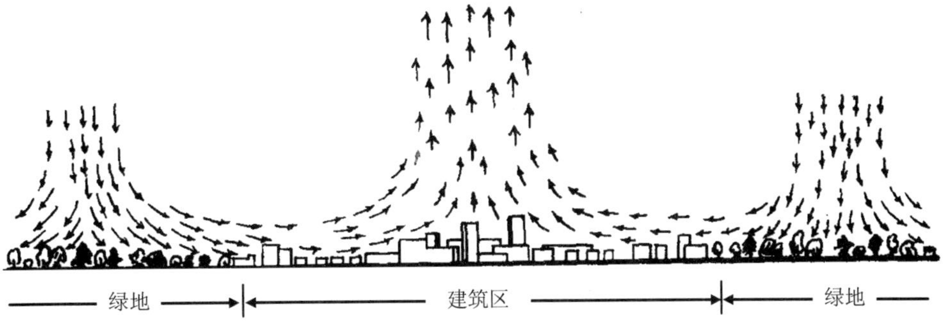

图 5-4 绿地和建筑区的气流循环

资料来源：潘树荣，伍光和，陈传康，等. 1985. 自然地理学. 2 版. 北京：高等教育出版社。

地球上通过太阳能的固定与传递和水、气体与矿质元素的生物地球化学循环，把各种陆地生态系统、水生生态系统与人工生态系统联结起来，形成地球上最大的生态系统——生物圈。生物圈是一个多成分、多层次，热力学上开放的，具有自我调节能力的巨大而复杂的系统。它蓄积和再分配了巨大的能量资源，并决定着土壤圈、水圈和大气圈的某些特性，同时它也受这些地理圈层的制约和影响。人类作为生物圈的重要成员，受到一般自然规律的制约，同时对生物圈的影响也在日益扩大与加深。人类有些活动是合理的、富有成效的，并已从中获得巨大利益。但还有大量的人类活动，从整个生物圈的水平和生态效应来看是盲目的、不合理的，因而导致自然生态失去平衡，人类本身由于自然规律的反馈作用而遭到“报复”。现代，人们已从蒙受的损失中逐渐地醒悟了过来，并开始认真地研究“人与自然”的关系了。

第三节 人类在自然资源过程中的作用

自然资源是相对于人的需要而言的，自然系统中的物质能量之所以成为自然资源，得到开发利用并产生相应后果，都是因为有了人类。人类是资源利用过程中最主要的组成部分，而且其作用远大于其他任何组成部分，可以说整个资源利用过程的持续性都维系于人类行为之上。

一、人类的优势地位与能动作用

在自然界中占据最大优势地位的物种是人类，一般人会把这种状况视为理所当然，但事实说明，如果人类滥用其支配权，就会导致自然资源系统的崩溃。为了维持整个自然资源系统的持续性，有必要认识人在自然界中的优势地位是如何确定的，认识人的优势地位表现在哪些方面。

1．人类的数量

一般物种的种群增长由于受到各种限制因素的制约，其总数不会永远呈指数增长趋势，而是在一定的时候大致维持在系统对该物种的承载力之上。

但迄今人类数量的增长历史表明，人类是唯一呈指数（“J”形）增长的物种，现在仍在一定程度上延续这种趋势。虽然从理论上讲，全球应出现一种地球自然资源系统可以维持稳定的人类规模，而且就国家或地区而言也有了人数稳定在某一水平的实例，但世界人口数量增长曲线什么时候会呈“S”形，现在尚不清楚。在种群规模和增长方面，人类显然已在全球生态系统中占据绝对优势，并将继续发展这种优势。人类之所以能达到这种优势地位，是与人类的特殊性有关系的。

2. 人类的适应能力

大多数物种都局限在狭小的适宜生态环境内，例如大象只能生存在热带，北极熊仅出现于寒带。而人类则占据地球上广阔的领域，几乎在所有生态系统中都能生存。这是由于人类具有极强的适应能力，包括生理上的适应能力和文化上的适应能力。人类最宝贵的适应能力是其消化能力，这使人类能食用各种各样的食物。人处在食物网中任何消费者级别上都能生存，因此某一食物链的中断对人类的影响不大，他们可以转向另外的食物链。人类还创造了各种各样的生活方式，从而能适应不同的环境。

3. 人类的意识和智力

人类是唯一具有反射性意识能力（增强自己智力的自觉性的能力）的物种。由于有了这种意识，某些潜在的限制因素所造成的问题，对人类来说只不过是用物质技术手段适应环境就可以解决的问题。例如天气太冷不适于生存，只需穿上衣服就能解决。使用工具是人类适应能力的一个重要方面，虽然其他动物也有使用工具的，但没有一个其他物种能够制作出像人类制作水平那么高的工具，也没有一个能像人类一样依靠工具来维持生存。人类又是唯一具有主观能动性、能有意识地计划和控制自己行为的物种。人类还是唯一靠教育传授本领和知识的物种，因而能使每一代人的智慧、经验和技术得以积累，使文明和技术不断发展。因此，人类已部分地从本能和天然遗传中得到解放，其进化的动力主要是在文化方面而不是在生物学方面。人类与其他物种的最大不同之处，在于人类具有通过改变自己的文化而不是通过改变物种的遗传因素来改善自己与环境关系的能力。

4. 现代人类的社会化大生产和现代科学技术

当代人类在自然界中的优势地位的最重要方面，在于已形成社会化的大规模生产力，并且掌握了似乎无所不能的科学技术。人类可以靠社会化生产和科学技术大规模提高食物产量，解除食物资源短缺的限制；靠科学技术在极地建造温室，解除不利气候的限制；靠科学技术控制疾病，大大提高人类寿命，降低死亡率；甚至可以在一切生物皆不能生存的太空和外太空创造出适于人类生存的环境。人类的社会实践活动已深刻地改变了自然资源系统的形态、结构，影响着它的前途和命运。人的行为和活动已具有了全球规模，就其威力和对自然资源系统的影响而言，堪与地质力量和达到地球的太阳能相比。

但人类毕竟是自然界的产物和其中的一部分，是源于自然、依赖自然的一个生物种群，人类与自然资源系统的其他组成要素具有千丝万缕的联系，其中最重要的是物质能量联系。

二、人类在资源过程中的联系与影响

1. 人类与环境的物质能量联系

能量是联系人类及其环境的重要中介，这种中介的形式是多种多样的。首要的一种形式显然是人力本身，它只需要一般的生存条件就可以直接发挥作用，社会组织可以极大地改变其效率。其他形式的能量对于人类来说是外在的，在成为有用的做功方式以前必须经过转换利用，并因此需要对它们有某种程度的认识。人类在进化过程中先后认识并加以利用的外部能量形式有火、畜力、风力、水力、化石燃料和原子能，现在还开始了对有经济意义的太阳能、海洋能、地热能等新能源的利用。随着人类利用外部能源的进展，对其他自然资源的利用也不断加速，自然资源系统的人类承载潜力不断提高。

当代人类社会的主导能源是矿物燃料。人类利用储藏于煤、石油、天然气中的能量，以及水力和原子能，使自然资源的开发利用达到前所未有的规模，整个经济不断向能源密集型发展。人类对自然资源的态度主要被眼前的经济利益所左右，克服目前问题的主要途径是进一步扩大人类经济活动，这种趋势是难以持续的，因为当代经济以此为基础的矿物燃料是不可再生资源，迟早要面临资源枯竭的问题；此外，这种形式的人类活动带来了严重的环境问题。

以当代农业为例，它是靠巨大的物质能量投入维持的。矿物能源取代了传统的人力和畜力，耕作实现机械化，化学肥料投入迅速增加，除草也以机械方式或化学方式进行，农药的使用也加剧了物质能量投入及其环境影响……图 5-5 概括地表示了当代农业中的能量流，可见矿物燃料的重要作用，它使每个农业人口可以养活 32 倍于己的城市工业人口，然而其资源代价也是巨大的。有人算过一笔经济账，美国每公顷谷物产量大约值 23.4 美元，而需投入的物质能量就值 21.87 美元[①]。此例和图 5-5 中都还没有包括这种投入的副作用和环境影响。

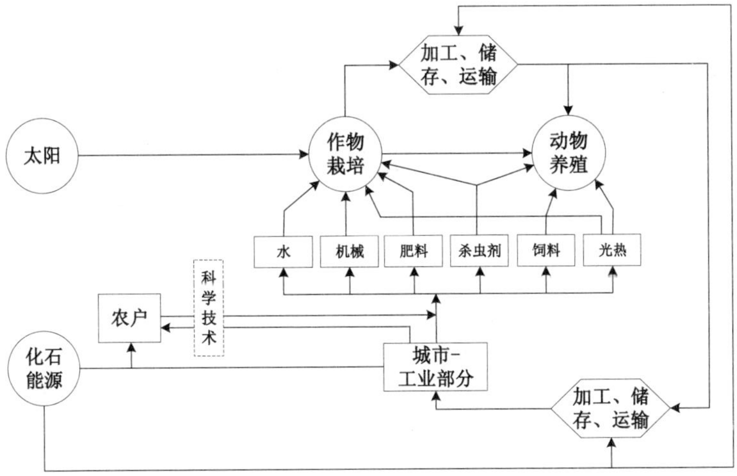

图 5-5 当代农业中能量流的简化图示

① SIMONS I G. 1981. The Ecology of Natural Resources. 2nd ed. London：Edward Arnold.

表 5-2 和表 5-3 显示了能源作为一个极其重要的因素在人与环境关系中的作用，从表 5-2 中明显可以看出不同食物生产系统中的相对生产率（以干物质量和能量含量表示），可以看出从无化石能源辅助的系统到有化石能源投入的系统生产率急剧增加。

表 5-2 自然资源系统的食物生产率（净第一性生产中的可食部分）

农业水平	干物质/［kg/（hm²·a）］	能量/［J/（m²·a）］
食物采集文化	0.4	840～41 870
无化石能源辅助的农业	50～2 000	104 675～4 187 000
有化石能源辅助的谷物农业	2 000～20 000	4 187 000～41 870 000
有能源辅助的海藻养殖理论值	20 000～80 000	41 870 000～167 480 000

资料来源：陈静生，蔡运龙，等. 2001. 人类—环境系统及其可持续性. 北京：商务印书馆。

表 5-3 按能量流划分的生态系统类型

生态系统类型	能量流/［J/（m²·a）］	
	范围	均值
①无额外天然太阳能辅助的生态系统，如开放性海洋和高地森林。人的作用：狩猎和采集	4 187 000～41 870 000	8 374 000
②有额外天然太阳能辅助的生态系统，如潮汐河口、低地森林、珊瑚礁。自然过程有助于额外太阳能输入，如潮汐、波浪带来有机物质或促进营养循环，额外太阳能进入有机物质生产过程。这是地球上最有生产力的天然生态系统。人的作用：捕鱼、狩猎、采集	41 870 000～209 350 000	83 740 000
③额外人为太阳能辅助的生态系统，如在传统农业中由人力或畜力辅助的食物与纤维生产生态系统，以及现代机械化农业中由化石能源辅助的农作生态系统。例如，“绿色革命”使作物不仅利用太阳能，也利用化石能源作为肥料、杀虫剂，并常需灌溉，某些水产养殖生态系统也属于此类	41 870 000～209 350 000	83 740 000
④化石能源辅助的城市工业系统。化石能源已经取代太阳能成为最主要的直接能源。这些生产财富的经济系统，也是环境污染的发生器。它们依赖上述①～③类生态系统提供生命支持（如供氧）和提供食物	41 870 000～12 561 000 000	837 400 000

注：最有生产力的天然生态系统以及最有生产力的农业系统能量看来也有上限，即 209 350 000 J/（m²·a）。
资料来源：陈静生，蔡运龙，等. 2001. 人类—环境系统及其可持续性. 北京：商务印书馆。

表 5-3 把食物生产放到更广的背景上来考察，即按照能量特征和密集程度来作资源系统分类，然后考察各类资源系统中人对能量流的影响。最上面的是天然的资源系统，其中人类仅在狩猎和采集水平上起作用，人与自然都未给食物生产提供任何能量辅助。第二类是天然辅助的资源系统，其中有天然的额外能量输入，最典型的例子是潮汐为河口湾和藻（珊瑚）礁带来能量和营养碎屑，也带走废物；另一个典型例子是红树林河口，洪水带来稳定的淤泥输入。第三类与第四类资源系统都受到化石能源输入的作用，并有赖于其他系统提供物质。甚至还有需要更多能量投入的系统，例如宇航员在太空的生存环境中，每人

每天需要 2.7×10^{12} kcal[①]的能量投入，这简直是一个天文数字。

2. 人对资源过程的影响

（1）限制因子与人类活动

自然资源过程在很多方面都与生态系统的相关概念相联系，其中最重要的是限制因子概念。德国科学家利比希（J. V. Liebig）1840 年在研究各种环境要素对植物生长的影响时发现，“植物的生长取决于处在最小量状况的营养要素”，提出利比希最低因子定律（Liebig’s law of minimum）。英国科学家谢尔福德（V. E. Shelford）1913 年把最大量和最小量限制作用的概念合并成耐性定律，将最小因子定律和耐性定律综合起来，就产生了限制因子概念——生物的生存和繁荣取决于所有环境要素的综合状况，任何低于或超过耐性限度的要素都可以称为限制因子。也就是说，生态系统的质量和稳定，取决于所有环境要素的量是否都处于耐性限度，只要有一个要素成为限制因子，其他要素再优良也不可弥补。限制因子不仅指环境因子，也包括种内攻击和种间竞争。每一种因素都有一定耐性限度，而且会随着其他因素的变化而产生协同变化。

在自然生态系统中，最基本的限制因子必然是投射进该系统中的太阳能量，但是在这个总限制范围内还会有很多其他的限制因子起作用。某一种矿物养分的供给不仅会限制植物的生长，而且由于它对动物的新陈代谢有重要作用，因而也会限制动物的数量。现在已知像硼这样的痕量元素对于动物营养是很重要的，这就使人们对限制因子的作用方式有了新的认识，即生态系统中一个很不起眼的成分也会成为一种限制因子。人类可以通过诸如施放化肥之类的活动缓解某种限制因子。人类活动也会带来一些更严重的限制因子，例如，向海岸带水体中排放未经处理的废物，这会减少其中植物所能得到的光照，从而限制了光合生产力，还带来其他一些限制，例如降低其旅游价值。

（2）人类对生态系统中物质能量流的干预

按生态学术语来说，人类对生物资源的利用就是在一定的空间范围内取走生态系统中富能量的物质，又把资源利用后的产物返还同一系统或其他系统。能量作为热能消散后就不可恢复，但其他产物对全球生态系统而言，事实上并未消失（宇航员在太空的排泄物例外）。

人类输入生态系统的物质和能量有多种形式，但现在大多数输入资源过程的能量都来自化石燃料，某些物质也来自矿物和岩石。整个生物资源的利用过程都伴随着人为的物质和能量投入。

人在地球表面的迁移能力有赖于掌握一定的能源，而这方面技术的发展又意味着把植物和动物物种从其自然生境转移到其他地方。很多物种到了新的生境不能生存；但某些物种在新的生境反而大量繁殖，兔子在澳大利亚引入和大量繁殖就是广为人知的一例。当某些生境未被本土动物占据，或当外来物种战胜本土物种时，引进的物种就可能成功地繁殖；这可能是由于它们避开了天敌，并且在新生境上无任何新天敌。高度人为干扰的生态系统，如城市、垃圾堆放地和农作物地，常常为引进新物种（如老鼠）提供生境。

在作物生产过程中，作物的竞争者被人为地除掉，以便把本来要被它们消耗的物质和能量让给选定的作物。这些竞争者被称为“杂草”或“害虫”“害兽”，而在天然生态系统

① 1 cal=4.2 J。

中是无所谓“杂草”“害虫”的，所以这些都是文化上的概念。除掉竞争者也就使生态系统简单化，从而减少了系统中总的能量流。这种把食物链引导向人类聚集的过程可能会增加作物产量并使之更富营养，但系统中总的能量流并不一定比天然状态更多，损失的部分是靠化石燃料来补偿的（图 5-6）。

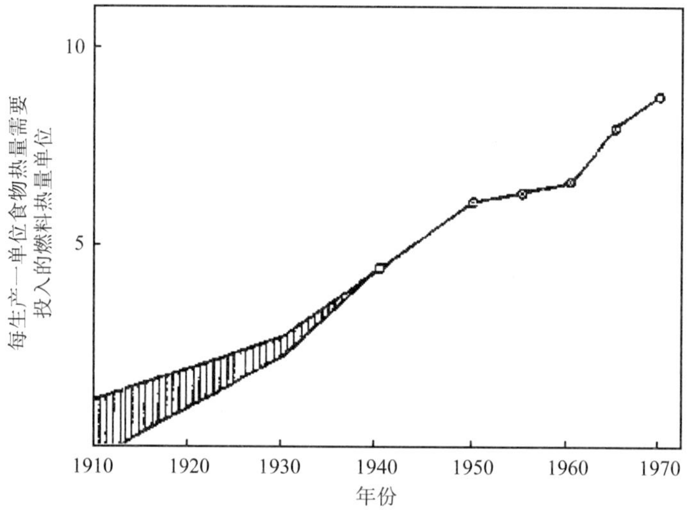

图 5-6　从农场到消费者的食物系统中的能量补偿

（1910—1937 年的数值尚不确切，故只表示其可能的范围）

资料来源：蔡运龙. 2000. 自然资源学原理. 北京：科学出版社。

（3）生物多样性与人类活动

生物多样性包括基因多样性、物种多样性和生态系统多样性 3 个尺度。迄今为止，人类活动总趋势是减少生物多样性。

物种多样性是生态系统较易测度的特征，常表达为物种的数量比或物种所占的面积比。此类比率在生态系统演变的早期和中期呈增长趋势，但一旦达到稳定状态或顶极状态就不再增加甚至略有减少。多样性表明生态系统的复杂程度，也表明系统中能量流的强度以及能量转换的效率，即越是多样，能量流越强，其转换效率就越高。生态系统中的物种越多样，某物种的食物来源也越多样，其捕食者也同样越多样，构成的食物网络就越复杂，于是任何意外的扰动将被衰减。因此就提出了一个假设：生态系统的稳定性是其多样性的函数。这个观点对一般情况是完全符合的。

人类常常通过对生物演替过程的干预而影响生物多样性。生物演替过程意味着建立多样性，但人类活动常常打断甚至逆转这一过程而将生态系统保持在某种早期阶段。例如，过度垦殖就引起生态系统退化到演替的早期阶段，并极易造成土壤侵蚀；半干旱草原的过度放牧使荒漠地区扩大；森林的过度砍伐使其倒退为灌丛和草地。此类逆向演替是不稳定的；或将顺向演替（在一定的自然条件下并制止人为破坏），或将进一步逆向演替（若进一步人为干预）。人类对这种不稳定性的反映常常是再增加物质能量投入，这使人类干预呈螺旋式上升；为了维持某一阶段的暂时稳定，就必须投入一定物质能量；为取得下一阶段的均衡，则要投入更多的物质能量。

生态系统单一化的另一个后果是某些生物的灭绝。由于长期的生物捕杀，采伐以及生境破坏，很多动物、植物物种已在地方范围和区域范围乃至全球范围内被消灭，这种基因（遗传）资源损失的后果很可能是灾难性的。

某营养级上的稳定性随其竞争物种的变化而变化，某营养级的多样性随高一级稳定性的变化而变化。所以在某些系统中，一个关键成分可决定整个系统的稳定性。人类活动常常会减少某一营养级的竞争物种，或改变较高一级的稳定性，从而对生态系统的物种多样性和稳定性造成显著影响。

在人工生态系统（如农田生态系统和排污系统）中，除原有生态系统的生物多样性和稳定性都已改变外，往往还要取走大量资源或注入大量废物，系统稳定性取决于系统受到干扰后恢复到初始状态的能力，或在某种持久应力下维持新稳定水平的能力，人类活动显然会加强或减弱这些能力。

（4）生态系统稳定性与人类活动

生态系统的稳定性除受生物多样性的影响外，还有一种复杂的稳定机制，用控制论术语就称为负反馈环，它趋向于维持系统的稳定状态。在有机体的生长繁殖、死亡和迁移，及其所涉及的非生物成分过程中，都有许多反馈环，它们控制系统中物质能量运动的数量和速率。

系统的不稳定性是无序的结果，按照热力学中的熵概念来作解释就是无序程度增加的系统其熵增加，趋于有序的系统其负熵增加。由此看来，生命本身就是一种巨大的负熵并在不断积累负熵。如果能够测量系统中熵或其等价物的变化速率，那么就可以用此类参数来衡量系统的“健康”状态，这对于控制资源过程显然是很有用的。人在资源过程中的主要活动看来是不断破坏生态系统的稳态机制和增加不稳定性，有时竟使生态系统达到彻底崩溃的地步，例如草坡过牧，开始时迅速降低植物生产力（因而减少动物产量），然后又导致土壤侵蚀。在此类资源过程中，如能及时掌握生态系统的“健康”状态，显然有利于控制其破坏，并找到恢复生态平衡的措施。

生态系统受人类改变后恢复能力的分析和预测是一个新课题，这显然是一个实践意义和学术意义都十分重大的领域。

3．人对资源系统的控制

我们希望了解多种人工生态系统的性质和特点，例如它们的第一性生产力和第二性生产力，它们对人类日益增长的需求和索取的反应，以及它们被人类干预的性质和过程。但目前我们的认识水平尚未足以使我们获得有关的完备数据，虽然“国际生物学计划”一类的研究也产生了很多有关生态系统生产力的知识，但迄今还只限于对人的作用作一般的说明。

人类干预生态系统过程的后果就是把天然生态系统转换为能为人类利用的自然资源，这种转换的表现常常可以从资源利用方式上看出来。因此可以按照资源利用类型来分析人类的控制作用。

在过去的某一历史阶段，所有生态系统都无人类参与而保持原始状态。但现在这样的地方已是凤毛麟角了，大多数陆地表面都不同程度地受到人类活动的干扰。我们可以根据人类干预程度的强弱排列出一种资源利用序列，在这个序列的一端是人类尚未触及的生态系统，或人类有意尽可能保留其天然状态的生态系统，如极地、高山和外海以及自然保护区；另一端则是人类的建设使其自然性质完全改变的生态系统，如城市。

除了完全无人迹的土地外，某些天然风景区和自然保护区代表着受人类干扰最小的状态。人类利用和经营此类地区的目标一般是尽可能小地扰动其自然现状，甚至使其恢复到更原始的状态，这种目标甚至可能会引导到过分的地步，例如会使人们去制止一些天然演替过程（如林火），而这些过程在天然状态下的偶尔发生对保护某些特殊生物或景观是有积极作用的。此类生态系统的限制因子常常是某些有意保护的生物的数量，或者是参观旅游者的数量，它们如果数量过多就会损害景观的质量。因此，人类控制此类生态系统的方式之一是控制某些已超过承载能力的动物种群数量，或保护濒临灭绝物种。

水资源的汇聚需要较多的人类控制。在开发程度较低的地区，这种活动常常能与原有的土地利用很好地结合。除了由于建坝而使一些陆地为水体取代造成大的景观变化外，流域范围内并无其他变化。而关于森林对于产水的作用是有利（稳定释放）还是有害（蒸腾使系统内相当一部分水分返回大气圈），目前尚无完全一致的意见。水资源一旦被储存，其利用就完全受人类控制了，如用于灌溉和导向城市、工业供水。通常现存水体越大，受人类控制的影响越小。

畜牧业和林业是历史悠久的土地利用方式，它们受人类控制的程度是逐渐加强的，但都保持着天然再生过程。传统林业基本上只是砍伐，森林的再生主要依靠自然再生能力。现代发达的林业更像种植业，人类控制森林的营养投入，精心地剪枝扶壮，慷慨地使用杀虫剂，有控制地择伐等。因此林业中人类控制的程度很不一样，从很少人工控制到完全人工控制都有。总体来看，现代林业的人工控制比放牧业多但比种植业少。从生态学观点来看，林业意味着取走当地生态系统中的物质能量，意味着优势群落的消失。

农业受人类控制的程度很高，可分三种基本类型。第一种是游动农业，即土地耕作一段时间后又弃耕，以使其返还原来状态，恢复地力。可是当人口达到一定水平，需要在地力恢复以前就再次播种时，此类农业的收成必然递减，并引起土壤侵蚀和土地退化。第二种是传统农业，它是靠人力（和畜力），并大量返还有机物或从周围生态系统中取得有机物（有机肥）以维持其产量和稳定性的农业。同样，若人口过多，此类生态系统也易退化。第三种是现代农业（或称石油农业），呈工业化趋势，靠大量的矿物燃料投入维持其高生产力，这些物质能量都取自系统之外，系统内的有机物也多被取走而很少返还。

受人类控制程度最高的是城市生态系统，它更是靠从系统外输入物质能量来维持的。它本身又对其他生态系统发生影响，如水、气污染和城市热岛效应等。

第四节　人类对自然资源的适应

一、人类的适应行为

（一）关于适应的进化论生态学观点

“适应”这个概念最初是达尔文提出来的，他在《物种起源》一书中阐述了“自然选择，适者生存”的原理。由于环境的限制，每一物种都是在长期演变过程中淘汰不适应生存条件的个体，保留并增加适应性更好的成员，在这个过程中，物种在总体上进化了。这种增强物种生存和繁衍的可能性的过程就是适应。后来孟德尔又从遗传学上加以补充，解释了适应的继承性。

进化论和遗传学所讨论的“遗传适应”要经很长的演化时期才能形成，而且代价是极其高昂的。它使物种形成特殊的生活方式，却不保证这种生活方式已适应了的环境不发生变化。因此，一旦环境变化，这种适应又成了“不适应”。实际上物种（尤其是动物）对当前环境也有一些适应机制，不妨称为生态适应，可归纳为生理适应和行为适应两大类。

生理适应是个体做出的体质反应，是一种低代价的生理变化，这种变化本身并不遗传给后代，虽然它的最终基础（机制）还是遗传和继承。生理适应是一种本能，是人类没有想过却不断在做的重要事情。例如热时出汗，冷时发抖。生理适应来得快消失得也快，比遗传适应更有用和更“便宜”。只要有机体能够通过短期的生理适应去对付环境的挑战，就不必进行长期的遗传演变。

最有效的适应是行为适应，这是人类适应环境最重要的形式。这就是发展新的行为来适应环境及其变化，而且新行为通过学习一代一代传下去。正是人类具有这种学习而不断积累和发展行为适应的能力，而有了文化。所以人类对环境的适应主要是文化适应，其中技术的作用很重要。

进化论生态学关于人类群体如何适应资源问题的研究认为，生物体与环境的关系与进化论有某种联系，进化过程的一个关键因素是生态因素。因此，进化论与生态学是有联系的，二者实际上都把焦点集中于同一个现象——适应。进化研究侧重于长期演化过程，生态学则注重于现在。把二者结合起来，就是进化论生态学，它把生物体置于它们的总体环境中来研究，以发现它们是如何适应的，它们形成的特征和求生的手段是如何帮助他们在那种环境中生存下来的。

（二）人类行为的生态系统分析

人类也是生物，也必须适应环境；而且人类是地球上适应环境最成功的物种，研究者对弄清什么使人类能够为自己划出如此巨大的生存余地更有兴趣。因此进化生态的透视方法在研究人类方面尤其重要。进化论生态学旨在研究人类行为与特定环境下生存挑战之间的关系，人类行为就是一种适应机制。这一理论主要探讨三个问题：

（1）特定人类群体在其特定生态系统中的地位如何；

（2）这一群体的行为如何适应环境；

（3）这一群体适应过程中的行为多样性和变动性。

一个特定社会的文化实践活动，尤其是组织资源开发和分配的方式，或保持整个系统平衡的方法，都可以根据这个社会在生态系统中的地位来理解。例如，新几内亚的郴巴噶人盛行“祭杀生猪宴”有助于维持他们生存的生态系统，也是一种适应该生态系统的行为模式。郴巴噶人以种植薯类植物（甘薯、芋头）为生，这些食物主要含糖类物质，经常屠杀和食用生猪，弥补了所需的蛋白质。另外，屠杀使猪群减小到可以控制的程度，保护了园圃。这种表面上的宗教礼仪实际上调整了社会及其食物资源之间的关系，从而有助于维持生态系统的稳定性。人类学家已逐渐把人类的习俗看作对资源和环境的适应。

人类对资源和环境的适应不是固定的而是动态的。不同的人类社会由于他们与环境的特殊关系而发展出不同的生活方式。

上述郴巴噶人的实例也表明人类与资源的关系上的一个核心问题是特定社会如何获得基本生存资料——食物，人类学称为获食模式，是适应某种环境而产生的生活方式。

（三）获食模式及其对资源的适应

人类社会主要有 5 种获食模式：狩猎-采集、粗耕农业（生计农业）、畜牧业、精耕农业、工业化。多数社会并不绝对奉行一种获食模式，而是采取混合的获食方式。各种获食模式对资源的适应包括三个方面。

1．对资源可得性的适应

每一种环境对于所供养的生命都有一定的极限，即一定的承载能力，种群适合于或低于承载能力才能稳定。随着环境的变化，承载能力也是可以变化的。每一种获食模式都有一定的机制来控制人口，或者在人口增加的时候提高承载能力，使人口数量适应资源承载能力。这可以看作对资源数量的适应。

一定环境的承载能力不仅受可得资源数量的影响，而且还受制于可得资源的质量。为了避免营养不良，人类群体有各种适应办法，或者作出某些生理调整，或者通过调节饮食和加工食物来解决某种营养成分不足的问题。例如，因纽特人有食生肉的习俗，其实是一种为了弥补维生素摄入量的不足的适应机制。以玉米为主食的地区，往往在食用前将玉米与碱混合加工，以避免由于缺少几种关键的氨基酸和烟碱酸（一种维生素 B）而导致的营养不良。若无这种行为适应，社会就不能依靠玉米为主食。

影响资源承载能力的另一个因素是人群对资源的观念，也就是什么植物和动物可以食用这样一个简单问题。不同文化对食物资源的理解可以大异其趣，一种文化认为不适于食用的动、植物，在其他文化中可能是主要食物来源甚至是美味佳肴；被一种文化认可的资源可能被另外一种文化视为毫无价值；一些普通人很少利用的稀奇古怪的资源，可能是长期维持某个社会的关键所在。此外，一个地区资源的承载能力还依赖于社会的组织、社会的投入和群体之间的关系。

2．对资源变动的适应

人类群体不仅要适应可得资源的数量和质量，还要适应资源供给的变动。尤其在气候条件年际变化较大的地区，食物资源的可得量常常起伏不定。这些地区人们适应资源变动的方法是：广泛依赖各种资源，并实行高度流动的生活方式。

北美大盆地（今犹他州部分）的肖肖尼人提供了一个适应资源变动的好例子。由于该地区降雨变化无常，动、植物食品的产量波动极大。肖肖尼人适应这种资源供给不定的方式就是：按可得资源的种类和数量变换住地和居住方式。一年中的大多数时间，少数人家结伴云游四方，采集植物根系和种子，捕猎小动物。当偶尔出现兔子或羚羊异常丰富的时候，许多人家可能暂时聚合在一起集体狩猎。当离群索居的人家知道某种资源在某地出产丰富时，会按时前去收获，采集过后又分道扬镳。

在畜牧业和农业的获食模式中，食物资源的供给要稳定得多。但同样受季节和年际波动的影响，也必须适应这种波动。而且由于人口更加集中，食物短缺的后果可能比狩猎采集者更加严重，因此传统畜牧业基本上都采取游牧的方式。在农牧交错带，农业收成因降水量变化而极不稳定，农民采取在多雨季节向牧区扩展，少雨季节向农区退缩的方式来适应这种可得资源的变动。我国西北很多地区称这种耕作方式为“撞田”。

在现代社会，消费者不会直接面临短期的资源变动，因为有高效的运输系统传递广阔地区的资源。这种稳定的资源供给依赖的是先进的技术，储存和运输技术弥补了食物的局部短缺，技术还把资源供给的波动减小到最低限度，尽管为此要付出昂贵的代价。现代社会对资源可得性波动的适应方式比传统社会复杂得多，但实质却是别无二致——尽量减小食物生产的不确定性，这是困扰一切人类群体的问题。现代社会的适应手段未见得比简单社会高明，旨在稳定和增加食物产量的反应可能导致适得其反的效果，即可能给获食系统的稳定造成新的、更为严重的威胁。例如，为了减少干旱和降雨变率大的影响，社会可能增加对灌溉的依赖，而灌溉却加重了土壤的盐渍化，以至于使农作物无法生长。一个群体对资源适应的成功，不是依靠如何操纵其生态系统，而是依赖于维持这一系统的程度。

3. 对其他群体的适应

正如社会必须适应地区资源的变化一样，每一个社会也必须适应毗邻的民族及其活动。人类大量地与其他人群交流，也卷入了争夺资源的相互竞争。

不同的群体在同一区域占据不同的环境时，他们可能相互依赖，进行资源交换或贸易，使每一个群体均得益于另一个群体的资源。例如，农牧交错带的牧民和农民往往建立广泛的贸易联系，农民用粮食、蔬菜、瓜果等与牧民交换肉、奶、皮毛。

同一环境中不同群体之间火药味十足的竞争也相当普遍。毗邻的部落为争夺土地而不断争战。一个群体可能被另一个更强大或技术更先进的群体驱逐或吞并，欧洲人移民美洲土著人的区域时就出现了这种情形。当牧人的牧场干涸时，可能骤然开始与邻近的农民争夺可耕地。这样，一度的和平共处就被公开的敌对争夺取代。由此可见，对人类群体的适应就像对环境的适应一样，也是一个变化的、动态的过程。

（四）适应成败的衡量

适应是资源过程的一部分，一切生物为了避免灭绝都必须不断地适应他们的资源与环境。人类用如此繁多的方式适应千变万化的环境，成为一切生物中适应资源的行家里手。然而，并不是所有的适应方式都能够持续长久。无数的物种灭绝了，很多人类文明也消失了，因为他们选择了错误的适应之途。为什么有的成功了，有的失败了呢？

生态学家 L. B. 斯洛勃德金对这个问题做出了一个饶有趣味的答案。他把进化比喻为一种“生存的博弈”，其目的并非是赢得大把钞票，而只是能继续玩下去。赢得的钞票代表着那一物种的总数量，总量大的物种自然有一定的优势，钱多的要比钱少的坚持的时间长。但是大量的钞票并不能保证不被淘汰出局，钱少的也不一定就会输得精光。既然生存博弈的宗旨仅仅是继续玩下去而不致被淘汰出局，那么增强物种应付可能出现的食物供给、环境变化、生存空间等挑战的能力和手段才是第一位的。最可能成功的物种并不一定是一时最完美地适应了其环境的物种，而是那种能用广泛多样的方式适应资源和环境的物种。也就是说，适应能力比适应状态更重要。

现代社会基本上是靠大量消耗化石能源来提高食物生产，以适应人口增长对食物资源的需求。这一选择并非尽善尽美，其代价是十分昂贵的，因为它带来了严重的环境问题，而且这种依赖不可更新资源的适应策略是不可长期持续的。可见，一个群体能否成功地适应其资源和环境，关键还要看它是否保持了其生态系统的平衡，是否采用的是代价最小的适应策略。

二、各种获食模式对自然资源的适应

（一）精耕农业前的适应

狩猎-采集的获食模式对自然资源的适应特征是资源环境决定生产生活方式。粗耕农业本身就是一种适应，自此开始了资源的人为再生产。畜牧社会也是一种对资源的适应方式，畜牧业是在不适宜农业的资源条件下开发能量的相对有效途径。这三种获食模式都与其有限的资源保持了相当长时期的平衡，因为它们有某些共同的适应机制。

1．低能源消费

早期人类社会的人均能源消费是很低的，但这并不是说那时人类的食物消费水平很低。例如，据人类学家实地调查，东南部非洲仍实行狩猎-采集生活方式的多比·昆人摄入热量 2 140 cal/（人·d），蛋白质 42.1 g/（人·d），这大致相当于现在的世界平均水平。而他们是每周仅用 2.5 d，每天仅用 6 h 就获得了这些食物资源。他们的生活质量并非现代人想象得那么低下。之所以能源消费很低，是因为他们直接从自然界获取食物，没有中间环节，能源利用率很高。相比之下，现代人的食物生产过程中间环节太多，按照热力学第二定律，每一个环节上都有能量损耗，能源利用率很低，所需能源就很多。例如，生产一袋小麦所投入的能源就包括化肥、农药、耕耘土地、田间管理、收割、包装、运输等环节所消耗的能量。

2．人口控制

早期人类社会都有一定的人口控制机制，例如杀婴和弃老，这就把人口增长水平控制在食物资源的承载能力之内。在这一点上多比·昆人特别有趣，因为他们的繁殖能力异常低下。多比·昆人妇女一般产后 4 年才会再次受孕，其中的原因仍是一个谜。多比·昆人并没有很长的产后禁忌，也没有人为的节育措施，多比·昆人妇女把她们的低生育率归咎于“上帝的吝啬，上帝喜欢孩子，把他们都留在他自己身边”。漫长的哺乳期或许是一个因素，因为她们没有细软食物让婴儿断奶。多比·昆人妇女哺乳婴儿至少 3 年，直到小孩能消化坚硬的食物。另外，一些人类学家认为某些多比·昆人妇女也许在与欧洲人和班图人的接触中染上了淋病，从而降低了生育能力。当然，婴儿夭折也是人口增长率低的原因之一。

3．高度变通灵活的社会组织

早期人类社会一般都分成小的群体，密切相关的一些家庭组成一定的群体，群体的大小和整个社会的规模都取决于自然资源的可得性。这些小群体往往流离转徙，他们为适应不同时间不同地方的可得资源而季节性地举家迁徙。不同群体在一定的区域组成更大的群体，大群体的构成也异常灵活，随资源的波动起伏而收缩或膨胀。当资源稀疏时，大群体也星离雨散。当资源集中在某地区或发现丰富的水源时，许多群体又会聚居一处，共享资源。社会习俗在群体的灵活性方面也起了一定的作用。人们经常出访或接待亲属，脱离相处不和的群体，迁入资源充足、有了交情的群体。这样，群体就不断地重新组合。

4. 自然崇拜

早期人类依赖自然的恩赐而生存，所以他们都非常崇拜自然。因此，大规模彻底破坏资源和环境的事很少发生，所奉行的生存策略导致对生态系统的最小干预。

5. 自给自足互惠和平均主义

早期社会都是自给自足的。他们还共享食物和其他资源，因此很少出现一些人食物充足而另一些人忍饥挨饿的现象。工具、装饰品和其他物质财富也在无休止的送礼、受礼的循环中不断易手，财富的不平均就降到最低限度，任何人也没有必要聚敛财富。这就使对资源的消耗维持在适当的水平。

（二）精耕农业对自然资源的适应

1. 精耕农业特征

（1）单位土地上能量投入的增加：畜力、肥料、农机动力和人力的投入都大大增加；农田基本建设、灌溉设施和其他农业基础设施的建设更要消耗能源；精耕细作、轮作与套种等田间管理手段也都是耗能巨大的生产活动。在精耕农业中，土地资源被更大限度地使用，农民付出了更多的劳动，同时也使生产量大大地增加。

（2）单位土地上产量的提高：精耕农业的单位面积产量大概是粗耕农业的 6 倍甚至更多。这使食物生产能养活更多的人口，人口开始加快增长；同时也使一部分人可以不直接从事食物生产，从而发展了劳动分工。精耕农业的出现还伴随着城市、国家的出现，以及由此而产生的许多社会变化，例如人口密度增加、贫富分化、贸易、等级森严的宗教组织的发展等。从某种程度上看，“文明”的出现应归功于精耕农业。

（3）基本上重新安排了生态系统：前几种适应方式只在很短时间里干预自然，然后让其自然恢复；而精耕农业则是持续不断地人为干预生态系统。例如，农田生态系统趋于单一化（前几种获食模式基本保持了生物的多样性）；灌溉改变了水文和气候系统；不断从外界输入物质能量又取走物质能量。这些行为提高了产量，修筑梯田、培肥土壤等活动也维持了土地利用的可持续性；但也导致了土壤盐碱化、外部资源消耗增加等环境问题。人们越是改变其生态环境，就越发需要更多的附加能源、更多的劳动和组织力量来维持生产。

2. 适应机制

（1）不断地投入：越是改变生态系统，就越是需要更多的投入维持其生产力的稳定，必须付出巨大努力来保持人工生态系统的平衡。解决老问题的同时，又产生新问题，如此螺旋式发展。精耕增加了风险，加重了失误的代价。

（2）高度有组织的社会：精耕农业社会大多是专制集权社会，这使得可以集中力量进行大规模的边际土地开发（如屯垦戍边）、农田和水利基本建设（如我国古代的都江堰）等活动，从而大大扩展了土地的承载能力。

（3）资源私有化：世袭领地、教会或皇家领地、私人领地作为世世代代承传的资源，其利用必须考虑可持续性，这就防止了对资源的过度开发利用。资源私有化还产生了一定的分配机制，农民的收获一般被用于三个部分：礼仪性支出、补偿性支出、地租和赋税。这三部分支出，尤其是租税，将农民与整个社会联系起来。

（4）一个庞大、自足、少进取、相对贫困的农民阶层：自给自足的自然经济使农民被终身束缚在土地上，很少有大规模聚敛财富的动机，这有利于保护自然资源。亲族关系在精耕农业中的作用至关重要，这有利于维系社会的稳定和平衡。不时爆发的战争和起义起到重新分配资源的作用。饥荒的不断发生也平衡了人口增长与资源承载能力的矛盾。“节俭”之儒家道德，“禁欲”之西方新教伦理，佛教之不杀生行为规范等，这些伦理和道德规范对于维持自然资源和生态系统的平衡具有很大的作用。

（5）平均主义取向的资源分配：精耕农业的风险使得某农户总有歉收的时候，平均主义分配取向可以帮助渡过难关。农民起义的主要动机——均贫富，突出地表现了资源分配方面的平均主义取向。此外，表面上作为习俗的礼仪，实际上也是均衡资源的一种适应机制。人类生态学家对墨西哥南部奥萨卡山谷精耕农业的研究发现，通过两种社会习俗，即“共济”和“共庆”，达到了资源平均的目的。

“共济”是一种定时的同等产品交易与劳动服务交易，“共济”成为一种使社会均贫富的机制。“共庆”是奥萨卡山谷中主要的社会活动，是一个人自豪感和地位的标志。每个男人在其一生中至少应有一次赞助（或举办）这种节日，邀村里人“共庆”，“共庆”中有丰富的酒肉、礼乐、烟火等，每次“共庆”需要大量花费，用去其积蓄，但多不能单独承担其费用，那么解决的办法就是“共济”，以将来的盈余作抵押，四处借物筹款。这样，“共庆”花去这个人的盈余，也防止任何人积聚大量财富，同时为“共济”制度的存在提供了一个促动因素。这种持续的借入和借出把不稳定收成带来的风险分散到全村；同时也不会使过多的财富集聚到个人。这就使他们维持一种相对低水平的生产和生活，也意味着他们与其所处的资源条件保持着某种平衡关系，而没有过度利用，因此“共济”“共庆”之类的平均主义分配取向有着平衡功能和适应资源条件的作用。

后来墨西哥政府促使奥萨卡山谷实现现代化、商品化，打破了原来防止过度开发的机制，从而加速了资源开发和耗损，关键自然资源——地下水的开采越来越深，也越来越少，使该地越来越严重依赖政府和外部的支持。这种现代化是进步还是退步？某些人类学家提出了这样的质疑。

（三）工业社会对自然资源的适应研究

1. 工业化特征

（1）急速扩张的人均资源消费：工业时代也就是“化石燃料时代”；工业化的能源利用率是很低的，人均摄入热量所增无几，但人均能源消耗却成倍增加，大量能源消耗在非食物生产活动方面。故维持一定人口所需能量和资源比任何其他形态的社会多得多，环境影响的程度也前所未有。

（2）专业化生产：与其他社会相比，工业社会的专业化分工更细，每个人只是整个社会大机器中的一个“螺丝钉”。早期的乡村铁匠可以制造任何铁制品，从锄头、砍刀、马掌到车轮和风车；而今天自动装配线上的工人大概只知道拧紧一只螺栓。这归咎于工业化社会生产的复杂程度和规模。专业分工的发展使农业趋向商业化，更集中于单一作物，农业和农村社会在很大程度上摆脱了过去那种简单的家庭根系和亲族关系。

（3）社会组织更复杂：阶级、种族、劳动团体、工会、政治俱乐部和政党、国家机器，大大超过了以往的亲族关系，以此来分配资源和组织社会化生产。文化差异缩小，相互依赖增加，整个世界经济走向一体化，世界成为一个“地球村”。

（4）财富的集中，使对资源的掠夺更加贪婪：拥有土地和资本的人比仅有劳动力的人更富有；他们的消费导向使一般穷人也追求高消费。这样，资源利用从一种谋生手段变成一种获得财富的途径，不可避免地加剧了短期行为，造成对自然资源的掠夺性开发。

（5）人口变迁：工业时代最重要的变化之一是人口增长大大快于以前。1800 年以前，世界人口要经过 150 年才能翻一番。而最近是 35 年世界人口增加了一倍。由此派生的一个后果是劳动力过剩，劳动价值下降；劳动力的贬值又造成高出生率。随着农业日益工业化，小农场主们不断破产，被迫离开他们的土地，大量农村人口涌入城市。人口还在国家内和国家之间流动以寻求新的资源和生存机会，这就是 19 世纪后期和 20 世纪初期促使欧洲人向美洲大规模移民的一个主要原因。

2．工业化过程中的适应研究

工业化毕竟还是近期的发展，工业社会的人类社会如何适应资源和环境还有待观察。文化人类学者研究工业社会的适应，主要关注以下两个问题。

（1）农村人口城市化：进入城市的农村人口建立起自己的社会，他们一般都生活在贫民窟里，但生活水平仍高于农村。虽然需求方面是城市化的，但仍保留着农村的社会关系，具有一定的适应性能。与此同时，城市中犯罪、吸毒等问题发展起来，社会更加不稳定。

（2）跨国公司的作用：随着经济系统的日益复杂，就需要更为集中的组织。跨国公司的出现部分满足了这种需要——现代工业社会赖以生存和发展的基础，即能源和资源的全球性流通建立一种机制，以解决资源相对稀缺问题。这是一个循环过程，跨国公司的出现增强了国家间的依赖，又反过来更进一步刺激了跨国公司的发展。

跨国公司在集中化程度和操纵能源、资源流动的权力方面都代表了工业化的极端表现形式，这种适应策略把其自然和社会的影响都扩展到全球范围。向发展中国家输出工业化，有利于提高穷人的生活水平，但其负面影响更引人注目。在自然方面，与地方群体不同，跨国公司没有自然的选择压力迫使它们放弃破坏生态的行为，如果一个地区资源耗尽，它们可以随时转移到别的地方去。通过扩张和多样化经营，全球性企业使自己不仅不受市场压力的影响，而且也不受政府的制约。在社会方面，小社会的自给自足已不复存在，亲属与邻里间的信任与互惠已大大削弱，本土文化崩溃而又没有及时产生出维持社会和文化稳定的社会组织，这就是托夫勒所称的“未来的冲击”。

工业化来得太快，以至于可能超出我们的适应能力，尤其在保护自然资源方面。在人们能够补救资源环境所受到的损害以前，或者说在公司经理们意识到他们在毁灭自己的资源基础之前，跨国公司可能已给全球生态系统造成了不可挽回的损失。

三、当代适应策略研究

当代资源和环境变化问题越来越严重，人类面临如何适应的严峻问题，于是其他学科（如地理学）也开始研究适应问题。当代适应策略的研究包括三个方面：①需要适应的资源性质和环境变化性质；②受资源环境变化干扰的人类社会系统自身特征，明确其影响适应策略的性质；③适应行为和策略，例如市场机制、科技进步、社会体制与政策、伦理等，这里列出研究涉及的主要内容。

（一）资源可得性与变化性质

（1）资源可得性：对资源数量、质量、承载能力和开发条件的综合评价与综合分析。

（2）资源与环境变化的大小或严重程度：尤其已超出系统吸收能力的大变化，对人类社会冲击越大，因而需要加快适应过程。

（3）频率：指一定大小的资源和环境变化发生的频度，它关系到变化影响的累积效应。变化越频繁，其间的恢复程度越小，因而对系统的危害越大，越需加快适应过程。

（4）延时：指一次变化持续的时间。变化延时越长，对人类社会影响越大，但也提供了更多的适应机会。

（5）突然性：某一变化发生的速度。越是突然的变化，越难适应，也越难预测；反之则易适应，宜事先采取对策。

（6）区域范围：变化所影响的空间尺度不同，适应对策也不同。如对“绝对稀缺”和“相对稀缺”有不同对策。

（二）系统特征

（1）稳定性：指系统受干扰后恢复平衡状态的能力，包括系统受干扰的大小和恢复的速度，在一定变化下受干扰的程度越小，恢复速度越快，系统越稳定。

（2）弹性：指对系统已受到的某种干扰的耐受程度。例如一个资源系统在环境条件变化中产量相对不变，这是指稳定性，而即使产量变了，对系统影响不大，这是指弹性。

（3）脆弱性：指环境变化对系统负作用的程度，与稳定性和弹性有关。系统越脆弱，受资源环境变化的冲击越大，越需要采取适应对策。增强稳定性和弹性一般可减少脆弱性，但也可能产生深层的、潜在的脆弱性和损失。

（4）灵活性：指系统中已存在的机制或行为的机动性。系统越灵活，越能适应环境和资源变化。例如，生产单一作物的农场，比生产多种作物的农场灵活性更小，因为前者对技术、资本、资源和市场结构的依赖程度更严重，很难适应这些因素的变化。

（5）尺度：系统特征要从不同的时间和空间尺度上来界定。不同尺度的系统，环境资源变化产生的问题不同，适应对策也不同。还要注意不同尺度适应对策之间的关系，例如地区的适应（如砍树以弥补资源不足）会妨碍大尺度的适应（如保持水土和减少温室气体）；短期的适应（如开垦边际土地以扩展承载能力）会影响长期的适应（土地的可持续利用）。

（三）适应策略

适应是一个系统在资源与环境变化下维持或改善其生存或活力的变动。适应策略从两个层次上研究这些变动：抽象特征和具体措施。

1. 适应的抽象特征（或类型）

（1）战术性与战略性适应：例如农业，某一生长季改变化肥施用量是一种战术性适应，一般是短期的，对付较缓和的变化；而整个改变土地利用方式（从农到牧或林）则是战略性适应，一般是长期的，对付较严重的变化。

（2）目的性与偶然性适应：按主动程度来划分大多数适应策略是有目的、有针对性、精心策划的；但有些适应策略却是附带的、偶然产生的。例如修运河以利交通，却产生了灌溉的效益。一般而言，系统尺度越小，越易采取有目的的适应策略。

（3）适应的时机：有事后采取行动、变化发生时立即采取行动、事前采取行动的不同时机。事前适应最为重要，所谓居安思危，有备无患。其中规划的作用至关重要；在尚不知作何对策时，科学研究和教育可以大大改善适应能力。

（4）适应的空间尺度：不同空间尺度的适应策略是有一定区别的。

（5）政府和社会的作用：有些适应是自发的，个人、公司、企业自己会采取相应措施；大多数适应策略需要政府和社会干预（自为的），例如基础设施、大型水利工程、建筑标准、立法、研究与教育。

（6）缓冲与变动：前者采取行动缓解变化以维持原有系统特征，后者干脆改变系统特征。例如维持某种土地利用和改变这种土地利用。

（7）技术适应与制度适应：例如对温度气体所引起的气候变化，可采取各种技术和工程措施；也可调整经济结构、制定限制排放公约等制度改革。

2．具体适应措施

专门研究农业、工业、沿海带、能源供应、林业、水资源、城市、土地利用等方面的具体适应措施。例如农业对资源环境变化的具体适应措施就包括改变地形、引入人为系统（如灌溉）、改变农作方式、改变农事季节、引入新品种、农业政策、农业科技与教育等。

第五节　人类与自然环境

国内外有越来越多的学者认为自然-经济研究的一个主要问题是人类与自然环境的关系问题。

一、人类与环境关系的基本内涵

人类是自然界长期发展和进化的结果。

环境是指人类的生存环境，它包括自然环境和社会环境。其中，自然环境主要包括大气环境、水（地面水、海洋等）环境、土壤环境和生物环境等。社会环境主要包括居住（住宅或家庭）环境、车间或工厂环境、村镇环境、城市环境等。

自人类产生以后，也就形成了人类与其生存环境或人类与环境之间的关系。并且，随着人类的进化和发展，人类与环境之间的关系也越来越复杂。

首先，从环境的基本构成的角度来看，人类与环境的关系包括以下两个方面的关系，即人类与自然环境的关系和人类与社会环境的关系，并且这两个方面的关系又是相互联系和相互影响的。

其次，从人类与环境之间相互影响的角度来说，人类与环境之间又包括以下两个方面的关系，即环境对于人的制约性关系和人对于环境的能动性关系，并且这两个方面的关系又是相互联系和相互影响的。其中，环境对于人的制约性或人类对于环境的依赖性表明，环境是人类赖以生存、进化和发展的基础和前提；人类依靠环境而生存、进化和发展，不断从环境中索取物质、能源和信息。所以，环境制约着甚至决定着人类的生存、进化和发展，其中，恶化的环境也威胁和危害着人类的生存、进化和发展。

人类对于环境的能动性表明，一是人类可以能动地认识环境的结构层次、发展规律及其未来的变化趋势，以获取有关环境的各种信息；二是人类根据对环境的规律性认识去能动地征服环境，特别是能动地支配、调节和控制某些似乎不可驾驭、不可驯服的自然力，以更好地为人类服务；三是人类根据对环境的规律性认识去能动地改造环境，特别是人类可以能动地改变环境中已有的事物，能动地（人工地）合成出环境中已有的事物，能动地创造出环境中没有的事物等；四是人类可以根据对已经经过自己改造过的环境（如已被自己的生产行为和生活行为污染了的环境）的再认识（如造成污染的机理、治理环境污染的机理与途径等），去能动地进行再改造（如有效地治理已被污染了的环境等）；五是人类可以能动地分析和预测自己的生产行为和生活行为近期的和长远的结果及其对环境的影响，并据此去能动地调节和控制自身的行为及其结果和影响，从而更好地去征服、改造和利用环境，并使环境更适合于人类的本性。

二、人类与环境关系的历史发展

环境作为基础和前提影响和制约着人类的生存、进化和发展，人类通过自身的生产行为和生活（或消费）行为又影响和制约着环境的构成、质量和变化，从而，人类与环境结合成为一个复杂的动态系统，如图 5-7 所示。

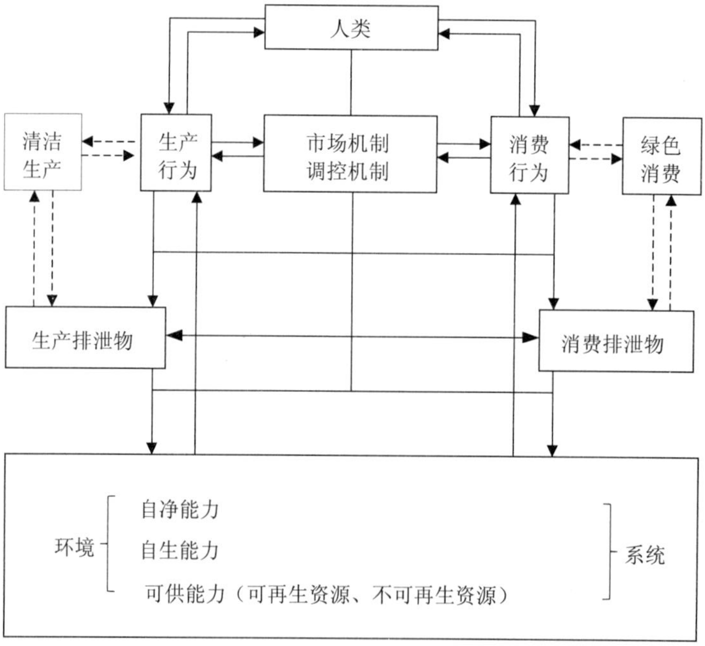

图 5-7　人类与环境的动态系统

随着人类和人类社会的发展与进步，人类与环境关系的发展也经历了不同的时期，并具有不同的特点，根据生态破坏与环境污染的程度和人类的环境意识或环保意识的不同，人类与环境的关系发展经历了以下几个主要时期。

（一）原始协调时期

人类产生以后，首先经历了漫长的原始社会时期，在这一时期内，人类改造自然和从事生产活动的手段是极其简陋和低下的，主要靠采集大自然中的野生食物（或现成食物）和渔猎为生，随着对自然界的认识发展和“原始经验”的积累，人类逐渐以栽培作物和驯养动物取代采集和渔猎，即开始出现了原始农业和原始牧业。人类所从事的这种生产方式和生产活动对于生态的影响，可以说并没有明显地超过其他的动物；人类的这种生产活动和生活活动所产生的排泄物对于环境的污染，可以说是微乎其微的，甚至几乎还无从谈起。从这种意义上说，在这一时期内，人类与环境之间保持着原始协调的关系。在这种关系之中，自然力、自然条件或自然环境几乎完全支配着人类的生活，主宰着人类的生存和命运。同时，在这种关系之中，主要的矛盾还是人类认识、改造、支配和征服自然力、自然条件或自然环境的能力和水平极其低下。在这个时期，人类为了生存和繁衍下去，必须适应环境，求得与环境的原始协调。

（二）生态破坏初期

在人类社会发展过程中，随着铁器工具的出现及其推广和应用，（与原始社会相比较）极大地提高了人类改造自然的能力，也极大地提高了生产力的水平，使人类能够开垦荒地以为农田，挖渠引水以进行灌溉，实现了农业发展中的革命。随着垦荒为田、开渠引水的灌溉农业的发展，在局部范围内破坏了生态的自然结构和原有布局，开始出现了早期的和局部的生态破坏，但在总体上仍然没有超出生态系统所能允许或能承受的限度。同时，在这一时期，人类的生产活动和生活活动的排泄物对于生存环境的污染并不明显，所以，在这一时期，人类与环境的关系在总体上或基本上是协调的。在这种关系中，主要的矛盾仍然是进一步提高人类认识、改造、支配和征服自然的能力和水平，进一步提高人类的生存能力和生活水平。

（三）破坏协调时期——污染加剧、公害频发时期

在近代初期，人类手工业的发展开始打破家庭手工业的界限，出现了资本主义工场手工业。随着资本主义工场手工业的发展，至 18 世纪中叶，在英国率先发生和进行了产业革命，接着在美国、法国和德国等国家也先后发生和进行了产业革命。上述国家发生和进行产业革命的结果，是建立起了以蒸汽为动力和以煤为主要能源的近代大机器工业体系——主要包括纺织工业、机械制造工业、冶金工业、采矿工业和交通运输业等。近代大机器工业体系的建立，一方面，标志着人类社会的发展由农业社会进入了工业社会，极大地提高了人类改造自然的能力和生产力的水平，加速了煤和各种金属矿藏等自然资源的开发和利用，进一步提高了人类的生活水平；另一方面，近代大机器工业生产所产生的大量的气体、液体和固体排泄物以及日益集中的人口的生活活动的大量排泄物直接地排放到人们的生存环境之中，造成了局部的日益严重的环境污染，日益明显地降低了人们的生存环境的质量，也日益明显地打破了人类与环境之间的原本协调的关系。至 19 世纪末，在产业革命进行和完成较早的英、美等国家先后发生了公害事件，这对人们的生命和财产造成了极大的危害和损失。

随着产业革命向深度和广度发展，特别是自20世纪40年代以后，逐渐出现了大型的煤炭联合企业、钢铁联合企业、汽车制造工业、石油工业、化学工业特别是石油化学工业等，形成了现代化的大工业体系。随着现代大工业的迅速发展，人类向环境中所排放的废物，不论是在种类和数量上，还是在对环境污染的范围和程度及其所造成的危害上，都在极其迅速地扩大和增长着——环境污染在加剧！公害事件在频发！环境质量在恶化！生态失衡，特别是日益加剧的环境污染已成为危害人类生命和威胁人类生存的全球性问题。

（四）反思与减缓时期

面对“生态失衡和环境污染”这一全球性问题的威胁，自20世纪五六十年代以来，人类开始对自身的生产行为或经济行为及其对生态和环境所造成的影响和后果进行反思。

20世纪50年代末，美国学者蕾切尔·卡逊用了4年的时间，调查和了解有关使用杀虫剂所造成的环境污染的情况。在这一基础上，她于1962年写作并出版了《寂静的春天》一书，反思人类同大气、土壤、河流和生物之间的关系；反思农药及其环境污染给生物和人类所造成的危害，反思人类应当重建人类与自然环境之间的合理和协调的关系。基于这部著作及其思想的影响，20世纪60年代初开始，一些发达国家出现了一次又一次的反对污染和公害的群众性的“环境运动”。

1970年4月22日，美国大部分高校和中小学校的数千万人举行集会或走上街头，呼吁控制污染和保护环境。这一规模浩大的群众性的环保运动很快影响到全球，因此，4月22日也就成为全球性的“地球日”。同时，这也标志着全球性的环境保护潮流正在形成，并引起了各国政府和世界组织的重视。

1972年6月5日，联合国在瑞典首都斯德哥尔摩召开了“联合国人类环境会议”，发表了《人类环境宣言》，吁请各国政府和世界组织高度重视威胁人类生存的环境问题，从而在全世界范围内掀起了一次环境保护运动的浪潮。各国政府和世界组织纷纷制定和实施环境保护的法律和法规，以约束和规范人们的环境行为，减少对于环境的污染。从此，环境污染迅猛加剧的势头开始有所减缓。

1992年6月3日，联合国在巴西里约热内卢召开了联合国环境与发展大会，会议通过了《里约热内卢环境与发展宣言》和《21世纪议程》两个纲领性文件，从而在全世界范围内掀起了又一次环境保护运动的高潮。世界组织和一些国家日益健全的环保法规更有效地约束和规范人们的环境行为。同时，世界组织和一些国家还利用行政的、经济的和科学技术的各种手段，以更有成效地减少和治理着环境污染，逐渐改善和提高环境质量，使全球范围内环境污染迅猛加剧的势头得到了进一步的缓解。

（五）未来趋势——更高程度的协调时期

在人类与环境关系的未来发展过程中，随着全球范围内人类的环保意识和环境法律意识的普遍提高，人类将会更加自觉地倡导绿色消费行为，并运用教育的、行政的、经济的、法律的和科学技术的各种手段，去有效地治理已经造成的环境污染，并有效地减少和预防环境的污染。特别是运用新的科学技术手段发明和应用绿色的材料和能源，发明和应用清洁生产的技术和工艺，将会更加有效地减少和防止对于环境的污染，进一步改善和提高环境质量，使环境更加适合人类生存，更加符合人类本性，使人类与环境的关系趋于更高程度的协调。人类与环境的关系的历史发展及其所经历的主要阶段如图 5-8 所示。

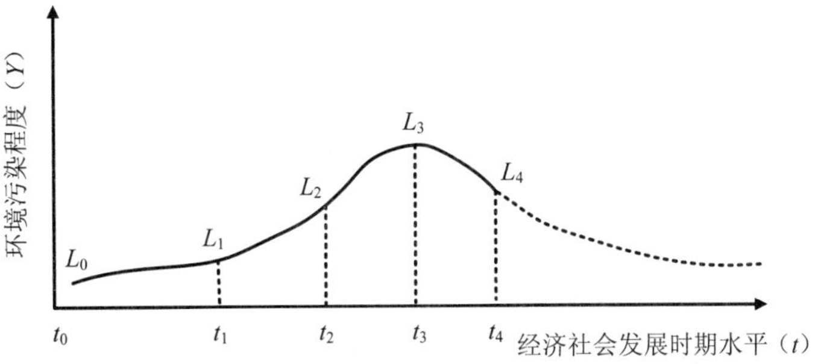

图 5-8　人类与环境的历史发展和主要阶段

注：L_0～L_1 为人类与环境的关系所经历的漫长的原始协调时期；L_1～L_2 为生态破坏的初期或基本协调时期；L_2～L_3 为产业革命后环境污染加剧、公害事件频发时期；L_3～L_4 为人类全面反思环境问题并使环境污染加剧、公害事件频发的势头得到有效控制并出现缓解的时期；L_4 之后为人类与环境的关系在未来的发展过程中将会呈现出更高程度的协调的时期。

三、人类活动导致对环境的污染

国际地圈生物圈计划（IGBP）1986 年发表的《地圈-生物圈的全球性变化》一文中指出："由于人类的产生与发展所引起的变化，也许远远超过了自然规律所允许的范围，很多迹象表明，人类引起的许多变化是带有根本性质的，它是以直接或间接地影响到其他生物的生存，并且对人类本身也具有一种潜在威胁。"如美国有关卫生部门的统计，自 1900 年以来，由于医疗卫生水平的提高，由传染病引起的人类死亡率不断下降，相反，与环境污染有关的呼吸系统疾病和癌症引起的死亡明显上升（图 5-9）。

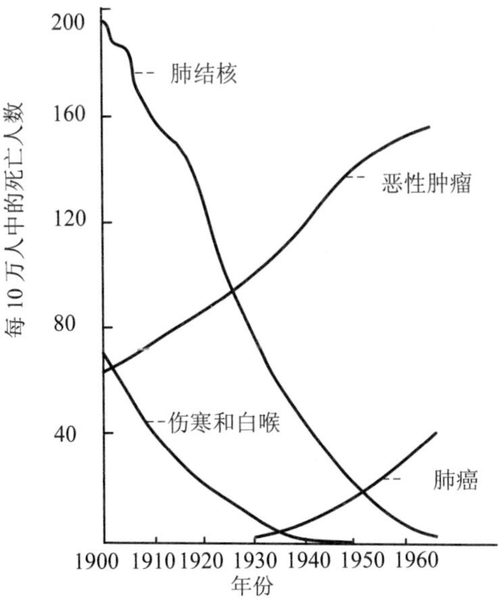

图 5-9　污染的代价

资料来源：郑师章，吴千红，王海波，等. 1994. 普通生态学——原理、方法和应用. 上海：复旦大学出版社。

人类自己创造的污染物质，污染了人类所居住的环境，以致毒害了人类自己，许多学者称为环境危机。实践推动着环境科学的发展，人们不仅要监测和评价自己居住的环境，还要不断地处理污染和改善自己的生活环境。

人类的生活环境包括自然环境和社会环境。就空间而言包括陆地环境、水环境和大气环境。造成环境破坏的主要有两个方面。一是资源利用的不合理，从某种意义上说，任何一个资源利用的过程都包含有“破坏”，只是程度不同而已；许多可更新的自然资源，只要破坏不超过一定限度，还是可以恢复的，但是破坏一旦超过阈值，就将成为不可恢复的破坏，如森林资源的过度砍伐使植被破坏，继而会出现水土流失，甚至导致其他物种的灭绝。二是人类从开发资源到产品生产的全过程都可能不断地产生废弃物，如人们为了满足物质生活的需要，越来越多地依赖合成化学物质，与此同时那些不受欢迎的废弃物包括废气、废水、废渣就有可能不断增加，这就是所谓的“三废”污染。污染这一术语还常被应用于热辐射的干扰、声波干扰、视力干扰及精神干扰等方面。这里着重讨论大气污染和水体污染。

（一）大气污染

1. 大气的组成

大气是多种气体的混合物，其组成包括恒定的组分、可变的组分和不定的组分。恒定的组成分指氮、氧、氩及微量的氖、氦、氪、氙等稀有气体；其中，氮、氧、氩占大气总量的 99.6%，在近地层的大气中，这些气体含量几乎是不变的。可变的组分指二氧化碳、水蒸气等，这些气体的含量由于受地区、季节、气象以及人类生活和生产活动等因素的影响而有所变化；在正常情况下，水蒸气的含量为 4%以下，二氧化碳的含量自工业革命以来不断上升。由恒定的组分和可变的组分所组成的洁净大气组成见表 5-4。

表 5-4　近地层大气的组成

大气的组成	符号	在大气中的体积分数		在大气中的重量/10^{17} kg
		%	ppm*	
氮气	N_2	78.09		38.648
氧气	O_2	20.94		11.841
氩气	Ar	0.93		0.665
二氧化碳	CO_2	0.033	330	0.025 3（逐渐在增加）
氖气	Ne		18	0.000 636
氦气	He		5.2	0.000 037
氪气	Kr		1	0.000 146
氙气	Xe		0.08	0.000 018
氢气	H_2		0.5	0.000 002
甲烷	CH_4		1.5	0.000 043
一氧化碳	CO		0.1	受污染大气中大于该浓度
氧化二氮	N_2O		0.25	—
				合计：干空气总重量约为 51.17×10^{17} kg

大气的组成	符号	在大气中的体积分数		在大气中的重量/10^{17} kg
		%	ppm*	
水蒸气	H_2O	0～4		（随地区或季节不用有很大差异）
臭氧	O_3		地表处：0～0.7 20～30 km 处：0.1～0.2	（受污染大气中有变化） （平流层中臭氧层）

注：* 1 ppm=10^{-6}，全书同。

资料来源：郑师章，吴千红，王海波，等. 1994. 普通生态学——原理、方法和应用. 上海：复旦大学出版社。

2. 大气污染的发生及其后果

自然界中局部的质能转换和人类所从事的种类繁多的生活和生产活动向大气中排放出各种污染物（如烟尘、CO、CO_2、SO_x、NO_x、硫氢化合物以及各类无机或有机的化合物），当污染物超过环境所允许的极限（环境容量）时，大气质量恶化，会影响人的身心健康，财产设备也往往会直接受到损坏，这种现象叫大气污染。

在大气环境中具有普遍影响的污染物，主要来源于化石燃料的燃烧和工艺生产排放的尾气。严重影响大气环境质量的有总悬浮微粒（TSP）、飘尘、SO_x、NO_x、CO_x、光化学氧化剂（O_3）6 种。当然，局部地区还存在某些特定的污染物。当前公认的全球性的两大环境问题环境污染和生态破坏（世界三大环境问题是酸雨、臭氧层破坏、温室效应），都与大气污染密切相关。

（1）二氧化碳浓度与温室效应

大气中 CO_2 体积分数在工业革命以前保持在 0.028%（280 ppm）左右，由于工业生产的发展，化石燃料的大量使用，CO_2 浓度不断增加。据推测，1850 年以前大气中 CO_2 体积分数大约为 0.025%，到 1970 年增加到 0.032%，1978 年达到 0.033%，1980 年继续上升到 0.033 1%。

CO_2 一般不吸收短光波而容易吸收波长范围在 4～5 μm 和 14 μm 以上的长波光。入射地球的太阳辐射热大都是 1.5 μm 以下的短波光（主要是 0.4～0.7 μm 的可见光），而地球的反射热大都是波长在 4～20 μm 的长波光，所以，大气中的 CO_2 并不妨碍太阳的入射热到达地表，而是减少反射热，这样，就必然导致地球增温。

随着地球表面 CO_2 排放量的不断增加，吸收利用 CO_2 的森林面积日趋减少，便出现了温室效应。由于温室效应，全球气温上升而导致南极冰层滑动，海平面上升。据美国《国家科学院学报》2019 年的报告，1979—1990 年，南极洲每年平均融化 400 亿 t 的冰体，2009—2017 年，增至每年 2 520 亿 t。1979—2017 年，南极洲冰川融化已经导致全球海平面上升超过 1.4 cm。

当前人们对温室效应的看法存在不同的观点。一种观点认为在全球碳循环中大量 CO_2 由海洋吸收和储存，只要停止大规模砍伐森林，就可以保持平衡，无须大惊小怪。另一种观点认为在燃烧化石燃料的过程中不仅释放 CO_2，也释放出了大量烟尘和固体尘粒，使大气含尘量增加，这些颗粒可以反射太阳辐射热作用，导致地球气温下降，地球的气温取决于这两个过程的综合影响。

科学上的争论是正常的，但是 CO_2 循环的不平衡是客观存在的，《地圈-生物圈的全球性变化》一文中指出：“幸运的是，我们已经有了最近 25 年期间大气中 CO_2 变化的连续记录。CO_2 的体积分数在 1958 年大约是 0.031 5%，而 1986 年已经上升到将近 0.034 5%。”

无疑，这样的变化不能不引起全世界的关注。

（2）二氧化硫和酸雨、酸雾

二氧化硫是污染大气的元凶，也是自产业革命至今始终没有被征服的顽敌。据联合国环境规划署的粗略估计，1980 年全球排放 SO_2 的量为 1.47×10^8 t（我国 2020 年 SO_2 排放量为 3.182×10^7 t[①]），1970—1980 年平均每年增长 5%，10 年总增长 40%～50%。大气中的 SO_2 在阳光、水汽和飘尘的作用下发生光化学反应，生成硫酸或硫酸盐微滴，在不同的气候条件下形成酸雨、酸雾、酸雪。

酸可造成危害是众所周知的，大气中的 SO_2 体积分数只要达到 3×10^{-7}，就足以使植物叶组织坏死，酸雨破坏了大片森林。瑞典因酸雨每年损失木材达 4.5×10^6 m^3，原联邦德国每年因酸雨损失的木材价值达 8 亿美元。酸雨使内陆水域酸化，影响水生生物群落。据美国和加拿大估计，如果按目前情况继续下去，15 年内有 5 万多个湖泊将没有鱼类生存，并将成为“水上荒漠”。

酸雨对建筑物古迹的腐蚀作用也不可低估。北京故宫的汉白玉雕刻已有数百年历史，1925 年拍摄的照片其浮雕花纹仍十分清晰，到现在由于 SO_2 和酸雨的作用，这个宝贵古迹的花纹已腐蚀得模糊不清。

酸雨对人同样有严重的危害。1962 年 12 月 5 日，英国伦敦发生了一起震惊世界的毒雾事件，连续 4～5 d 工厂排出含 SO_2 的有毒气体，在其特殊气体条件下形成了浓雾，人们在毒雾中挣扎，有的咳嗽、有的气喘、有的心脏病发作，造成了 4 000 多人死亡。

此外，日本的四日市和美国的洛杉矶也都曾发生过类似的情况。

（3）臭氧层的破坏

植物界的光合作用改变了大气的成分，在距地球表面 15～50 km 的平流层中臭氧的含量特别丰富，并形成了一个臭氧层，它虽然只占整个大气层的百万分之一，但却制服了阳光的紫外线，阳光中 99%的紫外线可被臭氧层吸收，仅剩下 1%到达地面，这样就为生命从水生进化到陆生创造了条件，这是生命与环境之间协同进化过程中形成的微妙平衡，可以想象，这个生物界的“保护圈”一旦遭到破坏，将会出现什么样的结果。

由于人类的经济活动，合成并向大气释放的氟氯甲烷、四氯化碳、三氯乙烷等物质进入平流层，在紫外光的照射下变成了破坏臭氧层的催化剂；同样，喷气式飞机在飞行中排放出来的氮氧化合物和农田中过量施用化肥产生的氮氧化合物也都会破坏臭氧层。

1974 年 Rowland 就提出了臭气层被破坏的问题。后来经过多次考察，于 1985 年发现南极出现臭氧空洞，其面积相当于整个美国的面积。有科学家估计，人类释放的上述物质已经使臭氧减少了 3%，预计到 2050 年可能导致其减少 10%；臭氧每减少 1%，到达地表的紫外辐射增加 20%，假如臭氧减少 7%，人类皮肤癌患者将增加 14%，即每年增加 8 万人。这一社会公害虽已引起全球的关注，但它的解决绝非易事，只有全球采取措施才能有所改善。

（二）水体污染

1. 水体

水体的概念包括两层含义：一般是指海洋、湖泊、河流、沼泽、水库、地下水的总称；

① 国家统计局，生态环境部. 2021. 中国环境统计年鉴 2020. 北京：中国统计出版社.

在环境学领域中则把水体中的悬浮物、溶解物质、水生生物和底泥等作为完整的生态系统或完整的自然综合体来看待。这后一个概念在环境污染的研究中十分重要。例如，重金属很容易从水中转移到底泥中去，从表面上看水中重金属含量不高，如果仅仅着眼于水，则似乎未受污染，但如果从水体看，则可认为已受到较严重污染，因为它使该水体成为长期的次生污染源。

水体概念有“类型”和“区域”之分。按类型划分，水体可分为海洋水体和陆地水体。陆地水体又可分为地表水体（河流、湖泊等）和地下水体。区域的概念是指某一具体被水面覆盖的地域，如太湖、洞庭湖、长江、黄河等。

2. 水体污染

凡外来物质进入水体的数量超过了该物质在水中的本底含量和水体的自净能力，破坏了水体原有的用途的程度，通称为水体污染。研究水体污染，主要是研究水的污染，同时也研究底层（底泥）和水生生物的污染。

（1）水质本底

地球表面并不存在化学概念上的纯水。事实上，水是一种天然的“化学溶液”。组成地壳的 90 多种元素中，在水中已发现了 70 多种，其中最主要的“八大离子”是 HCO_3^-、SO_4^{2-}、Cl^-、CO_3^{2-}、Na^+、K^+、Ca^{2+}、Mg^{2+}，它们在所有的水体中普遍存在，占天然水中所含成分总数的 99%左右。水中这些离子的含量一般是与生物的发展相适应的。这些离子的含量在地球表面的不同地区又千差万别，这是由化合物性质和环境条件决定的，如土壤和岩石可直接给水以某种成分，气候水文也能影响地面水的水质。

环境物质给水以各种成分，也称天然污染过程。在天然污染过程中所形成的水的各种物质（元素）的固有含量叫作水质本底。可见，水只有各地区的具体本底，而没有也不可能有统一本底。因此，水体污染也是相对的。

（2）水质指标

为了客观地反映水体被污染的程度，须用水质指标来表示，主要有以下几项。

①悬浮物。这是工业废水和生活污水中呈固体状态的不溶解物质，它是水体污染的基本指标之一，用“SS”（suspend solid）表示。

②有机物。由于有机物的组成比较复杂，一般采用下列几个综合指标来表示有机物的相对浓度。

（a）生化需氧量（biochemical oxygen demand，BOD）。BOD 表示水中有机物经微生物分解所需的氧气的量。有机物经微生物分解的过程一般可以分为两个阶段：第一阶段主要是有机物被转化为二氧化碳、水和氨；第二阶段主要是氨被转化为亚硝酸盐和硝酸盐。因为微生物的活动与温度有关，一般以 20℃作为测定的标准温度。当温度为 20℃时，一般生活污水的有机物需 20 d 左右的时间才能基本完成第一阶段的氧化分解过程，这给测定带来困难。因此，目前都以 5 d 作为测定生化需氧量的标准时间，简称“五日生化需氧量”，用 BOD_5 表示，BOD_5 约为第一阶段生化需氧量 BOD_{20} 的 70%。

（b）化学需氧量（chemical oxygen demand，COD）。COD 是指用化学氧化剂氧化水中有机污染物所需要的氧气的量。COD 越高，表示污水中的有机物越多。目前常用的氧化剂是重铬酸钾（$K_2Cr_2O_7$）或高锰酸钾（$KMnO_4$）。$KMnO_4$ 的氧化力较弱，往往只有 60%左右的污染物被氧化，例如在废水中含有较多的低级脂肪酸盐类是不太容易被氧化的，测定结果往往与实际情况差别较大。$K_2Cr_2O_7$ 的氧化能力很强，除部分直链脂肪族化合物、芳香烃和吡啶等环状化合物不易被氧化外，大部分有机物都能被氧化，氧化率可达 80%～100%。常把用 $K_2Cr_2O_7$ 氧化法测得的 COD 值记为 COD_{Cr}。因此，在实际使用中常把 COD_{Cr} 的测定值近似地代表水中的全部有机物含量。

同一类废水中的 COD 值与 BOD 值并不一致，但常有明显的比例关系。因此，经过一段时间的平行测试，可以从 COD 值来推算 BOD 值；或者当废水中含有毒物而不能测定 BOD 时，也可以通过测定 COD 来弥补 BOD 测定的缺陷。

（c）总需氧量（TOD）。总需氧量是用仪器测定在高温下燃烧有机物所耗去氧气的总量。

（d）总有机碳（TOC）。总有机碳是用仪器测定有机物燃烧过程所产生 CO_2 的总量。

③pH。污水中的 pH 对其处理及综合利用，对水生生物的生长繁殖、对于水道使用的寿命都直接有影响，因此，它被列为水质检测的重要指标之一。

④细菌污染指标。对污水进行细菌分析是一项很复杂的工作，在水处理工程中，常常用细菌总数和大肠杆菌群两个指标表示水体细菌污染的程度。

⑤有毒有害物质指标。我国已制定“地表水中有害物质的最高允许浓度”的标准，其中列出 53 种有毒物质。

除以上 5 个指标外，还有温度、颜色、放射性物质也是反映水体污染的指标。

3. 水体中主要污染物及其迁移转化的规律

（1）无机悬浮物

无机悬浮物主要是指泥沙、炉渣、铁屑、灰尘等颗粒状物质，它们在水体中呈悬浮状态，主要来自水土流失、农田排水、水力排灰、矿渣流失以及一些工业废水和生活污水或城市雨水。这些物质一般是无毒的，属于感官性指标，无机悬浮物中，粒径大于 0.1 mm 的颗粒属于易沉降的，在河道流速减缓时可沉降下来；而粒径小于 0.001 mm 的胶体颗粒，即使在静水中也不沉降，在水中可以迁移很远的距离，这类物质虽然本身无毒，但它会吸附一些有毒物质，使有毒物质扩大污染。因此，水土流失不仅破坏水土资源，同时对水环境的危害也不能低估。

（2）有机污染物

生活污水和某些工业废水以及饲养场的禽畜粪便所含的碳水化合物、蛋白质、脂肪、木质素等有机化合物可以在微生物的作用下分解为简单的无机物、二氧化碳和水。这些有机物在分解过程中须消耗大量的氧气，故又称需氧污染物。

①需氧污染物的来源及危害。天然水体都有一定的生化需氧量，在 1～2 mg/L，这是因为在自然界都不可避免地会有大量天然有机残体进入水中。被污染水体中的需氧污染物主要来自生活污水、禽畜粪便、肉类加工、食品、造纸、制革、制糖等。

需氧污染物排入水体后，会发生生物化学分解作用，在分解过程中消耗水中的溶解氧。在受污染的水体中，需氧有机物的分解过程制约着水体中溶解氧含量的变化过程。

溶解氧是水质的重要参数之一，在正常情况下，20℃水中溶解氧（DO）约为 9.1 mg/L。DO 大于 7.5 mg/L，水质清洁；小于 2 mg/L 时，水质发臭。一般来说，水体中溶解氧小于 4 mg/L，鱼类就难以生存。

②难降解的有机污染物。难降解的有机污染物指的是难以被生物分解的有机物质，如

有机氯农药、多氯联苯、芳香族氨基化合物、高分子合成聚合物（塑料、合成橡胶、人造纤维）、染料等有机物，它们一旦污染环境，就难以被生物降解，其危害时间较长。以农药为例，现在人工合成的已有500多种，被广泛用于杀虫、灭菌和除草。目前我国生产有机氯农药约占总数的50%，由于化学性质稳定，在环境中经过几十年时间，毒性才减低一半左右，它不仅污染了水体、土壤和大气，而且对人体也造成了严重的危害。

有机氯农药属脂溶性物质，当它们进入水体后常吸附在胶体颗粒上随水扩散。若水中同时有油污染，它便可富集在油水混合的乳浊液和浮油中，随着油脂在水中扩散。水生生物对有机氯农药有极高的富集能力，其含量可以比水中高出几千倍到几万倍，并通过食物链进入人体。

（3）植物营养物质

植物营养物质包括氮、磷及其他一些物质。它们是植物生长、发育所需要的养料，但如果植物营养物质进入水体过多，会恶化水质，使水体产生富营养化现象，从而影响渔业生产，破坏水生生态系统。

①植物营养物质的来源。随着工业发展，化肥的产量逐年增长。根据联合国粮农组织（FAO）的数据，全世界的氮肥产量从1963年的3×10^7 t增长到1979年的6.4×10^7 t，2019年约为 1.23×10^9 t。这当然是对农业生产的巨大促进。但是，施入农田的化肥只有一部分为农作物所吸收，如氮肥一般农作物的利用率只有30%～50%；换言之，其中有很大一部分随农田排出和地表径流排入江河或渗入地下水。

植物营养物质另一个重要来源是规模饲养场的禽畜粪便，如1988—1989年上海郊县“菜篮子工程”上马300个项目，其中猪66万头、鸡485万羽、奶牛5 000头，还有大量鸭子等其他禽畜的粪便全年达1.6×10^6 t，有人估计占全部污染负荷量的50%。

生活污水、造纸、皮革、制糖、食品工业中也含有大量的有机污染物质。磷的污染的重要来源之一是含磷的洗涤剂，有的国家已经采取停售措施。

②植物营养物质在水中的迁移转化规律。以蛋白质为例，在水中分解过程如下：

$$\text{蛋白质}\rightarrow\text{氨基酸}\rightarrow\text{氨}$$

在以上分解过程中，含氮有机化合物逐步减少，而含氮无机物不断增加，氨在微生物参与下可以进一步氧化为亚硝酸盐、硝酸盐。

③植物营养物质对水体的危害。这种危害有以下情况。

（a）水体富营养化及其危害。湖泊、水库、内海、河口以及水网地区，水流缓慢，既适宜于植物营养物质的积聚，又适宜于水生植物的繁殖。当水体中植物营养物质积聚到一定程度，水体过分肥沃，藻类繁殖特别迅速，出现水体富营养化现象。在富营养化的水体中，当阳光和水温处于适宜状态下，藻类的数量可达10^6个/L以上。藻类的种类很少，往往以蓝藻占优势，水面出现的一片片“水花”也称藻花，在海洋中则称“赤潮”。这些藻类有恶臭、有毒，表面有一层胶质膜，鱼类不能食用。水域一旦出现富营养化，即使外界营养物质来源切断，水生生态系统也难以恢复。

由于藻类处于自生自灭状态，大量藻类尸体沉积底部，年复一年，大大加速了湖泊、水库的衰亡过程。

富营养水体中上层藻类过量繁殖，溶解氧处于饱和状态；其下层由于处在贫光状态下，不仅没有光合作用以增加溶解氧，相反，藻类尸体及其他有机物的分解会耗尽氧气，出现厌氧状态。这种情况对鱼类和其他水生生物的生长十分不利，在藻类大量繁殖季节往往会出现大批死鱼的现象。

（b）硝酸盐的危害。硝酸盐本身是无毒的，但硝酸盐在人体内可还原成亚硝酸盐，再与仲胺作用形成亚硝胺，这是一种强致癌物质，对人体有毒害作用。因此，许多国家的饮用水水质标准对亚硝酸盐有非常严格的规定。

（4）重金属

污染水体的重金属主要有汞、镉、铅、铬、铜等，其中汞的毒性最大，其余依此类推。

此外还有砷，其毒性与重金属相似，称类金属，也归并在重金属一类。重金属毒性强，对人体危害大，它的污染是当前人们最关注的问题之一。

①重金属对人体危害的特点。重金属可以通过饮用水、空气、食物进入人体，而农产品、畜产品、水产品都有富集重金属的特性，特别是鱼、贝类富集程度更高，往往对人体健康造成严重危害，一般饮用水中含有微量重金属，即可对人体产生毒性效应。毒性强的汞、镉产生毒性的浓度为 0.1～0.001 mg/L，其他的重金属是 1～10 mg/L。

重金属进入人体后不易排泄，容易在一些脏器中累积而造成慢性中毒，发病的潜伏期很长，一旦发病治疗十分困难。

②重金属在水体中的转化与迁移。重金属在水体中不能被微生物降解，只能发生各种形态之间的相互转化或分散富集，这个过程称重金属迁移。

重金属在水体中以化合物或离子两种形态存在，在地表水中，重金属化合物溶解度很小，往往沉积于水底。重金属离子由于带正电，在水中容易被带负电的胶体颗粒吸附，并随水流向下游迁移；但大多数会很快沉降。因此，重金属常常富集于排水中下游一定范围的底泥中，沉积于底泥中的重金属是一种长期污染源，且很难治理。每到汛期，河川径流量加大，对河床的冲刷力增加，底泥中的重金属随底泥一起进入径流。

地表水体中的重金属可以通过食物链成千上万倍地富集放大，见表 5-5。

表 5-5　水生生物对常见重金属的平均富集倍数

元素	淡水生物			海水生物		
	淡水藻	无脊椎动物	鱼类	海水藻	无脊椎动物	鱼类
汞	1 000	100 000	1 000	1 000	100 000	1 700
镉	2 000	4 000	3 000	1 000	250 000	3 000
铬	4 000	2 000	200	2 000	2 000	400
铅	1 000	1 500	5 000	1 000	1 000	500
铜	1 000	1 000	200	1 000	1 700	670
锌	4 000	40 000	100	1 000	100 000	2 000
镍	1 000	100	40	250	250	100
砷	300	330	330	330	330	230

资料来源：郑师章，吴千红，王海波，等. 1994. 普通生态学——原理、方法和应用. 上海：复旦大学出版社。

重金属在水体中的另一个特点是可以转化。无机汞可以在水中或鱼体内由微生物作用而转化为毒性更大的有机汞（甲基汞）。六价铬可以还原为三价铬，三价铬也可以转化为六价铬，而六价铬的毒性比三价铬强得多。

第六节 人类利用自然（资源、环境）的历史教训

人类生存与繁衍的绝大部分食物来自农田与草原生态系统，土壤与草原地一旦退化，则难以恢复。而庞大的人类数量对食物的压力造成的粮食安全，最终会转移到土地与草原上，迫使人们高强度地使用耕地。现代人类社会与经济发展已经离不开各种地球上能提供的能源，特别是化石燃料，如煤炭、石油和天然气等。人类迅猛增长和现代工业发展，对能源的需求也急剧增加，造成能源短缺并缩短了化石燃料的耗竭时间。水资源分布的地区性和时间性差异，加上人类的流动性和爆发性增长，供水不足与水资源的浪费，使人类与水的矛盾十分突出，水资源短缺的问题正在日益严重地威胁着人类。森林生态系统是陆地上最大的生态系统，也是维系生物圈、保持生态平衡的重要环节，但人类的增长使地球上的森林生态系统遭受无法控制的退化和毁林威胁。

人类在自然资源系统中的支配作用如此巨大，以至于人类曾认为可以支配自然界，可以成为自然的主人。但是，现在人类已认识到，必须使自己的行为符合自然规律，否则会破坏自身赖以生存的自然环境和自然资源。一旦资源和环境变化，人类的文明也就随之衰弱了。这方面的历史教训有很多。美国学者弗·卡特、汤姆·戴尔在《表土与人类文明》一书中这样写道："文明人跨越过地球表面，足迹所过之处留下一片荒漠。"这种说法虽然有点夸张，但并不是凭空而言。人类已糟蹋了自身居住其上的大片土地，这是人类文明不断从一处移向另一处的主要原因，也是若干古代文明衰败的主要原因，这也是决定全部历史发展趋势的一个主导因素。

历史学家指出"历史上绝大多数战争和殖民运动的发起，是因为入侵者想占有更多的土地和自然资源。但他们却很少注意到，这些征服者或殖民者常常是在夺取邻国土地之前就已经破坏了他们自己的土地。一些现代史作者注意到现在强大富有的国家，好多都是有着丰富自然资源的国家，然而，他们很少注意到许多贫困弱小的国家也曾一度有过丰富的资源，很少注意到地球上好多贫困的民族之所以贫困，主要是因为他们的祖先滥用和浪费了现代人赖以生存的自然资源"。本节将介绍历史上几个资源基础破坏导致文明衰落的典型例子。

一、苏美尔文明的衰落

公元前 3500 年，苏美尔人在两河（底格里斯河和幼发拉底河）流域的下游建立了城邦，这是世界上最早的文明发源地之一。苏美尔人也是世界上最早使用文字的社会，这个时间大约在公元前 3000 年。使用文字的同时，苏美尔人在幼发拉底河流域修建了大量的灌溉工程，这些工程不仅浇灌了土地，而且防止了洪水。巨大的灌溉网提高了土地的生产力，使成百万的人从田间解放出来，去从事工业、贸易或文化工作，他们创造了灿烂的古代文明——苏美尔文明。

但是两河流域，特别是下游，严酷的自然条件给文明的发展带来了严重的限制。首先是降水量的稀少，年内分配也不均，在作物最需要水的 8—10 月正是枯季；其次是气温很高，夏季往往超过 40℃，高温增加了土壤表面的蒸发，导致土壤的盐化；另外平坦的地形

和低渗透性的土壤，在上游森林覆被的破坏而引发的洪水时期，加剧了土壤的涝化和盐化。土壤盐化的直接结果是土地生产力的下降，其表现是不耐盐的小麦（仅能允许土壤的含盐量＜0.5%）为耐盐的大麦（能在含盐量 1.0%的土壤中生长）所取代。在公元前 3500 年，整个苏美尔地区全部种植小麦。随着土地垦殖史的延续，土壤中的盐分越来越多。公元前 2500 年，苏美尔地区小麦占了谷类生产的 15%；而到了公元前 2100 年，小麦仅占 2%，小麦在这块土地上消失的时间是公元前 1700 年。

比小麦为大麦所取代的另一个更严重的问题是耕地的减少，盐碱化的泛滥和人口的增长是其直接原因。为此，苏美尔人每年都要花费大量的人力来开垦新的土地，但新垦土地的量毕竟有限。到公元前 2400 年，耕地的数量达到了最高，然后逐渐下降。在公元前 2400—前 2100 年，新垦土地中有 42%的部分出现盐化；到公元前 1700 年，竟达到 65%。当时的文字记载是“earth turned white”（土地变白了）。

自然资源状况的恶化，使文明的“生命支持系统”濒临崩溃，并最终导致文明的衰落。在苏美尔地区，历次朝代更替，都没能恢复土地的生产力、改善环境和资源的恶化状况。苏美尔地区永远地沦为了一个人口稀少的穷乡僻壤。美索不达米亚文明的中心永远北移了。

二、地中海地区的环境退化与古文明衰退

地中海文明包括环地中海地区的各个文明，主要的有黎巴嫩地区的腓尼基文明、古希腊文明和古罗马文明，以及北非和小亚细亚地区的文明。历史从这个地区找到了例证，很有说服力地证明了文明人是怎样毁坏了自己的生存环境。

腓尼基人的国土位于海边，由一条狭长的海滨平原和与之平行的一条狭长的丘陵地带组成，其自然条件非常优势，肥沃的土壤，充足的降水，郁郁葱葱的草被和森林，包括著名的黎巴嫩雪松。有利的地形阻止了好战的内陆部落的入侵，给腓尼基人提供了可靠的保护，同时也阻碍了腓尼基人的陆上发展，因此向地中海发展而成为航海家和商人就是一种必然。腓尼基人很早就发现了遍布在其国土上的木材是一种畅销商品，对于埃及及两河流域等大平原上的文明人来说更是弥足珍贵。于是随着木材交易的盛行，林地迅速减少。公元前 8—前 6 世纪，腓尼基人度过了他们的黄金时期，但是这种繁荣有明显的局限性，因为它依靠的是海上权力庇护下的木材交易。当希腊的舰队在公元前 480 年成为海上霸主时，腓尼基文明就开始衰落了。

而在希腊，第一次大规模的破坏发生于公元前 680 年，原因是人口的增长和聚居区的扩大，造成了耕地的减少和土地生产力的下降，于是希腊人开始其殖民政策，以求缓解本土上的人口压力。尽管希腊人从其亲身的教训中痛切地认识到保护土地的重要性，肥料的使用可保持土地的肥力和土壤的结构，台地可防止水土流失，等等；尽管从公元前 590 年开始，历代统治者为了恢复土地的生产力，号召人们种植橄榄树及修筑台地，并采取了一系列保护环境及鼓励生产的措施，但是人口增长的压力实在太大，谁也没能阻止希腊文明在公元前 339 年的伯罗奔尼撒战争之后衰落。

几个世纪以后，古罗马也出现了同样的问题。人口的增长引起植被的消失，水土的流失和洪水的泛滥，这一切使肥沃的表土被带进河流，并在河口处沉积下来。环境的恶化使

强大的古罗马文明遭到毁灭性的打击，繁荣的都市一个接一个地消失于沼泽和荒漠中。古代罗马主要港口之一的佩斯图姆港在公元前 1 世纪被沉积物完全淤塞，整个城市变成一望无际的沼泽，疟疾的流行使该城直到公元 9 世纪荒芜一人。庞廷沼泽出现于公元 200 年左右，而公元 400 年以前在这块土地上曾出现了 16 个繁荣的市镇。

地中海地区各个国家的文明兴衰过程非常相似：起初，文明在大自然漫长年代中造就的肥沃土地上兴起，持续进步达几个世纪；当越来越多的土地变成了可耕地，或者当土地上原先的森林和草被遭到破坏的时候，侵蚀就开始剥离富于生产力的表土；接下来持续地种植和渗透淋溶，消耗了大量作物生长所需的矿物质营养。于是，生产开始下降，随之其所支持的文明也开始衰落。当然有些国家为延续自己的繁荣，通过征服以掠夺邻国的资源，但这种治标不治本的手段，并不能避免它的衰落而只能是延长了苟延残喘的时间。

三、玛雅文明的消亡

中北美洲低地丛林的玛雅文明最早出现于公元前 2500 年。其后到公元前 450 年，人口一直在稳定地增长，聚居地的面积和建筑结构的复杂度也越来越大。这是一个高度文明的社会，其文明的成就反映在他们对宇宙的认识程度，城市、建筑的设计艺术和独特深奥的玛雅文字方面。这样一个伟大的文明后来却突然消失了。第一个鼎盛时期的玛雅文明大约在公元 900 年神秘地自行毁灭了；第二个鼎盛时期出现于两个世纪之后，在原地址以北 250 km，也在 15 世纪、16 世纪前后突然消失了。

早期玛雅文明的基础，据人们估计是一种“swidden agriculture”（砍伐和焚烧森林植被而形成的暂时农田）系统：即每年 12 月—翌年 3 月的旱季用石斧清除一片林地，在雨季来临之前用火烧，然后种植玉米和大豆，秋季收获。开垦的土地在使用几年之后，因肥力的下降和很难清除的杂草的侵入而被放弃。应当说，这种农业系统在热带地区非常适宜，而且生产力也很稳定。但是因为使用过的土地必须等到地力恢复，丛林再生以后才能再次使用，这段时间一般需要 20 年或者更长。所以，大片的土地只能维持一小部分人的生活。然而据考古学证据，可认为当时整个玛雅低地丛林中生活的人口最高可能接近 500 万人，而今天这块土地却仅生活着几十万人。这样一个庞大的人口对其生存的土地来说，很明显不可能靠“swidden agriculture”系统来维持。那么这样一个高度文明的社会怎样解决其食物问题呢？

考古工作者发现，后期玛雅社会已经产生了集约化程度很高的农业系统。这种系统的特点主要体现在对土地的治理上：在坡地，清理丛林以后，土地被垒成了台地以防止水土流失；而在低湿地区采取了网格状的排水沟，不仅可排除洪水，而且利用沟中的淤泥来垒高地表。当时玛雅人主要的作物是玉米和大豆，也有棉花、可可之类。但是，热带雨林地区土壤的侵蚀非常严重，今天看来这些土地的 3/4 属于侵蚀高敏感地区，在这种地区，一旦森林覆被破坏，土壤也就随之流失了。而农业用地、木材以及燃料的需求，都使森林的消失不可避免；与之相关的是河流中泥沙的含量增高，造成低地和沟渠的淤塞，地下水面的抬升。另外，玛雅社会不饲养家畜，因而对土壤中有机肥的补给不足，环境及资源的恶化直接导致农业生产力的下降，威胁玛雅文明的生存。公元 800 年，食品的生产开始下降，墓葬发掘显示出婴儿和妇女因营养不良而大量死亡。而对统治者和军队来说，食品的减少，就意味着对农民剥削的加剧和城市之间战争的频繁。在随后的几十年内，高死亡率导致人口锐减，城市逐渐变成了废墟，整个丛林只剩下少数的幸存者，历史上又一个高度的文明消失了。

四、丝绸之路沿线文明的衰亡

新疆塔里木盆地的塔克拉玛干沙漠南部，是我国历史上记载的发达地区之一。这里早在新石器时代就出现了灌溉农业，公元前 2 世纪张骞出使西域时，看到不少沙漠之中的城郭和农田。此后，西域广大地区一统于汉朝中央政府管辖之下，发展屯田、兴修水利。作为西域交通要道的丝绸之路南道所经楼兰、且末、精绝、渠勒、于田、莎车等地均有很发达的农业。到了唐代，农业更为发达，《大唐西域记》详细记载了焉耆、龟兹、莎车、于田等地的农业盛况。古楼兰王国以楼兰绿洲为立国根本，历经好几个世纪，曾经繁盛一时。然而在今天，古代的大片良田已沦为流沙，古城废墟历历在目，曾经浩瀚的罗布泊已经干涸。罗布泊西南的楼兰古城，现已成为一片荒凉的风蚀土丘、风蚀低地和沙丘环绕，古楼兰绿洲也变成不毛之地；尼雅河下游三角洲上的精绝古国，如今在干涸的河流沿岸残存着枯死的胡杨林，而古城已被 3～5 m 高的沙丘包围；丝绸之路上的碉堡和烽火台，现在已是深入沙漠之内 3～10 km、依稀可见的遗迹；丝绸之路沿线的古文明已消失在荒漠之中。

丝绸之路沿线的环境变迁和古文明消失，固然与气候变干、降水量减少、冰川融水萎缩、河流断流、水系改道等自然因素的波动有关；但土地的过度开垦、水资源和生物资源的不合理利用、天然植被的破坏，以及盛唐之后民族争纷不断、战火摧残农业、灌溉兴废不常等人为因素也不可忽视。实际上，人为活动加剧了土地盐碱化和水资源的耗竭，没有人为因素，自然条件无从发生作用，人为因素是这里古文明消失的主导原因。

总之，人类文明发展的历史，是一个对资源和环境施压越来越大的历史。这种压力，不仅仅表现于对环境改造和资源破坏的强度随时间的延续而增大，也很明显地体现在影响范围的变化上。在古代，压力还只局限于地球的局部范围或各个孤立的地域上；而到了近代，这种压力随着人口的增长、资源的开发已遍及世界的各个角落，其影响甚至已出现于杳无人迹的“二极”和球外空间。

上面所讨论的几个文明结束的原因，在于破坏了他们赖以生存和发展的资源基础。任何一个文明社会存在的关键都在于一个持续的“生命支持系统”，而该系统又依赖于一定的自然环境及自然资源。苏美尔文明、地中海文明、玛雅文明和丝绸之路沿线文明的历史提出了今天人类社会所面临的问题，我们今天的社会比古代社会能更有力地控制资源的利用和面对环境的巨大压力吗？

参考文献

陈静生，蔡运龙，等. 2001. 人类——环境系统及其可持续性. 北京：商务印书馆.

陈之荣. 1991. 人类圈与全球变化. 地球科学进展，8（3）.

潘树荣，伍光和，陈传康，等. 1985. 自然地理学. 2 版. 北京：高等教育出版社.

蔡运龙. 2000. 自然资源学原理. 北京：科学出版社.

康晓光.　1998. 地球村时代的粮食供给策略. 天津：天津人民出版社.
杨佑兴，夏玮. 2000. 人与自然和谐发展. 北京：中国环境科学出版社.
王树恩，陈士俊. 2012. 人类与环境. 天津：天津大学出版社.
杨京平. 2006. 环境生态学. 北京：化学工业出版社.
晏路明. 2000. 人类发展与生存环境. 北京：中国环境科学出版社.
郑师章，吴千红，王海波，等. 1994. 普通生态学——原理、方法和应用. 上海：复旦大学出版社.
左玉辉. 2002. 环境学. 北京：高等教育出版社.
HAMIKEN E I. 1979. The Chemical elements and man. Charles C. Thomas Publisher.
DCTWYLER T R，MARCUS M G. 1972. Urbanization and environment：the physical geography of the city. Belmont：Duxbury Press.

第六章　人口与经济发展

经济的主体是人类，人类是自然人和经济人的复合体，人类的群体用人口来表现。人口是指生活在一定社会生产方式下，一定时间、一定地域内由一定社会关系联系起来的由一定数量、质量和结构的有生命的个人所组成的不断运动的社会群体（或人的总体）。人口，一方面是物质资料的生产者，即生产力中的劳动力；另一方面是物质资料的消费者。这两方面的属性都与经济相联系。一定数量的人口是经济发展的必要条件。这里基于人口经济理论的演进来考察人口与经济发展关系。

第一节　世界人口增长与人口经济理论的演进

一、世界人口的增长

在人类发展历程的绝大部分时间内，人口数量的增加都是十分缓慢的，年均自然增长率大多在 1‰以下。由于缺乏足够的资料，我们对历史人口的了解远非翔实。有关研究根据一定资源条件下土地的承载量（carrying capacity）和人口分布状况对历史人口进行了测估，如 Deevey（1960）估计 100 万年前世界人口仅为 12.5 万人，随着其缓慢增长，在 2.5 万年前，达到约 334 万人，1 万年前达到 532 万人左右，到公元元年，全球人口约达到 3 亿人，其年平均增长率约为 0.5‰。以这样的增长速度，大约需要 1 400 年世界人口才能翻番。需要指出的是，这种增长过程是波动向前的，各种灾难，包括自然灾害、瘟疫、战争等周期性地削减了世界上局部地区的人口。

人类只是到了 18 世纪，其数量才开始比较稳步地增长。从 1750 年一直到 20 世纪初的相当一段时间，世界人口约以每年 5‰的速度增长，这一时期的加速增长主要发生在现在的发达国家中，当时，这些国家正在经历工业化进程。从 19 世纪以来开始加速的人口增长势头特别引人注目。从 20 世纪初开始，人口加速增长的势头更为明显，到 1950 年前后，年均增长率已从每年的 5‰提高到 10‰，此后更达到年均 20‰的惊人速度，世界人口倍增所需的时间缩短到 35 年左右，而且这些增长主要集中在发展中国家。

随着工业革命的开始，人类在实现财富高速积累的同时，人口数量也以前所未有的速度急剧膨胀。到 1820 年，世界人口达到 10 亿人，人类达到其头一个 10 亿耗用了人类历史的绝大部分时间，但随后的 10 亿只用了 110 年，这样，在 1930 年，地球上的居民达到了 20 亿人。在此后的 46 年间，世界人口又翻了一番，在 1976 年达到 40 亿人。（Peters & Larkin，1979：5）在 20 世纪末，世界人口已达到 70 亿人。

表 6-1 世界人口的增长 单位：亿人

年份（公元）	全球总人口	发达国家	发展中国家
1	3		
1820	10		
1930	20		
1950	25.2	8.1	17.1
1960	30.3	9.2	21.1
1970	37.0	10.1	26.9
1980	44.5	10.8	33.6
1990	52.8	11.5	41.3
2000	60.6		
2010	68.2		
2020	77.5		

资料来源：1950—1990 年数据来自联合国（UN，1998a）。2000 年、2020 年为世界银行数据。2010 年数据来自国际货币基金组织。

二、人口经济理论的演进

经济发展离不开作为生产力的人口，但人口要成为现实的生产力，必须具有两个基本条件：第一，作为生产者的人口，必须具有劳动能力，这在整个人口中只占一部分，即劳动适龄人口，人口中的非劳动人口，并不是现实的生产力，至于儿童，只能是未来的生产力或作为劳动潜力看待。第二，作为生产者的人口，必须具有一定的劳动技能、生产经验和科学文化知识，随着科学技术进步和生产力发展，对劳动者劳动素养和技能的要求越来越高。有一定生产经验、劳动技能的人，才是现实的生产力，才能作为经济发展的劳动力条件。

作为劳动力的人口条件，它的数量、密度、性别构成、民族成分、劳动技能和素养等方面，都对经济发展有明显的影响。人口数量多，人口密度大，劳动力充足，一般会给经济发展以有利影响。相反，人口稀少的地区，劳动力缺乏，一般来说，对经济发展不利。当然，人是可迁移的，劳动力在地区之间是可以调剂的。但是，由于种种原因，劳动力地区之间的调剂往往会有困难，在迁移过程中要增加很多开支，这些都必然要反映到生产投资和生产成本上。人口多、人口密度高，一般对经济发展有良好影响。但不是说人越多，越有利于该地区的生产发展。因为发展经济生产，主要是依靠劳动生产率的提高，而不单纯是依靠劳动力的增加，甚至主要不是依靠劳动力的增加。

作为消费者的人口当然也对经济发展有影响，因为经济发展归根结底是为了人口消费，包括直接消费（生活资料的生产）和间接消费（生产资料的生产）。因此，经济发展必须考虑消费这个条件，特别是生产生活资料的部门和服务性的部门，更需要考虑人口这个条件。作为消费者的人口的数量，是影响这些部门经济发展的重要因素。

总之，人口条件是经济发展不可缺少的条件，但不是决定性的条件。相反，人口的数量、人口密度、人口的迁移往往是受经济发展影响的。同样，人口的劳动素养和科学文化水平一方面影响经济发展，另一方面经济发展水平更直接影响人口的劳动素养和技能。而劳动技能和素养是历史长期积累的结果，也是历史上经济发展的结果。这就是人口与经济发展的辩证关系。

人类对自身发展前景关注的深度和广度是一个逐步丰富的过程。在马尔萨斯之前，主流的观点认为人口是国力和财富的象征，人口的增长受到鼓励，可以将这一阶段看作是乐观主义或浪漫主义的时代。重商主义者，无论是英国的托马斯·曼（Thomas Man，1571—1641）还是法国的让·巴蒂斯特·柯尔培尔（Jean Baptiste Colberl，1619—1683），都认为随着国家的人口增加，国家征收的贡税也增多；人口多，国内生产的商品多，用于出口的商品也就多，因而能换回外国货币，即金银也多；人口多，兵源丰富，可以用武力去占领殖民地，从殖民地获得更多金银，掠夺更多的财富。英国的托马斯·曼认为，人口密度大、人口众多是国家富强的源泉。威廉·配第（William Petty，1623—1687）提出了“土地为财富之母，而劳动则为财富之父和能动的要素”的著名论断，他认为，一个国家的财富生产要求有一定数量的人口，如果人口数量过少或不足，对一个国家来说是不利的。弗朗斯瓦·魁奈（F. Quesnay，1694—1774）强调人口在财富生产中的作用，主张采取稳定农村人口和鼓励农村人口增长的政策，这一观点构成其重农主义理论体系的重要部分。

但是，经济社会条件的改变，以及人们认识上的逐步深入，人口增长的合理性受到怀疑。由马尔萨斯开始，人们开始重新审视人口自身的增长以及同生产资料和生活资料供给的相互关系，由此形成现代人口经济学的基本框架。在马尔萨斯所处的年代，英国正在经历着前所未有的产业革命，机器大工业代替了以手工为主的作坊工场手工业，成为主要的生产方式。随着生产方式的大变革，机器大工业排挤了工人、小生产，使大批工人、农民和小手工业者陷入贫困、破产境地，大批失业人口流落街头，社会矛盾十分突出。马尔萨斯把这种复杂的社会矛盾归因于人口与生活资料之间的正常比例被打破，是所谓“人口法则”在发挥作用，并认为在“自然条件”下食物产量增长永远赶不上人口数量的增长，人口过剩是“绝对过剩”。因此对人口增长和人类前景持悲观态度。对这种悲观主义的“人口决定论”，马克思主义人口理论进行了有力的批判。

第二次世界大战以来的世界人口发展经历了若干重要的变化，20 世纪 40 年代末至 50 年代初全球人口的快速增长，引发了新一轮对人口增长前景持悲观态度的理论思潮；而发达国家和一些新兴工业化国家或地区的人口增长率下降，使人们能更加理性地分析自身的繁衍行为；战后日益加强的人口迁移和城市化趋势，则为人口经济学研究提出了新的课题。总体来看，从第二次世界大战以来的半个世纪是人类对自身发展高度关注的时期，也是人口经济学走向成熟的阶段。

人口经济学主要研究人口经济关系，阐明人口经济运动过程中人口与经济相互关系及其变化的客观规律，即人口经济规律（张纯元等，1983）。人口经济学的研究方法，主要来自经济学领域，在传统的经济福利最大化为核心的价值体系内，人口经济研究始终将人口与发展问题紧密地联系在一起。

由于人口在经济发展过程中常常被当作一个外生变量，因此，在主流经济学中人口经济学长期处于一种无足轻重的地位。有一位人口学家注意到，如果什么时候所谓的“人口问题”受到了特殊的关注，那么一定是社会经济的其他部分，而不是人口出了问题（安川正彬，1983）。确实，我们发现人口学的若干高潮或进展大多是在某种社会性的危机或人类发展的重要关头取得的。而且，与大多数经济学家们耗费终身心血研究的主流经济成果湮没于漫漫时光中的情形形成鲜明对比的是，他们在人口研究方面的“副产品”，往往青史留名，流传后世。这种戏剧性的效果证明了人口经济学在人类命运前途问题方面所具有的特殊价值。

第二节 古典人口经济理论

一、现代人口经济学的萌芽

中世纪的西欧，封建的农奴制经济占支配地位，土地是基本的生产资料和主要财富，土地关系是基本的经济关系，因而那时的人口经济关系主要表现为人口与土地之间的关系。17 世纪以后，西欧各国的封建君主制度相继开始瓦解，经济方面从自给自足的自然经济向资本主义商品经济发展，并且经过资产阶级与封建统治势力的反复较量，资本主义的商品经济迅速发展，资本主义经济关系逐渐取得支配地位。这时的基本经济关系已从土地关系发展到资本关系，财富形态也由以土地等不动产为主向着以资本为主发展。在资本主义经济关系下，人口与经济关系主要表现为人口与资本的关系。古典经济学派正是以人口与资本之间的关系为主体，展开了对人口经济关系的分析和探讨。

17 世纪中叶，当西欧封建经济制度开始瓦解、资本主义商品经济开始出现时，西欧的人口增长模式一般都是高出生率、高死亡率、低自然增长率。从 18 世纪中叶工业革命开始到 20 世纪 50 年代的 200 年间，随着社会生产力的发展，欧洲各国的人口大体上经历了人口再生产模式[①]的转变，在工业革命初期，高死亡率开始下降，这个时期的出生率虽然有变动，但仍然维持较高的水平，人口自然增长也就比较快；19 世纪中叶至 20 世纪初，死亡率继续下降，而人口的出生率也开始下降，这个时期西欧各国的人口自然增长仍然是比较快的，总人口呈现增加的趋势。人口的增长，除了社会生产力有了较大提高、国民经济有了较快发展以及医疗卫生技术进步这些原因之外，还与其深刻的社会经济变革有直接关系。

古典经济学家们正是在上述社会经济条件下，在资本对劳动力的需求增加、人口增殖较快的情况下来探讨资本主义经济上升时期，即自由竞争资本主义阶段的人口与经济的相互关系。他们把人口作为经济发展的内生变量，探讨人口究竟是增加对资本增殖有利，还是人口减少对增殖资本有利。

二、威廉·配第的人口经济学说

威廉·配第是英国资产阶级古典政治经济学的创始人。著有《税赋论》《政治算术》《爱尔兰政治剖析》等书，其中多处论及人口经济问题。他最先从资本主义生产过程探讨资本

① 人口再生产，指人口的自然增长，由出生和死亡两个因素构成。与自然增长相对应，还有机械增长，机械增长指人口的迁入和迁出，一个地区的人口增长=自然增长+机械增长=出生数-死亡数+迁入数-迁出数，对一个只有内部迁移的封闭区域来说，人口迁入数=迁出数，人口增长完全由自然增长决定。

主义经济的运动规律，阐明人口与财富之间的内在关系。他从劳动价值论出发，提出了“土地为财富之母，而劳动则为财富之父和能动的要素”（配第，1981：66）的观点。配第认为，人的劳动是财富的源泉。在他看来，人口和土地构成了社会生产不可缺少的两个条件。人们劳动创造财富，又不能离开一定面积的土地。土地对于生产社会财富来说，是不可缺少的，是人们劳动作用的对象。他认为，在人们劳动和土地之间，人们主动地创造财富，人们的劳动是能动因素。人口与土地之间的关系是主动与被动的关系，人力与自然力之间的关系。人们的劳动作用于土地，人力与自然力的结合创造了财富。基于这样的认识，配第认为人多则财富也多。一个国家的财富生产要求有一定数量的人口。如果人口数量过少或不足，对一个国家来说是不利的，并且人们本身也会变得无所作为。他指出，如果人口少得使人们只须靠天然的产物或只须作轻微劳动就能维持生活，那么，他们会变得没有任何技能。他认为，人口减少或人民的技能及勤劳程度衰退，对社会、对国家以及对个人都是有害无益的。而人口的增加对经济发展则是有利的，如果人口众多，纳税人也多，就可以增加货币和税负，增强国力。

从劳动价值论出发，配第认为，国家要想增加财富和收入，一方面，要尽量减少非生产人口和非生产支出，通过征税办法，使财产从土地占有者手里转移到资本家手里，“从占有土地而游手好闲的人手里转移到聪明而勤勉的人手里”（配第，1981：35）。他认为劳动是财富的源泉，凡是从事生产劳动，创造财富的人口则为生产人口；而不从事生产活动，只是消费财富的人口为非生产人口。为了使国家增加财富和收入，他分析了总人口中究竟哪一部分人口对生产财富最为有利，主张增加生产人口，减少非生产人口。另一方面，为了扩大劳动者人数、增加生产人口，应该强迫那些无业游民和贫民从事生产劳动，为他们寻找一些固定的职业，以便自食其力，过着温饱的生活，这样也能缓解因贫困两极分化导致的内乱问题。为了增加生产人口，他认为有必要计算一个国家适合从事生产劳动或技艺工作的人有多少，还必须了解全部人口中有多少人因年幼体弱或没有能力而不适合从事劳动，以及有多少人因财富、职位或地位关系，或因其所负的责任及所担任的职务关系而不从事劳动。这样才能找到扩大劳动者人数的潜力之所在。

配第不但重视人口数量，主张增加生产人口，而且十分重视一个国家人口的价值。他认为，一个国家人口的价值不在于其人口的自然数量（人口的数量），而在于人口的社会数量。他所讲的社会数量是指人们创造财富的能量，实际上是人们的文化水平和技术能力。所以，配第是从人口的社会数量来估价人口的价值。同样，对于土地的价值，配第也是这样认为的，一个国家的土地的价值，不仅取决于土地的面积，即土地的自然数量，而且取决于土地所能生产的数量，即土地的社会数量，即看土地的质量，土地所能养活的人口有多少。

总之，配第是从增加财富的角度出发，来分析生产人口与非生产人口，人口的自然数量与社会数量，认为为了增加财富，既要增加生产人口，又要增加人口的社会数量，即提高人口的技艺水平和创造能力，以利于资本主义发展。

三、魁奈的人口经济学说

弗朗斯瓦·魁奈是法国重农学派的创始人和主要代表，同时也是资产阶级古典政治经济学的奠基者之一。魁奈在研究经济问题时，把人口作为影响经济的一个因素加以探讨，提出了自己的人口经济学说。他在为法国狄德罗等主编的《百科全书》撰写《论农夫》(1756）和《论谷物》（1757）的同时，也著述了著名的经济学论文《人口论》。在《人口论》中，他分析了法国的人口经济问题，探讨了人口增长同财富增长之间的关系，强调了人口在财富生产中的作用，主张采取稳定农村人口和鼓励农村人口增长的政策。魁奈的人口经济学说是他的重农主义理论体系的一个组成部分。

18 世纪 50—60 年代，法国主要是小农经济，农业人口占总人口的绝大多数，农业是法国的主要经济部门。在当时法国统治集团推行重商主义政策，加上连年发动对外侵略战争，使得民穷国空，对农业经济的伤害尤为严重，农村人口减少，劳动力严重不足，大片土地荒芜，农业生产萎缩。魁奈针对当时农业耕作技术十分落后，手工和畜力仍然是农业生产的主要动力等情况，提出了这样的看法：如果人口多、劳动力多，则可发展生产、提高产量、增加财富；反之，如果人口减少和贫穷，加上其他一些原因，则破坏了法国的利益之所在。所以，魁奈在《人口论》中开宗明义地说："构成国家强大的因素是人"，又说："要使不断在恢复和更新的国家维持下去并加以扩大，这决定于人们的劳动力的使用和人口的增长"。（魁奈，1979：103）人口众多是国家强盛的重要因素之一。他认为，一个国家的力量是靠它的财富来维持的，而财富是由生产这些财富的人们创造的。一个国家的军队状况是国家强大的表现之一，而一国人口的多少与其士兵的来源有密切的联系。在《人口论》中，魁奈还特别论述了人口与军队的关系。针对那时法国统治集团赡养庞大军队、对外不断发动侵略战争的状况，魁奈指出战争是阻碍人口增长的原因之一。由于当时科学技术比较落后，军队的武器装备也是比较落后的，因而军队人数的多少对战争的胜负有较大的影响。如果一个国家人口多，则兵源充足，可维持一支较大的军队。为了国家的强大，应该增加人口，特别是稳定和增加农村人口。

魁奈特别从生产领域去分析人口与财富之间的关系。他认为在任何地方，只要人们能够取得财富，过富足的生活，人们就会在那里聚居，并不断繁衍。一国的人口，无论从事何种事业，都必须有一定的生活资料（消费性财富）来维持其生存和劳动力的再生产，财富因人口的需要而增长。魁奈所说的人口的需要，首先指的是农业人口的需要，只有农业人口的生产劳动所创造的生产物才是财富，农业是一切财富的本源。另外，财富的增长能引起人口的增加。财富有利于人口的生存和繁衍，有利于吸引移民。但促使人口和财富都增加的条件：一是人们必须得到自由和拥有自己的财富；二是必须要有生产性财富以生产财富；三是降低农产品税或加工的农产品税，平抑农产品价格，促进粮食生产，增加财富；四是扩大经营规模，能够增加财富，从而导致增加人口。只有财富增加，才能使人口增长，财富对人口增减有决定作用。财富增加在先，人口增加在后。

魁奈还从财富的生产角度把总人口分为生产性人口（农业、捕鱼业和采矿业人口）和非生产性人口（工商业、行政管理、国防、文化教育、教会等人口），如果非生产性人口过多，它们的支出也过多，这种支出的增加不会使国家的财富增加，会使价格上涨，生产减缩，从而使财富减缩。非生产性人口过多，从事生产的劳动力就会减少，也会减少财富，最后导致人口的减少。因此非生产性人口不宜过多，而应该使生产性人口有所增加。在分析生产性人口和非生产性人口的基础上，魁奈将社会的人口划分为三个阶级：生产阶级、不生产阶级和土地所有者阶级。这种划分是在生产领域中进行的，没有从社会生产关系领域去考察。

魁奈分析了人口与消费需求之间的关系。有人才有消费，才有需求，才有交换，消费对人口的稳定和繁衍是必不可少的条件，并且消费与人口数量之间存在一定的数量关系。消费对生产有促进作用，生产是为了消费，只有通过消费，才能使产品成为商品。一个国家的人口数量一定要同该国所能生产的生活资料相适应。一国生产物质资料超过其人口的消费，对该国是有利的，将其输出国外（带来盈利）对促进人口增长有好处。要扩大输出和国内消费，维持农产品的价格，保持农村人口的增长和生活的安定。

魁奈是从人是生产者，能创造财富的观点出发，主张增加人口，但他又不主张人口无限制地增长，人口过多对一个国家也是不利的。人口过多增长将使工资成比例地下降，致使人们处于贫困境地，使他们不得不离开自己的国家，结果人口也减缩。他还指出人口增长有超过生活资料增长的倾向。

四、亚当·斯密的人口经济思想

亚当·斯密（Adam Smith，1723—1790）是英国资产阶级古典政治经济学的主要代表人物之一。斯密及其《国富论》对资产阶级政治经济学的理论做出了巨大贡献。斯密在阐述经济理论时把人口作为影响经济的重要因素加以分析，阐明了人口与经济之间的关系，形成了自己的人口经济学说。

斯密生活于英国工业革命开始阶段，最先分析了人口增长和资本积累的关系。他继承了配第的劳动是财富的源泉的观点，主张人口增殖。同时他也赞成财富增长先于人口增长的观点，认为财富增长会提高劳动报酬，从而使人们获得更多的生活资料，使人口增长。斯密认为增加国民财富的途径有两种：一是提高劳动生产率，主要手段是社会分工；二是增加从事生产劳动的人数。这两种途径都和人口有着密切的关系。从创造财富方面，他把总人口划分为从事有用劳动的人数和不从事有用劳动的人数，从事有用劳动的人数同他们推动购买生产资料的资本之间存在一定的比例关系。人口增加，从而从事生产劳动的人数增加，进而国家财富增加。斯密主要从资本积累的角度来分析人口经济关系，认为人口增殖取决于资本积累及由此引起的对劳动的需求。“如果劳动需求继续增加，劳动报酬必然鼓励劳动者结婚和增殖，使他们能够不断增加人口，来供给不断增加的劳动需要”（斯密，1972：64）；一旦劳动报酬过分鼓励人口增殖，劳动供给过多就会使劳动报酬下降，限制人口增殖；“因此，像对其他商品的需求必然支配其他商品的生产一样，对人口的需求也必然支配人口的生产。生产过于迟缓，则加以促进；生产过于迅速，则加以抑制”（斯密，1972：73-74）。从经济自由的原则看，经济的发展会通过资本和劳动之间的供求关系，自发地调节人口生产。在人口与财富之间，还有若干中间环节，包括社会分工、生产、交换、分配、需求、消费等。斯密特别强调社会分工对国民财富的重要性。提高劳动生产率是增加国民财富的主要原因，而分工又是提高劳动生产率的重要因素。一定数量的人口是社会分工的前提，如果没有一定数量的人口，是谈不上社会分工的。由于生产力的发展，人们的劳动分工有必要，也是可能的。人们可以通过交换获得更多自己需要的大部分消费品；由于分工，劳动技术效率逐步提高，增加了财富。

斯密在分析人口与消费的关系时指出，消费者或总人口与消费（包括生存性消费和奢侈性消费）资料之间有一定的比例关系。消费性财富同总人口之间存在比例关系，一个国家人口消费水平的高低，依存这一关系。他主张消费采取节俭的态度，以便为经济发展多积累资本。消费是人口生产的必要条件，消费的目的是发展生产，发展生产要增加资本，要增加资本就有必要增加人口，让更多劳动者生产更多的财富。斯密在分析人口与生活资料的关系时，把人类和自然界的动物作类比，认为生活资料不足是限制人口增长的重要原因。这其中包含了人口增长同生活资料增长之间存在一定的比例关系的思想。斯密还分析了贫困与富裕对人口生产的影响差别。奢侈的妇女追求享乐，从而会削弱生育力。而贫困在没有达到引起饥馑和瘟疫的极限之前，贫困的育龄妇女的生育率要比富裕的、奢侈的育龄妇女高得多。贫困似乎有利于生育，但不利于抚养子女，因为生活艰难造成婴儿死亡率上升，子女的成活率下降。这些都不利于人口的增长。

五、大卫·李嘉图的人口经济思想

大卫·李嘉图（David Ricardo，1772—1823）是 19 世纪初英国古典政治经济学的主要代表和完成者。他的《政治经济学及赋税原理》是想阐明经济发展中土地产品如何在生产诸因素之间进行分配，他把人口作为经济变量变动的一个内生变量，分析人口与经济之间的关系。

李嘉图的人口思想是建立在萨伊的销售法则、土地收益递减法则及马尔萨斯的人口法则基础上的。李嘉图认为资本积累是发展的动因，并且遵循萨伊的销售法则不多不少地向从事生产的工人投资。投资增加了，按照马尔萨斯的人口法则，人口也会增加，肥沃的优等地所生产的农产品不够满足人们的需要，因此不得不耕种劣等的贫瘠土地，其结果是，谷物价格上涨，资本家不得不付出越来越高的工资（因工人工资必然等于最低生活资料的价值），致使利润日益减少。因此，资本积累的发展提高了工资和地租，却降低了利润。

李嘉图从对劳动的需求入手，论述劳动价格和决定劳动需求的因素，来阐明资本对劳动需求调节着人口生产。他认为工资是劳动的价格，存在自然价格（让劳动者大体能生活下去并使其不增不减地延续繁衍所必需的价格）和市场价格（劳动市场上劳动的货币价格，或资本家在劳动市场上支付的货币工资）。劳动的自然价格取决于劳动者维持其自身与其家庭所需要的食物、生活必需品、日用品的价格。这种自然价格会随着发展发生一定的变化。劳动的市场价格取决于劳动的供求状况，随着经济的增长，围绕劳动的自然价格波动，两者有趋于一致的倾向。他说："当劳动的市场价格超过其自然价格时，劳动者的景况是繁荣而幸福的，能够得到更多生活必需品和享用品，从而可以供养健康而人丁兴旺的家庭。但当高额工资刺激人口增加，使劳动者的人数增加时，工资又会降到其自然价格上去，有时的确还会由于反作用而降到这一价格以下。"（李嘉图，1982，卷 1：78）人口增加超过资本增加时，工人生活贫困，劳动者生活无着，陷入悲惨的境地，限制了人口增加，使市场价格上升到自然价格的水平。但由于工人的生活状况有所改善之后大多数人首先是要提高生活水平，而不是结婚养家；良好条件下资本可能比人口增长快。因而劳动的市场价格保持在自然价格之上是有可能的，只有生活水平提高到一定的程度之后才会引起人口增长。因此，劳动需求就成了人口增长的动因，即劳动需求推动人口不断增长。李嘉图主张"道德抑制"。通过在劳动自然价格与绝对的最低生活水平之间设立"避难所"，使工人的生活状况在人口激增，劳动市场价格（工资）下降到自然价格以下时，也不可能变得十分悲惨，否则人口会绝对减少。为了解除贫困，贫民本身和立法机关要注意和努力限制人口增加，避免无准备的早婚，国家应奖励国民的道德抑制，不必采取国家济贫法这种不高明的对策。

李嘉图进一步分析决定劳动需求增减的因素，认为对劳动的需求是由资本来决定的，并把资本分为固定资本（购买厂房、机器设备、原料、燃料等原材料所付出的资本）和流动资本（雇用工人所付出的工资），其中决定劳动需求的是流动资本而不是固定资本，但采用机器可以用更少的人力生产出同样数量甚至更多的产品，出现机器排斥工人，形成失业和过剩人口。当总资本增加时，用于购买机器、设备等项的固定资本比用于购买劳动的流动资本要增加得快，即固定资本增长的比例要大于流动资本。这样就导致流动资本在总资本中的比例相对减少。一方面，机器的使用，提高了劳动生产率，降低了产品的成本，增加了产品的数量；另一方面，使用机器，排挤工人，造成了大批的工人失业和生活贫困。李嘉图指出，不要因为机器的使用对劳动者阶级极为有害就不使用机器，出现过剩人口是由于资本对劳动的需求引起的。对劳动需求的不足，是由于缺乏雇用手段或雇用资料的缘故，所以，有充足的资本，等于说对劳动有很大的需求。但是，随着经济的发展，工人工资也和上升的地租一样继续提高，这是自然趋势，意味着利润的不断减少，最后会导致资本积累停止，经济陷入停滞状态。为了延缓这种状态，可以考虑采取改良农业，引进机器，开展国外贸易等政策。这些政策具有抑制高工资、提高利润的效果，但前两项并不能根本克服自然灾害，因而李嘉图提倡对外贸易。但不管怎样，经济不得不进入停滞状态。

李嘉图持所有商品的需求总是先于供给的观点，他认为，资本增加主要是流动资本的增加引起了劳动需求的增加和工资的上升；劳动需求的增加和工资上涨最终会引起人口的增殖，人口增多；人口增加导致对食物需求的增加，从而会促使食物生产的发展。他从土地肥力递减规律出发，认为土地的生产力和资本积累率最终会赶不上人口增长率，因而导致人口对生活资料的压力。他认为一般情况下，人口超过对劳动的需求，也就是超过其农业和制造业实际上可以经常雇用的人数，生产赶不上人口的增长。同时，土地的数量有限，质量又有差异，增加资本并不能提高生产率，反而会使报酬递减，其原因是人口不断增加，粮食价格上涨，形成级差地租并且进一步发展。对如何解决人口对生活资料的压力问题，李嘉图提出迅速地积累资本，增加雇用资料，以减少过剩人口，减轻人口压力。

总体来看，古典人口经济理论是现代人口经济学萌芽的阶段。由于在其所处的历史阶段，人口加速增长的趋势并不明显，人口被视为财富与国力的象征，人口的增长从总体上看是有利的，这是早期人口经济思想的主要特征。

第三节　马尔萨斯人口论

一、马尔萨斯人口经济学说

托马斯·罗伯特·马尔萨斯（Thomas Robert Malthus，1766—1834）早年曾在英国剑桥大学学习历史、哲学和神学，1798 年加入英国教会，并成为一名牧师。后来他在东印度学院任教，1805年成为政治经济学和历史学教授。

在马尔萨斯所在的时代，英国经历着产业革命的社会经济的急剧变革，而美国殖民地独立、法国革命、英法战争等一系列的事件对经济思想和现实两方面都有很大的影响。在产业革命中，机器大工业代替了以手工为主的作坊工场手工业，成为主要的生产方式，英国当时也成为世界上先进的工业国。与此同时，产业资本代替了商业资本，产业资产阶级从封建贵族手里夺得了政权，另外，机器大工业排挤了工人、小生产，造成大批工人、农民和小手工业者贫困、破产，大批失业人口流落街头，法国革命及其以后的英法战争，又使物价昂贵、粮食不足，国内阶级矛盾错综复杂。首先是资产阶级、土地贵族同工人阶级、劳动群众的矛盾；其次是产业资产阶级同土地贵族等封建势力的矛盾。在这重重矛盾的情况下，受法国资产阶级革命的影响，英国工人阶级和劳动群众对统治阶级日渐不满，不断采取各种形式进行斗争。为了对此采取对策，当时英国首相皮特（1759—1806）放宽了济贫法，过去经济救济的对象只是遭遇不佳的老人和儿童，现在改为生活费不足的健康者也可从济贫院得到经济上的救济。

因产业革命而产生的经济迅速发展和法国革命提倡的自由、平等、博爱的思想，强化了人们对经济和人口发展的乐观主义思想。空想社会主义者的威廉·葛德文（William Godwin，1756—1836）和康多塞（Condorcet，1743—1794）主张通过科学进步和人类的理性发展来实现社会和人类的理想化，否定了人口过剩的问题。当时英国社会改革思潮的重要代表人物威廉·葛德文是早期空想社会主义者，他拥护1789年的法国革命，1793年出版了《政治正义论》一书。该书热情地歌颂理性主义和财产平等的制度，严厉地抨击资本主义私有制，认为社会的贫困和罪恶根源在于私有制，而不是由于人口增长，只要废除了财产私有制，消灭了贫富对立，人口问题是可以解决的。他说："在几万个世纪里或许人口会继续不断地增长着，可以看到，地球依旧是能够充分地养活它的居民的。"与此同时，法国启蒙运动思想家康多塞的《人类理性发展的历史观察》一书于1794年出版，并对英国产生较大影响。该书认为人类的贫困和苦难是由于社会不平等和财产私有制造成的，主张通过社会改革来消除财产私有制。

马尔萨斯的人口思想正是在这一历史背景下形成的。他从过剩人口的立场出发，认为人类存在阶级社会的必然性，与其说是由不断发展的社会造成的，不如说是最低生活水平的必然结果，他批判了不现实的社会思想。以批判上述修改的济贫法和社会主义思想为目的的《人口原理》，初版是在1798年以《论人口原理及其对改善将来社会的影响——兼评葛德文先生和康多塞先生及其他作者的研究》为题匿名出版的，并引起了很大反响。后来马尔萨斯运用大量丰富的资料进行实证分析，对全书作了较大的修改，出版后的第5年，耳目一新的《人口原理》第二版以《论人口原理及其对于人类幸福的过去和现在的考察，附预测将来关于消除和缓和由人口原理所产生的弊端的研究》（以下简称《人口原理》）为题，再次出版。就其内容而言，已成为一本纯学术性的书，其关心的焦点，也从初版中注重人类社会的未来，转向考察当时的现实和历史问题。在马尔萨斯生前，《人口原理》于1806年、1807年、1817年和1826年多次再版，一直出到第六版。

马尔萨斯自称受亚当·斯密影响最深，他把亚当·斯密有关人口受生活资料制约的论点加以修改，结合华莱士等的观点，发展成自己的人口经济理论，其主要内容如下：

1. 两个公理

马尔萨斯全部人口经济理论的出发点是两个公理："第一，食物为人类生存所必需；第二，两性情欲是必然的，且几乎会保持现状。"（马尔萨斯，1959：4）这是马尔萨斯针对葛德文关于两性间的情欲是受理性支配且逐渐减弱的观点而提出来的。马尔萨斯还认为，食欲和情欲是人类"本性的固定法则"，是超社会的自然存在，是由人类的本性决定的。他把人口的增殖完全看作纯粹自然现象。

2. 两个级数的假设

从两个公理出发，马尔萨斯提出了人口增长和生活资料增长的两个级数的假说。他提出："我的公理一经确定，我就假定，人口增殖力，比土地生产人类生活资料力，是无限的较为巨大。"这就是马尔萨斯的"人口法则"。为此，他又提出了两个级数假设作为依据，他说："人口，在无所妨碍时，以几何级数率增加；生活资料，只以算术级数率增加。"（马尔萨斯，1959：5）马尔萨斯以斯密所举的北美为例，说明两者的增长速度（两种级数）的不同，用以下数列（表 6-2）来说明。

表 6-2　马尔萨斯人口级数

期间	1	2	3	4	5	6	7	8	9	10
年数	1	25	50	75	100	125	150	175	200	225
人口	1	2	4	8	16	32	64	128	256	512
生活资料	1	2	3	4	5	6	7	8	9	10

人口增长和生活资料增长，开始时差距不大，但是，随着时间的推移，这两者的差距越来越大。马尔萨斯认为，人口增殖力和土地生产力是不平衡的，人口如不受限制，25 年就会增加一倍，在两个世纪中人口与生活资料的比例变为 256∶9，两者之间的差距是巨大的。

3. 一条规律

人口增长和生活资料增长之所以出现如此巨大差距，他认为是"一切生物的增殖有不断超过对它提供的营养的倾向"。他在《人口原理》再版时，又以法国经济学家杜尔哥（Torgot，1727—1781）提出的"土地肥力递减规律"来论证，即以在相同的土地上连续投入同量的劳动所获得的收益递减，土地收益不是与人口同等比例增加，而是递减的，作为生活资料只能按算术级数增加，继而断言人口增长有一种必然超过生活资料增长的"自然趋势"。

4. 三个命题

根据两个公理和两个级数，他推论出三个命题："①人口增加，必须受生活资料的限制；②生活资料增加，人口必增加；③占优势的人口增加，为贫穷及罪恶所抑压，致使现实人口得与生活资料相平衡。"（马尔萨斯，1959：5）在马尔萨斯看来，人口增殖力和土地生产力的不平衡是自然的，这两种自然力作用的结果必须使它们保持平衡，而达到平衡的途径是生活困难，因为贫困、罪恶压抑着人口增长。他把这一切都看作自然法则的要求。他说："按照人类生存必需食物的自然法则，这两个不平衡力的结果，必须保持平衡。这当中，包含一个强大而不断活动的妨碍，在阻止人口增加，此即生活困难。"

有的学者把上述三个命题分别概括为“限制原理”“增殖原理”“均衡原理”，并且认为马尔萨斯的意图是人口与生活资料之间一旦达到平衡，又会为占优势的人口增殖力所破坏，然后又向新的平衡发展。马尔萨斯正是把这样三个“原理”统一起来，称为“人口原理”。

5. 两种抑制

马尔萨斯认为一切社会改革都无助于解决人口问题。那么，如何使人口增殖力和土地生产力之间（人口与生活资料之间）达到平衡呢？他主张在人口方面采用抑制手段去实现这两者之间的平衡。他把抑制分为“积极抑制”和“预防抑制”。所谓“积极抑制”，是指通过贫困、饥饿、瘟疫、罪恶、灾荒、战争等手段去妨碍人口增加；所谓“预防抑制”，是指通过禁欲（不结婚）、晚婚、不生育等预防人口增加，这又称为“道德抑制”。他说：“道德抑制”是“出于远虑的动机克制着不结婚，而在这种克制的时期里又保持着严格的道德行为的那种节制。”（马尔萨斯，1959：9）他要求那些在现实世界，“无希望”摆脱贫困的人寄“希望于来世”。马尔萨斯要求穷人甘愿穷苦而不结婚、不生育子女，以便到上帝那里和来世去追求“幸福”。而在生活资料方面，则通过人们的努力进一步提高生产水平，使人口与生活资料都以更高的水平达到新的平衡。

二、马尔萨斯人口论评述

马尔萨斯运用其人口论去考察从古至今的人类历史，找寻各种例子去证明“人口原理”，并且从他的历史分析中得出了四个结论。

（1）“人口法则”是永恒的绝对法则，适用于一切时代、一切社会。他说：“人口继续和土地所产食物保持正常比例的命题，很可以说是一个无可辩驳的命题。”然而，这种“正常比例”却不可避免地要被“占优势的人口增殖力”所打破，人口增加超过食物增加，这样造成“在人类的场合，是贫穷与罪恶。前者，贫穷，是这个法则（指人口法则）绝对必然的结果，罪恶是最可能的结果”。马尔萨斯认为，工人贫困、失业、饥饿等是工人人口增加的必然结果，因而也成为抑制工人人口过度增殖所必需。

（2）“人口法则”的作用造成失业、贫困、甚至罪恶是不可避免的，因而实行“救贫法”是错误的。在马尔萨斯看来，“救贫法”不但使处于贫困的工人得以存活下来，而且，“救贫法的明显趋向是鼓励结婚”，从而使人口继续增加，不利于限制工人人口的增殖，反而会使贫穷人口得以继续增加，“供养贫民以创造贫民”。所以，马尔萨斯极力主张压缩救济以至废除“救贫法”。他宣称：“作为头一个步骤……当前救贫法制度就应缩减或停止增加救济，在我看来，我们必须以正义与荣誉来正式否认贫者有供养的权利。”（马尔萨斯，1959：178）马尔萨斯试图说明自然的贫困、失业、饥饿、疾病能减少穷苦人口，以使人口与食物之间维持平衡。

（3）“人口法则”的作用把工人工资压低到最低水平。只要财产安全和婚姻制度存在，社会的不平等状况必然会随之而来，私有制是必然的、合理的。“一切人不能平等享受自然的恩惠。设无确立的财产制度，一切人均非竭力防卫其少许资财不可，自利心将胜利。竞争的对象，是永久的。”（马尔萨斯，1959：54）马尔萨斯以这种制度下商品的供求决定价值的理论为基础，推出“维持劳动基金”论，认为工资的高低完全取决于劳动力供求状况。所谓“维持劳动基金”就是指资本家用于雇用工人而留出的资本，而且这个留出的资本数量是固定不变的。于是，在劳动市场上，因人口增加，工人的供给超过了就业机会，即超过了需求，则工资下降，甚至压到最低水平。尽管工资下降，但由于“人口法则”作用，人口仍在不断增加，因而引起对食物需求的增加，物价上涨，工人生活贫困。生活贫困迫使工人晚婚、不育或独身，从而又使工人人口缩减。工人人口缩减使劳动市场供求趋于平衡，从而也使人口与生活资料趋于平衡，然而工人所得工资仍不可能有多少变化。所以，“维持劳动基金”固定不变，工人所得工资取决于工人人数，工人人数越少，则工资可能高些，工人人数越多，则工人工资越低。马尔萨斯的结论便是工人工资低、失业、贫困的原因是工人人数增加过多，所以，要解决失业、贫困、饥饿等问题，唯一的办法是限制工人人口增殖，以致减少工人人口。

（4）“人口法则”使任何试图通过实现财产平等来消除失业、贫困的社会改革趋于失败。马尔萨斯认为，一切人不可能平等享受自然的恩惠。所以，“任何幻想的平等，任何大规模的农业条例，也不能除去这法则的压力，甚至要把它除去仅仅一个世纪，也不能够。要社会上全体人的生活，都安逸、幸福，而且比较闲暇，不必悬念自身及家族生活资料如何供给，那是无论如何也不可能的。”（马尔萨斯，1959：5-6）进而，马尔萨斯认为财产平等化了，固然会使农业生产得到发展，但是人口增加会更迅速，“人口法则”的作用使粮食增长赶不上人口增长，即使全部土地都开垦也不能生产出足够的生活资料。显然，马尔萨斯是针对葛德文等主张实行财产平等，通过改革社会来解决人口问题的思想而提出这个论点的。马尔萨斯认为葛德文设想的公平社会，“甚至三十年不到，就会由一个单纯的人口原理，全行破坏”。他声称葛德文最大的谬误，就是将文明社会的一切罪恶与贫穷，“概归过于人类制度”，而忽视“人口法则”的决定作用。在马尔萨斯看来，财产私有制、社会不平等是“合理的”和“永久的”，任何社会改革都是徒劳的。

马尔萨斯把人口与经济之间的复杂关系归结为人口与生活资料之间的关系，又把资本主义社会存在的人口过剩的原因归结为食物增长赶不上人口增长，而食物增长落后于人口增长是由于土地肥力递减规律的作用。他把土地肥力递减规律作为其人口经济理论的依据。所谓“土地肥力递减”，是指在技术水平一定的条件下，如果在同一块土地上追加投资，随着投资增加，收益会依次增加，但当投资增加超过一定限度之后，增加的收益就会依次减少，其原因在于土地肥力不能按比例归还植物摄取的养分数量，而是日渐递减。这就是土地肥力递减规律。

马尔萨斯认为，人口增长越多，要求土地生产的粮食也就越多。然而，土地肥力却随着土地生产物产量上升而递减，即土质变得越来越坏、越贫瘠，久而久之，在土地上追加任何投资所生产的粮食只会越来越少。所以，食物产量的增加赶不上人口数量的增加。

以上几个方面就是马尔萨斯人口经济学的主要内容。他用这种人口经济理论来说明资本主义社会存在人口过剩现象，原因是人口与生活资料之间的正常比例被打破，是“人口法则”使然。这种自然的法则作用被打破，另外，“土地肥力递减规律”作用使食物产量增长永远赶不上人口数量的增长，因而，人口过剩是“绝对过剩”。

马尔萨斯人口经济理论的主要问题，首先，否认人口规律的社会性和历史性。人口现象和经济现象都是社会现象，马尔萨斯在分析人口经济问题时片面地强调了人口的自然属性，把人口现象当作纯粹的自然现象，忽视了人口的社会属性，忽视了生产关系和生产力发展水平对人口生产的制约作用，把人口规律完全当作自然规律，把它看作超越生产力水平和生产关系发展历史阶段的“永恒”的规律，因而是十分错误的。其次，马尔萨斯理论忽视了技术进步和社会生产力的发展对解决人口经济问题的重要作用，其人口经济学说建立在“土地肥力递减”规律上的，他假定在技术水平固定不变、社会生产力停滞的条件下，土地收益会随着土地肥力递减而递减。然而从长期来看，科学技术的进步和社会生产力的发展会大大提高土地的产量，从而提高供养人口的能力。

第四节　凯恩斯人口论

一、凯恩斯人口论的两个阶段

当人口迅速增长对经济发展产生压力时，经济学家和人口学家为人口增长的后果忧虑，认为人口增长带来了贫困，摆脱贫困的出路在于减少人口。例如 18 世纪末和 19 世纪初的马尔萨斯人口经济理论，认为生活资料的增长赶不上人口增长，人口增长是妨碍经济发展的主要障碍，主张不惜采取一切手段控制人口增长。19 世纪中叶之后，西欧、北美的人口增长出现减缓趋势，19 世纪末人口开始了转变，到了 20 世纪 30 年代，人口变动进入缩减或停滞状态，这在经济学家和人口学家中引起了一种人口过少的恐慌，开始担心人口源流是否不久会发生枯竭，强调人口增长对经济发展影响的有利方面。为了发展经济，他们认为，人口增长又有了必要，甚至认为，人口增长和生活水平提高成为刺激资本需求的主要因素。凯恩斯的人口经济学说就是在这种历史背景下产生的。

约翰·梅纳德·凯恩斯（John Maynard Keynes，1883—1946）出生于英国剑桥，于 1902 年考入剑桥大学攻读数学，后转而攻读经济学。凯恩斯一生著述甚多，其中论述人口问题较多的经济学论著主要是：1919 年发表的《和平的经济后果》，该书分析了第一次世界大战后欧洲的经济状况和人口经济问题，指出了西欧、北美存在人口过剩危机；1922 年在《曼彻斯特商业卫报》杂志上发表了《一个经济学家的人口观》；1930 年发表了《人口与节育》《我们孙辈们的经济可能性》《货币论》等论文和著作；1933 年发表了《罗伯特·马尔萨斯——剑桥第一个经济学家》；特别是 1936 年发表的《就业利息和货币通论》一书和 1937 年发表的《人口减少的若干经济后果》讲演，更是凯恩斯人口经济理论的代表作。在以上这些论著中，凯恩斯阐述了有关人口经济的思想。

凯恩斯有关人口经济问题的理论以 1930 年为分界线，1930 年以前，他主要沿袭着马尔萨斯的过剩人口理论，认为人口增长阻碍了经济发展，人口是经济发展的主要障碍。比如，凯恩斯在 1919 年发表的《和平的经济后果》一书中，分析第一次世界大战之后欧洲、北美的经济与人口的关系，认为欧洲和北美人口增长给这些地区未来经济的发展投下了阴影。凯恩斯在谈到第一次世界大战之后要求战败国赔款的问题时，也结合分析人口经济问题，认为战争之类的历史事件与人口是有关系的。凯恩斯认为英国从 1900 年以来，实际工资增加缓慢或者说几乎没有什么增加，应归因于人口增加过快或过多。正是人口增长过快，存在过剩人口，致使实际工资没有增加。凯恩斯认为过剩人口的魔鬼又威胁着欧洲，而且北美也有过剩人口的危险。北美主要是美国人口增长较快，引起了农业报酬递减，向欧洲出口粮食更加困难了。凯恩斯的这种过剩人口理论在 1922 年的《一个经济学家的人口观》一文中表现得尤为突出。在该文中，他把人口拥挤状况和新西兰北部近海一个小海岛上小鸟的极度拥挤相比较，以此说明人口增长是经济发展的主要障碍（彭松建，1987：212）。

在 1930 年之前，凯恩斯似乎对自 19 世纪中叶以来，西欧各国人口增长率逐渐下降，人口增长出现缩减的趋势没有察觉。他主要忧虑的还是人口增长过快给经济发展带来的威胁，把人口增长看作实际工资停滞、人们贫困的主要原因。但是，人口增长缩减的趋势，终于对注意人口经济关系的经济学家凯恩斯产生了影响。1930 年，凯恩斯发表了《货币论》一书，该书所阐明的人口经济观点表明，凯恩斯开始从担忧人口增长过快、人口过剩转向了忧虑人口增长缩减、人口不足，并认为人口增长缩减是引起投资不足从而使经济停滞的主要原因。

到了 1933 年，凯恩斯发表了《罗伯特·马尔萨斯——剑桥第一个经济学家》的讲演。他在讲演中指出，马尔萨斯一生主要关心两个问题：一是贫困问题，二是失业问题。年轻的马尔萨斯认为工人阶级的贫困无疑是由当时人口增长急剧引起的。然而，拿破仑战争之后，经济上的主要问题从贫困转变为失业，失业不是由于生产力不足，而是由于有效需求不足所造成的。凯恩斯用有效需求不足理论去说明 20 世纪 30 年代大经济危机中存在的过剩人口问题，即大批工人失业问题。

如果说凯恩斯早期人口思想主要是继承马尔萨斯的理论，则凯恩斯后期的人口经济理论则有了新的突破。他的人口经济思想集中在其《就业利息和货币通论》（以下简称《通论》）和 1937 年 2 月 16 日发表的题为《人口减少的若干经济后果》的讲演中。他主要运用有效需求理论去阐述人口经济问题，他认为，当时欧洲、北美存在大量过剩人口，即失业人口，主要是由有效需求不足引起的。所谓有效需求不足，主要是指消费需求不足和投资需求不足。正是有效需求不足导致了大批工人失业，大量过剩人口挤满街头。进而凯恩斯又分析了资本需求依存于总人口、生活水平和资本技术，并且认为引起资本需求增加的主要因素是人口增长和生活水平的提高。当时英国出现了人口增长缩减的趋势，他担心，由于人口增长趋于静态或减少，对资本的需求也会转而减少，从而对经济的发展产生不利影响。

在《通论》发表之前，传统的资产阶级经济学认为，资本主义经济借助自由市场的调节，能够自动实现达到充分就业的均衡。但是，20 世纪 30 年代经济大危机给予这种传统的经济理论以巨大冲击。传统的经济理论已经不能解释生产过剩的危机，也不能说明造成大规模失业、大量过剩人口存在的原因，因此，迫切需要“新”的经济理论来“医治”资本主义社会的生产过剩和人口过剩交织的危机。西方学者把凯恩斯的《通论》看作“医治”危机、挽救经济的灵丹妙药。

《通论》认为资本主义社会的生产过剩是由有效需求不足引起的。为了消除危机、消除失业、挽救经济，需要增加有效需求。为了增加有效需求，单靠自由市场的调节是不够的，还必须由政府采取财政手段干预经济生活，增加有效需求，吸引投资。

具体来说，《通论》包括就业理论、投资理论、危机理论和国家采取财政政策等手段来干预经济生活等一整套宏观经济理论。这一整套理论又用有效需求不足论加以贯穿，形成了凯恩斯主义经济理论体系。他的人口经济理论是其中的一个组成部分，其主要观点如下。

1. 就业量取决于有效需求

凯恩斯认为，资本主义社会实现充分就业的均衡只是特殊情况，或者是就单个企业而言。从整个国民经济的运行来看，经常的情况是小于充分就业的均衡。凯恩斯用有效需求不足来说明失业存在的原因。凯恩斯的就业理论就是小于充分就业的均衡理论，他在谈到就业量时指出，资本主义社会的就业量取决于有效需求。

所谓有效需求是指社会上商品总供给价格和总需求价格达到均衡时的总需求。总供给价格是指所有资本家雇用一定数量工人生产产品，资本家期望得到这些产品的最低卖价。总需求价格是全部资本家期望社会对产品愿意支付的总价格。当总需求价格大于总供给价格时，资本家认为有利可图，就增购生产资料，增雇工人；反之，当其总需求价格小于总供给价格时，资本家为了减少风险和损失，就缩小生产规模，解雇工人。所以，只有当总需求价格等于总供给价格时，资本家才保持生产规模不变，既不增雇工人也不解雇工人。这时的总需求就是有效需求，正是这种有效需求决定了工人的就业量。

2. 有效需求不足是引起失业的原因

如上所述，凯恩斯承认资本主义社会只能实现小于充分就业的均衡，存在失业，这种失业是有效需求不足所致。凯恩斯认为有效需求由消费需求 C 和投资需求 I 所构成。所谓有效需求不足，也就是消费需求不足和投资需求不足。

关于消费需求不足的问题。凯恩斯认为消费需求受人们的收入和消费倾向的影响。消费倾向是指人们心理上的消费偏向，这是造成有效需求不足的三大基本心理因素之一。心理上的消费倾向是造成消费需求不足的原因。收入和消费两个经济变量之间的函数关系就是消费倾向，它是一个比较稳定的函数。凯恩斯认为存在一条基本的心理规律（边际消费倾向递减律），即随着收入的增加，消费也会增加，但是消费的增加不及收入的增加多。正由于人们收入增量中用于消费的部分所占的比重越来越小，对消费需求增量也趋于缩小，从而导致消费需求不足。消费需求不足又会导致有效需求不足，因而产生失业。在《通论》中，凯恩斯是作短期分析，假设短期内人口没有大的变动，所以他认为解决有效需求不足的问题主要是增加投资需求，但到了 1937 年，其在发表《人口减少的若干经济后果》的讲演时，他从长期考察，因为增加人口能够增加消费需求，从而认为人口增加是增加资本有效需求的主要因素。在《通论》中，凯恩斯已暗示了人口增长减缓是造成消费需求不足的原因，他特别谈到了一个静止人口的消费需求的问题。凯恩斯肯定了资本需求不能离开消费需求。资本需求的减少，无疑将会造成失业。

关于投资需求不足的问题，首先从充分就业的均衡进行分析。如果将国民收入分解为消费量和储蓄量，从传统经济学来说，只要储蓄等于投资，则自然达到充分就业的状态。但凯恩斯认为，资本主义社会通常情况是小于充分就业的均衡，投资需求不足导致产生大量失业人口。凯恩斯用心理上对资产未来收益之预期以及心理上的灵活偏好来解释投资需求不足的原因。“心理上对资产未来收益之预期”就是指资本边际效率递减规律。资本边际效率即指资本家增加一笔投资所预期的利润率。凯恩斯在分析资本边际效率与增加投资的关系时指出，随着资本投资的增加，资本边际效率递减。这是因为资本供给增加，导致产品增加，每单位产品价格下跌，其收益增量必然下降。另外，资本资产未来预期收益与重置成本（资本资产的供给价格）成反方向变化，资本供给越大，重置成本越高，则该资本资产的未来预期收益越小。重置成本增大和未来预期收益减少都使资本边际效率递减。当资本边际效率递减时，资本家对未来预期收益持悲观情绪，这样必然减少投资，缩小生产规模，从而导致投资需求不足。

此外，投资需求还受制于利息率。凯恩斯认为，对投资起决定作用的是资本边际效率与利息率这两者之间的关系，即利润率与利息率之间的差额。如果利润率大于利息率，资本家认为把资本投入生产活动能带来较高的预期收益，则将增加投资。如果利润率接近利息率，或者利润率与利息率两者都在下降，前者比后者下降更多，资本家则不愿意投资。这样也可造成投资需求不足。凯恩斯用心理上的偏好来解释利息率的变动。他认为利息率主要受灵活偏好的决定性影响。首先利息率受消费倾向的影响，在其他条件不变时，消费支出与利息率呈相反方向变动，即利息率上升，消费减少。所谓灵活偏好，又称流动偏好，是指人们心理上喜欢保存一定数量的现金，以利于自己灵活周转；或者说人们有以货币形式（现金形式）保持一部分财产的欲望。人们保存现金的动机又可分为交易动机、谨慎动机、投机动机。人们要把现金贷给别人或储蓄起来，就是要放弃流动偏好，即灵活偏好。这种放弃流动偏好必须得到报酬，这种报酬就是利息。由于这种流动偏好的作用，利息率降低会有一个最低限度，低于这个最低限度，人们不愿意放弃灵活偏好，即不愿意把现金储蓄起来，而宁愿把现金保留在自己的手中。同时利息率还取决于货币的供求状况。假设流动偏好代表了货币的需求，货币数量表示货币的供给，那么，货币数量增加到一定程度可以降低利息率。资本家进行投资不只是看资本边际效率，更主要的是看资本边际效率扣除利息率之后的预期纯利润率。流动偏好的作用使利息率的下降受到了限制，因而也使预期利润率的提高受到限制，这种限制的作用和资本边际效率递减一样会使资本家的投资需求不足。

从以上分析可以看出，当有效需求分解为消费需求和投资需求之后，由于边际消费倾向递减使消费需求不足，资本边际效率递减和流动偏好对利息率降低的限制使投资需求不足。这样，消费需求不足和投资需求不足必然造成有效需求不足，因而资本主义社会产生失业就是必然的。凯恩斯更重视投资不足在造成失业方面的作用，并认为失业主要是由投资需求不足所引起的。因此，解决失业问题的出路在于投资，在于增加投资需求。凯恩斯主张政府干预经济，增加国家投资来解决失业问题，他主张运用国家机器，依靠政府的财政政策来刺激消费和增加投资，以便提高有效需求。

凯恩斯在《通论》中假定劳动力数量和资本数量是一定的，即在不变的基础上进行短期的比较静态的分析，对于人口这个动态因素并未充分展开分析。凯恩斯写《通论》的主要目的，是说明实现小于充分就业下的均衡条件，解释造成大规模失业现象的原因和寻求解决失业问题的政策。

从西方人口经济学说演变的历史来看，凯恩斯从分析有效需求不足入手，分析了消费需求、投资需求同劳动力人口是否就业之间的关系，这样就把人口因素重新纳入西方主流经济学的体系，把人口因素作为经济运行的内生变量来加以研究。这对于凯恩斯之后的西方人口经济学发展，是很有影响的。凯恩斯在 1937 年，即《通论》发表的第二年，作了《人口减少的若干经济后果》的讲演，把《通论》未予充分考虑的人口因素加以补充，从短期比较静态分析向长期动态分析过渡，从而进一步发展了《通论》中提出的人口经济理论。

二、人口减少的经济后果

凯恩斯强调，人口增长趋势已经发生了转变，即由过去人口急速增长转向人口增长趋于静止状态或人口缩减状态。他指出，正是由于人口增长从上升变为下降，作为这种变化的结果，可以预想到会产生若干重要的社会经济后果，其中经济后果尤为突出和最为引人注目。他认为已经不能按照马尔萨斯所说的人口增长妨碍经济发展的传统观念来考察人口减少的经济后果，人口增长从上升到下降或静止的转变，将给经济发展带来非常不利的影响，甚至带来灾难性的经济后果。与马尔萨斯关于人口增长给经济发展带来灾难性影响的观点相反，凯恩斯认为人口增长对经济发展产生有利的影响。凯恩斯指出："一个正在增长的人口对资本需求有一种非常重要的影响。不仅资本需求（除了技术变化和生活水平提高之外）的增加或多或少地与人口成比例，而且工商业的预期更多地依据现在的需求而不是未来的需求。在一个人口正在增长的趋向乐观主义的时代，一般来说，资本需求总是趋于超过而不低于所希望的。"（彭松建，1987：226）

为了进一步考察人口趋势的转变所产生的经济后果，他提出了简单分析模式，认为资本需求受人口、生活水平和资本技术这三个因素的影响。所谓资本技术，相当于资本系数，指的是技术发明和改进有利于提高生活水平，人们生活水平的提高则会增加消费需求，从而增加对资本的有效需求。对于发明要作具体分析，要考察发明的类型和时代特征，19 世纪上半叶曾经是资本主义发展的黄金时代，那时在工业、交通、建筑、公用基础设施等部门的技术水平提高很快，因此资本系数维持在较高水平。也就是说，那时的发明主要集中在高度耐用的资本货物上，因而对资本需求也就多。凯恩斯认为现代发明多属于尽量少用资本的生产方法的发明，即资本节约型的发明。就是说，在人们生活水平提高、达到一定富裕程度之后，其嗜好更倾向资本节约型的消费货物方面，其中尤其是由他人提供的服务方面。社会的消费结构更加朝着降低资本系数的方向变化，因而对资本的需求也会随资本系数的下降而减少。

根据上述分析，凯恩斯认为，资本系数变化对资本需求的影响不太大，而人口增长，即消费人口的增加和生活水平的提高是增加对资本需求的重要因素。他运用 1860—1913 年英国的资本增加同人口增长、生活水平提高以及资本系数变化之间关系的资料来佐证他的结论，把英国 1860 年的资本、人口、生活水平和资本系数作为 100，到 1913 年，资本增加到 270，在 50 多年的时间里增长了 170%，然而，资本系数在同期只增长了 10%。这就说明，在此期间，生产周期的延长，资本技术发明对资本需求的增加没有起主要作用，相反，人口增长却十分明显，从 1860 年到 1913 年，人口增长了 50%，生活水平的提高更为突出，在同期内，增长了 60%。可见，人口增长和生活水平的提高有助于资本需求的增加。凯恩斯指出："资本需求的增加，主要应归因于人口增长和生活水平的提高，只在极少程度上归因于技术的变化，这种技术变化有助于每单位消费资本的增加。"（彭松建，1987：228）凯恩斯进一步说明，资本存量的增加也主要是由于人口增长和生活水平提高带来的，这种趋势在将来也会如此。所以，如果人口增长缩减，会减少对资本的需求，从而不利于资本主义经济的发展。

从以上分析可以看出，资本需求以及有效需求，主要取决于人口增长和生活水平的提高。由于凯恩斯认为人口增长已经从上升变为下降，如果在生活水平没有足够提高的条件下，人口减少则会使资本需求减少，从而导致有效需求不足。《通论》中已经说明有效需求不足是导致大规模失业、造成大量相对过剩人口存在的原因。如果人口减少长期延续下去，由人口减少引起的有效需求不足也会长期存在下去，从而使经济出现长期停滞的局面。凯恩斯所忧虑的正是由于人口减少会导致资本主义经济出现长期停滞的局面。

凯恩斯估算出维持充分就业的资本存量的增长率为 2%～4%。凯恩斯指出："在繁荣和充分就业条件下，我们将会看到，对资本存量的净增额的需求每年达到 2%～4%。并且，这个比率将必须一年又一年地无限制地延续下去。让我们以每年 2%这个较低的估计值来考察以后的问题。"假设储蓄率为 15%，那么，人口增长率和生活水平的增长率之和必须保持 4%。如果生活水平每年上升 2%，则要求人口增长率达到每年 2%才能维持资本需求，即有效需求增长率 4%。如果人口增长率从 2%下降为 1%，则生活水平的增长率必须是 3%。然而，英国过去 100 多年来的经验表明，虽然曾经有过 10 年或 20 年生活水平的年上升率达到或超过 1%，但绝大多数年份没有达到过年增长率 1%。所以，上述有关生活水平年增长率达到 3%的设想是根本不可能实现的。这就意味着投资达不到充分就业条件下的储蓄水平，即 $I<S$，因而必然发生慢性失业，经济陷入长期停滞状态。（彭松建，1987：230）

如果按照凯恩斯的要求，以较低的估计值来论述有关需求的增长的问题，那么，为了保持充分就业，假设储蓄率为 8%，这时资本存量的年增长率为 2%。如果人口增长率为 1%或者低于 1%，则要求生活水平每年增长率达到 1%或稍高一些。然而这也是困难的。仍然可能出现 $I<S$，即投资达不到充分就业条件下的储蓄水平，还是要发生慢性失业，经济陷入长期停滞状态。

和《通论》一样，在《人口减少的若干经济后果》一文中，凯恩斯认为，为了确保繁荣和充分就业的均衡，一要改革财富分配制度，使财富的分配均等化，使收入中的储蓄比例下降，用于消费的比重上升，从而刺激消费需求的增加；二要降低利息率，提高投资的净利润率，从而刺激资本需求，即促使投资需求上升。他认为这两项政策都可以达到刺激有效需求的增加，减少失业，使资本主义经济得以运行下去。

在《人口减少的经济后果》一文中，凯恩斯特别谈到他有关人口经济问题的观点是与马尔萨斯不同的。也就是说，马尔萨斯认为人口增长对经济发展产生不利的影响，而凯恩斯却认为人口增长有利于经济发展，人口增长是刺激资本需求的重要因素。凯恩斯结合自己的理论，总结了有关马尔萨斯的两个"魔鬼"的问题。所谓马尔萨斯的两个"魔鬼"，一个是"过剩人口的魔鬼"（devil P of over-population），又称马尔萨斯人口魔鬼 P（Malthusian devil P）；另一个是"失业资源的魔鬼"（devil U of unemployed resources），又称马尔萨斯失业魔鬼 U（Malthusian Devil U）。马尔萨斯人口魔鬼 P 是指马尔萨斯针对人口过剩问题，写了《人口原理》，告诉人们"过剩人口魔鬼"的威胁。所谓马尔萨斯失业魔鬼 U，是马尔萨斯在《经济学原理》中用有效需求理论来解释当时的失业现象。凯恩斯针对当时人口增长缩减的趋势指出，由于人口增长趋于静态或减少，可以免除马尔萨斯的过剩人口魔鬼的威胁，或者说把马尔萨斯魔鬼 P 锁起来了。但是，人口增长缩减趋势却带来了有效需求不足，导致慢性失业和长期停滞，因而又遭受到马尔萨斯失业魔鬼的威胁，并且这种威胁有日渐严重之趋势。他呼吁采取措施防止人口减少，并且采取强有力措施去减轻人口减少的威胁，以解决有效需求不足的问题。（彭松建，1987：232）

第五节　马克思主义人口经济理论及其发展

一、马克思主义人口经济理论的产生

随着资本主义经济广泛发展，在19世纪中叶后期，资本主义经济中的各种矛盾日益突出，如近代经济的周期性危机、工人失业和贫困等。在19世纪中叶，工业革命在英国已近完成，法国和德国的工业革命也正在迅猛进行，资本主义大工业在国民经济中逐渐占据统治地位，而国际工人运动也不断高涨。在这样的时代背景下，社会主义政治经济学的创始人马克思作为对资本主义经济的批判家出现了。马克思的批判矛头指向马尔萨斯的人口论，虽然他批判的语气非常激烈，但并未直接参加人口论体系的论战。但马克思和恩格斯在创立历史唯物主义基本原理、解剖资本主义社会经济形态和阐明科学共产主义学说过程中，研究了人口问题，在他们的著作中包含了丰富的人口经济思想。

马克思主义的人口经济理论是以辩证唯物主义和历史唯物主义为理论基础的。马克思和恩格斯把辩证唯物主义和历史唯物主义运用于研究人口问题和经济问题，把人口和经济放到生产力和生产关系、经济基础和上层建筑的矛盾运动中考察，阐明了人口和经济发展的关系，形成了马克思主义的人口经济理论。

马克思和恩格斯在他们的早期著作中，就十分重视对人口经济问题的研究。马克思在《1844年经济学哲学手稿》中就论述了人口经济问题，认为经济是调节人口生产的动力。马克思详细地分析了资本主义经济发展对工人人口的影响，把资本主义经济的发展分为三种状态，即社会财富处于衰落状态；社会财富处于增进状态；社会财富已达到它能达到的顶点、财富生产处于停滞状态。他写道："在社会的衰落状态中，工人的贫困日益加剧；在财富增进的状态中，工人的贫困具有错综复杂的形式；在达到繁荣顶点的状态中，工人的贫困持续不变。"（马克思恩格斯全集，以下简称全集，卷42：53）恩格斯在他的《政治经济学批判大纲》中批判马尔萨斯人口论时，阐明了马克思主义关于人口问题的一些重要观点。他十分重视人口问题产生的社会经济原因，把人口问题和经济制度联系起来加以考察。他认为绝对人口过剩是不存在的，"人口过剩或劳动力过剩是始终同财富过剩、资本过剩和地产过剩联系着的。只有在生产力过大的地方，人口才会过多"。他认为资本主义制度下过剩人口产生的原因，是资本主义制度本身。"只要我们战胜了这种绝望的经济制度，我们就能保证永远不再因人口过剩而恐惧不安。"（全集，卷1：619-620）

《德意志意识形态》是马克思和恩格斯在1845—1846年合写的一部著作。在这部著作中，马克思和恩格斯阐述了历史唯物主义的基本原则。马克思主义关于生产力和生产关系相互关系的原理，经济基础和上层建筑相互关系的原理，也在这部著作中奠定了基础；虽然它没有专门研究人口问题，但是却提出了关于"两种生产"的思想，并研究了"两种生产"的联系、特点和作用，分析了婚姻家庭关系在人类历史上的发展和变化。

马克思在19世纪50年代重新研究政治经济学所写的大量手稿，包含丰富的人口经济思想，对人口经济理论的许多重要方面作了详细的论述，对马尔萨斯人口理论细致地进行了分析和批判，特别是19世纪50年代初期，马克思从分析当时英国移民中提出了关于"人口压迫生产力和生产力压迫人口”的著名论点，对于马克思主义人口经济理论的形成和发展，具有重要的意义。这个思想一直是马克思主义研究人口与经济相互关系的指导思想之一。

马克思在《资本论》中，分析和研究了资本主义的人口与经济的相互关系，论述了资本主义相对过剩人口规律、揭示了资本主义扩大再生产过程中资本积累必然导致工人阶级的失业。马克思指出：“过剩的工人人口是积累或资本主义基础上的财富发展的必然产物……这种过剩人口反过来又成为资本主义积累的杠杆，甚至成为资本主义生产方式存在的一个条件。”（全集，卷 28：602）《资本论》还批判了马尔萨斯的人口论，论证了人口规律绝不是超历史的自然规律，而是历史的社会规律。每一种特殊的、历史的生产方式都有其特殊的、历史的起作用的人口规律。

19 世纪 80 年代，在恩格斯写给考茨基的一封信中，提出了关于在共产主义社会不仅要对物的生产进行调整，同时还必须对人的生产进行调整的重要思想；在《家庭、私有制和国家的起源》的第一版序言中，对“两种生产”的思想作出了经典性概括。

二、“两种生产”原理

“两种生产”（物质资料的生产和人类自身的生产）的原理是阐述“两种生产”的共同点和不同点及其相互关系的原理，是马克思主义人口经济思想最重要的内容之一。

1846 年，在《德意志意识形态》中，马克思和恩格斯确立唯物主义历史观时，就明确提出了“两种生产”的思想。他们指出：“人们为了能够‘创造历史’，必须能够生活。但是为了生活，首先就需要衣、食、住以及其他东西。因此第一个历史活动就是生产满足这些需要的资料——生产物质生活本身。”（全集，卷 1：82）这里讲的生产物质生活本身，就是指物质资料生产，马克思恩格斯还说：“一开始就纳入历史发展过程的第三种关系就是：每日都在重新生产自己生命的人们开始生产另外一些人，即增殖。”（全集，卷 1：33）这里讲的就是人类自身的生产。马克思和恩格斯在提出“两种生产”的思想后又进一步强调：从人类历史一开始，“两种生产”就同时存在，“而且就是现在也还在历史上起着作用，这样，生命的生产——无论是自己生命的生产（通过劳动）或他人生命的生产（通过生育）——立即表现为双重关系：一方面是自然关系，另一方面是社会关系”。（全集，卷 1：34）在这里，马克思和恩格斯指出，“两种生产”，即物质资料的生产（维持自己生命的生产）和人类自身的生产（他人生命的生产），是同时并存的，物质资料的生产是通过劳动来完成的，人类自身的生产是通过生育来完成的；“两种生产”都包括双重关系，既包括自然关系，也包括社会关系。1884 年，恩格斯又在《家庭、私有制和国家的起源》的第一版序言中，用更加精确、简练的语言概括了“两种生产”的思想：“根据唯物主义观点，历史中的决定性因素，归根结底是直接生活的生产和再生产。但是，生产本身又有两种。一方面是生活资料即食物、衣服、住房以及为此所必需的工具的生产，另一方面是人类自身的生产，即种的繁衍。”（全集，卷 4：2）恩格斯还指出，在将来的共产主义社会，不仅要“对物的生产进行调整……同时也对人的生产进行调整”（全集，卷 35：145）。

从马克思主义的观点来看，社会生产从来都包括两个方面，即物质资料的生产和人类自身的生产。这两种生产都是以人为主体的，它们都是人类为了自己的生存和发展所从事的生产活动。物质资料的生产是人类为了维持自己和后代的生存、发展等消费需要所进行的生产，通过劳动从自然界取得满足这些需要的物质产品。人类自身的生产是人类为了自身的世代延续，即“种的繁衍”所进行的生命的生产，通过生育生产出后代。人类社会要存在和发展，必须制造和使用一定的生产工具，结成一定的生产关系，进行物质资料的生产。同时还必须通过一定的婚姻和家庭关系繁殖子孙后代，进行人口的生产。物质资料的生产是人类生存和发展的物质基础。没有物质资料的生产，就没有人类社会的存在，也就没有人类自身的生产。而人又是生产过程的主体，是物质资料的生产者，没有人类自身的生产，就没有源源不断的劳动力，也就没有物质资料的生产。人类社会就是在“两种生产”的相互依赖、相互制约中存在和发展的。人类社会的延续和发展，实际上就是物质资料生产发展的历史和人类自身生产发展的历史的对立统一。一部人类发展史，既是物质资料生产由低级到高级、不断前进发展的历史，也是人类自身的生产由低级到高级、不断前进发展的历史。

“两种生产”的原理，是马克思主义人口经济理论的基石。首先，物质资料的生产是人类经济生活的基础，在人类所从事的生产分配、交换和消费等经济活动中，物质资料的生产占有首要的地位。只有首先生产出物质资料，才有可能进行分配、交换和消费。马克思说：“生产、分配、交换、消费……它们构成一个总体的各个环节、一个统一体内部的差别。生产既支配着与其他要素相对而言的生产自身，也支配着其他要素。过程总是从生产重新开始。交换和消费不能是起支配作用的东西。分配，作为产品的分配，也是这样。而作为生产要素的分配，它本身就是生产的一个要素。因此，一定的生产决定一定的消费、分配、交换和这些不同要素相互间的一定关系。”（全集，卷 46：36-37）其次，人类自身的生产也是任何一个社会人口过程的基础。不管人类社会发展处于哪个阶段，只有有了人类自身的生产，即人类“种的繁衍”，然后才能谈得上人口的变动。人口的自然变动、机械变动和社会变动，无不以人类自身的生产为前提。人类自身的生产是任何一个社会中人口现象和人口过程得以发生和发展的基础和出发点。所以，两种生产的关系实际上是经济发展和人口变动的关系。在人类历史发展的各个阶段上，两种生产之间的内在联系是经济和人口之间的内在联系的基础。两种生产之间的矛盾运动，它们之间关系的失调和协调，是经济发展和人口发展之间的矛盾运动，经济和人口相互关系失调和协调的根源。要研究任何一个社会、国家、地区的经济和人口的关系，首先就必须考察这个社会、国家、地区的两种生产的关系。

马克思主义认为经济对人口起决定性作用。马克思说：“物质生活的生产方式制约着整个社会生活、政治生活和精神生活的过程。”（全集，卷 19：8）承认社会生产方式制约着整个社会生活，这是历史唯物主义的基本原理之一。恩格斯说：“我们视为社会历史的决定性基础的经济关系，是指一定社会的人们用以生产生活资料和彼此交换产品（在有分工的条件下）的方式说的。……我们认为，经济条件归根到底制约着历史的发展。”（全集，卷 4：505-506）

经济对人口起决定作用的原理，第一，表现在马克思关于不同生产方式有不同的人口规律的著名论点中。马克思说：“事实上，每一种特殊的、历史的生产方式都有其特殊的、历史的起作用的人口规律。抽象的人口规律只存在于历史上还没有受过人干涉的动植物界。”（全集，卷 23：692）这指明人口的运动、发展、变化是由经济发展决定的，是由生产力与生产关系的矛盾运动决定的。有什么样的生产力和生产关系，就有什么样的人口规律，而不是相反。

第二，经济对人口的决定作用，还表现在经济是决定人口出生率和死亡率变化的主要因素，是决定人口自然变动的主要因素。马克思说："人口的绝对增长率，从而过剩人口率和人口率也会随生产条件发生变化。""不同的社会生产方式，有不同的人口增长规律和过剩人口增长规律。"（全集，卷 46：105）马克思还根据 19 世纪人口与经济发展变化的大量资料，论证了贫困往往会促使人口增长。"在资本主义生产中，贫困会产生人口"（全集，卷 25：249），"不仅出生和死亡的数量，而且家庭人口的绝对量都同工资的水平，即各类工人所支配的生活资料量成反比"（全集，卷 23：705）。马克思认为这是资本主义社会的一个规律。

第三，经济决定人口的社会构成，决定人口的各种社会规定性，如阶级的规定性、职业的规定性、部门的规定性，等等。马克思明确指出："如果我抛开构成人口的阶级，人口就是一个抽象。如果我不知道这些阶级所依据的因素，如雇用劳动、资本等，阶级又是一句空话。而这些因素是以交换、分工、价格等为前提的。比如资本，如果没有雇用劳动、价值、货币、价格等，它就什么也不是。因此，如果我从人口着手，那么这就是一个混沌的关于整体的表象，经过更贴近的规定之后，我就会在分析中达到越来越简单的概念；从表象中的具体达到越来越稀薄的抽象，直到我达到一些最简单的规定。于是行程又得从那里回过头来，直到我最后又回到人口，但是这回人口已不是一个混沌的关于整体的表象，而是一个具有许多规定和关系的丰富的总体了。"（全集，卷 2：102-103）也就是说，人口是一个具有许多规定和关系的丰富的总体，而且这个总体中的丰富的规定性，都是由经济决定的。只有通过对各种经济范畴，如交换、分工、价格、雇用劳动、资本、货币等的具体分析，才能认清人口的各种社会规定性，才能使人口不是一个混沌的关于整体的表象。

第四，经济对人口的决定作用，还表现在经济决定人口生产和再生产的基本单位——家庭。自有文字记载以来的历史表明，人口的生育和增殖，总是通过一定的婚姻制度，并且在一定形式的家庭中实现的，而婚姻制度和家庭制度是由生产力和生产关系所决定的。马克思认为，家庭就是夫妻之间的关系，父母和子女之间的关系。家庭不过是生产的特殊的方式，并且受生产的普遍规律的支配，在生产、交换和消费发展的一定阶段上，就会有一定的社会制度、一定的家庭、等级或阶级组织。恩格斯也明确指出："家庭制度完全受所有制的支配"。（全集，卷 21：80）在封建社会里，封建地主阶级的婚姻实质上"是一种政治的行为，是一种借新的联姻来扩大自己势力的机会，起决定作用的是家世的利益，而决不是个人的意愿"（全集，卷 21：91-92）。在资本主义社会里，"婚姻仍然是阶级的婚姻……仍然为众所周知的经济影响所支配"（全集，卷 21：94-95）。资产阶级的婚姻、家庭是建立在资本的利益上面，建立在私人发财的制度上面，资产阶级把婚姻家庭关系变成了纯粹的金钱关系。经济支配着婚姻、家庭关系，也就必然支配着人的生育动机，支配着人口的生育行为，支配着人口的增殖。

马克思主义认为，人类社会经济形态的发展，从原始公社经济制度到奴隶社会经济制度，到封建经济制度，到资本主义经济制度，再到社会主义经济制度的社会更替，就是生产方式的内部矛盾——生产力同生产关系矛盾运动的结果，是经济基础和上层建筑矛盾运动的结果。首先是生产力发展，然后是生产方式的改变，又导致上层建筑的改变，从而使整个社会经济形态改变。人口过程不是一种孤立的过程，而是总的社会现象的一部分，因而它就必然服从于总的社会发展规律，服从于总的社会经济发展的规律。

马克思主义认为人口对经济有反作用。决定社会发展的根本原因是社会的基本矛盾，即生产力和生产关系的矛盾，经济基础和上层建筑的矛盾。正是这个矛盾推动着社会的发展，因此人口不是社会发展的决定性原因。同时，马克思指出人口是社会生产力的要素，是体现社会生产关系的生命实体。社会经济是由一定人口组成的，没有一定数量的人口，就没有人类社会，也就没有任何经济行为和经济活动。所以，人口也必然影响生产力，影响生产关系，影响社会的生产、分配、交换、消费等全部经济活动。马克思指出，“人口数量和人口密度是社会内部分工的物质前提”（全集，卷 23：391），人口对经济发展具有反作用。

马克思认为，人口的增长是促使阶级产生、私有制出现的因素之一。马克思说：“要使（原始）公社本身照老样子继续存在下去，公社成员的再生产就必须在原有的客观条件下进行。生产本身，人口增长（这也属于生产），必然要逐渐扬弃这些条件，破坏这些条件，而不是加以再生产等，这样，共同体就同作为其基础的所有制关系一起瓦解了。”（全集，卷 46：484）在《德意志意识形态》中，马克思和恩格斯也阐述过同样的思想。他们认为在原始公社中，家庭“是唯一的社会关系，后来，当需要的增长产生了新的社会关系，而人口的增多又产生了新的需要的时候，家庭便成为……从属的关系了”（全集，卷 3：32-39），阶级社会也就产生了，阶级关系成为基本的社会关系，家庭成为从属的社会关系。在阶级出现以后，人口对社会的发展仍然有重要的作用。马克思说，“在希腊和罗马……这两个国家的整个制度都是建立在人口的一定限度上的，超过这个限度，古代文明就有毁灭的危险”（全集，卷 3：618-619），无论是在封建社会、资本主义社会还是在社会主义社会，人口对经济和社会的发展都起着重要的作用。恩格斯认为，在社会主义社会必须对物的生产进行调整，同时也必须对人口的生产进行调整。但人口不是经济发展和社会发展的根本原因，因为它不能决定社会经济的性质，不能决定一种社会经济制度向另一种社会经济制度转变的历史进程，因此它的作用只能是加速或者延缓社会经济的发展。

三、“过剩人口”与资本主义社会人口经济规律

马克思主义关于“过剩人口”的思想，在马克思主义关于人口与经济相互关系的原理中占有重要地位，它是以生产力与生产关系的原理为出发点的。马克思指出：“不论生产的社会形式如何，劳动者和生产资料始终是生产的因素。”（全集，卷 24：44）二者之间就必然形成一定的比例。这种比例关系就是生产的技术构成，它反映生产力的发展水平。随着生产力的发展，生产以机器大工业为基础时，生产技术构成变化迅速，生产的发展表现为生产资料的数量增长较快、对劳动力的数量要求相对减少、对劳动力的质量要求提高，就会出现劳动人口过剩。人口过剩归根结底是人口与生活资料再生产条件相比的过剩，也即人口与整个社会所能提供的生产资料相比的过剩。马克思认为，“马尔萨斯愚蠢地把一定数量的人同一定数量的生活资料硬联系在一起”，其实，过剩人口“同并不存在的生存资料绝对量根本没有关系，而是同再生产的条件，同这些生存资料的生产条件有关”（全集，卷 46：108）。马克思还认为，在资本主义以前的社会，生产力十分低下，过剩人口是

生产力不足造成的，这些过剩人口又阻碍生产力的发展，所以是“人口压迫生产力”。而在资本主义社会，“人口的过剩完全不是由于生产力的不足而造成的，相反，正是生产力的增长要求减少人口”，所以是“生产力压迫人口”（全集，卷 8：610）。

恩格斯作为马克思的相对过剩人口和产业后备军理论的先导，第一个在《政治经济学批判大纲》中批判马尔萨斯人口论。1845 年他在《英国工人阶级状况》中，阐明了经常存在于资本主义劳动市场的失业的工人后备军的形成过程。马克思在《剩余价值理论》中根据李嘉图的旧机器论和机器排除说的观点，对过剩人口的形成过程作了以下说明。如果把劳动力人口的增加限制在资本积累水平以下，就会促使劳动力供给减少→劳动力的价格昂贵→使用机器→流动资本向固定资本转化，其结果人为地形成人口过剩。这样的人口过剩并不是生活资料不足的产物，而是由于对劳动的需求不足。在《资本论》中，马克思的理论与恩格斯的过剩人口论相结合，发展了相对过剩人口论与产业后备军的理论。马克思认为资本的构成有两重含义，首先，从价值来看，资本是由不变资本（生产资料）的价值与可变资本（劳动力）的价值，也就是工资总额的分配比例来决定的。另外，从生产原料来看，是根据生产资料（机器及其他生产设备等）的量与劳动量的比例来决定的。前者是资本的价值构成，后者是资本的技术构成，这两者之间有着密切的相互依存的关系。马克思把由技术构成决定，又反映技术构成的资本的价值构成叫作资本的有机构成。资本的有机构成随着资本的积累而变化，资本积累既是提高劳动生产率的结果，同时也是它的前提条件。但劳动生产率的提高对劳动力来说意味着生产资料相对增加，也就是说，劳动生产率上升就是与可变资本部分相比，不变资本部分不断增大（资本的有机构成高度化），这意味着雇用劳动力的必要工资总额相对减少（绝对量是增加的），而购买生产资料的资本部分相对增大。

于是，随着总资本的增大，劳动力增加，但其增长的比例不断减少，结果就形成了失业的过剩人口。这种由于可变资本对不变资本的比例相对下降而产生的劳动力人口叫作“相对过剩人口”，表现为以下四种状态：①流动的过剩人口；②潜在的过剩人口；③停滞的过剩人口；④需要救济的贫民。流动的过剩人口是近代产业中的失业者，他们随着景气循环的局面反复出现暂时失业和暂时就业。潜在的过剩人口是由于资本主义渗透农业而产生的，他们经常等待着流向城市工业的时机。停滞过剩人口是现役劳动军的最底层，他们的劳动条件最差。这些归结总的范畴是失业的工人，在这个意义上可以说他们是绝对过剩人口。

这样，相对过剩人口是资本主义经济发展的必然产物，同时也是资本主义生产方式继续存在的条件之一。资本家为了资本增殖活动，自由地利用这部分过剩人口，形成可供他们随时榨取的产业后备军。资本主义经济使资本的有机构成高度化，其结果造成大批的失业者。通过对产业后备军的利用和榨取进一步促进资本积累，工人既是资本积累的推动力，同时又是牺牲者。而且，马克思的结论是：“这就是标志着资本主义时代的特点并且同它的特殊的生产方式相适应的人口规律。实际上，每一历史的社会生产方式都有它特有的人口规律，这一规律只适用于它，同它一起存亡，因此只具有历史意义。抽象不变的人口规律只对植物和动物来说才存在，而且还只有在这些植物和动物不受别人的影响的情况下才存在。”

四、从“两种生产”到“三种生产”理论

马克思主义人口经济理论关于“两种生产”的学说，对我国社会主义条件下的人口控制起到了重要的理论指导作用。从“两种生产”到“三种生产”，是马克思主义人口理论的发展。

在我国经济理论界，经历了从“一种生产”理论到“三种生产”理论的转变过程。在中华人民共和国成立后相当长的一段时间里，在政治经济学研究中重生产而轻消费、重生产资料生产而轻消费资料生产，强调人是生产者而忽视人是消费者，即只承认物质资料的生产，结果造成了我国 20 世纪 50 年代至 60 年代人口的过快增长，物质资料生产与人口再生产极不协调，给环境、经济和社会的发展遗留下诸多隐患。从 70 年代中期开始，我国理论工作者从马克思主义理论中总结出“两种生产”的理论，即人类自身的生产必须与物质资料的生产相互适应的理论，这无疑是对我国人口学和经济学理论研究的一大进展，丰富了马克思主义人口经济理论的内容，对我国人口控制政策提供了正确的理论指导。改革开放以来，我国经济发展速度不断加快，但长期以来，我们忽视对自然生态环境的保护，使得我国本来已经存在的生态破坏和环境污染问题日益严重。人们从马克思主义的经典著作中寻找答案，发现有大量论述涉及自然再生产或环境再生产的问题，这些论述又都直接和物质资料再生产、人口再生产有机相连，以此为基础，逐步形成了具有中国特色的“三种生产”理论。该理论认为，环境或自然为生产提供劳动资料、提供劳动对象，以及提供生产过程得以进行的场所，还为生产与生活的废料提供排放的空间和净化条件。要使社会再生产顺利进行下去，首先必须具备环境这个前提，即首先要有环境的再生产；环境再生产是在环境自然体的基础上进行的，或者是在凝结了前人劳动的环境自然体的基础上不断地进行的，并且环境最初是原始的自然的东西，但通过生产，就变成人类历史创造的东西了。

“三种生产”理论的形成，进一步丰富了马克思主义人口资源与环境经济的理论，为我们重视自然生态环境的建设和保护，遏制自然资源的破坏和生态环境的恶化，实现资源、环境与经济、社会的协调持续发展提供了重要的理论依据。

参考文献

杨云彦，陈浩. 2011. 人口、资源与环境经济学. 2 版. 武汉：湖北人民出版社.

安川正彬. 1983. 人口经济学. 北京：北京经济学院出版社.

张纯元，等. 1983. 人口经济学. 北京：北京大学出版社.

华东师范大学，等. 1982. 经济地理学导论. 武汉：华东师范大学出版社.

斯密. 1972. 国富论. 北京：商务印书馆.

魁奈. 1979. 魁奈经济著作选集. 北京：商务印书馆.

配第. 1981. 配第经济著作选集. 北京：商务印书馆.

李嘉图. 1982. 李嘉图著作和通信集. 北京：商务印书馆.

马尔萨斯. 1959. 人口原理. 北京：商务印书馆.

凯恩斯. 1983. 就业利息和货币通论. 北京：商务印书馆.
马克思，恩格斯. 1979—1985. 马克思恩格斯全集. 北京：人民出版社.
潘纪一，朱国宏. 1991. 世界人口通论. 北京：中国人口出版社.
彭松建. 1987. 西方人口经济学概论. 北京：北京大学出版社.
DEEVEY E S. 1960. The human population. Scientific American，203（3）：3-9.
PETERS G L，LARKIN R P. 1979. Population geography. Kendall/Hunt Publishing Company.
United Nations. 1998a. World population prospects：the 1996 revision. United Nations Publication.
United Nations. 1998b. World urbanization prospects：the 1996 revision. United Nations Publication.

第七章　自然资源与经济发展

自然资源开发利用在经济发展中具有十分重要的地位。自然资源开发利用是人类最早从事的生产活动，也是推动现代社会经济发展的重要手段。可以说，经济发展的速度和水平取决于自然资源开发利用的水平。随着人类对自然资源开发深度和广度的提高，经济发展便日益走向成熟，经济发展水平日益提高。自然资源开发利用能够推动经济发展的根本原因是：自然资源开发利用构成了自然系统与经济系统之间最重要的联系通道。通过开发利用过程，自然资源潜在的经济价值才得以实现。因为，自然资源是以自然状态存在于自然系统之中，必须经过有目的的物质变换过程，才进入经济系统，成为经济发展的物质基础。离开自然资源开发过程，再丰富的自然资源都不会对经济发展产生直接的现实影响。从这个意义上可以说，尽管自然资源的存在对经济发展具有巨大的潜在影响，但真正对经济发展起决定作用的是资源的开发，而不是资源的存在。自然资源对经济发展具有多方面的积极作用：①自然资源开发是物质资料生产过程中原材料的唯一来源；②自然资源开发为现代经济发展提供能源保障；③自然资源开发的地域性在一定程度上决定了经济发展的空间格局；④自然资源开发创造了更多的就业机会并带动了其他产业的发展；⑤自然资源开发本身就是社会生产的基础产业部门。

第一节　自然资源及其开发利用

一、自然资源及其分类

自然资源是指广泛存在于自然界的能为人类利用的自然要素。诸如土地、水资源、矿物、气候资源、生物资源等。根据联合国环境规划署的定义，自然资源是指在一定时间、地点的条件下能够产生经济价值，以提高人类当前和未来福利的自然环境因素和条件。

自然资源从其生成机理、生成条件、稳定性和蕴藏量来看，分为有限的自然资源与无限的自然资源。其中有限的自然资源根据其在更新性和再循环等方面存在的差异，又分为可再生性自然资源和不可再生性自然资源两种，见图 7-1。

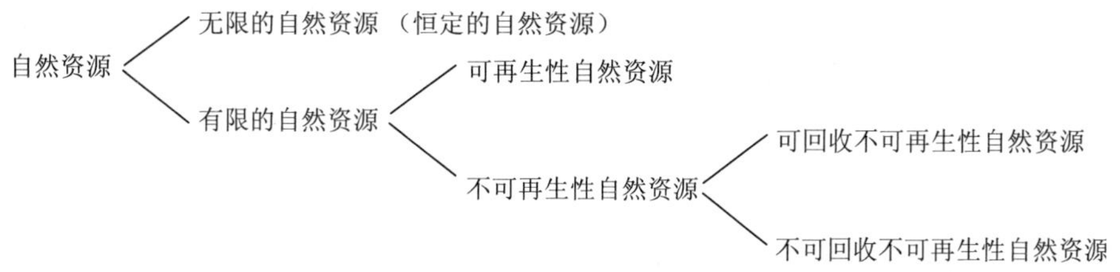

图 7-1　自然资源的分类

1．无限的自然资源

无限的自然资源也称不枯竭性自然资源或恒定的自然资源。包括太阳能、风能、潮汐能、核能、水力、全球的水资源、大气、气候等。这类资源是由宇宙因素、星球间的作用力，在地球的形成和运动中产生的。其数量丰富、稳定，几乎不受人类活动的影响，也不会因人的利用而枯竭。但是，其中某些资源会因为人类不适当地利用而使其质量受损。例如，大气和水因受污染，质量下降；太阳因大气污染，而使植物光合作用的总量减少等。

2．有限的自然资源

有限的自然资源也称可枯竭性自然资源。这类资源是在地球演化过程的不同阶段形成的，其中有的经过长期使用将会枯竭，如化石燃料；有的只是在不适当利用时才会枯竭，如果适当利用则可不断更新，如生物资源。因此，这类资源又可分为可再生性自然资源和不可再生性自然资源两类（或称可更新性自然资源和不可更新性自然资源）。

（1）可再生性自然资源。这类资源主要指生物资源和某些动态的非生物资源，如森林、草原、农作物，野生的动植物（包括陆生和水生）和土壤、区域水资源以及人力资源（包括体力和智力）。这类资源借助自然循环，或者是生物的生长、繁殖，不断地自我更新，维持一定的储量。如果对这些资源进行科学的管理和合理的使用，它将会取之不尽，用之不竭。但是，如果使用不当，则会使这些资源受到损害，甚至完全枯竭，并带来不良的经济和社会后果。

（2）不可再生性自然资源。这类自然资源没有再生能力，但其中有一些可以借助再循环而被回收，得到重新利用（如各种金属），有的则是一次性消耗，不能循环回收（如能源），因此，这类资源又可分为两类：①可回收不可再生的自然资源。包括所有金属矿物和除了能源矿物外的许多非金属矿物，这些资源更新能力极弱，但当它被人类开采使用之后可以回收，重新利用，这一特点为人类更有效地利用有限的资源开辟了广阔的前景。②不可回收不可再生的自然资源。主要指的是煤、石油、天然气等能源矿物。这些资源经过燃烧，释放出大量热量。这些热一部分转换为其他形式的能量，另一部分逸散到宇宙空间。最后都将逸散，既不能更新，也不能回收。

应当指出，许多自然资源是可再生和不可再生资源的混合，其特性介于其间，如土壤资源。虽然资源特性各异，但所有资源都不是孤立存在的。这些资源与人类社会以及各种技术因素共同组成一个相互依赖、相互联系的资源体系，任何一类资源的短缺，都会通过这个体系，对其他成分产生影响，更会影响整个资源体系的功能。

二、自然资源与经济发展要素

经济发展推动着人类发展，而资源则是经济发展的基本要素。自然资源、人力资源、技术资源和资金资源已成为当今社会与经济发展的四种重要资源，它们互为关联。人类科学合理的经济行为，有利于这四种资源相互间的良性循环。反之，人类不合理的经济行为就将引起一系列不良的连锁反应。若自然资源遭到毁灭性的破坏，即使耗费巨大的人力、技术和资金资源去拯救，也难以在短时期内恢复，不仅发展受阻，而且生存也将受到威胁。可以说，人类的经济活动及发展与资源息息相关。科学合理的生产过程可以以最小的投入，把人们认识到有用途的物质转化为有价值的形式，并以最大的产出来满足人类的需求，高效率的生产过程就是快速和优质的转化过程。在消费部门，人们以各种形式将生产部门生产的产品，用于维持生命与获得满足，“消费了的商品并不消失，而只是转化成了其他形式的物质和能量，其中很多是废物（没有价值或只有负价值）”。因此，经济学家强调：“生产活动和消费活动都是物质转移的过程，而不是创造和消灭的过程。”（兰德尔，1989）许多有用途的物质通过生产过程形成了有价值的商品，其中一部分又通过消费过程转化成了无价值或负价值的废弃物。由此可见，资源是经济发展的基本要素。经济活动虽然可以发挥其协调功能与组织功能，减少或避免产生不必要的废弃物，减少危害，但其终将要受资源特别是自然资源有限性的制约。

自然资源，就它的地域组合与分布规律来说，有其自然属性；就它的开发利用和与生产力发展关系来说，又有其社会属性。自然资源有的是人类生活直接的必需品，如空气、淡水、生活燃料等，有的则是生产活动的对象或必要条件，生产也就是自然界和人类社会相互作用的物质能量的交换过程，其中，人类社会活动开发和利用自然资源（包括自然物质和能量），以满足自身的需要。许多自然物质早在地球形成时就已存在，但作为自然资源被大量开发利用还是近百年的事，也就是说仅仅是物质的存在还不是社会的财富，必须经过人们的社会活动，才成为社会财富。从这个意义上说，自然资源可以是潜在的、已发现的和已利用的三种不同情况。自然资源在很多情况下被看作人类需要而且准备对其进行开发利用的自然物质，具有潜在性和可利用性，一旦其被使用，就变成了生活和生产的现实物质材料和条件。

自然资源作为一种双重属性的物质范畴，始终和科学技术以及生产力的发展水平密切相关。随着社会生产力和科学技术的发展，人类开发利用自然资源的广度（种类和范围）和深度（使用价值）也日益增加。例如对于煤炭资源，在早期人们只能露天浅层采掘、用来直接燃烧，而不能利用燃煤蒸汽来发电，也没有能力从煤炭中提取多种化学物质材料。技术进步对于开拓自然资源的领域具有先驱的作用，随着科学技术的进步，自然资源的内涵不断丰富扩大，将会有更多的自然物质成为人类可开发利用的自然资源。在社会发展的低级阶段，人类利用的主要是作为直接生活资料的自然资源，如肥沃的土地、天然动植物、果实等。到了社会发展的高级阶段，人类又广泛利用作为劳动资料来源的自然资源，如各种矿产资源、水能、风能、太阳能等。从自然资源方面看，自然资源的开发和利用对生产力的发展和社会进步起着重要的作用，如人类社会发展史上，制造工具的主要材料曾经多次变更和被取代，青铜器代替了石器，铁器又代替了青铜器，现代铝和强化塑料以及其他一些新型材料正在逐步取代钢铁……研究人类社会发展史，时常用其所使用的工具如新石器、青铜器、铁器等作为划分时代的标志。因此，在自然资源研究中，势必要把自然基础、社会需要、技术进步和经济合理性结合起来考虑。

经济发展离不开自然资源，自然资源是自然界内与人类经济活动有关的自然物质要素，无论是人类从事生产所必需的物质条件——生产资料，还是人类为满足自身消费而生产的成果——生活资料，两者都源于自然资源。必须把自然资源作为影响经济发展的一个重要的条件和要素来研究。

1．在一定社会经济发展阶段，自然资源对国家或地区劳动地域分工、经济发展的特点、方向和劳动生产率有重要的影响

人们在发展生产中，在选择劳动最少而获得产品最多的经济方向时，必然要考虑不同地区的自然资源特点。在历史的早期，草原资源一般对发展畜牧业有利，森林资源一般对狩猎和采集果实最有利，海滨地区则可利用渔业资源从事捕捞业。在现代人们发展经济过程中仍然选择自然资源禀赋最好的区位来考虑投资生产经营。

2. 在同样的社会生产方式条件下，自然资源对采矿业和农业布局的影响是决定性的

例如，没有铁矿石，就不可能有采铁业；没有水力资源，就不可能建水电站。再如，大西洋上的波利尼西亚没有金属矿藏，岛上的居民就只能用石器和骨器进行生产，以致在欧洲人把金属制品带来以前，那里的生产力发展曾长期陷入停滞状态。

农业是栽培植物和饲养动物的经济部门，植物和动物本身都是自然界的一部分，它们离不开光、热和水资源，自然资源对农业生产的影响尤其深刻，农业布局对自然资源条件特别敏感。美国学者贝克尔（O.E.Baker）曾说："自然条件对农业生产发展的影响，并没有随着科学和发明的进步而有所减轻，反而是加强了。农业中商品率的发展以及由此而来的各区域间的剧烈的竞争，使得任何作物的生产对于一个地方哪怕是最小的自然优点或缺点都是敏感的，从而以空前的速度引起作物分布或土地利用的改进。"

3. 加工工业的发展，也受自然资源深刻影响

加工工业，虽然不像农业和采矿业受自然资源的影响那样大，但工厂厂址的地形、面积、生产的原材料、工业用水等也离不开自然资源。加工工业的原材料来自农业和采矿业，以及其他加工工业（其原材料最终也来自农业和采矿业），也就直接或间接受到自然资源的影响。在干旱和半干旱地区，要建设工厂，水源就是重要限制条件，因此这里的工业一般都布局在河流附近或地下水丰富的地方。

4. 人类只能利用自然资源，但不能违反自然规律

人类作为自然生态环境的一部分，离不开自然界。经济发展唯有自然资源提供了必要的物质前提才能实现。人们只能在自然环境条件许可的范围内开发利用自然资源，违背自然规律，必然要受到大自然的惩罚。

提到资源开发，人们一般强调的是自然资源，即人类可以利用的天然存在的自然物，如土地资源、水资源、矿产资源、生物资源、气候资源、海洋资源等，它们是生产的原料来源和布局场所。然而，在人类历史发展的不同阶段、生产力发展的不同水平下，自然资源开发和利用的重点是不同的（表 7-1），地区自然资源结构对产业结构制约的强度也不同。

表 7-1 不同发展阶段自然资源开发利用的重点

发展阶段	前发展阶段	低发展阶段	高发展阶段	可持续发展阶段
经济水平及特征	低水平，采食渔猎，融入天然食物链中	初级水平，自给型经济，简单再生产	中级水平，商品经济，复杂再生产	高级水平，商品经济，向协调型发展
主导产业	无	第一产业	第三产业	生态化
重点工业部门	无	农副产品加工，冶炼、烧制等手工业	重工业	知识技术密集型轻工业
能源动力类型	人力	人力、畜力及木材、木炭、水能等简单天然动力	煤、石油、天然气及电能等	清洁与可替代的能源
起主要作用的自然资源	气候、水、生物等	农业自然资源（土地、气候、水、生物等）	工业自然资源（水、大气等）	自然环境资源（水、土、大气等）

从表 7-1 中可以看出，随着生产力水平的提高，自然资源开发利用的重点由土地、气候、水、生物等可再生性资源向以矿产资源为主的不可再生性资源转换，而水、土地、大气等公用资源并不像初期那样作为原料，通过物质生产为人类创造利益，而主要是作为产业主体发展和人类生存的重要环境条件。

人类一代一代地繁衍，需要开发利用更多的各种自然资源来维系自身的生存与需要，而地球上可耗竭资源却是有限又不能再生，耗尽了便不复存在。例如，铜矿目前世界探明总储量仅 2.7 亿 t，而每年全世界就要消耗 700 万～800 万 t，只够供应 30～40 年；石油资源按热值计，总储量仅为煤量总储量的 4%，目前剩余可采储量可维持 20 年左右；天然气的剩余可采储量可维持开采 20～35 年。对于可再生自然资源的利用速度越来越快，已存在和趋向于使用速度大于更新速度。从这个意义讲，人类的需求是无限的，而自然资源是有限的。需求无限与资源有限这个不可回避的矛盾，尖锐地摆在我们面前。实际上，这也恰是经济学存在的理由。

第二节　资源经济问题

一、资源系统

随着科学技术的进步，人类认识和开发利用资源的能力增强，由原来孤立地研究个别资源，发展到重点研究地区的资源系统。这种研究对象的改变，将有利于把地区作为单元来考虑资源开发和整体性，促进资源的合理利用。

（1）资源系统的研究有其自己的经济理论体系。如资源的生态经济理论、资源的评价理论、资源的定价与分配理论、资源的配置优化理论、资源的环境经济理论等。这些基本的经济理论是研究资源经济问题的理论基础。

（2）资源系统从其内容上看，既包括自然资源系统，又包括社会经济资源系统。一般来说，资源的利用因人类的选择而定，强烈地受社会经济因素的影响。自然资源系统只能为经济发展提供可能性，要把可能性变为现实性，则取决于社会经济资源系统。研究资源系统，必须把自然资源开发利用与管理的研究同社会经济资源的开发利用与管理结合起来，树立较全面的资源思想。

（3）资源系统从其利用上看，自然资源所提供的环境条件与社会经济资源提供的潜在能力往往是混合着的，并形成一系列动态的由各种资源利用状况互相影响的组合体。在资源开发利用中，这些组合体有的可以和谐共存，有的则相互间发生冲突。在资源系统管理中，应区别对待，尽量解决好资源利用间的矛盾冲突。

（4）资源系统中的自然资源只能在复杂的和相互作用的现象的动态系统中做些部分实际研究。这些相互作用的现象包括资源的供给与需求以及资源的分配。资源系统中大多数资源的需求依赖运输、经济、技术、政策等多种因素。

（5）资源系统中的资源分配通常是建立在常规的供与求的过程中。在确保生态资源持续利用的基础上，建立资源市场，树立资源有偿使用的正确观点，努力提高资源的经济效益和社会效益，以保证生态、经济、社会三维复合系统健康运行与可持续发展。

二、资源经济研究的基本问题

在资源经济研究中，资源价值问题、资源资产问题、资源产权问题、资源产业问题、资源核算问题、资源市场问题等是资源经济学研究的基本问题。

1. 资源价值问题

长期以来，由于普遍存在“资源无限，可以任意采用”的思想，国家在制定和执行价格政策时往往出现一种资源无价、原料低价、产品高价的倾向。这种资源无价、原料低价、产品高价的价格政策压抑了人们对资源再生产的积极性，刺激了人们的消费需求，进而引起资源浪费，并导致生态破坏和环境污染、资源枯竭，使得经济发展受阻，给实施可持续发展战略带来困难。自然资源，包括未经人类劳动参与、尚未参与交易的天然的自然资源肯定是有价值的。自然资源的价值是资源所有权的经济权益的具体体现，这种价值取决于自然资源对人类的有用性、稀缺性和开发利用条件。一般来说，自然资源的价值或价格包括两部分，一是自然资源本身的价值，二是社会对自然资源进行的人、财、物投入的价值。

2. 资源资产问题

按照资产能带来收益与财富的观念，以及自然资源的开发利用能给我们带来巨额的收益和财富的事实，自然资源是资产将确信无疑。自然资源作为一种资源性资产，从其物理特性看，既有固定资产的特征，又有流动资产的特征。从自然资源的可再生性看也是如此。因此，自然资源是一种资产，或称其为自然资源资产。把资源作为一种资产，对其实行资产化管理将是摆脱资源困境的根本出路。

3. 资源产权问题

资源资产与其他资产一样，也存在产权管理问题。在现实的生活中，资源的所有权与使用权相混淆，经常表现出所有权和使用权的合一，产权界定不清。特别是在国有资源资产的人格化代表以及由谁来代表资源资产所有者综合管理国有资源等方面，没有明确的规定和完善的管理制度，使得资源所有权的经济权益也没有得到实际的体现。此外，资源产权转让市场机制也很不健全。因此，在资源的开发利用与保护管理的过程中，只有明确解决资源产权关系，彻底改变资源无偿占有和无偿使用制度，才能从根本上建立起抑制资源日趋耗竭的内在机制，以保证经济社会的可持续发展。

4. 资源产业问题

资源产业是指通过社会投入进行保护、恢复、再生、更新、增殖和积累自然资源的生产事业。资源产业是整个国民经济基础产业的基础，它在社会产业领域排序中应列首位，即资源产业、农业、采掘业、加工工业、运输业、建筑业。这样，社会物质生产领域就完成了由原来五大产业向六大产业的转变过程。一般来说，资源产业主要包括资源培育、资源勘探、资源保护和资源重复利用四大部门。资源培育有生态农业、生态林业、草业、水产养殖业、良种繁育和品种改良等产业。资源勘探主要有矿产资源、能源资源、水资源等产业。资源保护有国土整治、农田水利基本建设、草场建设、植物保护与防疫、自然保护、环境保护等产业。资源重复利用有综合利用、废品收购、加工处理等产业。上述四个方面丰富的内容构成了资源产业结构。

大力发展与振兴我国的资源产业，第一，要从体制上加强经营管理，把资源开发、利用与保护统一管理起来，做好资源调查、规划和利用管理。第二，制定资源分配利用政策，合理分配和使用资源，对使用森林等一次性资源的企业征收资源税，用资源税来扶持资源产业的开发。第三，增加对资源产业的投资。资源产业是一个具有社会效益的长周期发展产业，在短期内不可能有很大的经济效益。因此应该增加对资源产业的投资，保证资源产业资金的需要，提高资源产业部门的积极性。第四，加强资源开发的科学研究，要不断提高资源产业技术水平和开发能力，降低成本，提高经济效益。第五，加强环境保护与资源立法。对破坏资源、滥用资源的单位和个人，用法律进行制约，保护资源。

5. 资源核算问题

资源核算是指对一定时间和空间内的自然资源，在合理调查评估的基础上，从实物和价值两个方面统计、核实、确定其总量和结构的变化关系及其平衡状况与投入产出效益的行为。自然资源核算通常包括以下四个方面的内容：一是自然资源实物量的核算和价值量的核算；二是数量核算和质量核算；三是个量核算和总量核算，即分类核算和综合核算；四是静态的存量核算和动态的流量核算。

目前，资源核算问题是一个世界性重大理论与实践课题，包括中国在内的许多国家和国际组织已经对其进行了系统研究或打算开始研究。1992 年 6 月在巴西召开的联合国环境与发展大会，选择资源核算作为一个重要的议题。不仅如此，联合国环境规划署、联合国统计局（UNSO）、世界银行、经济合作与发展组织以及其他一些国际组织一致认为，实行资源核算制度是缓解和消除经济发展中的资源危机、寻求长期利益和短期利益平衡的重要途径，是促进人口、资源、环境与社会可持续发展的一项重要措施，可作为拯救地球、造福后代的一项重大行动。由于实行资源核算制度，将有助于全面、客观地评价经济社会发展状况，有助于全面、客观地评价未来发展的潜力，有助于界定资源资产的所有权关系，有助于确立资源的有偿使用制度，有助于资源的有效管理，有助于理顺资源产业内部及其与外部的关系。因而，实行资源核算制度，是时代的呼唤，历史的必然。

6. 资源市场问题

资源作为社会财富和资产的重要组成部分，应当对其进行实物量和价值量核算，并界定资源的财产所有权关系。我国《宪法》规定，土地、矿藏、水资源、森林资源等均属于全民所有。与此同时，我国还存在大量的以资源为开发对象的经济实体。不论这些经济实体是属于国有的、集体的，还是属于个人的，在市场经济条件下，都有其自身相对独立的经济利益。这种相对独立的经济利益与国家利益间差别性的存在，决定了必然存在资源的国家所有权或集体所有权与开发企业资源使用权相互分离的情况，这种所有权的转让、租赁是不可避免的。因而，资源的有偿使用和资源市场的形成就成为历史的必然。

建立资源市场不仅可以通过市场的调节作用调控资源的优化开发和配置，而且也将有助于国家利用资源市场进行宏观调控，强化资源系统管理，从而建立起一整套行之有效、充分利用市场机制的资源开发利用程序规划、法规和技术经济政策。在当前资源需求压力日趋紧张的情况下，要尽快建立起各级资源管理机构，强化国家对资源的管理；研究各类资源的科学利用方式，做好资源综合开发规划；研究建立包括人口、资源、生态环境、经济、科学、社会等系统在内的总体协调发展战略，寻求自然资源不断增殖、永续利用和社会经济持续发展的有效途径，为社会经济的可持续发展奠定有利的资源基础条件。

第三节　自然资源价值与价格

一、自然资源的价值问题

自然资源的价值问题是资源经济研究中的一个根本性的问题。一般认为，价值是由劳动创造的，在西方国家采用市场定价法，认为只要能买卖的东西就有价值。但从实践上说，凡是没有价值的东西，就可以免费地任意取用，其结果必将给宝贵的资源造成巨大的损失、浪费和不可挽回的破坏。现在大多数基本自然资源都已相当稀缺，任何人不应免费任意取用，即使像水和空气这样丰富的资源，如不解决其价值问题，不收取合理的使用费、保护费、补偿费，而是任人随意取用，也可能造成自然资源严重短缺，如水源枯竭、环境污染、空气质量恶化。所以，为促使人们能从切身利益上关心和爱护自然资源，合理开发和节约利用自然资源，必须解决自然资源的价值问题，并以此为基础进而确定自然资源的价格，以便通过价格这个经济杠杆去调节自然资源的开发利用。

即使未经劳动的自然资源也是有价值的，其价值是由自然力创造的，并由其有用性和稀缺性所决定。在研究人与自然的经济关系时，可应用使用价值的概念，或经过修正了的效用价值概念。效用价值概念是从人对物的评价过程中抽象出来的，它本质上体现人与物的关系，即当人类面对不同稀缺程度的物质资源时，如何评价和比较其用处或效用的大小，这应该是自然资源有价性的一个理论根据。

建立在自然资源有价或无价基础上的产品价格有很大不同。前者，可能在综合考虑各种有关因素的情况下，确定出合理的价格。而后者由于先天价格构成不完全，不可能制定出合理的价格。比如，过去我国的木材价格中，只包含了采伐和运输的成本，没有包括营林等成本，森林资源本身的价格就更未考虑，所以价格偏低。再如水价，也只计算了供水成本，没计算排水和污水处理成本，水资源本身的价格也没有考虑，水价过低造成了极大的浪费。所以，长期把自然资源当作无价物是“产品高价、原料低价、资源无价”这种价格扭曲现象的一个理论根源，是资源无偿占有、无偿使用的理论根据，也是导致资源加速耗竭、生态环境不断恶化、经济社会发展的资源基础严重破坏的一个根本性原因。

二、自然资源定价

自然资源对人类和人类社会具有使用价值、物质性效用，在其被开发、被利用的过程中，又呈现出其有限性或稀缺性。内在的使用价值、物质性效用和外在的有限性或稀缺性，构成了赋予自然资源价格的充分且必要的条件或根据，即形成了可以对自然资源进行定价的原理和准则。但是，这些原理和准则都还是确定自然资源价格的一般性思路；要确定特定的自然资源或自然资源的特定层面的价格，还必须加以具体化。从国内外的研究和实际情况来看，大概有以下一些赋予自然资源价格的理论和方法。

1．虚幻价格或影子价格法

我们认为，马克思主义经典作家的“虚幻价格”（对非劳动产品从而没有价值的东西，可以具有“想象的价格”）理论，同现在国际上流行的“影子价格”理论是相通的。由于影子价格在世界各国的经济活动和交往中得到广泛的应用，其理论和方法已比较成熟，并且影子价格的确定，又更多的是从整个社会对自然资源的使用和耗费进行研究，因而影子价格的理论和方法可以用来直接确定自然资源的社会价格。而且运用此种理论和方法所得到的自然资源价格，既能反映该种资源在整个经济运行中所起的机制性作用，又能反映所耗费、使用的资源对生态系统的牵动和影响。所以，影子价格的理论和方法可以作为研究自然资源价格的主要理论和方法。

在市场经济中，商品价格既取决于成本，也取决于供求关系。当某种商品供大于求时，价格就要下跌，反之，价格就会上涨；供求相等时，它的价格保持不变，称为均衡价格。现行的市场价格体系由于税收等原因不能正确反映成本与供求关系。影子价格就是针对现行价格的缺陷，为实现合理分配稀缺资源而提出的一种计划价格。在费用-效益分析中，一个项目除了可用现行价格表示经济效益和损失外，还有一些很难或不能用价格准确表示的社会效益和损失，如美学价值、健康影响等。对此，国外经济学界提出了影子价格的理论，认为影子价格能更好地反映机会成本。

苏联经济学家列·维·康托罗维奇，为解决资源最优利用问题而提出的“客观制约估价”理论，也就是“影子价格”理论。不过，它主要是用于国民经济计划工作中的集中决策研究之中，故又称为“最优计划价格”。“影子价格”理论是由荷兰经济学家詹思·丁伯根提出的。不过，它当时主要是用于自由经济中的分散决策，故又常被称为“预测价格”。萨缪尔森发展了丁伯根的“影子价格”理论，使其成为主要反映资源是否得到合理配置和利用的“预测价格”的概念，并从三个方面作出了比较具体的阐发和补充：第一，“影子价格”是以线性规划为计算方法的“计算价格”；第二，“影子价格”是一种“资源价格”；第三，“影子价格”以边际生产力为基础。另外，他还把商品的边际成本称为“影子价格”。“影子价格”是以线性规划为计算方法的“计算价格”（其详细计算方法与应用可参阅厉以宁等，1995）。“影子价格”的含义是，假如在有限的资源条件下，要获得最大的生产效益和社会福利，那么，这类资源应当具有“价格”。实际上，这时的“影子价格”仅仅表示该资源稀缺时的使用价值。“影子价格”对弥补和校正资源的市场价格或国家颁布的流通价格、合理地组织生产和使用资源提供了一个有力手段。但上述方法仍有很大局限性，首先，在计算过程中的对偶性问题主要针对物质生产和流通范围；其次，该方法所需资料和数据量大，计算复杂，尤其在实际工作上困难很多。针对这些局限性，一些经济学者主张将机会成本概念引入“影子价格”，将资源的多用途性（多功能性）与稀缺性结合起来，并将应用范围从纯物质生产部门延伸到整个社会。这种方法得到世界银行等国际组织的推荐。此外，国外一些经济学家还提出，对于美学、人体健康等诸如此类一些目前在费用-效益分析中尚无法计量的项目，也用“影子价格”来表示。当然，利用经济手段，把价格作为一种工具，来调整自然资源的合理配置，从而达到既保护资源又促进生产这一经济学的目的，是有一定参考价值的。

2. 机会成本、替代价格和补偿价格法

（1）自然资源机会成本的理论和方法

机会成本的概念是新古典经济学派提出来的，它所包括的范围比传统的会计成本更为广泛。在费用-效益分析中，把社会费用看作机会成本，也就是说，从社会的角度来看，费用是一种代价，由于某种决策或选择，把有限的资源用于某种用途后，就放弃了用于其他用途的机会。因此，费用就是效益的损失；一种抉择的费用，可由其他抉择的效益来评价。也就是说，某种商品的机会成本是指该商品假设用于其他用途时所能创造的最高价值。例如，准备建设一座水厂，费用为 100 万元。但由于资金限制，若建设水厂，则必须相应地减少其他项目，如纺织厂或机械厂的建设。假如后两者的投资利润率分别为 1∶1.4 和 1∶2，那么，140 万元和 200 万元即为水厂投资的影子价格。也就是说，水厂的费用-效益比值一般应高于 1∶1.4 或 1∶2，对社会来说才是合算的。

自然资源的机会成本，是以自然资源的稀缺性、有限性为前提，以自然资源的个别应用、消费过程为出发点，以各个部门、行业及至整个社会的经济利益作为参照系数而确定的价格，是一种比较逼近某种自然资源对人类社会的真实使用价值的表征。具体地说，自然资源的机会成本，就是将其安排这种用途而不安排另外几种用途，或放弃其他用途所造成的损失、付出的代价，也可以说是一种自然资源不同使用方式、途径的比较成本或比较利益的价格表述。比如，某种自然资源被开发、利用于某种或某项生产活动，带来了新效益，增加了产品量，提高了产品质量，或者减少了生产的其他耗费等；而同一种自然资源，用于不同部门、不同行业、不同项目的生产活动，所带来的或所增加的效益往往又是不同的或有较大差别的；该种自然资源的机会成本，一般即参照其在各部门、各行业的效用，结合整个社会经济状况、技术经济条件来确定。由此可知，采用机会成本自然资源定价，不是按自然资源的某种直接使用的个别收益来确定，而是按其使用过程中的社会收益及其关系来确定。所以，采用机会成本赋予自然资源价格，是一个从个别到一般反复进行的社会过程。

（2）自然资源的替代价格理论和方法

自然资源的替代价格是在研究不可再生性自然资源的稀缺性、有限性及其与人类社会对该种自然资源的需求、消费不断增加的矛盾时提出的。其目的，一是促使人们更加合理、更加经济地节约利用不可再生性自然资源，或者说，以限制其需求与消费，求得延长自然资源的使用时间；二是提醒和促使人们去探寻、开发不可再生性自然资源的替代资源。可以认为，任何一种不可再生性或非补偿性自然资源的稀缺性都是相对的，因为人们对某种自然资源的需求主要不是特定资源物质本身，而是其物质特性；这种自然资源的物质特性和性能，又可通过一定的技术经济条件被另一种或另一些资源物质所替代。例如，钢铁、水泥和木料，在某些情况和条件下，可以用塑料物质替代；钢铁与水泥、木材之间在某些场合也可以相互替代使用，等等。

科学技术的发展，为人类开发、利用自然资源不断探索、开拓出新的途径，也为人类不断扩展和开辟新的自然资源领域。从社会经济和技术经济的观点来看，不可再生性或非补偿性自然资源的价格，就应该根据发现、开发和获取替代资源的费用（成本）来确定。这是符合社会经济运行规律和价格原则要求的。需要注意的是，自然资源的替代价格主要是或常常是在某种自然资源使用将尽，也即接近枯竭之时，人们研究、开发替代物质的机会成本，并参照对社会经济发展的作用，以价格形态给出的；如此给出的自然资源替代价格，由于研究、开发的途径、方案不一，其变动幅度往往较大，并且缺乏确定性。所以，自然资源价格，尤其是不可再生性自然资源价格，不能完全依据其替代价格来确定。自然资源的替代价格只能作为确定不可再生性自然资源价格的参照，或作为预测其价格的重要参数。

（3）自然资源的补偿价格理论和方法

自然资源补偿价格的理论和方法，主要是表征自然资源的有限性特征，它的具体运用，又着重反映出可再生性自然资源的恢复和更新要求。该类自然资源价格的确定，是依据补偿原则进行的。虽然可再生性自然资源可依自然规律再生、恢复和更新，但这是在其被开发、利用及其有限范围和幅度之内而言的。而今，人类在开发利用自然资源时，其规模和强度常常大大超过了资源自身恢复的能力，要使其继续再生、恢复和更新，就必须予以人为的或人工的协助，这种人为、人工协助的耗费，称为“补偿费用”。按照某种补偿费用来确定被替代自然资源的价格，不仅是合理的，而且是较为有效的、实用的。所以，自然资源价格尤其是可再生性自然资源的价格，可以依据开发、补偿的资源费用来确定。不过其价格水平的高低，是在了解和掌握自然资源耗费补偿的上、下限的情况下，设计和确定的。可再生性自然资源被使用、消耗后，可以自然地恢复和再生，此为耗费补偿的上限，这部分使用和消费是无偿的；被使用、消耗后，超出了自然资源自然恢复、再生的限度和临界值，就不能自然地恢复和再生，而只能依靠人为、人工的协助来恢复和再生，此为耗费补偿的下限，这种自然资源的使用和消费是有偿的。那么，自然资源的补偿价格，即取其消费补偿价格的上、下限间的某个值或某个区间值。

第四节　自然资源的动态配置

一、自然资源动态配置的一般模型

自然资源和资源动态配置问题，其核心是将消费在不同时期进行优化配置，以取得最佳效益，其决策和储蓄决策类似。开采某种自然资源的决策就是把消费从以后时期向当前时期转移，因而类似于借贷决策。为了生产的目的开发某种自然资源，并且在使用中维持它的生产能力的决策，类似于投资决策。因此，投资理论的逻辑能够直接应用于自然资源管理，这时，最困难的问题并不在于应用投资决策理论，而在于如何适当地表示自然资源生产能力的时间分布和管理决策对物质生产能力时间模式的影响。

自然资源有着繁杂的种类，但又表现出许多相同的基本特性，对此我们可以对其进行共性的经济评价。同时由于自然资源可再生和非再生的不同特点，对自然资源在一般经济评价上也就必须有不同的方法，在更具体的自然资源种类上，我们又必须用具体的经济技术评价方法对其展开分析，在开发利用上也就有不同的对策措施。

假设在自然资源有限，边际开采成本为常数的情况下，我们来研究自然资源的有效配置。由于自然资源的有限性，前期的开采利用和后期的自然资源在数量上是互补的关系，这样就会产生自然资源在时间上的有效配置问题。

设有限自然资源的需求函数是线性的，P_t 为 t 年的自然资源价格，Q_t 为 t 年的开采量，a 为 P_t 的上限，b 为资源边际开采成本。则有

$$P_t = a - bQ_t \tag{7-1}$$

那么在 t 年的总收益 TB_t 为

$$TB_t = \int_0^{Q_t}(a - bQ)\mathrm{d}Q = aQ_t - (b/2)Q_t^{\ 2} \quad (7\text{-}2)$$

设自然资源的边际成本 c 为常数，t 年开采 Q_t 数量的总成本 TC_t 为

$$TC_t = c \cdot Q_t \quad (7\text{-}3)$$

如果可开采的自然资源总量为 Q，那么 n 年的已利用的自然资源的最大收益净现值和剩余可利用资源的价值之和为

$$\mathrm{Max}_{Q_t}\sum_{i=1}^{n}\frac{aQ_t - (b/2)Q_t^{\ 2} - cQ_t}{(1+r)^{i-1}} + \lambda(Q - \sum_{i=1}^{n}Q_i) \quad (7\text{-}4)$$

式中，r 为稳定利率；λ为初期价格和边际开采成本之差，称为边际使用者成本。

上式表现了自然资源的最优动态配置。由于自然资源是有限的，自然资源总量 Q 小于需求量，那么，在满足下面式子的情况下，TB 最大，也就是自然资源达到最优配置。

$$\frac{a - bQ_t - c}{(1+r)^{t-1}} - \lambda = 0\text{，其中 } t=1,\ \cdots,\ n \quad (7\text{-}5)$$

$$Q - \sum_{t=1}^{n}Q_t = 0 \quad (7\text{-}6)$$

二、专题：森林资源的有效开发——基于木材的经济分析

森林资源是一种可再生的自然资源，可以提供多种产品和服务。木材可以作建筑材料、燃料，可以造纸。树木吸收大气中的二氧化碳并放出氧气。森林为动植物提供生存场所，还起到水土保持的作用。只要不受外力破坏和超负荷开发使用，森林资源就可供人类永续利用。但森林资源的更新期或生长期较长，人工林一般为 10～40 年，天然林达 100～200 年。所以，森林的经营往往是多年积累，一次性消耗利用，但也可以轮伐。由于人口不断增加，对木材和粮食的需求量的增加，人类对森林资源的破坏，已经到了非常严重的程度。森林的破坏加剧了全球变暖，减少了生物多样性，造成了水土流失。

木材既是一种产出又是一种物质资本。砍伐并出售木材可以得到收入，让树木继续生长可以使它长得更大，将来卖更多的钱。因此，森林管理者需要作出的决策是：现在砍还是将来砍。森林投资期很长，从种植到收获一般需要 25 年。森林有巨大的外部效应，影响人们的积极性，使有效管理森林资源很难。

树木的成长以体积来衡量。树木的成长分若干时期。幼年期树木的体积增长很慢，此后一个时期树木的体积增长很快，当树木成熟以后，其体积的增长减缓以致停止。

需要作出的决策是：应当在什么时候砍伐？生物学家通过计算平均年增长量（mean anal increment，MAI）来确定。MAI 等于每十年树木生长累积体积除以树木累积生长年数。生物学决策规则是，在 MAI 最大时进行砍伐（表 7-2 中的第 70 年时）。

表 7-2　木材平均年增长量（MAI）

树木年龄/a	木材体积/（m^3/hm^2）	MAI/［m^3/（$hm^2 \cdot a$）］
5	0	0
10	0.3	0.026

树木年龄/a	木材体积/（m^3/hm^2）	MAI/［m^3/（$hm^2·a$）］
15	2.7	0.175
20	8.6	0.431
25	17.4	0.694
30	27.7	0.923
35	38.6	1.104
40	49.6	1.240
45	60.2	1.339
50	70.4	1.408
55	79.9	1.453
60	88.9	1.481
65	97.2	1.496
70	105.0	1.500
75	112.2	1.497
80	119.0	1.487
85	125.3	1.474
90	131.1	1.457
95	136.6	1.438
100	141.7	1.417

注：木材体积 = $105^{(1-70/AGE)}$，AGE 为年龄，MAI=木材体积/AGE。

经济学家认为上述生物学决策准则没有考虑许多经济因素，例如树木的价值、贴现、种植和砍伐成本。经济学认为，最优砍伐时间是净效益的现值最大之时。当延迟砍伐一年的边际收益等于其边际成本时净效益现值最大。

最优砍伐时间还取决于砍伐后是否马上重新种植树木。如果重新种植，延迟砍伐的成本增加了一项，即延迟再种植的成本。

我们首先考虑森林只被砍伐一次，砍伐后不再种植的情况（表 7-3）。

表 7-3　一次砍伐，净现值最大化

树木年龄/a	净现值 NPV/（元/hm^2）	年增长量/［m^3/（$hm^2·a$）］	年增长率/%
5	0	0.001	280
10	25	0.182	70
15	209	0.835	31
20	551	1.508	18
25	911	1.944	11
30	1 195	2.153	8
35	1 370	2.207	6
40	1 446	2.170	4
45	1 444	2.083	3
50	1 387	1.971	3
55	1 294	1.850	2
60	1 183	1.728	2
65	1 064	1.611	2

树木年龄/a	净现值 NPV/（元/hm^2）	年增长量/［m^3/（hm^2·a）］	年增长率/%
70	944	1.500	1
75	829	1.397	1
80	723	1.301	1
85	625	1.214	1
90	538	1.133	1
95	461	1.060	1
100	393	0.992	1

注：NPV=（价格−成本）×体积/（1+r）^{AGE}，价格＝200 元/m^3，成本＝60 元/m^3，r＝4%，r 为贴现率。

在表 7-3 中，树木 40 岁时，净现值 NPV 最大，为 1 446 元，这时木材的当前增长率等于贴现率 4%。按照经济学家的意见，应在树木 40 岁时就砍伐。如果等到 70 岁时，NPV 已经降为 944 元。因此，经济学家认为应更早砍伐。贴现使砍伐提早了。更高的贴现率使砍伐时间更短。高贴现率导致较早砍伐是因为较高的贴现率使人们对树木的增长速度更不耐烦。贴现率的使用表示一种比较：树木在砍伐前价值的增长率和砍伐后把出售木材的收入用于投资的增长率（等于贴现率）。当木材的增长率低于投资的增长率时，就应当砍伐。

在现实中，树木被砍伐之后又被再种植，这样循环往复以至无穷。延长砍伐期将增加以后的生长-砍伐周期的机会成本。最优砍伐时间是延期砍伐的边际收益等于其边际成本之时。当边际机会成本增加时，最优砍伐时间就提前了（表 7-4）。

表 7-4　无穷时间反复种植、反复砍伐

树木年龄/a	NPV_{∞}/（元/hm^2）
5	0
10	76
15	469
20	1 013
25	1 459
30	1 727
35	1 836
40	1 827
45	1 742
50	1 614
55	1 464
60	1 307
65	1 154
70	1 009
75	876
80	755
85	648
90	554
95	472
100	401

注：$NPV_{\infty}=NPV_t/[1-(1+r)^{-AGE}]$。

在表 7-4 中，我们看到，以 35 年为一个伐木周期的时候，净效益现值的总和达到最大，为 1 836 元。如果以 40 年为一个伐木周期，则净效益现值的总和下降到 1 827 元，比单伐的最佳砍伐时间提前了。即在无穷时间反复种植、反复砍伐的情况下，砍伐时间又提前了。

无穷循环的净现值是第一、第二……以至无穷时期砍伐的净现值之和。

$$\mathrm{NPV}_{\infty} = \mathrm{NPV}_1 + \mathrm{NPV}_2 + \cdots$$

假设每一周期的砍伐量和树木价值都一样，贴现率为 r，每一周期的长度为 T 年，上式可写为

$$\mathrm{NPV}_{\infty} = \mathrm{NPV}_1 + \mathrm{NPV}_{\infty}(1+r)^T$$

解出 NPV_{∞}：

$$\mathrm{NPV}_{\infty} - \mathrm{NPV}_{\infty}(1+r)^T = \mathrm{NPV}_1$$

$$\mathrm{NPV}_{\infty}\left[1-(1+r)^T\right] = \mathrm{NPV}_1$$

$$\mathrm{NPV}_{\infty} = \mathrm{NPV}_1 / \left[1-(1+r)^T\right]$$

我们以森林资源为代表来讨论可再生资源的使用和管理问题。可再生资源并不意味着无穷无尽。森林的问题在于何时砍伐最适宜。在这个问题上生物学家和经济学家的意见不同。经济学家认为应在树木的净效益的现值最大时砍伐，而当延迟砍伐一年的边际收益等于其边际成本时净效益现值最大。

第五节 自然资源核算问题

一、经济增长中的资源空心化现象

以国民生产总值（GNP）为中心的现行国民经济核算体系的重大弊端，是诱使人们单纯追求经济产值和经济增长速度，而不顾自然资源过度开发和因此造成的资源浪费和破坏，并最终导致自然资源的不断衰竭。自然财富的持续减少和生态环境的不断恶化，就是所谓的经济增长中的资源空心化现象。

资源经济学家曾对这种资源空心化的怪象作过这样形象的比喻：一位农民为了建造一幢房屋而砍伐自己种植的树木，一部分木料用来盖房子，另一部分出售用于购买其他建筑材料。在这位农民私人的账本上，表现为新增资产房屋的获得，原有资产树木的减少和损坏，即有得有失。但是，这种经济活动在现行的国民经济核算体系中，其核算方法则与农民不同，即 GNP 不仅因为获得房屋资产而增加，而且由于自然资源价值不进行核算，所以砍伐的木材也作为生产产值同时计入国民生产总值，实际上，后者属于 GNP 的虚幻增加。因此，这种经济增长好比一棵貌似繁茂而实际树干空心的大树，经济增长中资源空心化的说法便由此而来。

在未实行自然资源核算的国家，都存在这种与可持续发展背道而驰的现象。这种资源

空心化现象，可用资源经济指数的持续降低来作进一步描述。设：R 为资源指数；G 为国民生产总值的指数；η为资源经济指数，为 R 与 G 的比值。

众所周知，GNP 的不断增加是以耕地、矿产、森林等自然资源的持续减少为代价的，故资源指数的变量 ΔR 是负值。设某一基准年的资源指数 R_0 为 100，在持续消耗原有资源又没有新资源补充的条件下，$R=(R_0+\Delta R)/R_0<1$，而且资源总量在持续减少。设同一基础年的 GNP 指数 G_0 为 100，在 GNP 逐年增加的条件下，其变量 ΔG 为正值，$G=(G_0+\Delta G)/G_0>1$，而且 GNP 总量在不断增加。

可见，在资源经济指数$\eta=R/G$ 中的分子项数值连续变小而分母项数值不断变大的情况下，资源经济指数几乎直线下跌（图 7-2）。

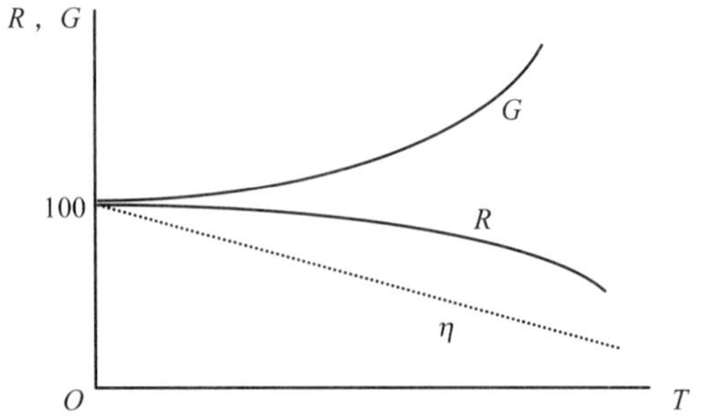

图 7-2　经济增长中的资源空心化现象示意图

资源经济指数η 的直线下跌，意味着人类社会赖以生存发展的自然资源的衰竭过程，同时告诫人们：如不采取措施扭转这一衰竭过程，迟早将会发生资源危机，并导致经济增长中资源保障条件的恶化，人类社会将难以持续发展下去。

长期以来，人们一直认为由自然界自身运动变化而造就的沃土、淡水、森林、草原、地下矿藏等自然资源和以它们为载体而构成的自然环境，似乎没有价值可言。于是，自然资源的无偿占用和掠夺性开发、资源的滥用、浪费和破坏，以及由此导致的资源衰竭、环境污染、生态破坏三者相互联系，彼此作用的资源环境危机接踵而至。

在 20 世纪 60 年代一些工业化国家先后发生环境公害，继而出现石油危机和水危机以来，国际上许多经济学家、环境科学家强调要重新审视当代人的发展过程及其后果，认为 GNP 不足以代表经济发展的实际效果，必须建立包括有关人的发展、资源和环境指标在内的新的评价体系；强调人的健康发展、生态环境保护和地区均衡发展的重要意义；改变传统的发展目标和发展政策，是解决发展与资源环境矛盾的根本出路。

二、现行国民经济核算体系的缺陷

国民经济核算体系（SNEA），是用于测量一个国家或地区经济、社会发展水平的统计指标体系和对其进行宏观调控的重要手段。这一核算体系包括经济-社会发展及其运行状态的主要方面和主要内容，诸如人力、物力、财力资源的分配与利用，经济发展的总量、速度、比例和效益，生产、分配、交换、消费领域之间的关系和社会总需求与总供给的平衡等。目前，国际上通行的国民经济核算体系主要有两种：一种是苏联立足于计划经济或产品经济而建立和使用的物质产品平衡表体系（MPS），它偏重于总产值的核算，而对像教育、科技、文化、卫生等事业则作为收入再分配进行核算；另一种是西方国家立足于商品经济和市场机制，并在收入统计核算基础上形成的国民核算体系（SNA），它偏重于扣除中间产品产值重复计算的增加值核算，并把科技、文化、教育、卫生等视为劳务商品。

现行的国民经济核算方法，是各国在长期实践中并在一定理论指导下逐步修改完善而形成的，这被认为是20世纪人类最重要的认识、评价、衡量和调控经济-社会大系统运行状态的创造之一。但是，随着资源、环境危机的出现和可持续发展思想的提出，这两种核算体系和UNSO推荐的SNA都存在严重缺陷，主要表现在以下方面。

1. 没有考虑自然资源存量的消耗与折旧

众所周知，在GNP或国民收入（NI）计算中，机械设备、厂房等生产性固定资产，不仅在出售时有标价，购置后按固定资产投资进行计算，而且在投资后的有效使用寿命期限内按一定的折旧率进行核算，其价值随着使用时间的增加而减少。而自然资源作为社会物质资料再生产过程的物质基础和创造物质财富的源泉，反而不仅没有给予体现其固有价值的标价，而且也不计算其消耗或折旧费用，不对自然资源的损耗进行经济补偿，因而其价值和损失没能在国民收入中得到任何反映。这种不公平、不合理的计算核算方法，是导致自然资源过度开发、滥用或不合理使用并造成严重资源环境损失的重要原因，这不能不说是现行国民经济核算体系中的一个重大缺陷。

按照这种核算方法，人们砍伐树木越多，国民收入也随之增多，更有甚者，在某些森林富有的发展中国家，政府为了鼓励木材的出口以便增加国民生产总值，竟对砍伐森林者进行补贴或给予低息贷款。在淮河中下游地区，一些地方政府曾为了发展盈利可观而生产方式落后的小造纸厂，不顾国家产业政策，对其采取鼓励和纵容的态度，不惜把大量高浓度有机废水和含碱的黑液排入地面水体，导致全流域的严重水污染和几百亿元的外部环境损失。如果建立了自然资源存量的消耗、折旧和环境预防费用的核算体系并制定相应的法规，当开发者需要支付的费用相当于甚至大于其内部收益时，类似上面的种种资源环境破坏行为就可能得到有效的遏制。

2. 没有真实反映或根本不考虑环境预防费用

环境预防费用，是指防止环境被经济活动侵占以及用于恢复或补偿环境损失所发生的一切费用，其中包括：污染物排放量的削减费用，防止土壤侵蚀的防风林和植被种植的建设费用，清除和处理废弃物的费用，城市化带来的负效应（如城市规模扩大引起劳动出行交通费用的增加等），以及因有损于人体健康的工作环境引起的各种间接费用等。

现行的国民经济核算体系将上述涉及环境预防费用活动的大部分看成并计入增加国民收入的项目，在现行的统计核算中大量存在。例如，就处理某一环境污染事件来说，如果由政府支付污染治理费用，这就意味着政府的支出属于购买最终物品和劳务，可以因此而增加国民收入；如果由污染者治理污染，这笔开支就被看成并计入中间产品费用，国民收入就不会因此而增加；如果政府和企业都不出资去消除污染的话，那么，处于环境污染地域内的居民就可能因此而增加水费、医疗费等最终消费支出，因而也可以使国民收入上升。

3. 没有体现环境退化的损失费用

大气、江河、湖泊、原始森林等自然生态环境，其环境容量和良好的生态效应也是一种自然资源。人类利用这类资源，可以使排放的某些污染在数量许可的条件下得到自然净化，可以降低气温、增加空气湿度从而改善当地小气候，提供充足的氧气而有利于人体健康等。在生态系统协调的环境中，可为众多种类的野生动植物的栖居、生长和繁衍提供有利条件，其中某些种群数量大、易于生长繁衍的动植物，如海洋、江河湖泊中的鱼类和藻类，森林中的食用菌和药用植物等，在合理开发利用的条件下还可以为人类享用。自然生态环境这种特殊的资源同样具有其固有的价值。如果环境质量或生态系统平衡遭到人类活动的干扰和破坏而退化直至完全恶化，就意味着环境功效和自然财富的人为损失。

长期以来，由于人们不重视环境污染和生态破坏问题，不承认环境容量和生态效应价值的存在，因而可以任意向环境排放污染物，毁林造田，砍伐森林，免费使用有限的环境容量资源，对环境污染、生态破坏造成的损失也不做任何经济上的补偿或赔偿。后来，虽然建立了有关的环境法规，实行了排污收费制度，但在现行的国民经济核算中，前面提到的环境预防费用是以中间产品费用或最终消费的形式列入国民收入账目的，而生态资源环境退化和破坏造成的损失却丝毫没有体现。

应当指出的是，环境污染除了引起不可逆转的损失之外，还是导致环境资源质量和生产力降低的主要因素。因此，从核算的角度考虑，环境污染方面的核算应该包括以下四项主要指标：各种污染物产生的数量、因污染造成的经济-社会损失和环境损失、削减污染物产出量的费用、削减污染物排放量之后所获得的效益。这些反映客观实际的核算内容，在现行的核算体系中远未得到应有的体现。

三、自然资源与环境的核算方法

国际上现行的以国民收入核算为基础的SNA，基本上没有自然资源与环境的核算，因而是一种有严重缺陷和缺乏可持续发展调控能力的经济核算体系。为了给实施可持续发展战略提供一种强有力的宏观调控手段，必须改革现行的经济核算体系，建立并推行包括自然资源与环境核算在内的新型国民核算体系，用“绿色 GNP”（可持续收入）取代传统的GNP 体系。

为把可持续发展从思想、理论、理想变为可操作的现实，必须开展国民经济核算体系的研究，使其成为经济-社会发展的测量系统和预警系统、科学决策管理的信息支持系统，并与未来国际通行的核算体系相一致，否则，实施可持续发展战略将难以用定量手段进行宏观调控，甚至会把可持续发展战略架空而继续沿着现在的不可持续发展道路继续走下去。正因为如此，近年来，无论是发达国家还是发展中国家，都先后开展了这项复杂和有意义的研究工作。

目前，美国、法国和挪威等国在自然资源与环境核算方面的研究走在世界前列。美国在 1989 年通过有关法律之后，联邦政府决定由新成立的国家环境统计局和经济分析局共同承担“环境与资源核算”研究项目。确定的研究重点是：第一，以可持续发展为指导，提出并建立能详尽、准确地反映自然资源和环境质量变化及其存量和流量增减变化的指标体系；第二，为了适应包括自然资源在内的环境核算的需要，应建立一种新的概念体系，并认为自然资源的正负效益既包括物质方面也包括对环境的损害，如用燃煤代替燃油发电，虽可以节省石油，但也会加重大气环境污染；第三，把环境资源计价研究作为重要一环，以实现从实物量核算向价值量核算的重要转变；第四，研究者认为环境资源效益是一种环境劳务，应把社会提供的生活质量和娱乐服务作为估价环境效益的重要因素，同时要对环境资源破坏和污染损失进行估价；第五，修改现行的核算账户，把资源环境保护作为一种生产部门，按照可持续收入的概念进行环境资源保护的投入（环境治理恢复和预防污染的费用）和产出（环境资源效益）核算，既考虑资源环境对国民收入和资产的增值效应，也要估计环境污染破坏对环境服务价值减少的负面影响。

挪威在其国家统计局和能源委员会的领导下，开展了自然资源核算研究，1987 年发布了《挪威自然资源核算报告》，研究者把自然资源分为自然实物资源和环境资源两大类并分别核算，初步建立了较完整的实物核算体系，包括森林、土地、水资源、石油、天然气资源和环境资源等，其研究成果和有关的政策建议受到政府的高度重视，已成为国家制订经济-社会发展计划的重要内容和依据。其实物核算表式结构见表 7-5。

表 7-5 挪威实物资源核算表式结构

核算类型	资源核算结构
1. 储量核算	资源基础储量（开发和未开发的）
期初	期内开采消耗总量
	资源基础调整量（新发现的、重新评估的）
	储存量的调整量（新技术、开采费用、运输和资源价格等因素引起的）
期末	资源基础储量
2. 开采、转化和贸易核算	部门净开采量＝部门开采量−部门自身使用量
出口	部门净进口量＝部门进口量−部门出口量
国内使用	存量变化：净开采量+净进口量±存量变化
3. 消费核算	国内使用（最终使用类型，如物品）

UNSO 和联合国环境规划署（UNEP）也在研究环境与资源核算以及国民经济核算体系的改进工作。它们的主要任务和工作方式，一方面，是自己组织力量进行较系统的研究，制定有关核算的方法、规范和手册供各国参考；另一方面，负责协调各国和区域性研究工作，以便最终建立国际性的国民经济与资源环境综合核算体系。早在 1983 年，UNSO 就与世界银行环境局、美国国家环境保护局合作开展了环境核算的研究工作，提出在现行的国民核算体系中引入包含经过环境核算调整的净国内生产总值（EDP）和净国民收入（EDI），以便核算环境劳务、人工资本的折旧、估算经济活动造成的损失并剔除环境预防费用的支出等。经过几年探索之后，1987 年 10 月决定正式开展由联合国环境规划署执行主任和世界银行总裁共同领导的“把环境与资源问题纳入发展战略之中”的研究项目，其中心任务是探索如何实行环境核算、促进可持续发展，并初步确定了环境核算与国民经济核算体系的关系。

为把环境核算纳入国民核算体系，以便能为各国提供一种可操作性的方案，从 1989 年起，上述国际组织又进一步开展了大规模的国际合作研究，提出了“环境经济综合核算的 SNA 框架”和“环境卫星账户的 SNA 框架”，其目的是将环境数据资料结合到现行的

SNA 中的同时，又不对后者的核算作任何概念性改变，UNSO 把这一过渡性方案称为“考虑环境调整的经济核算体系”（SEAA）。

专家们还对“环境卫星账户的 SNA 框架”提出如下建议：第一，改进后的国民核算体系应考虑传统的收入和生产核算并没有反映环境恶化和自然资源衰竭；第二，环境核算不能直接纳入 SNA，应以卫星账户或附属账户的形式出现，同时按功能对环境物品和劳务进行独立分类计算；第三，对不能以价值存量来评价的环境资源，应以清单的方式列出并辅以实物数量和质量指标；第四，在计算可持续收入和产出时，应先减去环境资产的消耗和退化，然后再要求对扣除环境预防费用作进一步研究。如果环境预防费用在 GDP 中被扣除，就可以得到 4 个独立的核算指标，即 GDP、NDP_1（从 GDP 中减去固定资本消耗）、NDP_2（从 NDP_1 中再减去环境资产的消耗和退化费用）、NDP_3（从 NDP_2 中再减去环境保护和恢复的费用）。这种核算方法，既保持了传统的 GDP 和 NDP 指标的完整性，满足了这两个指标的传统用途，又保证了政策制定者和公众能够得到新的、易于理解的综合性经济持续增长的指标。

参考文献

杨云彦. 陈浩. 2011. 人口、资源与环境经济学. 2 版. 武汉：湖北人民出版社.

陈百明，等. 1991. 中国土地资源生产能力及人口承载量研究. 北京：中国人民大学出版社.

兰德尔. 1989. 资源经济学. 北京：商务印书馆.

李康. 1998. 社会发展与资源环境. 昆明：云南人民出版社.

潘纪一. 1988. 人口生态学. 上海：复旦大学出版社.

王军. 1997. 可持续发展. 北京：中国发展出版社.

吴人坚，等. 1994. 生态经济持续发展的抉择. 上海：复旦大学出版社.

郑师章. 吴千红，王海波，等. 1994. 普通生态学——原理. 方法和应用. 上海：复旦大学出版社.

刘文，等. 1996. 资源价格. 北京：商务印书馆.

厉以宁，等. 1995. 环境经济学. 北京：中国计划出版社.

国际环境与发展研究所，世界资源研究所. 1989. 1987 年世界资源报告. 北京：中国环境科学出版社.

世界银行. 1995. 1995 年世界发展报告. 北京：中国财政经济出版社.

汪丁丁. 1993. 资源经济学若干前沿课题//汤敏，毛于轼. 现代经济学前沿专题：第二集. 北京：商务印书馆.

杨敏英. 1995. 经济效益与资源代价. 数量经济与技术经济研究，7.

张帆. 1998. 环境与自然资源经济学. 上海：上海人民出版社.

TIETENBERG T. 1992. Environmental and natural resource economics. 3rd ed. New York：Harper Collins Publisher.

尹继佐. 1998. 可持续发展战略. 上海：上海人民出版社.

曹凤中，等. 1998. 绿色的热点. 北京：中国环境科学出版社.

第八章　经济发展与自然环境

自然环境是人类不可缺少的生命支持系统，其也为人类提供美学和精神上的享受，为人类艺术创作提供灵感。从与经济发展关系看：①自然环境为人类的生活和生产提供物质基础。自然环境是自然资源的载体、是人类的资源库，人们衣食住行的各种原料无一不源自自然环境，人们所有的经济活动都以来自环境的初始产品为原料或动力。人类对自然环境予取予夺，会影响和损坏自然环境。②自然环境为人类提供废物消耗场所。人们的生产和消费活动会产生一些副产品，有些副产品不能被利用，成为废物排入自然环境。自然环境通过各种各样的物理、化学、生物反应，容纳、稀释、分解、转化这些废弃物，使之重新进入自然环境的物质循环当中。自然环境具有的这种能力称为自然环境的自净能力。如果自然环境没有这种自净能力，整个自然界将充斥废弃物。但自然环境的自净能力是有限的，表现为存在一定的环境容量：环境不能分解转化所有的物质，如有些人工合成的物质（塑料、有毒化学品等）无法在环境中自行降解；环境对废物的净化是要花费一定时间的。如果短时间内排入环境的可降解废物过多，废物不能及时得到净化，也会产生环境问题。

人类和自然环境是一个复杂的对立统一整体。自然环境创造了人类，人类又改变自然环境。人类以其社会经济活动影响和改造自然环境。人类不断地与自然环境进行物质、能量、信息交换，以维持其生命过程。人类社会经济活动是一个引起自然环境变化强有力的因素。当人类的活动与自然环境相协调时，人类的活动就可以促进人类和自然环境的共同优化，反之，人类的活动与外界环境不能协调时，将导致外界环境的恶化，而环境的恶化反过来影响人类的社会经济发展。

从某种意义上说，自从有了人类，就有了环境与经济之间的相互作用关系，也就存在环境经济问题。近几十年来，自然环境与经济发展的矛盾日渐加剧、尖锐，这一问题已引起人们的普遍关注，也需要我们进一步深刻认识自然环境与经济发展的关系。

第一节　自然资源利用与自然环境

一、自然环境的特点

自然环境，是指围绕着人的空间以及其中一切可以影响人的生活与发展的各种天然的与人工改造过的自然要素的总称。自然环境具有三个基本功能：提供资源、吸收废物、提供直接效用。从经济学角度看，环境是指自然环境和人工利用自然物质创造的环境，其中绝大部分是前人和今人劳动的物质成果，是人类一般劳动的凝结，因而一般具有使用价值和价值（程福祜，1993）。另外，环境又是人类最宝贵的资源，具有价值和价格（甘泽广等，1987）。环境是资源，可以从以下方面看：第一，环境是人类赖以生存和发展的基本条件，人类吃、穿、住、行、用等都离不开由自然环境所提供的地域空间和物质资料；第二，环境是人类进行生产和再生产的物质条件，人们开展生产活动，必须要有劳动对象和劳动资料，而这些是由自然环境直接或间接提供的；第三，环境也是人们从事精神文明生产的条件，人类进行科学、教育、文学艺术、文化、体育、新闻等活动，都与自然环境关系密切；第四，环境还是人类开展生态文明建设和生态消费的重要条件，有识之士已经认识到，人类除了要有物质消费和文化消费以外，还要有生态消费，而“生态产品”（如生态景观、洁净空气与水、生物多样性等）的生产和消费更是与自然环境息息相关。

认识自然环境的特点对于更好地保护和利用环境是至关重要的。一般而言，人类的自然环境具有下列主要特点：一是环境改变的不可逆性，生态系统虽然具有自我调节功能，但它毕竟有一定的限度，如果超出了它自身可能承受的限度，就会导致生态系统的平衡失调和退化；二是环境危害的长期性，人类对自然环境破坏所导致的不良后果，往往需要较长时间才能显露出来，并且危害一旦形成，便很难在短期内消除；三是自然环境的有限性，虽然自然环境的绝大部分是取之不尽、用之不竭的，但随着人口的增长和经济的发展，自然环境的稀缺性越来越明显；四是环境要素的整体性，一种环境要素的变化往往会引起另一种或几种环境要素的变化，环境状况的改变是多种环境因素综合作用的结果；五是环境问题的不确定性，环境系统的演变规律以及环境恶化对人类生存与发展的不利影响有的已经被人类所认识，有的还没有被人类所认识，这增加了环境再生产的难度。

二、自然资源利用与环境恶化

自然资源和自然环境，是人类社会的基础性共享资源。自然资源，无不以寓于特定环境之中的某种形态而存在，并充当着环境的载体或物质-能量交换、传递和转移的介质，因而两者之间存在相互联系、彼此作用与融为一体的关系，即连带性或孪生性的相互关系。于是，自然资源流失和衰竭、自然环境污染和生态破坏，常常是同时发生或先后出现的。

自然资源和自然环境是一个事物的两个侧面，两者之间并不存在截然区分的界限。自然资源和自然环境可以互相转化，都具有双重性。人类从自然环境中择取了可以直接利用的部分作为自然资源以后，往往就把自然资源和自然环境分开对待。随着科学技术的飞速发展，人类需求的转变和自然环境的变迁，自然资源的含义也在不断地转化，很多过去所谓的自然环境因子，就转变为自然资源。就如以前被视为自然环境因素的水和空气，现在也要求按自然资源而加以评价、利用。因此，可以说自然资源是自然环境的组成部分，破坏了自然资源也就是破坏了自然环境。

自然资源与自然环境之间存在的连带性和孪生性，是引发资源与环境、资源环境与经济-社会发展之间错综复杂连锁反应的决定性因素，人类开发活动恰当与否，则是决定这些错综复杂连锁反应方向的主导力量。如果开发活动不恰当，其中包括毁林造田，陡坡开荒等，或者超过最大允许开发总量，如草场超载放牧、森林砍伐量超过自然生长量等，势必造成自然资源的流失和衰竭，带来环境污染和生态破坏，并最终导致人与自然的对立；人类在谋求经济-社会发展而开发利用多种自然资源的时候，务必自觉地吸取以往实践中的教训，总结因不恰当的开发使上述连锁反应向人与自然相对立方向发展的经验，从中找到促进人与自然和谐、发展与资源环境相协调的途径和办法。

在人类漫长的发展史中，每次生产力的飞跃都是以新的生产工具制造业崛起作为标志，而工具制造业的崛起又是以新的自然资源被大量利用作为基础。每一次大规模的自然资源开发利用往往又导致一次新的自然环境危机。

环境问题，即由于人类活动或自然原因使环境条件发生不利于人类生存、生产和生活，给人类带来灾害的环境变化，是当今国际社会、各国政府和人民群众普遍关注的重大战略性问题。在环境问题中，因人类经济活动对环境造成的影响，以及这种环境条件变化对人类经济的影响所产生的一系列问题，即环境经济问题，是环境经济学研究的对象。

随着社会发展的整个步伐加快，人类对原材料需求量猛增。例如，人类开始大量使用的一些金属铜、铅、锡及锌等，使矿物自然资源的重要性不断加大。随之，出现了相应的危机：人类生活环境的恶化。其中，土壤的破坏是最有代表性的。重金属矿产的不科学开采和利用，造成大量金属元素进入土壤，使其恶化，甚至无法正常生长出粮食、蔬菜来维持人类的生活。另外，还会造成土壤和水质污染，给人类健康带来危害和疾病。同时，由于强化了自然资源的开发利用，出现了人为的对自然环境的破坏情况，很多土地被盐化、碱化、沙化、水土流失、草原退化等，空气污染也越来越严重。20 世纪 80 年代以来，一些发达国家和发展中国家先后开展了环境污染损失等方面的分析评估工作，资料表明，人类的开发活动造成的经济损失常常大于开发活动的内部收益，环境损害占国民生产总值的比重相当可观（表 8-1）。

表 8-1　若干国家环境损害费用占 GNP 的比重

国家	环境损害的形式	年份	年损失费用占 CNP 的比重/%
美国	空气污染损害	1986	0.8～2.1
荷兰	部分污染损害	1986	0.5～0.8
原西德	空气、水、土壤污染和生物多样性损失	1990	1.7～4.2
匈牙利	污染损害（主要是空气污染）	1980 年以后	5.0
波兰	污染损害（主要是空气污染）	1987	4.4～7.7
印度尼西亚	土壤侵蚀及森林砍伐	1984	4.0
中国	“三废”及农药污染损害	1983	6.75
	农业、森林、草原生态破坏，水资源损害	1983	8.9

资料来源：杨云彦，陈浩. 2011. 人口、资源与环境经济学. 2 版. 武汉：湖北人民出版社。

三、热力学定律与环境经济系统

（一）物质与质量守恒

物质在自然界中不可能被毁灭，除非通过反物质的湮灭。物质实体只是携带某种服务的载体。商品之所以被交易，只是由于消费者具有使用它们及相关服务的偏好；对生产者来说则是因为商品能够在生产过程中实现增值。经过生产过程和消费过程之后，商品的物质实体并没有消失，只是从原来有用的物质形态变成了无用的废弃物。当废弃物积累到一定程度并对环境造成影响时，便成为污染物，这些污染物通常只提供负服务（例如，污水杀死鱼类，废气损害人体健康，酸雨毁坏建筑物等），而不是提供正服务。

在经济系统中，生产活动和消费活动就是在进行一系列的物理变化和化学变化。物理变化和化学变化都服从质量守恒定律也就是物质反应前后的质量是不变的，生产活动和消费活动也遵从质量守恒定律。质量守恒定律是自然界普遍存在的基本定律之一。在任何孤立系统中，不论发生何种变化，其总质量始终保持不变。任何变化，包括化学反应和核反应，都不能消除物质，只是改变了物质的存在形态或结构。

20 世纪初，阿尔伯特 • 爱因斯坦（1879—1955）推导出了狭义相对论。他指出，物质的质量和它的能量成正比，可用式（8-1）表示：

$$E=mc^2 \tag{8-1}$$

式中，E 为能量；m 为质量；c 为光速。

上述公式说明物质可以转变为辐射能，辐射能也可以转变为物质。这一现象并不意味着物质会被消灭而是物质的静质量转变成另外一种运动形式。由此，质量守恒定律与能量守恒定律一起被称为质能守恒定律。

根据能量守恒定律，能量既不能凭空产生，也不能凭空消失，它只能从一种形式转化为另一种形式，或者从一个物体转移到另一个物体。它是自然界最普遍、最重要的基本定律之一。该定律又被称为热力学第一定律，其定义为：一个热力学系统的内能增量等于外界向它传递的热量与外界对它做功的总和。

公式表达如下：

$$\Delta E=-W+Q \tag{8-2}$$

式中，ΔE 为内能增量；W 为外界对系统做功，为正值；Q 为外界向系统传递的热量。

式（8-2）是能量守恒与转化定律在热现象领域内所具有的特殊形式，说明热力学能、热和功之间可以相互转化，但是总的能量不变。

如果环境空间足够大，环境可以被视为一个封闭系统，这个封闭系统既没有来自外部的投入（能量、物质等），也没有物质和能量输出系统之外。热力学第一定律表明：能量和物质既不能被创造也不能被消灭。

经济系统包含于环境系统之中。从环境输入经济系统的物质或者在经济系统中积累起来，或者经过生产和消费以污染物的形式返回到环境中。当积累过程停止时，从环境输入经济系统的物质总量在质量上等于从经济系统流入环境的物质总量。

热力学第二定律证明，能量从一种形式转换到另一种形式会发生损失，总会消耗一些能量，并且该消耗是不可逆的，不能做功的能量称为“熵”，能量损失表述为“熵增”。热力学第二定律指出，如果没有新的能量输入，任何一个封闭系统最终都会耗尽它所拥有的能量。对于环境系统而言，能量一旦耗尽，生命也必然终止。从长期来看，环境系统的生存必然取决于太阳能的不断输入，而生存状况依赖太阳能的转化利用能力。

（二）物质平衡与物质补偿

1. 物质平衡

1966 年，鲍尔丁在《即将到来的太空船经济》[①]一文中提出，随着人口和经济的不断增长，作为太空中一艘小飞船的地球最终会达到资源枯竭和环境污染的状态，因而需要发展循环式经济替代单程式经济。

物质平衡理论的系统性和开创性研究始于艾瑞斯和克尼斯，他们运用线性技术的静态一般均衡模型，将物质平衡方法引入经济学之中，提出了物质平衡理论，揭示了经济系统的物质流动过程及其与环境污染的关系，说明了外部性的普遍存在。物质平衡理论是环境经济学的基础理论，该理论说明：在一个足够长的时期内，从环境系统进入经济系统的物质量必然大致等于从经济系统排入环境系统的残余物质量，即作为某种服务的载体，商品的物质实体在经过生产和消费之后不会消失，只是被重新利用或者排入环境之中。

根据物质流动关系和功能，克尼斯将传统的只包含生产和消费部门的经济系统改造为包含能量转换、物质加工、最终消费和残余物处理的四个部门。改造后的经济系统进一步阐述了物质平衡理论的基本概念和内涵：

（1）在一个封闭的（没有进口或出口）、没有物质（植物、机器、储备、建筑物、耐用消费品等）净积累的经济系统中，排入自然环境中的残余物量必然大致等于进入经济系统的水、燃料、食物、原材料加上从大气中获得的氧的量。

（2）残余物不一定排入环境，如果循环利用，残余物就有可能返回生产过程，成为原材料的一部分，再次被利用，从而减少新物质的投入。为减少对环境的危害，可以循环利用残余物，还可以对其进行治理。

（3）在资源可以自由取用，残余物可以自由排放，或者取用与排放成本低于循环利用成本的情况下作为理性经济人的生产者和消费者不会主动进行残余物循环利用和治理。当且仅当循环利用和治理成本低于取用和排放成本时，循环利用和治理才有可能实现。

2. 物质补偿

补偿得以实现平衡。马克思主义再生产理论指出：只有社会总产品的各个组成部分既在价值上得到补偿，又在实物上得到更新，社会总资本的再生产才能继续进行。在资源环境问题日益凸显的今天，我们需要对资源和环境的消耗进行实物补偿和价值补偿，否则社会再生产将无从谈起。

在环境降解污染物的能力很稀缺的前提下，现实的经济系统不可能满足所有投入全部转换成产出，在生产过程中没有产生污染物；最终产出不可能在消费过程中彻底消失，没有废弃物产生；产权明晰确定，所有相关的环境要素资源为私人所有，并且可以在竞争性市场中交换环境产权的条件。也就是说，在现实生活中，资源环境的外部不经济性的问题是普遍存在的，资源环境不可能通过市场的自发行为实现外部不经济性的补偿。

在自然环境问题上，实物补偿和价值补偿同其他商品相比存在自身的特点。具体来说，实物补偿针对的是自然环境的使用价值，它可以是通过节能减排等使得自然环境部类的需

---

① BOULDING K. 1966. The economics of the coming spaceship earth//JARRETT H. Environmental quality in a growing economy. Hopkins University Press，947-957.

求减少，也可以是通过提高资源使用效率促进新能源开发等实现自然环境部类的供给增加。而价值补偿针对的是自然环境的价值，社会再生产需要满足所预付的资本以及资本所要求的剩余价值必须由产品转化为货币从而进行补偿这一条件。由于外部性的存在，市场会发生失灵。因此需要通过资源税等政策机制将自然资源所取得的净收益转移给价值创造部分，否则由于剩余价值将不能得到有效实现，社会资本扩大再生产也无法正常完成。

（三）概念模型

从整个经济系统物质平衡的角度可以考察环境污染及其控制的过程。经济系统投入的是燃料（如煤炭）、食物（如小麦）和原材料（如矿石）。经过生产过程之后，这些投入的一部分转换成为有效用的最终商品，另一部分变成残余物，排放进入环境。除了被储存的商品外，最终商品被消费后，也要成为残余物进入环境。无论商品是被“生产”还是被“消费”，实际上只是提供了某些效用、功能和服务，其物质实体仍然存在，最终残余物或者被重新利用，或者被排入自然环境中。这个结论可以用图 8-1 来说明。

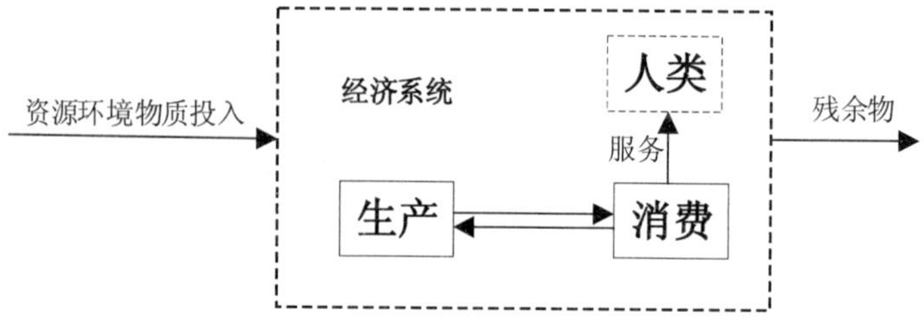

图 8-1 环境与经济系统的物质流动关系

图 8-1 表明，如果生产和消费过程中不存在积累，从环境投入的物质最终必然以残余物的形式返回环境。在这个物质流动过程中，环境物质投入的唯一功用就是为人类提供了服务。

在现实经济中，生产和消费过程都存在积累。如果考虑这些积累，就可以得出一个推论：在一个足够长的时期内制造的产品的质量（已被消费的和未被消费的），加上生产和消费过程中产生的残余物的质量，必然大致等于最初从自然界获取的质量。

如果生产过程和消费过程中产生的一部分残余物没有排入环境，而是重新被利用，残余物就能返回生产过程，成为原材料的一部分。在这一条件下，图 8-1 可以变为图 8-2。

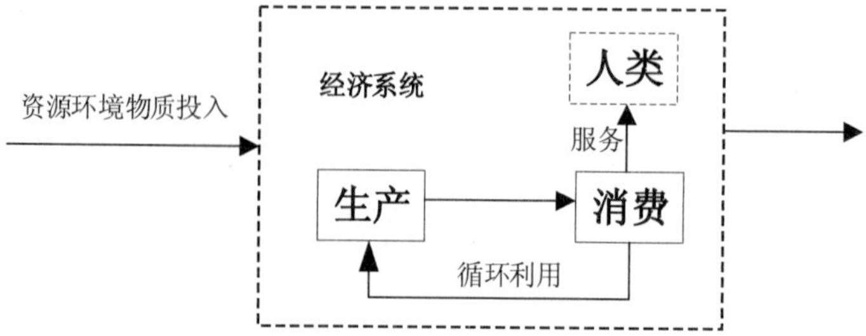

图 8-2 考虑循环利用后环境与经济系统的物质流动关系

根据物质平衡关系可以推断，为了保证一定的生产和消费水平，即为了保证如图 8-2 中虚线框所示人类所需要的服务，必须不断投入新的物质。但新物质的投入可以随着能量转换、物质利用和残余物回收利用效率的提高而减少。类似的道理，在其他条件相同的情况下，用于固定资产的积累，如汽车、建筑物、机器和其他耐用消费品的使用时间越长，用于补偿损失、磨损、报废所需要的新物质的投入量就越少。

为了进一步分析环境和经济系统的物质平衡关系，需要对传统的经济系统结构做一些改造。通常所说的经济系统只包括生产部门和消费部门。考虑到生产过程实际上是加工来自环境的物质，在这一过程中，没有任何新的物质被“生产”出来。根据物质流动关系和功能不同，可以把生产部门分为能量转换和物质加工两个部门。考虑到生产部门的残余物处理已经成为现代经济系统的基本功能，在经济系统内部还应当设立残余物处理部门。

改造后经济系统内部的物质流动关系可以用图 8-3 来表示。

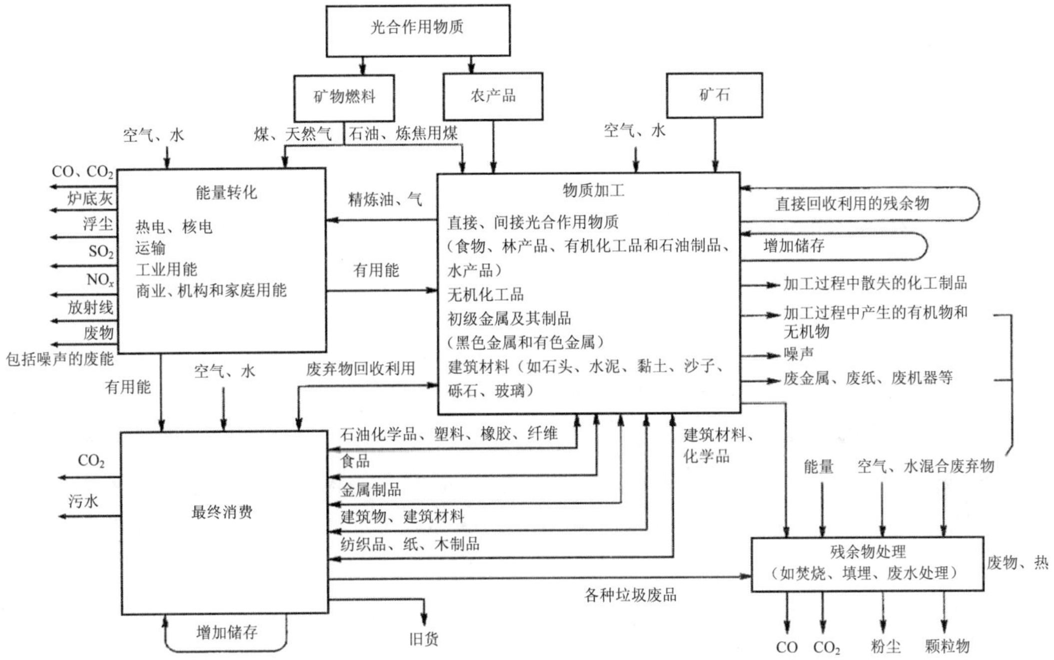

图 8-3 物质流动关系

资料来源：马中. 2019. 人口、资源与环境经济学. 北京：高等教育出版社，100。

图 8-3 表明，在一个封闭的（没有进口或出口）、没有物质（植物、设备、储备、耐用消费品和建筑物）净积累的经济系统中，排入环境中的残余物量必然大致等于从环境进入经济系统的物质量。

减少残余物对环境的危害，除了对其回收利用外，还可以对其处理。但处理残余物多不能使物质消失，而只是改变物质存在的形式。例如，如果用湿式去除法净化烟道气，残余物被排入下水道，然后进入河流，结果是当地空气质量得到了改善，代价是污染了河流。同样，如果企业或当地政府对工业污水的治理水平很高，通过焚烧处理污泥和固体废物，虽然保护了水体和土地资源，却污染了空气。因此，只有当某种环境容量未被充分利用时，末端处理的方法才是有效的，否则，必然会造成某种形式的污染，而不能最终解决环境问题。相比之下，提高残余物的循环利用水平和采用清洁生产工艺，将是更为有效的办法。

从环境与经济的相互作用关系全面考察生产和消费活动，就会发现市场机制没有解决的问题有很多。长期以来，经济学家只研究生产和消费的供求关系，假定环境（如水、空气等）不论是作为资源还是作为污染物的倾倒场，只是一种没有价值的公共物品。这种认识造成了经济活动的两种无效率：一是与“外部性”相关的无效率——不考虑外部性的费用和效益造成的无效率；二是与“使用者费用”相关的无效率——对环境资源利用的唯一制约是当前成本，而不是未来收益的机会成本。因此，在这种条件下得出的“帕累托最优”只是一种“次优”。即使在私人物品领域里市场能有效配置资源，一旦涉及公共物品，市场也就“失灵”了。

环境系统与经济系统的物质平衡关系表明，保护环境最根本、最有效的途径是提高经济系统的资源利用效率，从而减少资源利用量和污染物排放量。

四、环境库兹涅茨曲线

库兹涅茨在 20 世纪 50 年代提出一个假说，即在经济发展过程中，收入差距先扩大再缩小。这一收入不平均和人均收入之间的倒“U”形关系，被称为库兹涅茨曲线。

粗略的观察表明，在经济发展过程中，环境也同样存在先恶化后改善的情况。例如，与二三十年前相比，一些新兴发展中国家的城市如曼谷、墨西哥城等的污染更严重了，而发达国家的城市则更干净了。环境经济学家据此提出了存在环境库兹涅茨曲线的假说。环境库兹涅茨曲线如图 8-4 所示。图中环境污染指标可以用人均污染物的排放量等指标表示。在经济发展的较低阶段，由于经济活动的水平较低，环境污染的水平较低。在经济起飞、制造业大发展阶段，资源的耗费超过资源的再生，环境恶化。在经济发展的更高阶段，经济结构改变，污染产业停止生产或被转移，经济发展带来的积累可以用来治理环境，人们的环境意识也加强了，因此环境状况开始改善。这样就形成了一条倒“U”形曲线。

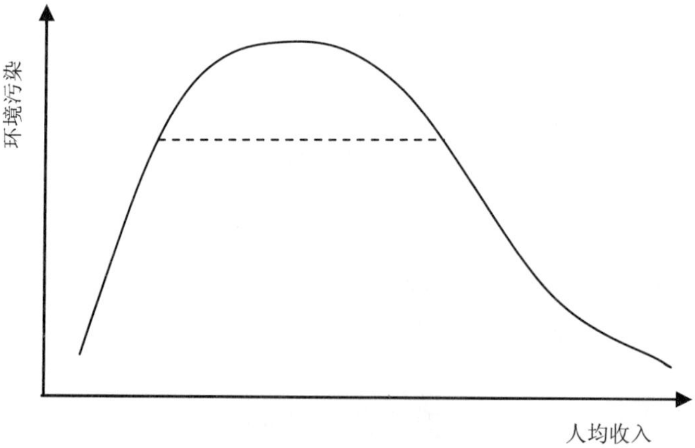

图 8-4 环境库兹涅茨曲线

某一经济社会的自然资源和环境状况主要取决于以下因素：①经济活动的水平和规模。其他条件不变，经济活动的规模越大，自然资源的消耗越快，污染越严重。②经济结构。经济结构决定资源消耗和环境污染的水平和类型。产业结构和经济发展水平之间有一定的关系。低收入国家，一般以农业和轻工业为主。中等收入国家，工业产值占总产值的比重增加。高收入国家，制造业的比重减少，而高技术产业和服务业的比重增加。工业污染水平与重化工业在工业中的比重有关。以一次产业（农业、采掘业等）为主的经济中，森林减少和水土流失较为严重，而工业污染较轻。当一国进入工业化阶段后，农村资源消耗问题转为城市污染问题。随着经济的进一步发展，制造业比重的减少和高技术产业、服务业的比重的增加，污染减少。③技术水平。同样产业结构的两个国家，如果使用的技术不同，产生的污染也不同。一般来说，使用低技术的国家，会消耗更多的资源，或产生更多的污染。④环境保护政府管制的方式和效果。在经济发展的不同阶段，政府的政策目标的轻重缓急和管理手段会发生相应的变化，对环境保护的重视程度也会变化。⑤环保支出及其效果。随着经济的发展，收入提高，人们对环保更加重视，用于环保的资金也会增加。环境保护意味着资金的投入，许多环保设备十分昂贵，环境保护对于发展中国家是一种奢侈品。随着收入得到提高，政府和老百姓手里的钱多了，可以用于环保的资金也多了。

环境库兹涅茨曲线理论上应该用一国长期的时间序列数据来检验，但是有关资料缺乏，因此经济学家大多用包括发达国家和发展中国家的资料来检验环境库兹涅茨曲线。Panayotou 使用横截面资料估计环境库兹涅茨曲线（张帆，1998：252）。他使用综合指标“森林砍伐”代表森林资源的消耗和污染，把森林砍伐作为人均收入和人口密度的函数：

$$\ln \mathrm{DEF}=a_1\ln \mathrm{INC}+a_2\ln \mathrm{POP}+(1/2)a_{11}(\ln \mathrm{INC})^2+a_{12}(\ln \mathrm{INC})(\ln \mathrm{POP})+(1/2)a_{22}(\ln \mathrm{POP})^2 \tag{8-3}$$

式中，DEF 为森林砍伐率；INC 为人均收入；POP 为人口密度。

该式可检验森林砍伐和人均收入之间存在非线性、倒“U”形关系的假设。

按式（8-3）估计的环境库兹涅茨曲线表明，当人均收入为 100 美元时，森林砍伐率为 1.3%；当人均收入为 823 美元时，达到最高森林砍伐率 3.5%；当人均收入为 2 000 美元时，森林砍伐率降到 3%以下；当人均收入为 4 000 美元以上时，森林砍伐率降为 2%以下。

用同样的方法还可以计算污染物含量和收入的关系。Panayotou 发现污染的转折点（人均收入 3 800～5 500 美元）比森林砍伐的转折点（人均收入 800～1 200 美元）要高得多。

必须注意的是，环境库兹涅茨曲线可能产生的误导作用，好像人类的发展必须经过先污染、后治理的过程，在经济发展没有达到一定水平之前，污染是必然的，政府整治与否都无济于事。这种理解并不准确，它不利于发展中国家政府在经济发展中注意环境保护。发展中国家的任务，应该是在考虑发展总效益的前提下，降低环境库兹涅茨曲线的弧度，或者说，在倒“U”形曲线上找到一条水平的通道。

第二节　环境经济中的产权、外部性与市场失效

一、自然环境的价值和价格

为了分析和研究环境资源的属性，我们可以把环境资源分成三类：一是未经人类劳动投入的自然环境资源，如天然森林、水体、矿藏等；二是有人类劳动凝结的半人工环境资

源，如人工营造的林木、人工改善的河流、人工恢复更新的草原等；三是经过人类劳动对自然进行改造而形成的人工环境资源，如桥梁、建筑物、水库等。根据马克思主义的劳动价值理论，上述第二类和第三类环境资源中由人类一般劳动的凝结，具有价值，这是毫无疑问的。对于上述第一类环境资源，是否存在价值则长期以来一直存在争论。

一种观点认为，没有经过人类经营和改造的自然资源由于没有参与人类的一般劳动，因而不具备价值，但认为它具有使用价值和价格，即环境资源虽然不具备价值，但并不影响对它制定合理的价格（程福祜，1993）。另一种观点认为，天然森林、空气、水体、矿藏等自然形态的环境资源，在社会化大生产和人类活动范围不断扩大的条件下，没有打上人类劳动烙印的已经是寥寥无几了，即自然资源或多或少，或直接或间接地融入了人类的一般劳动，如人类为了防止空气、水体、森林等污染，需要投入一部分社会劳动来处理和维护，人类的环保工作已成为社会分工体系的组成部分，这部分人类一般劳动应该计算在有关的环境资源价值之中，又如有些环境资源，像石油、天然气、煤炭等化石燃料，是不可再生资源或不可更新资源，它们虽然不存在再生产的劳动耗费，但为了保证生产的需要和有计划地开发利用，人类需要耗费一定量的劳动去进行勘探和测量，还需要建设必要的设施进行管理，这些劳动耗费，也构成这类环境资源的价值，因此，环境资源既具有使用价值和价值，又具有价格（甘泽广等，1987）。

但有一点是共同的，即大家普遍认为，环境资源是否具有价值的确定，一定要从实际出发，要有利于环境再生产的顺利进行，要有利于环境资源的合理开发利用和自然生态环境的保护。

环境资源具有价格，这是人们的普遍观点。环境资源的价格主要有两种，即生产价格和市场价格。

环境资源的生产价格，是环境资源价值的完备体现，它具有个别性，是环境资源生产、保护和经营过程中所花费的人类一般社会劳动量的转化形式，对于我们考核环境企业的资金运用、生产经营状况、经济效益等具有非常重要的作用。

环境资源的市场价格，即环境资源的市场均衡价格，它既受环境资源生产价格的作用，也受环境资源市场供求关系（环境资源稀缺性的体现）的影响。必须指出的是，由于环境资源的特殊重要性，环境资源市场价格的制定，并不单纯是一个市场行为，政府在其中是应该有所作为的，即政府应该从保护自然资源和生态环境这一根本目的出发，使环境资源的市场价格维持在一个合理的水平上，特别是在一些环境资源的生产价格很低和供求关系不是很紧张的情况下，应该利用政府的宏观调控职能适当抬高这些环境资源的市场价格。

合理地制定环境资源价格，尤其是环境资源市场价格，具有十分重要的实际意义。第一，有利于改变不同商品之间比价不合理的问题，特别是长期以来我国自然资源价格偏低的问题，有利于贯彻社会主义物质利益原则，实现国民经济的协调稳定发展；第二，有利于经济核算的进一步推广和完善，我国长期以来缺乏自然资源的核算体系，这既不利于企业的生产管理，又不利于国民经济的宏观管理，环境资源价格体系的确定，会促进我国自然资源核算体系的形成；第三，有利于发挥价格杠杆的作用，价格是政府调节经济活动的重要手段，制定合理的自然资源价格，就可以有效调节自然资源开发利用的规模、方向、结构和效益；第四，在对外开放的条件下，制定合理的自然资源价格，有利于吸引外商在我国投资与兴办企业，减少我国在对外贸易中的损失，促进我国经济的快速发展。

二、产权界定问题

对环境的分析不可避免地涉及产权问题。环境问题的特征之一就是，它们产生在没有物主的背景之中，或者虽然有物主，但他们只有有限的“拥有权”，许多全球资源就属于这种问题，如大气层、海洋及许多的森林和山地等。缺乏所有权，于是导致对他们的忽视或过度使用。因为大气不属于任何人，它已经成为化石燃料燃烧所产生的废气的排放场地，海洋已经成为运输废物、石油污染物、核废料、生活污水以及其他废物的排放场地。Hardin（1968）关于“公地的悲剧”的著名论断就描述了所有权缺失所产生的后果。

在对自然资源和环境进行产权界定时，兰德尔（1989：147）的定义是：“财产权规定了人与人之间关于使用物品时的适当关系，以及破坏这些关系时的处罚”。他认为完全的财产权具有以下特征：

（1）完全明确规定的：这样它就可以成为一个包括财产所有的各种权利、对这些权利的限制以及破坏这些权利时的处罚在内的完整的体系。

（2）专有的：这样因一项行为而产生的所有报酬和损失都直接给予有权采取这一行为的人（所有者）。

（3）可转让的：这些权利可以被吸引到最具有价值的用途上去。

（4）可实施的和完全实施的：没有实施的权利，就是根本没有这种权利。

兰德尔指出，权利的规定、转让和实施需要相应的成本或费用，这些费用称为交易成本。只有在交易费用可以接受的情况下，产权的界定和实现才是有意义的。

塞尼卡等（1986：78）认为，“环境质量之所以会恶化，关键是由于人们所使用的宝贵资源的所有权规定得不够严密不够周全”，“大气、全部大水体和大量公有土地传统上就是公共拥有的财产，人们早已可以随意将这些资源用于各种目的”，“如果公共财产资源相对于全部需求具有充裕的容量的话，那么，社会分享并利用这些资源时，就不会产生任何经济上的问题。然而，当需求上升到某种程度，利用资源的人们彼此互相施加外部费用，则经济效率不可避免地会遭受损害”，“所谓公共所有权，如果要更清楚地勾画出它的特征，实际就是不存在任何所有权”。环境质量产权的这一性质，是导致人类环境质量日益恶化的根源。如何维护环境质量这一公共财产资源的公有财产权是经济学必须回答的一个问题。我们应该寻求环境质量公共财产权维护的方法：采取政治性的、法制性的措施是一个方面，它具有强制性，能够有效抑制降低环境质量的行为；将公有财产权价值化或价格化，破坏环境质量必须付费，生产环境质量产品取得收益，消费环境质量产品也要付费，这样可以通过经济手段制约厂商或居民户的行为，从而达到维护环境质量公有财产权的目的；通过宣传、教育、文艺等社会活动，普及环境保护知识，提高环境保护意识，使维护环境质量公有财产权成为公民的一种自觉行动。

三、外部性

私人财产制度是一种较为完备和有效的产权制度，但是在解决环境问题方面也存在不可克服的局限性，这是由外部性引起的。

环境经济学认为，厂商和居民的经济行为不能仅从本身来考虑，还要考虑它们对外部的作用和影响，不仅要考虑经济活动中人与人之间的关系，也要考虑经济活动中人与外部环境之间的关系，即要在环境-经济复合系统中考察厂商与居民的生产经营行为和消费行为，这是经济学发展史上的一次质的飞跃。

事实上，厂商和消费者的生产经济行为是存在外部性的。即某个微观经济单位（厂商或居民）的经济活动除了对本身的经济效益和生存与发展产生市场性的影响外，还对其他微观经济单位（厂商或居民）产生非市场性的影响。其中，对受影响者有利的外部影响被称为外部经济，或称为正外部性；对受影响者不利的外部影响被称为外部不经济，或称为负外部性。这里的非市场性，是指这种影响并没有通过市场价格机制反映出来，当厂商和居民因为外部经济而得益时，它们并不需要为此而向他人支付报酬，而当它们因为外部不经济而受到损失时，它们得不到相应的补偿。受影响者因外部经济而得到的收益称为外部收益，受影响者因外部不经济而受到的损失称为外部成本。假如微观经济单位能够因其产生的外部经济而向受益者收取相应的费用，或者因其产生的外部不经济而向受害者支付相应的补偿，从而使经济意义上的外部性不复存在，这被称为外部影响的内在化。环境经济学研究的一个重要课题，就是外部性，尤其是环境污染导致的外部不经济问题（厉以宁等，1995）。

经济单位的外部性现象在实际经济生活中是随处可见的。例如，蜜蜂授粉给果园场会带来外部经济；公园里的花草会给附近的居民清新的空气和舒适感，对居民来说，这是外部经济；较差的路面状况会给运输企业和车主带来外部不经济；矿冶企业对环境排放大量废气、废渣，化工企业向环境排放大量废水，对于这些企业来说，由于减少了处理这些废弃物的成本，因而是外部经济，而对于附近的居民来说，则是外部不经济。

“外部不经济性”理论是由著名经济学家马歇尔于1910年提出的。他认为，在正常的经济活动中，对任何稀缺资源的消耗，都取决于供求关系的对比，而环境问题正是这种正常经济活动中出现的一种失调现象，由此他提出了“外部不经济性”这一重要概念。1920年，马歇尔的学生庇古在发展福利经济学理论时，对私人厂商生产所造成的环境破坏使社会福利受到损失即经济的外部影响进行了研究，并且提出了一个环境经济学的重要命题：“人类合理的生产活动意外地对环境引起了与市场没有直接联系，又与各被影响的方面没有直接财务关系的经济效果。”按照庇古的定义，外部性具有以下几方面的含义：①外部性是指某厂商或某项经济活动所引起的与本活动的成本和收益没有直接联系，从而未计入本经济活动之内的外部的经济影响，它是相对于本项活动财务上所付出的费用及取得的效益出发考虑的；②外部影响有“好”的或“正”的影响，也有“坏”的或“负”的影响，在经济上有费用小而效益大的，也有耗费大而效益小的；③这种影响与市场交易没有直接关系；④本项经济活动与被影响的各个方面没有直接财务关系；⑤外部影响往往是意外引起的，在过去长时期内，许多外部影响是没有预料到或意识到，或没有完全意料和意识到的，即使在今天，外部的深远影响也常常不是很明确的；⑥外部影响并不仅仅是生态环境方面的影响，庇古最初引入这一概念主要是说明某厂商的生产活动对本部门的其他生产者或其他部门生产者的经济影响（程福祜，1993：120）。但是，随着环境经济学的发展，外部性已经成为重要的分析理论。这种转变也正是经济学外延不断扩大、经济学外部因素内部化的结果。

四、最优污染水平

如前所述，经济学家并不主张零污染（厉以宁等，1995：9）。物理性污染的存在不可避免，而且物理性污染不一定意味着经济性污染存在。彻底消除环境污染之所以不能达到，主要原因在于：

第一，环境污染是广泛存在的，无论是生产过程和消费过程，都不可避免地会产生物质废弃物和能量废弃物，要求不排放废弃物，就等于要求人类不进行生产和消费。

第二，治理环境污染的技术是有限的，这种有限性表现为：一是有许多环境污染所要求的技术水平目前尚未达到；二是有些污染治理技术将导致二次污染；三是许多污染治理技术并不能做到百分之百地回收污染物，目前只有比较复杂的生态系统才能比较充分地利用废弃物。

第三，治理环境污染，除了技术上的可行性之外，还要考虑经济上的可行性，假如某种污染治理技术的成本超过了污染造成的损失，就有理由从经济效益角度来反对采用该技术。

第四，治理环境污染仅仅是人类社会的目标之一，而且在多种目标并存时，它往往不是排列在第一位的目标，如贫困地区因为生存需要可能会迫使人们牺牲环境。

因此，环境经济学家将控制而不是完全消除环境污染作为自己的目标。这就有一个最优污染水平的问题。

有关最优污染水平的分析框架如图 8-5 所示。

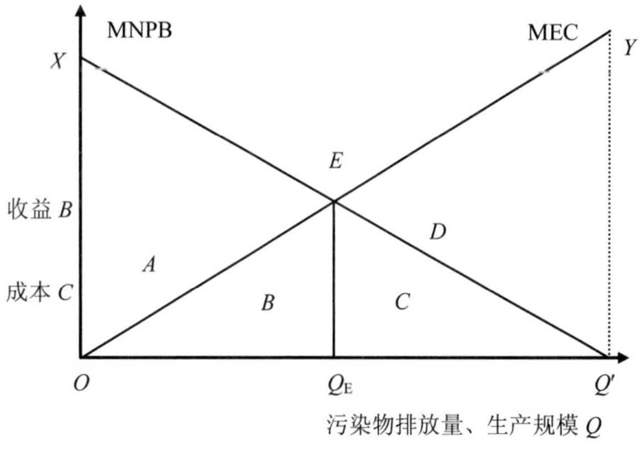

图 8-5 最优污染水平

在图 8-5 中，横轴 Q 代表污染物排放量，它同时也反映生产规模。纵轴 C、B 代表成本和收益。MNPB 线是边际私人净收益曲线，它是指厂商从事上述生产活动所得到的边际收益减去边际成本之后的差额，该线向右下方倾斜，意味着随生产规模的扩大，边际生产成本将上升，同时该商品的市场价格将随着产量的增加而下降，从而导致厂商的边际收益下降。MEC 是边际外部成本曲线，该线向右上方倾斜，意味着随生产规模的扩大、污染排放量增加，边际外部成本是逐步上升的。

从厂商角度看，只要边际私人净收益大于零，厂商扩大生产规模都是有利可图的，因此厂商可将生产规模扩大到 Q'，其总收益为 $A+B+C$，而社会支付的总外部成本为 $B+C+D$，这表明，由于外部性的存在，在私人净收益和社会净收益之间出现了不一致，这里社会净收益等于私人净收益减去外部成本，即（$A+B+C$）-（$B+C+D$）$=A-D$。

在 MNPB 线和 MEC 线的交点 Q_E 上，社会净收益为（$A+B$）$-B=A$，这一点的社会净收益到达最大化，因此 Q_E 被称为最优污染水平。

以上分析最优污染水平时，没有考虑环境容量的影响，事实上，最优污染水平受到环境容量、环境净化能力等多种因素的影响。

五、市场失效

传统经济学认为，厂商是一个纯经济实体，它是完全按照市场信号进行生产经营活动的。市场需要什么，厂商就生产经营什么，什么利润高，厂商就生产经营什么。即经济学的一个基本假设是，市场经济中生产经营者生产经营的目的是追求利润最大化。也就是在市场经济中，厂商生产经营某种产品主要不是为了自己消费，而是为了用产品交换货币以获得收入，然后再购买其他产品，在这种假设的前提下，市场价格和成本利润率是厂商决定其生产经营活动的唯一标准。此外，市场价格也引导消费者的消费行为，消费者或居民购买什么产品进行消费，主要是考虑自身的经济条件和市场价格，而不是考虑消费这种产品会给其他消费者和自然环境造成什么影响。

由此可见，在市场经济条件下，市场的作用除了为生产者和消费者提供交换产品的场所外，一个重要的方面就是形成市场均衡价格，使生产者的产品价值得以实现，消费者能够用初次分配的货币购买到自己需要的消费品。市场上的供求关系和供求状况决定着厂商和居民的生产经营行为与消费行为，从而起到配置资源和国民经济再分配的作用。

正常工作的市场通常是资源在不同用途之间和不同时间上配置的有效机制。但是，市场有效应该包括若干条件，如资源产权清晰、所有稀缺资源必须进入市场、完全竞争、外部性不明显或公共产品不多以及短期行为、不确定性和不可逆决策不存在等（张帆，1998）。如果这些条件不能满足，市场就不能有效地配置资源，即市场失效。大多数环境恶化与环境低效使用是由于市场机制不健全、市场机制扭曲或市场不存在造成的。

潘那约托（Panayotou）曾经总结了市场失灵的 9 个方面，张帆（1998）将其进行归纳，认为就资源使用和管理而言，最严重的市场失灵主要有：一是资源产权不安全或不存在，如果资源（包括自然资源）具备明确定义的、专一的、安全的、可转移的以及可实行的产权这一基本条件，市场对于资源的有效配置就会失灵；二是无市场、薄市场和市场竞争不足，如果一些资源的市场还没有发育起来或根本不存在，这些资源的价格为零，那么这些资源会被过度使用而日益稀缺，如果一些资源的市场虽然存在，但资源的市场价格偏低，只反映了劳动和资本成本，没有反映生产中资源耗费的机会成本，也会使资源浪费，如果一些资源的市场上买者和卖者的数量很少，他们之间的竞争很弱，这种市场也是一种失效的市场；三是外部效应的存在，即某个企业或个人的行为对它以外的企业或个人的作用和影响，在这种情况下，环境成本排除在市场供求之外，造成资源价格低估，同样会造成资源的破坏与浪费，与外部效应相联系的是公共物品的存在，它也是造成市场失效的一个重要原因，这个问题将在下一节中详细论述；四是交易费用过高，所谓交易费用，是指市场交易中获取信息、相互合作、讨价还价以及合同执行等所发生的费用，通常情况下，交易费用大小与市场交易所得的好处相比是微不足道的，但如果交易费用超过市场交易的收益时，或者买者和卖者的数量太小时，市场就难以形成；五是未来的不确定性和短视计划，自然资源的保护涉及未来，而对未来的预期存在明显的不确定性和风险，风险的存在是可以进行风险性决策的，而不确定性则难以把握，未来不确定性的产生有两种情况，其一是由于决策者不能控制的因素如天气变化引起的不确定性，其二是市场价格信息虚假即市场扭曲所引起的不确定性，一般来说，不确定性的存在虽然会使市场失效，但它可使人们对自然资源的开发利用更加保守，这有利于环境资源的保护。

面对在资源使用和管理上存在的市场失灵现象，说明市场不是万能的，这是凯恩斯主义以政府干预为主要特征的经济学产生的一个重要原因，也是环境经济学产生和发展的根本动力。

第三节　作为公共商品的环境质量

一、公共商品

有外部性的存在，就必须要有与之相对应的公共商品（public goods）的生产与消费。所谓公共商品，是指只具有外部效应的商品。与私人商品相比较，公共商品具有两个明显的特征：一是消费的非排他性，个人消费私人商品是排他的，一个厂商或居民一旦取得某一私人商品，如机器设备、原材料、房屋、食品等，这些商品只能由该厂商或居民消费，其他的厂商或居民是不能消费这些商品的，而个人消费公共商品则是非排他的，一个厂商或居民对某一公共商品的消费，如公园附近某一居民对公共绿地和鲜花的享受，并不妨碍其他厂商或居民对该公共商品的消费，公园附近的所有居民都能够享受公共绿地和鲜花，虽然公共商品的生产包含失去其他产品的机会成本，但公共商品的消费并没有机会成本，如一个人对路灯灯光的消费，并不影响他对其他公共商品或私人商品的消费。二是供给的不可分性，为一个消费者生产公共商品，实质上是为所有的消费者生产该商品，在多数情况下，个人不管付费与否，都不能被从公共商品的消费中排除出去，即作为公共商品，它的供给形式具有整体性，不能把它分割成若干部分而分别供应给不同的公共商品消费者，如国防，它是供应给全体国民的，不可能把一国内的任何一个国民排除在国防的保护之外，即使这种排除是可能的，如一座桥梁，它可以不让一部分人通过，但这种做法违背了帕累托最优原则（该原则要求穷尽一切使一个人变好而不使其他人变糟的机会），因而这种做法是不应该的。

在环境经济学中，环境产品多属于公共商品。例如，环境提供的多种服务，包括清洁的空气、干净的水、优美的环境景观、物种的多样性等，都是公共商品；使外部效应内在化的各种服务，像废水废渣的集中处理，也是公共商品；另外，资源浪费、生态破坏、环境污染等外部负效应，可以看作坏的公共商品。

二、环境质量公共商品的供给

环境的质量，如大气、水、土地等的洁净状况，生物多样性的保护状况，自然生态系统的平衡状况，人与自然之间的协调状况等，具有明显的超出微观洁净单位活动以外的公共商品的属性。

环境质量这一公共商品，具有公共财产特征，在生产、分配、交换和消费各环节上具有特殊性：好的环境质量是大自然赋予的，只要人类不破坏，它的生产就已完成，如果环境污染已经产生，即坏的环境质量已经形成，则它的生产需要对环境进行治理才能完成；环境质量在全体社会成员中分配具有均等、不能分割等特点，必须从社区或全社会的范围进行分配；环境质量这一公共商品具有商品的一般特性，即取得它必须付费，在商品货币关系条件下应该实行有偿交换原则；环境质量公共商品的消费具有全民共享的特性，一个人的消费不会影响其他人对同一环境质量商品的消费。

在环境质量公共商品的经济关系处理过程中，涉及这一特殊商品的范围问题。有的环境质量商品的范围较小，如花园、公园的环境效应主要是属于社区；有的环境质量商品的范围较大，如清洁的河水、茂密的森林的环境效应是属于整个地区或国家的；而有的环境质量商品的范围更大，它超出了国界，其经济关系的处理具有国际意义，例如，跨国界河流的保护，海洋资源与环境的保护，南极与北极冰盖的保护，大气环境与臭氧层的保护等，这些问题涉及国与国之间经济和政治关系的处理，需要采取特殊的对策与措施。

人类对环境质量的需求会日趋强烈，这一公共商品的提供需要提上议事日程。

政府的行为具有广泛性，它可以协调各个微观经济单位之间、各个部门之间以及各个地区之间的经济利益关系，是环境质量公共商品的主要提供者。目前，世界上许多国家都试图通过政府来为社会公众提供环境产品和服务。例如，政府建立城市污水处理厂和垃圾处理厂，政府颁布环境保护法律与命令，政府成立环境保护职能部门专司环境监测、环境公报、环境规划、环境执法、环境整治等工作，政府组织力量开展植树造林、进行大江大河治理，政府通过经济、法律、行政等强制手段使工厂废水、废气、废渣排放达标，政府制定合理的产业政策和经济政策引导国民经济的健康发展等。这些措施使一国或地区的环境状况有所改善，但政府的作用不是万能的。有人认为，“政府解决环境问题的办法不一定能增进资源分配的效率。任何一个政府如果想要通过对环境质量进行投票表决来获得足够的信息，并且如果想按照人们所能接受的费用达到规定的环境目标，肯定会遇到严酷可怕的困难”。塞尼卡等（1986）认为，市场失灵是政府干预的必要条件但不是充分条件。政府干预成为必要，还需要两个其他条件：一是政府干预的效果必须好于市场机制的效果；二是政府干预所得到的收益必须大于政府干预本身的成本（张帆，1998）。他认为，实际上，政府干预往往不能改正市场失灵，反而会把市场进一步扭曲，他将此称为政府失灵，并且将政府失灵分为四种类型：一是把原来可以正常工作的市场机制扭曲；二是有些政府干预在其他方面是成功的，但是对环境产生外部负效应；三是政府干预的结果比市场失灵的结果更糟；四是当市场失灵需要政府干预时，政府却没有干预。上述两种观点有一定的道理，因为任何事物都不是十全十美的。在保护环境质量方面，政府干预是必要的，但必须要找准干预的途径和方式。根据可持续发展理论，保护自然生态环境必须与改变经济发展模式和人们消费模式结合进行，要在经济发展和消费过程之中解决生态环境问题，而不能边污染边治理，否则政府为公众提供环境质量产品的工作会变得非常被动和困难。

尽管市场在保护环境方面会失灵，但是市场还是有提供环境质量公共商品的可能。厂商为社会提供环境质量公共商品的途径主要有两种：一是发展环境保护产业，由环保企业提供环境质量公共商品；二是使企业外部效应内在化，产品生产经营企业不向外排放废弃物，不造成对环境的污染，实质上是为社会提供了环境质量公共商品。居民的消费活动可能对环境造成的污染也可以通过外部效应内在化的方式加以解决。

第四节　环境污染与防治

一、环境污染的一般情况

环境污染一般是指人们在生产和生活活动中，由于有害物质进入生态系统的数量，超过了生态系统本身的自净能力，造成环境质量下降或环境状况恶化，使生态平衡及人们正常的生活条件遭到破坏（甘泽广等，1987）。

人类的生存与发展一刻也离不开环境。一方面，人类从环境中获取生产与生活所需要的物质；另一方面，人类又把生产与生活中的废弃物归还到环境之中。在人类与自然界之间的物质交换中，无论是从环境中摄取还是向环境排放，由于不是自然形态的能量流动和物质循环，因而很容易造成对自然生态环境的伤害，当这种伤害超过了自然生态系统的自我调节和恢复能力时，便造成了环境污染，它是环境恶化的重要原因。人类环境污染问题的日趋严重是工业革命以后的事情，目前已经到了非解决不可的地步，是人类提高环境质量、协调人与自然之间关系的首要问题。

环境污染是由环境污染物和环境污染源引起的。所谓环境污染物，是指人们在生产与生活过程中，排入大气、水、土壤等环境要素中的具有有毒有害特性，易于扩散和转移，引起自然资源破坏、生态平衡失调、环境条件恶化以及对人体健康有危害的物质，自然界的某些放射性物质的自然裂变过程也向环境释放有害物质，也会造成环境污染，像有毒有害化学物质、放射性物质、病原体、噪声、废热、废水、尘渣等都是常见的环境污染物。所谓环境污染源，是指产生环境污染物的设备、装置、场所等，机器动力与设备、化学与物理反应装置、产业生产经营场所、集中的居民生活区、放射性物质所在地等，都是环境污染的来源。

根据不同的需要，我们可以对环境污染进行不同的分类。按照污染的承受体，环境污染可以分为大气污染、水污染、土壤污染、食物污染等；按照污染的物质要素，环境污染可以分为化学污染、放射性污染、生物污染、噪声污染、热污染、“三废”（废水、废气、废渣）污染等；按照污染与人类活动的关系，环境污染可以分为生产性污染和生活性污染，生产性污染又可分为工业污染、农业污染、交通运输污染、建筑污染、商业服务行业污染等；按照污染的地域，环境污染可分为城市污染、农村污染、河流污染、湖泊污染、海洋污染等。

一般而言，环境污染物对人体及生物的影响与作用具有下列主要特征：一是影响范围大，环境污染涉及的地区广，不同种类的人口及不同年龄段的人口都不同程度地受到环境污染的威胁，地球上的整个生物界也面临遭受环境污染伤害的危险；二是跨地域性危害，环境污染物除了对污染源的周围造成危害外，其危害性可能会超越地界与国界，如酸雨可能降落在其他地区和国家；三是作用时间长，一方面接触污染源和中毒者及其他被污染对象，可能长时间处在被污染的环境之中；另一方面污染物可能长时间地残留在被污染的环境之中；四是污染容易治理困难，生态系统和自然环境具有脆弱性，环境污染的形成是容易的，而环境污染一旦产生，无论是从自然界的自净能力和自然生态平衡的自我恢复能力来看，还是从人类的认识、技术、资金等方面考虑，环境污染的根治都非常困难（姜学民等，1985）。

环境污染的最终受害者是人类自身。从这一角度看，污染物在生态系统中的循环主要有两种形式：一是直接经食物链的富集循环；二是非富集循环。根据生态学的观点，一切生物对污染物质都有一个富集过程，有毒物质进入生物体内后，具有通过食物链由低级生物向高级生物逐级传递与富集的功能，而人是生物链的最顶端，人体对有害物质的富集能力最强，因而受害也最重。例如，大气中的 DDT 和六六六等农药有机盐类的含量只有 0.000 003 mg/L，这些有毒物质溶解于水被浮游生物吸收后，其含量为 0.04 mg/L，小鱼食用浮游生物后，其含量为 0.5 mg/L，大鱼食用小鱼后，其含量为 2.0 mg/L，水禽食用大鱼后，其含量可达 25 mg/L，如果人食用了这些鱼或禽，就会有引起公害病的危险。此外，富集、残留在生物体内的有害物质，随着生物的死亡和动物的排泄物被微生物分解，有的降解为无害物质，有的又回到生态系统之中，开始了新一轮的有害物质的转移与富集过程。环境污染具有对人体造成危害的可能性，但是否造成危害以及造成多大的危害程度，主要取决于污染物进入人体浓度的大小、作用时间的长短、个体对有害物质的敏感性以及个体的健康状况等因素。具体而言，环境污染对人体健康的危害主要有三种情况：一是急性危害，它是指污染物进入人体后，很快就对人体产生危害作用，如烟雾污染很快会对人的呼吸道和皮肤产生危害就是一种急性危害；二是慢性危害，它是指长期生活在被污染的环境中的人会逐渐患有慢性鼻炎、慢性咽炎等慢性疾病，如水体污染和土壤污染对人体的危害多属此类；三是远期危害，它是指有些污染物进入人体后有较长的发病潜伏期，需要几年、几十年甚至更长的时间才能暴露出严重的公害病，有的污染物对当代人的危害需要到第二代或第三代人身上才能表现出来，如某些放射性元素和有害化学物质对人体的致癌作用就属此种情况。

二、大气污染及其防治

大气层是指随地球引力而旋转的空气层，其厚度为 1 000～1 400 km。大气是多种气体的混合物，由恒定组分、可变组分和不定组分组成。大气恒定组分是指其中的氮、氧、氩及其他微量惰性气体氖、氦、氙等，在近地大气中，这些气体组成的比例可以认为是恒定不变的；大气可变组分主要是指大气中二氧化碳、水蒸气等，这些气体的含量受地区、季节、气象以及人类生产、生活等因素的影响而变化；大气不定组分，是指由于偶然发生的自然灾害现象引起在大气中暂时存在的组分，如尘埃、硫、硫化氢、硫氧化物、盐类及其他恶臭气体，人为造成的大气污染也属于不定组分，当大气中的这类不定组分增多达到一定浓度时，就会对人和动植物造成危害。

大气污染是指大气中一些物质的含量远远超过正常本底含量，对人体、动物、植物和物体产生不良影响的大气状况。大气污染既有自然灾害方面的成因，又有人为活动方面的成因，但主要是人为因素造成的。从人为成因上看，大气污染源主要来自三个方面：一是工业性污染，即工矿企业在生产过程中排放的煤烟、粉尘以及有机化合物和无机化合物对大气的污染；二是生活性污染，即人们在做饭、取暖、洗澡等活动中所用矿物燃料燃烧过程中排放的煤烟对大气的污染；三是交通性污染，即各种交通工具运行过程中产生的发动机尾气对大气的污染。对大气造成污染的主要污染物，一是硫氧化物，如二氧化硫（SO_2）、三氧化硫（SO_3）等，煤、石油等矿物能源的燃烧，有色金属冶炼、硫酸生产等，都排放大量的硫氧化物；二是煤尘和粉尘，煤尘即煤燃烧过程中产生的烟尘，如炭黑、飞灰等，锅炉、焙烧炉、熔矿炉、炼钢炉等在生产过程中均产生大量的煤尘和烟尘，粉尘是在固体物料运输、粉碎加工过程中产生的飞扬颗粒物，其中粒径大于 10 μm 的称降尘，粒径小于 10 μm 的称飘尘，炼焦炉、物料堆放场、转运场、破碎机、研磨机、筛分机等是粉尘的主要发生源；三是一氧化碳（CO），大气中的一氧化碳主要来源于人为因素的作用，即由于燃烧不充分所排放的对环境有害的气体，或者是机动车辆尾气中存在的对环境有害的气体；四是氮氧化物（NO_x），包括一氧化氮（NO）、二氧化氮（NO_2）、三氧化氮（NO_3）、三氧化二氮（N_2O_3）、四氧化二氮（N_2O_4）、五氧化二氮（N_2O_5）等，其中一氧化氮和二氧化氮对环境的污染最重，人为的氮氧化物主要是内燃机燃烧、硝酸与氮肥生产、冶金生产等活动中产生的，特别是高温燃烧会产生大量的一氧化氮；五是光化学烟雾与氧化剂，从各种直接发生源排入大气中的污染物称为一次污染物，一次污染物中的一部分可以在大气中继续反应生成新的二次污染物，如臭氧（O_3）、过氧乙酰硝酸酯（PAN）、过氧苯酰硝酸酯（PBN）、硫酸及硫酸盐气溶胶、硝酸与硝酸盐气溶胶以及反应产生的中间物质，如 HO_2、OH、HCO、氧原子等氧化物，所谓光化学烟雾，是指在一定气候条件下形成的一次污染物与二次污染物的混合烟雾。

大气污染是一个全球性的共同问题，20 世纪 50 年代以前，发达国家是大气污染的主要污染地和主要污染源，而自第二次世界大战以来，随着发展中国家的兴起和全球经济的全面发展，世界上大多数国家都存在较严重的大气污染问题。大气污染的危害是非常严重的，这主要体现在三个方面：一是大气污染对人的健康和生活环境的危害与不良影响，有的是短期性的和显著性的，如大气污染物对人的呼吸道系统的危害，有的是长期性的和非显著性的，如由于大气污染使人体的免疫力下降或使人体的某些器官发生癌变等；二是大气污染对自然生态系统的破坏，如大多数大气污染物会使植物叶片枯萎坏死，臭氧会使植物组织机能衰退，草原牲畜会产生积累性氟中毒等，这些都会使自然生态系统的功能退化；三是大气污染对气候的不利影响，如大气中的烟尘能够起到水蒸气的凝结作用，会形成某些局部地区的降雨过于频繁，在人口集中、污染严重的城市地区会形成市中心的气温比周围郊区高出 1～4℃的城市热岛效应，大气中的硫氧化物、氮氧化物及碳氧化物可随降雨而形成酸雨，此外，大气中的二氧化碳含量增加会形成温室效应，大气中的氟化物增加会破坏臭氧层，各种大气污染物对阳光都有吸收、散射能力从而会使太阳辐射到地球表面的能量减少，这些变化可能会对全球气候产生非常大的不利作用和影响。

保护大气层是全人类的共同任务。在《中国 21 世纪议程——中国 21 世纪人口、环境与发展白皮书》（中华人民共和国国务院，1994）第 18 章“保护大气层”中指出：“中国保护大气层的努力旨在保证国家经济、社会发展的可持续性，并为致力于全球大气层保护的国际合作做出贡献”，具体包括“A. 控制大气污染和防治酸雨；B. 防止平流层臭氧损耗；C. 控制温室气体排放；D. 气候变化的监测、预报及服务系统的建设”。由于大气中的污染物不可能进行集中统一的处理，因此，防治大气污染的首要办法是减少甚至杜绝污染气体的排放，或者在污染物排入大气之前对其进行处理，使它们不能进入大气，以保证大气的环境质量，这方面的措施如改进工艺技术以减少污染物的生成排放量，采用洁净能源与资源以代替矿物能源与资源，安装污染物无害化处理设施等。对于已经进入大气中的污染物质，只能考虑尽可能利用大气的自净能力和植物的净化能力逐渐予以减少或消除，据研究，大气的自净作用有扩散、稀释、雨雪洗涤等物理作用和氧化还原等化学作用，植物具有吸收大气中有害气体、截留粉尘、调节气候、美化环境等功能，这些都值得我们去研究和运用。

三、水污染及其防治

水是地球上宝贵的自然资源，尤其是人类能够直接利用的水资源极其有限。地球上的水资源总量约为 14 亿 km^3，其中绝大部分是海水，淡水仅占 2.53%。在淡水资源中，冰山、冰河和深层地下水（750 m 以下）占绝大部分，人类可以直接利用的淡水资源，仅占水资源总储量的 0.2%。

水是地球上最主要的溶剂，许多物质都能够溶于水中，因而容易使水受到污染。水污染是一个复合概念，它包括水体污染、底泥污染和水生生物污染（甘泽广等，1987）。水污染，是指水体因某种物质的介入而导致其化学、物理、生物或者放射性等方面特性的改变，从而影响水的有效利用，危害人体健康或者破坏生态环境，造成水质恶化的现象。水污染物，是指直接或者间接向水体排放的，能导致水体污染的物质。有毒污染物，是指那些直接或者间接被生物摄入体内后，可能导致该生物或者其后代发病、行为反常、遗传异变、生理机能失常、机体变形或者死亡的污染物。

水污染是极其有害的。概括起来，水污染的危害主要有：第一，水污染对人的健康的危害，水是人体的重要组成部分，人体重量的 65%是水，每人每天的生理需水量为 2～3 L，像有机污染物中的酚、有机氯以及石油类等都对人体有直接的危害。第二，水污染对自然资源的破坏，这是水污染最直接、最严重的危害，当含有大量需氧污染物（如碳水化合物、脂肪、蛋白质等）的污水进入水体后，这些物质的分解需要大量的氧，这样会使水中的溶解氧含量急剧下降，甚至在水中形成无氧层，这样会使水中生活的鱼类等水生生物窒息或大量死亡，同时，水体缺氧会使水中的厌氧细菌大量繁殖而使水质进一步恶化。此外，水中如果含有过量的氮、磷等植物营养素，会使藻类等低等植物大量繁殖而形成水体的富营养化，水中酸、碱、无机盐等含量过高会产生 pH 小于 5.5 的酸性水，这种水对水生生物十分不利，用这样的水灌溉农田会使土壤酸化或盐碱化。第三，水污染对人类经济活动的不利影响，水污染会降低农副产品生产的产量和品质，影响农业生产的经济效应，水污染会增加工业和生活用水的生产成本，对水上运输、水能发电、水域旅游以及水体生态效应的发挥也都是不利的。

我国的水污染比较严重，江河、湖泊等水体都不同程度地受到了污染。工业废水和城市污水的随意排放是造成水污染的主要原因，因此，保护水域生态环境、防止水污染的根本途径是控制污水和废水排放，其主要工作有：一是通过生产工艺改革，尽量减少污水和废水排放量；二是通过综合利用或工艺改进，尽量降低水中的污染浓度；三是在工厂生产过程中设置专门的污水和废水处理环节和设施，使含有污染物质的有害水体净化后再进入大自然；四是对城市生活污水及部分工业废水设立专门的污（废）水处理厂进行集中处理；五是加强对水体及其污染源的监测与管理。

四、固体废物污染及其防治

固体废物，是指在生产、生活和其他活动中产生的丧失原有利用价值或者虽未丧失利用价值但被抛弃或者放弃的固态、半固态和置于容器中的气态的物品、物质以及法律、行政法规规定纳入固体废物管理的物品、物质。经无害化加工处理，并且符合强制性国家产品质量标准，不会危害公众健康和生态安全，或者根据固体废物鉴别标准和鉴别程序认定为不属于固体废物的除外。固体废物分为五类：①工业固体废物，是指在工业生产活动中产生的固体废物。工业固体废物是在工业生产和加工过程中产生的，排入环境的各种废渣、污泥、粉尘等。工业固体废物如果没有严格按环保标准要求安全处理处置，对土地资源、水资源会造成严重的污染。②生活垃圾，是指在日常生活中或者为日常生活提供服务的活动中产生的固体废物，以及法律、行政法规规定视为生活垃圾的固体废物。③建筑垃圾，是指建设单位、施工单位新建、改建、扩建和拆除各类建筑物、构筑物、管网等，以及居民装饰装修房屋过程中产生的弃土、弃料和其他固体废物。④农业固体废物，是指在农业生产活动中产生的固体废物。⑤危险废物，是指列入国家危险废物名录或者根据国家规定的危险废物鉴别标准和鉴别方法认定的具有危险特性的固体废物。危险废物具有易燃性、腐蚀性、反应性、传染性、毒性、放射性等特性，产生于各种有危险废物产物的生产企业。从危险废物的特性看，它对人体健康和环境保护潜伏着巨大危害，如引起或助长死亡率增高，或使严重疾病的发病率增高，或在管理不当时给人类健康或环境造成重大急性、即时或潜在危害等。

固体废物如不加妥善收集、利用和处理处置将会污染大气、水体和土壤，产生固体废物污染，危害人体健康。

对大气的污染：固体废物中的细粒、粉末随风扬散；在废物运输及处理过程中缺少相应的防护和净化设施，释放有害气体和粉尘；堆放和填埋的废物以及渗入土壤的废物，经挥发和反应放出有害气体，都会污染大气并使大气质量下降。例如，焚烧炉运行时会排出颗粒物、酸性气体、未燃尽的废物、重金属与微量有机化合物等。石油化工厂油渣露天堆置，则会有一定数量的多环芳烃生成且挥发进入大气中。填埋在地下的有机废物分解会产生二氧化碳、甲烷（填埋场气体）等气体进入大气中。如果任其聚集会发生危险，如引发火灾，甚至发生爆炸。

对水体的污染：如果将有害固体废物直接排入江、河、湖、海等地，或是露天堆放的固体废物被地表径流携带进入水体，或是飘入空中的细小颗粒，通过降雨的冲洗沉积和凝雨沉积以及重力沉降和干沉积而落入地表水系，水体都可溶解出有害成分，毒害生物，造成水体严重缺氧，富营养化，导致鱼类死亡等。有些未经处理的垃圾填埋场，或是垃圾箱，经雨水的淋滤作用，或废物的生化降解产生的沥滤液，含有高浓度悬浮固态物和各种有机与无机成分。如果这种沥滤液进入地下水或浅蓄水层，问题就变得难以控制。其稀释与清除地下水中的沥滤液比地表水要慢得多，它可以使地下水在不久的将来变得不能饮用，而使一个地区变得不能居住。倾入海洋里的塑料对海洋环境危害极大，因为它对海洋生物是最为有害的。海洋哺乳动物、鱼、海鸟以及海龟都会受到撒入海里的废弃鱼网缠绕的危险。塑料袋与包装袋也能缠住海洋哺乳动物和鱼类，当动物长大后会缠得更紧，限制它们的活动、呼吸与捕食。饮料桶上的塑料圈对鸟类、小鱼会造成同样的危害。海龟、哺乳动物和鸟类也会因吞食塑料盒、塑料膜、包装袋等而窒息死亡。最新研究发现，经检验海鸟食道中，有25%含有塑料微粒。此外，塑料也是一种激素类物质，它破坏了生物的繁殖能力等。

对土壤的污染：固体废物长期露天堆放，其有害成分在地表径流和雨水的淋溶、渗透作用下通过土壤孔隙向四周和纵深的土壤迁移。在迁移过程中，有害成分要经受土壤的吸附和其他用。通常，由于土壤的吸附能力和吸附容量很大，随着渗滤水的迁移，有害成分在土壤固相中呈现不同程度的积累，导致土壤成分和结构的改变，植物又是生长在土壤中，间接又对植物产生了污染，有些土地甚至无法耕种。

对人体的影响：生活在环境中的人，以大气、水、土壤为媒介，可以将环境中的有害废物直接由呼吸道、消化道或皮肤摄入人体而生病。

对固体废物进行科学处理、适当加大环保宣传力度、不断减少固体废物的来源等，能够对固体废物污染进行有效防治。①为了保证固体废物污染问题得到更好地解决，要增强人民群众的环境保护意识，保证固体废物得到高效处理。在对固体废物进行处理时，遵守“三化”处理原则，即无害化处理原则、减量化处理原则与资源化处理原则。②不断减少固体废物的来源。固体废物大部分来源于工业生产与居民生活，要遵守减量化处理原则，企业要对原有的生产技术进行改进，不断减少工业生产环节的固体废物。特别是可能发生过量生产的工业产品，要对其进行合理控制，减少废物的生产，避免固体废物生产过量。在工业生产过程中会产生大量的中间产物，中间产物如果处理不当也会成为固体废物。要结合行业特点，制定良好的固体废物管理规范，保证固体废物得到更加高效的利用。针对外卖行业发展过程中所产生的固体废物，如餐盒与一次性筷子等，防止过度包装，尽量降低一次性物品的使用频率，采用可重复利用的筷子，并提高一次性碗筷费用，从根源上减少固体废物的产生。虽然大部分的固体废物利用价值较低，但部分固体废物仍然有较好的利用价值，属于一种可利用资源，将固体废物进行有效的回收与利用，不但能够节省大量资源，而且能有效降低固体废物的排放量。③针对已经产生的固体废物，尽可能选择无害化处理方法，不断减小固体废物对环境产生的影响；在对固体废物进行处理的过程当中，要遵守资源化处理原则，使得经过科学处理的固体废物能够实现多次利用。工业固体废物处理措施：工业固体废物排放量较大，排放的种类又比较多，在一定程度上增加了处理难度，需要从源头抓起，选择合理的固体废物治理技术。医疗固体废物处理措施：医疗行业迅猛发展，产生的固体废物越来越多，政府有关部门要加强对医疗固体废物处理的监管力度，保证医疗固体废物得到更加高效的处理。危险性固体废物处理措施：针对危险性较强的固体废物，有关部门可以采取集中处理方式进行处理，不断减少危险性固体废物对生态环境产生的重大影响。居民生活垃圾处理措施：一般来讲，居民生活垃圾处理方式主要分为两种，分别是焚烧方法与卫生填埋方法。要广泛开展垃圾分类的宣传、教育和倡导工作。垃圾分类，一般是指按一定规定或标准将垃圾分类储存、投放和搬运，从而转变成公共资源的一系列活动的总称。分类的目的就是将废物分流处理，利用现有生产制造能力，回收利用回收品，包括物质利用和能量利用，填埋处置暂时无法利用的无用垃圾，提高垃圾的资源价值和经济价值，减少垃圾处理量和处理设备的使用，降低处理成本，减少土地资源的消耗，具有社会、经济、生态等几方面的效益。要理顺垃圾分类工作的环节及相互关系，做到分工细致、流程简化、条理缜密、管理有序。

五、土壤污染及其防治

土壤是由矿物质、有机质、土壤胶体和土壤生物、水、空气等共同组成的复合体，它具有物理、化学、生物等多种属性。土壤表层为疏松的颗粒状结构，具有透水、保水、透气等功能，土壤还有把各种离子、气体、水蒸气吸收与吸附在土壤颗粒表面的能力。

土壤污染，是指因各种因素导致某种物质进入陆地表层土壤，引起土壤化学、物理、生物等方面特性的改变，影响土壤功能和有效利用，危害公众健康或者破坏生态环境的现象。进入土壤中的废物和有毒有害物质的数量，超过了土壤本身的自净能力，破坏了土壤系统自然的平衡状态，使土壤的理化性能下降，并引起土壤的生物生长能力衰退甚至完全丧失。造成土壤污染的途径主要有四个方面：一是在农业生产活动中，由于化肥、农药、农膜以及汽油、柴油等矿物能源的大量采用，一些有毒有害物质逐渐积累从而使土壤产生污染；二是人类将土地作为堆放、填埋和处理工业“三废”与城市生活垃圾的场所，使堆放地及其周围的大面积土壤产生污染；三是大气或水体中的污染物通过各种途径转移到土壤之中，使土壤发生污染；四是在自然界的矿床周围或某些有毒有害物质富集地附近，由于扩散和转移作用，这类地区的土壤大范围污染。造成土壤污染的污染物主要有：一是有机物质，其中以 DDT、六六六、对硫磷、DDV 和一些除草剂、杀虫剂等化学农药的污染最重；二是氮素和磷素化学肥料；三是砷、镉、汞、铬、铜、锌、铅、铯、锶等重金属及放射性元素；四是肠细菌、炭疽杆菌、破伤风杆菌、肠寄生虫等有害微生物类；五是污泥、矿渣、粉煤灰等也对土壤造成污染。

土壤污染的直接受害者是土壤上生长的植物，其能使农作物减产减收甚至颗粒无收，也能使森林植被遭到破坏。土壤污染也会对自然界造成不利影响，如土壤盐碱化或土地被侵占后使土壤丧失经济功能。土壤污染还会导致水体污染，使自然环境进一步恶化。土壤污染的最终受害者是人类，被污染土壤中的有毒有害物质经植物富集后，会通过食物链进入人体，给人体的健康造成直接的危害。

土壤污染的最大特点是具有持续性，土壤一旦被污染，则很难在短期内消除。因此，防治土壤污染的基本方针是预防为主、防治结合。防治土壤污染最有效的办法是尽可能地避免和减少污染，及时控制与消除土壤污染源，防止污染物扩散，如要控制和减少工业“三废”的排放，要限制化学肥料和化学农药的使用，要加强污灌区的监测与管理等。土壤一旦被污染，应及时采取有效措施，清除土壤中的污染物，或控制土壤中污染物的迁移转化，避免污染物进入食物链而对人体造成危害。目前，防治土壤污染的有效办法主要有：一是生物防治，一部分土壤污染物质可通过生物降解或植物吸收而使土壤得到净化，如土壤中的红酶菌和蛇皮藓菌，能使聚氯联苯的毒性降解30%～40%，羊齿类铁角蕨属的一种植物有吸附土壤中重金属元素的能力，对土壤中镉的吸收率可达10%；二是施加抑制剂，对于污染不重的土壤，施加某些抑制剂，如石灰、碱性磷三酸盐和石灰性物质等，能改变污染物质在土壤中迁移转化的方向，促进某些有毒物质的移动、淋洗或转化为难溶物质而减少作物吸收量，如施用石灰，可提高土壤 pH，使镉、铜、锌、汞等重金属形成氢氧化物沉淀而不易被植物吸收；三是多施有机肥，改良碱性土壤，提高土壤的容量和自净能力，如有机胶体和黏土矿物胶体对土壤中的重金属和农药有一定的吸附作用；四是对田间用水实行科学管理，利用土壤的氧化还原作用控制土壤中的重金属的迁移转化，如淹水可明显地控制水稻对镉的吸收；五是实行合理的耕作制度，改变耕作制度在一定范围内可改善土壤的环境条件，消除某些污染物对土壤的毒害，如旱作改水作能够加速 DDT 的降解，在污染面积不大的情况下，换土或深翻是清除土壤污染的有效办法。

六、噪声污染及其防治

声音本来是人们沟通思想与感情、传播信息、认识客观世界的媒介，是人类生产与生活必不可少的。但是，有些声音的存在对人类不仅无益，而且有害，它们会妨碍人们的生产与生活，甚至会危害人体的健康。噪声，是指在工业生产、建筑施工、交通运输和社会生活中所产生的干扰周围生活环境的声音。噪声污染，是指所产生的环境噪声超过国家规定的环境噪声排放标准，并干扰他人正常生活、工作和学习的现象。噪声是发生体做无规则运动时发出的声音，声音由物体振动引起，以波的形式在一定的介质（如固体、液体、气体）中进行传播。通常听到的声音为空气声。一般情况下，人耳可听到的声波频率为20～20 000 Hz，称为可听声；低于20 Hz，称为次声波；高于20 000 Hz，称为超声波。所听到声音的音调的高低取决于声波的频率，高频声听起来尖锐，而低频声给人的感觉较为沉闷。声音的大小是由声音的强弱决定的。从物理学的观点来看，噪声是由各种不同频率、不同强度的声音杂乱、无规律的组合而成；乐音则是和谐的声音。我们通常把这些使人烦躁、难受，或受害的声音，称为噪声（甘泽广等，1987）。噪声通常分为四类：一是过响声，即很响的声音，如喷气式飞机发动机的声音、汽笛的排气声、火车的鸣叫声等，这些声音会使附近的居民不得安宁，甚至会引起头疼、恶心、听力衰退等恶果；二是妨碍声，即有的声音虽然不大，妨碍人们的交谈、学习、思考、睡眠、休息等正常活动，这些声音的存在也是有害的；三是不愉快声，即有的声音有强烈的心理刺激性，使人听后感到刺耳，产生精神紧张、不愉快等不良反应；四是其他噪声，即日常生活中存在的对人不需要、无意义的声音，虽然这些声音对人没有什么明显的妨碍，但也属噪声。

噪声按其物理性质，可分为机械振动噪声和气体动力噪声两类，像锻锤、机床、织布机等工作时发出的噪声就是机械振动噪声，而喷气发动机、汽笛、鼓风机等工作时发出的声音就是气体动力噪声。城市是噪声的主要产生地和污染地。城市噪声按噪声源性质可分为交通噪声、工业噪声、建筑噪声和社会噪声四类。像城市各种交通工具发出的噪声即是交通噪声，如一般重型车辆的噪声为89～92 dB，轻型车辆的噪声为82～85 dB；工业噪声即工厂噪声，它是工业生产过程中产生的危害工人和附近居民身心健康的噪声，如一般电子工业和轻工业的工厂噪声在90 dB以下，纺织工业的工厂噪声为90～106 dB，机械工业的工厂噪声为 80～120 dB，凿岩机和大型球磨机的工作噪声为 120 dB，风铲和大型鼓风机的工作噪声在 130 dB 以上；建筑噪声是指建筑施工过程中产生的噪声，它一般在 80～90 dB；社会噪声是指在日常社会活动与生活中所产生的各种噪声，如各种音响设备、厨房设备发出的噪声等。

噪声是人类的一种环境公害，它具有两个显著特点：一是主观性和相对性，一种声音是否为噪声，主要取决于受害人的生理与心理承受能力，其危害程度的大小也与受害对象有关，如同一响度的声音，对于老年人和青年人、脑力劳动者和体力劳动者、病人与健康人等不同人群的危害是不同的，因此，对于不同类型的噪声及噪声的不同危害对象，应该分别制定不同的噪声标准；二是局限性与分散性，噪声一般只对噪声源附近地区产生危害，距离噪声源越远，其危害程度越低，此外，噪声源在城市里的分布是极其分散的，并且其数量较多，这给噪声污染的防治带来了一定的困难。噪声的危害主要表现在：一是形成听力损伤，大量的调查研究证明，长期接触噪声会造成耳聋，根据国际标准化组织的定义，500 Hz、1 000 Hz、2 000 Hz 三个频率的平均听力损失超过 25 dB 称为噪声性耳聋，噪声级在 80 dB 以下，才能保证长期工作不造成耳聋；二是对睡眠的干扰，噪声会影响人的睡眠质量，尤其是老年人和病人对噪声干扰更敏感，一般而言，40 dB 的连续噪声可使 10%的人受到影响，70 dB 的噪声可使 50%的人受到影响，突然的噪声在 40 dB 时可使 10%的人惊醒，到 60 dB 时可使 70%的人惊醒；三是对人生理和心理的不良影响，据研究，心脏病的发作和恶化与噪声有着密切的关系，20 世纪人体循环系统疾病的增加与日益严重的噪声污染关系极大。此外，噪声还引起人体消化系统疾病及失眠、疲劳、头晕、头疼、记忆力衰退、烦恼等不良反应；四是对生物界的不良影响，如强噪声会使鸟类羽毛脱落、不下蛋甚至内出血造成死亡，强噪声会使畜禽的正常生长发育受阻，过强噪声会引起畜禽的死亡，有的植物对声音也很敏感，无规律的噪声不利于植物的成长。

有效地控制噪声是现代文明社会的基本要求。这方面的措施主要有：一是制定相应的标准、法律和制度，加强对噪声的控制与管理；二是采取相应的技术手段和方法限制或减少噪声源强度，如消声、隔声设备的安装与技术的采用；三是做好城市发展规划与布局，如将生产区与生活区严格分离，绿化居民区等。

第五节　环境经济管理

一、污染控制

关于最优污染水平的分析表明，边际私人净收益不一定等于边际社会净效益，经济活动的私人最佳水平也不一定等于经济活动的社会最佳水平。那么应采取什么样的手段来进行环境管理？环境经济学认为有两种手段可以选择：市场机制和国家干预。

市场机制所提供的选择包括提供适当的产权安排、运用价格机制等。主张国家干预的经济学家认为，由于环境与生态资源属于公共财产，无法做到明确产权；即使做到明确产权，除了当代人以外的受害者也无法亲自维护自身的利益；还有经济学家认为如果交易成本过高，而国家干预所需成本既低于上述交易成本又低于支付方的预期净收益，那么用国家干预来取代市场机制在经济上就是更有效率的。概括起来，“市场调节可以称为第一次调节，政府调节可以称为第二次调节，只有在第一次调节达不到社会经济发展预定目标的场合时，才需要第二次调节。即使如此，仍应当意识到，离开了市场机制，第二次调节也就发挥不了作用”（厉以宁等，1995：26）。

虽然环境污染危害极大，但对于广大的发展中国家和地区而言，在短期内按照可持续发展的要求彻底消除环境污染是不可能的，目前只能将环境污染控制在一定的水平上。在污染控制问题上，主要存在两种思路：一是指令控制，或者说直接管制方法，它是指在设定的环境质量标准下通过立法手段强制执行；二是市场激励方法，它是指利用修正后的市场机制来保护环境。目前许多国家是利用指令控制方法来实现污染控制的，但这种方法往往存在低效率的问题。价格机制或市场在一般情况下可以达到帕累托最优，而对于非市场（零价格）的环境产品或服务，纯粹的市场机制不能达到帕累托最优，但这并不是说未经改造的市场机制不能改进环境质量，在消费者生活水平提高的情况下，会对环境质量提出更高的要求，这样会逐步改变对消费水平的需求，最后会影响企业的生产过程。有人认为，在利用市场改进环境质量方面有两种途径：一是对于某些没有市场的环境产品，通过建立市场机制控制环境污染；二是修正现有的市场机制，由管理部门制定包括资源全部社会价值的市场价格（张帆，1998）。由此可见，在环境污染控制方面，无论哪种控制方法，都离不开政府的作用，政府部门可以通过法律的、经济的、行政的方法和手段对环境污染进行有效的控制。

环境污染的经济方法和手段控制是环境污染控制的重要内容。现实中的环境污染经济控制方法和手段主要有：第一，排污收费。凡是向环境排放有危害的废物或噪声者，都必须支付与其排放及污染程度相一致的费用。第二，使用者收费。凡是实际使用环境质量产品者，都必须支付一定数额的费用。第三，产品收费。凡是使用在生产或使用过程中对环境有害的产品者，都必须支付一定数额的费用。第四，排污权交易。它是排污者可以将政府发放的排污权自由交易的制度。第五，预付金返还。即对有污染环境潜在可能性的产品先交纳预付金，如果产品使用后交还到规定的收集点从而避免了污染，则向使用者退还预付金。第六，税收。国家通过加税或减税，来刺激企业节约使用环境资源，防止环境污染。第七，污染赔偿。由环境污染者向污染受害者进行经济赔偿。第八，信贷。对采用先进技术设备进行污染防治者提供低息或无息贷款。第九，价格。国家通过价格管制措施，对产品的生产与消费以及企业的生产经营活动进行调节和控制等。目前世界各国的环境污染控制手段是多种多样的，有人对意大利、瑞典、美国、法国、德国、荷兰 6 个国家的污染控制手段做过统计，共有 85 种，平均每个国家 14 种，其中 50%是收费，30%是补贴，其余为预付金返还和排污权交易等。在上述国家的污染控制手段中，荷兰的污水收费、美国的某些排污权交易和瑞典的预付金返还是比较成功的。

二、排污收费

对污染物的排放征收一定的税费是污染控制的重要方法，由于它能够将环境保护同排污单位的经营成果和职工的切身利益结合起来，能够调动企业治理环境污染的积极性，因而是 20 世纪 70 年代以来世界上许多国家在环境保护方面普遍采用的一种经济手段。征收排污税是由英国经济学家庇古最先提出来的，所以排污收费也称为庇古税。它是根据排污者对环境造成危害的程度所征收的一种税，其目的是用税收来弥补私人成本与社会成本之间的差距，以使二者相等，图 8-6 为庇古税的示意图。图中 MNPB 为企业的边际私人净效益，MEC 为边际外部成本。企业在 MNPB＞0 时一直扩大生产规模至 Q'，而社会最优要求当生产规模达到 Q_E 点时停止扩大生产。税 t_E 使企业在 t_E＞MNPB 时停止扩大生产，即把生产限制在社会最优产量 Q_E 的水平。图中税率恰好等于最优产量对应的边际外部成本，相当于将 MNPB 线向下平移到 MNPB$-t_E$，企业在 MNPB$-t_E$＞0 时停止扩大生产，从而使最优污染水平等于边际外部成本，施加的税 t_E 就是最优庇古税。

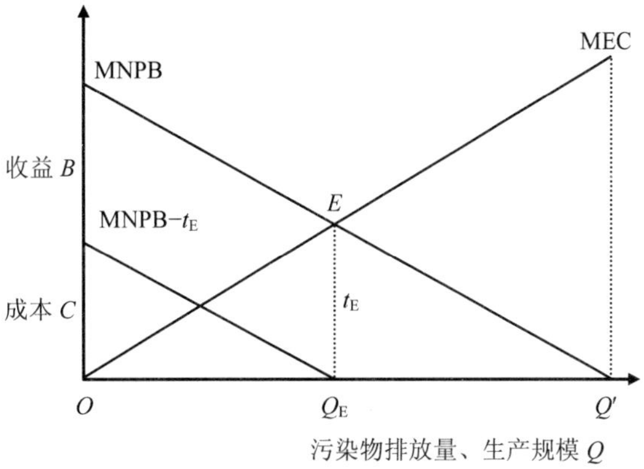

图 8-6　庇古税

排污费的实质是企业承担的超标准排放污染物对自然环境造成损害的经济责任，是通过国民收入再分配形式对污染受害单位和个人的经济补偿。排污收费的目的在于明确企业排污危害自然与社会方面的经济责任，为防治污染、保护环境开辟资金渠道，从而促使排污单位在其生产经营活动中，将其废物处理好，使其不损害环境和人体健康。

排污收费一般有两种情况：一是对排入环境的污染物，不论其数额大小，一律要征收一定的费用，理由是任何污染物的排放不仅会造成环境污染，而且会浪费资源，为了保护环境，节约资源和能源，应尽量避免污染物的排放，因而需要对全部的排放到环境中的污染物，都要征收一定的费用；二是只对超过规定标准排放的污染物征收一定的费用，而对于在规定标准之内排放的污染物，则不征收费用。目前实际操作中两种情况都有，但理论界多倾向于第二种收费原则。按照可持续发展的要求，只对超标排放的污染物征收费用是不彻底的，只有对所有排放的污染物都征收费用，才能有效抑制环境污染。关于排污收费的性质，目前没有一个统一的意见，主要有三种观点：一是认为排污收费具有税收的性质，排污收费是按照污染物的种类、浓度以及超标数量来征收的，它是国家财政收入的重要组成部分，主要用于环境保护费用而不返还给排污单位，因而具有税收的固定性和无偿性特点；二是认为排污收费具有补偿和罚款的性质，它是对排污单位向环境排放超标准污染物的一种具有法律效力的惩罚性制裁措施；三是认为排污收费是超标准排污给社会造成损失而进行补偿的一种经济形式，具有在社会成员之间互助储金的性质。

排污收费的标准是指在一个单位的排放物中，对超过排放标准的污染物应支付的污染费金额。从理论上讲，排污收费应该略高于污染治理费，因为如果不这样，排污单位宁愿交纳排污费而不愿意积极治理污染。排污收费标准还应该年年有所提高，使其在一定年限内的总和约等于污染治理设施的基建投资，只要这样，才能推动排污单位建设和使用污染防治设施，达到不超标排放污染物的目的。

关于排污收费标准的具体计算方法，有的用单因子法，按超标最高的一项污染物计费或者按收费标准最高的污染物计费；有的用多因子叠合法，即先分别计算不同污染物的超标倍数，然后相加计费；有的用回归分析法，同时考虑污染类型的体积、污染物的浓度以及治理费用的支出等因素，通过建立不同情况下削减污染物量与治理费用的定量关系式，来确定超标排污费的金额，其计算公式为

$$W = C + D_r[(L_1 - L_0)/L_0]Q \cdot S \cdot t \quad (8\text{-}4)$$

式中，W 为超标排污收费的金额，元/月；C 为起征费，它是各污染类型各种治理方法的回归公式中常数的平均值；D_r 为按体积计算，每超标一倍的收费标准，元/m^3，它来自各污染物的治理费用与削减量的回归公式，对有害、有毒和剧毒的污染物分别加上 1 个、2 个和 3 个标准差；L_0 为排放标准；L_1 为实测值，mg/L（废水）或 mg/m^3（废气）；（L_1-L_0）/L_0 为超标倍数；Q 为超标排放的废水或废气量；S 为地区环境经济系数；t 为时间系数，每年修正一次，其数值为 1.05。

三、排污标准

排污标准也叫环境标准，是目前世界上使用最广泛的污染管制方法。排污标准是由有关部门制定并依法强制实施的每一污染源特定污染物排放的最高限额，如对化工厂每日向环境排放的污染物量的规定，对机动车辆向空气中排放的二氧化硫或铅元素含量的规定，对排入水源中某些微量元素含量或物理性状的规定等，它主要是一种技术指标，基本上是依照环境对污染物的自净能力即环境容量制定的。制定排放标准的假定前提是，适度的污染物排放是允许的，即只要排放的污染物不对周围环境造成危害，就允许其排放，如果排放的污染物量超过了环境容量，给自然环境和人体健康造成一定程度的危害，就应该予以制止，如采取罚款、勒令停产等措施令其限期改正。

目前理论界对排污标准的制定及其实施有一些争论。有人认为，从环境经济学的角度看，制定排污标准不仅要考虑环境污染造成的损失，而且要考虑排污标准对经济发展的影响，因为排污标准与经济效率并不总是一致的（厉以宁等，1995）。有人认为，排污标准至少存在两个问题：一是排污标准一般情况下是较能达到最优排污水平的，只有在排污标准为最优排污量、罚款为与最优排污量对应的数额、罚款的实施是完全确定的（违规后被罚款的概率为 100%）这三个条件同时满足时，才能达到最优排污标准；二是在存在多个污染源的情况下，由于成本原因，政府对不同污染源设立统一的排污标准，是不会达到最优的，因为各个污染源的控制成本是不同的，政府如果对不同污染源设立不同的排污标准，就需要了解各污染源的控制成本，而污染源往往不愿将自己的控制成本如实相告，这样制定出来的排污标准往往是统一的，而统一的排污标准的针对性较差，不能达到每个污染源的最优排污水平（张帆，1998）。因此，在环境污染控制中，排污收费和排污标准应该结合运用。

四、排污权交易

与排污收费和排污标准相比，排污权交易是充分利用了市场机制来控制环境污染的一种方法。它的基本内容是：实现排污许可证制度，政府向厂商发放排污许可证，厂商则向指定地点排放特定数量的污染物，排污许可证及其所代表的排污权是可以买卖的，厂商可以根据自己的需要，在市场上买进或卖出排污权（厉以宁等，1995）。

排污权交易有许多好处：第一，有利于降低污染控制成本，因为在一定的排污水平上，控制成本较低的排污者将发现自己控制污染比在市场上购买排污权更便宜，而控制成本较高的排污者则发现在市场上购买排污权比自己控制污染更合算，于是排污权就可以在污染控制成本高低不同的排污者之间进行交易，交易的结果是使污染控制成本达到最低。第二，有利于提高经济效率，因为在某一地的环境容量是有限的，如果规定了该地的排污量指标不被突破，在本地的所有厂商排放的污染物量已经达到环境标准的前提下，就不允许科技含量更高、市场竞争力更大、污染治理成本更低的厂商进入该地，这样就会影响该地的经济效率的进一步提高。第三，有利于加强对污染控制的宏观调控，因为排污收费和排污标准的修正需要一定的程序，有时还有主观因素的影响，而有了排污权交易后，政府可以用类似中央银行公开市场业务的办法，提高排污权的市场买卖，对环境保护中出现的问题作出及时的反应，也可以通过排污权市场买卖的动向了解公众对提高或降低环境标准的意愿。

实现排污权交易要有一定的前提：一是政府具有维护和管理排污权交易市场的能力，以避免有人对排污权的恶性炒作而使排污权功能失效的现象；二是环境管制部门的工作人员应做到行为公正、不以权谋私，以保证排污权市场的正常运作；三是政府能够对污染者的排污行为进行有效的管理，避免无证排污现象的发生。

专栏 8-1　美国的可交易许可证制度

美国的可交易许可证制度从 1976 年开始实施，其种类包括空气污染许可证、汽油含铅量许可证和向水体排放污染物的许可证等。

排放交易是美国采取的同许可证相关的第一个主要制度，是空气质量管理政策的主要手段。美国的《清洁空气法》规定：允许进行排放交易，交易包括补偿（offsets）、容量节余（netting）、泡泡（bubbles）和银行（banking）四种方式。

排放信用（emissions credit）可以进行交易，可交易量等于允许排放量与实际排放量之差。交易可以是内部交易（同一工厂或车间不同污染源之间），也可以是外部交易（不同工厂之间）。

污染源分为：老污染源（20 世纪 70 年代中期已经存在的污染源）、新污染源（20 世纪 70 年代中期以后出现的污染源）和改扩建污染源。地区被分为达标地区和未达标地区。

在排污交易中，补偿政策用于达标区的新污染源和改扩建污染源以及达标区的一些污染源，在这类地区，只有厂商得到足够的排放信用后，才能进行新的排放；容量节余政策允许改扩建污染源通过减少同一工厂内的其他污染排放来避免通常要求达到的更高标准，工厂必须在总体上产生净效应；泡泡政策用于达标区和未达标区的老污染源在存在多污染源的工厂内部，允许在总污染排放水平保持在规定限度内的情况下，可以减少一个污染源排放的同时增加另一个污染源的排放；银行政策促使污染源储存排污削减信用以备将来之需。

由此可见，排污收费、排污标准及排污权交易对于控制环境污染是有一定的作用的，但对于彻底解决环境污染问题而言，这些手段是治标不治本的。对某一自然生态系统而言，任何外来物的进入都是有害的，只不过有的反应快，有的反应慢，有的是显著性危害，有的是隐蔽性危害，根据可持续发展理论，解决环境问题的根本方法是将环境防护与经济发展有机地结合起来，实施可持续发展战略，在生产经营活动中解决环境问题，实行清洁生产，杜绝环境问题的产生。

参考文献

杨云彦，陈浩. 2011. 人口、资源与环境经济学. 2 版. 武汉：湖北人民出版社.

马中. 2019. 人口、资源与环境经济学. 北京：高等教育出版社.

皮尔斯，等. 1996. 世界无末日. 武汉：中国财政经济出版社.

皮尔斯. 1997. 绿色经济的蓝图——获得全球环境价值. 北京：北京师范大学出版社.

WCED. 1989. 我们共同的未来. 北京：世界知识出版社.

张帆. 1998. 环境与自然资源经济学. 上海：上海人民出版社.

程福祜. 1993. 环境经济学. 北京：高等教育出版社.

甘泽广，等. 1987. 环境经济学概论. 西安：西北工业大学出版社.

厉以宁，等. 1995. 环境经济学. 北京：中国计划出版社.

兰德尔. 1989. 资源经济学. 北京：商务印书馆.

塞尼卡，等. 1986. 环境经济学. 南宁：广西人民出版社.

姜学民，等. 1985. 生态经济学概论. 武汉：湖北人民出版社.

赖燕. 2019. 固体废物污染对环境的危害及其防治. 环境与发展，8.

HARDIN G. 1968. The tragedy of the commons. Science，162：12，43-48.

克尼斯，等. 1991. 经济学与环境：物质平衡方法. 上海：三联书店.

第九章　循环经济、绿色经济与低碳经济

自然是人类生存、经济发展的物质载体，虽然在现行经济运行方式下，经济增长必然会带来资源消耗、生态退化等问题，而且这种代价的隐蔽性、滞后性、复杂性[①]，使得增长中的代价确实不容易也没有必要彻底避免，但是将其控制在适度的范围内，以促进可持续发展十分重要。

当前片面追求经济发展对环境产生了诸多不利的影响，造成环境污染与生态破坏等消极后果。工业革命以来，世界各国在追求经济高速增长的同时，已经给环境造成了巨大的损害。

现行的产业经济运行以资源能源的高消耗为特征，在能源及矿产资源不断减少的同时，其开发利用所带来的外部性污染问题也日益严重。人类不仅为已有的经济增长付出了沉重的代价，而且这种经济增长方式的延续，还将威胁人类未来的发展。这些问题在不同国家的特定发展阶段都有不同程度的表现。近代经济增长始于 18 世纪末 19 世纪初英国工业化兴起，工业化为发达国家创造出无比的财富和很高的经济增长速度，快速的经济增长也带来了严重的环境污染，以及由此引起的人力资本价值的下降。鉴于发达国家的工业化发展道路的认知，有学者主张把环境代价、社会代价等作为经济增长的前提条件，作为必须付出的代价[②]。这也是一段时期内我国经济运行方式的一种体现，乃至当前我国仍然在一定程度上延续这样的增长方式。从总体上看，我国还处在工业化的发展阶段，经济增长方式还表现为一定的高投入、高消耗、高排放、不协调特征，与以人为本，全面、协调、可持续发展的要求还有差距，经济增长方式尚未实现根本性转变。

面临着巨大的自然资源、自然环境及生态压力，更多的人乃至整个人类社会开始反思这样的增长方式，尤其是 20 世纪 90 年代以来，随着资源环境问题的日益严重，国际社会越来越有共识地认识到，要实现经济和自然双赢，在资源环境不退化甚至得到改善的情况下促进经济增长，必须改变传统的经济发展模式，建立新的经济发展模式。循环经济、绿色经济、低碳经济被认为是消除长期以来自然与经济之间尖锐冲突，实现可持续发展的三种主要经济模式。

---

① 梁言顺. 2004. 低代价经济增长论. 北京：人民出版社，9-10.

② 张晓林. 1996. 代价论是错误的. 求是，9：48.

第一节　循环经济

一、循环经济的概念、原则、体系和层次

（一）循环经济的概念、基本特征

循环经济的思想萌芽可以追溯到20世纪60年代，代表性的是美国经济学家鲍尔丁提出的“宇宙飞船理论”，由于种种因素的限制，直到20世纪90年代，随着人类对生态环境保护认识的不断深入和可持续发展理论的发展，循环经济才得到越来越多的重视和快速发展。德国是发展循环经济的先驱国家。1972年德国制定了《废物处理法》，1986年将其修改为《废物限制及废物处理法》。1991年德国通过了《包装条例》。1992年通过的《限制废车条例》规定汽车制造商有义务回收废旧车辆。1996年德国提出了《循环经济与废物管理法》。与德国先在个别领域逐渐建立相关法规最后建立整体性循环经济法不同，日本采用了自上而下的办法，即先建立综合性的再生利用法，再在此法指导下建立各具体领域的循环经济法律法规。美国虽然还没有一部全国性的循环经济法规，但自俄勒冈州、新泽西州和罗得岛州等20世纪80年代中期制定促进资源再生循环法规以来，已有半数以上的州制定了不同形式的再生循环法规。美国的地方政府及企业在产品责任制的意识方面走在世界前列。

循环经济是对物质闭环流动型经济的简称。从物质流动的方向看，传统工业社会的经济是一种单向流动的线性经济，即“资源→产品→废物”。线性经济的增长，依靠的是高强度地开采和消耗资源，同时高强度地破坏生态环境。循环经济的增长模式是“资源→产品→再生资源”。循环经济就是指通过资源循环利用使社会生产投入自然资源最少、向环境中排放的废物最少、对环境的危害或破坏最小的经济发展模式。循环经济，是按照自然生态物质循环方式运行的经济模式，它要求用生态学规律来指导人类社会的经济活动。循环经济以资源节约和循环利用为特征，也可称为资源循环型经济。

从循环经济的基本特征来看，它是人们模仿自然生态系统，按照自然生态系统物质循环和能量流动规律建构的经济系统，并使得经济系统和谐地纳入自然生态系统的物质循环过程中。传统经济与循环经济的不同之处在于：传统经济是一种由“资源→产品→消费→污染排放”所构成的物质单向流动的线性经济。在这种经济中，人们以越来越高的强度把地球上的物质和能源开采出来，在生产加工和消费过程中又把污染物和废物大量地排放到环境中去，对资源的利用常常是粗放的和一次性的，通过把资源持续不断地变成废物来实现经济的数量型增长，导致许多自然资源的短缺与枯竭，并酿成了灾难性环境污染后果；与此不同，循环经济倡导的是一种建立在物质不断循环利用基础上的经济发展模式，它要求把经济活动按照自然生态系统的模式，组织成一个“资源→产品→消费→再生资源”的物质反复循环流动的过程，使得整个经济系统以及生产和消费的过程基本上不产生或者只产生很少的废物，“只有放错了地方的资源，而没有真正的废物”，其特征是自然资源的低投入、高利用和废物的低排放。所有的物质和能源要能在这个不断进行的经济循环中得到

合理和持久的利用，以把经济活动对自然环境的影响降低到尽可能小的程度，使环境合理性和经济效率性得到有效结合。循环经济为工业化以来的传统经济转向可持续发展的经济提供了战略性的理论范式，从根本上消解了长期以来环境与发展之间的尖锐冲突。

（二）循环经济的基本原则

“减量化、再利用、再循环”（reduce、reuse、recycle）是循环经济最重要的实际操作原则，即“3R”原则。在现实操作中，循环经济需遵循减量化原则、再利用原则和再循环原则。

减量化原则属于输入端方法，旨在减少进入生产和消费过程的物质量，要求用较少的原料和能源投入达到既定的生产目的或消费目的，在经济活动的源头就注意节约资源和减少污染。在生产中，减量化原则常常表现为要求产品体积小型化和产品质量轻型化。此外，也要求产品的包装简化以及产品功能的增大化，以达到减少废物排放量的目的。

再利用原则属于过程性方法，目的是提高产品和服务的利用效率，要求产品在完成其使用功能后尽可能重新变成可以重复利用的资源而不是有害的垃圾。它要求从原料制成成品，经过市场直到最后消费变成废物，又被引入新的“生产—消费—生产”的循环系统。

再循环原则，也称资源化原则，是输出端方法，通过把废物再次变成资源以减少末端处理负荷，要求产品和包装器具能够以初始的形式被多次和反复使用，而不是一次性消费，使用完毕就丢弃。同时要求系列产品和相关产品零部件及包装物兼容配套，产品更新换代零部件及包装物不淘汰，可为新一代产品和相关产品再次使用。上述原则构成了循环经济的基本思路，但它们的重要性并不是并列的，只有减量化原则才具有循环经济第一法则的意义。

（三）循环经济的体系

循环经济的提出，是人类对难以为继的传统发展模式反思后的创新，是对于人与自然关系在认识上升华的结果。循环经济从与人们习惯认识相反的假设开始探索：将整个经济系统预想为生态系统的一种特殊情况，其总体建筑在生物圈所提供的资源与服务基础上，是某种意义上的生物圈赘生物。循环经济把整个经济系统，即所有同产品和服务的生产和消费有关联的活动，作为生态系统的一个特殊形式来看待，从这一点出发，改进经济系统使之能与生物圈兼容，以最终持久生存下去，就成为研究与发展循环经济的根本目的。循环经济是要借助对生态系统和生物圈的认识，特别是通过对产业代谢的研究，找到能使经济体系与生物生态系统“正常”运行相匹配的可能的革新途径，最终建立理想的生态经济系统。

地球生命的最初阶段是一级生态系统，是一些相互不发生关系的线性物质流的叠加。它的运行方式，简单地说，就是开采资源和抛弃废料，这是产生环境问题的根源。在随后的进化过程中，资源变得有限了。在这种情况下，有生命的有机物随之变得非常地相互依赖并组成了复杂的相互作用的网络系统，如今天我们在生物群落中所见到的那样。不同组成部分之间的，也就是说二级生态系统内部的物质循环变得极为重要，资源和废料的进出量则受到资源数量与环境能够接受废料能力的制约。与一级生态系统相比，二级生态系统对资源的利用虽然已经达到相当高的效率，但仍然不能长期维持，因为物质、能量流都是单向的。资源减少，而废料不可避免地不断增加。为了真正转变成为可持续的形态，生物生态系统进化为完全循环的系统。在这种形态下，对一个有机体来说是废料的东西对另一个有机体来说就是资源。只有太阳能是来自外部的支援。这可称为三级生态系统。在这样的一个生态系统之内，众多的循环借助太阳能既通过独立的方式，也以互联的方式进行物质交换，这种循环过程在时间长度方面和空间规模方面的差异性相当大。

理想的工业社会应尽可能接近三级生态系统。在近亿年的过程中，生物圈产生了一个三级生态系统运行所需的一切要素。人类活动，特别是工业革命以来的发展活动，在很大程度上属于一级生态系统的范畴。产品的使用寿命常常极短，往往仅使用几个星期，甚至几天。而目前的工业体系正艰难地和部分地从一级生态系统向二级生态系统过渡，并且还只是半循环的，而这还是由于一些资源的稀少以及各种各样的污染所导致的立法的或经济的因素促成的。

总体来说，一个理想的生态经济系统包括四类主要行为者：资源开采者、处理者、消费者和废料处理者。由于集约再循环，各系统内不同行为者之间的物质流远远大于出入生态系统的物质流。循环经济思想的主旨是促使现代经济体系向三级生态系统的转化。这种转化战略的实施包括四个方面：将废物作资源重新利用；封闭物质循环系统和尽量减少消耗性材料的使用；工业产品与经济活动的非物质化；能源的脱碳。循环经济已经在一些发达国家中取得了一些成功的经验，包括企业层次污染最小化方面企业间废物的交换和传递，还有产品生产过程和消费过程中物质和能量的循环。

（四）循环经济的层次

发展循环经济有企业、产业园区、城市和区域等层次，这些层次是由小到大依次递进的，前者是后者的基础，后者是前者的平台。

在企业层次，与传统企业资源消耗高、环境污染严重，通过外延增长获得企业效益的模式不同，根据生态效率（eco-efficiency）的理念，循环型企业对生产过程，要求节约原材料和能源，淘汰有毒原材料，削减所有废物的数量和毒性、加强物质的循环、最大限度可持续地利用可再生资源；对产品，要求减少从原材料提炼到产品最终处置的全生命周期的不利影响、提高产品的耐用性；对服务，要求将环境因素纳入设计和所提供的服务中，提高产品与服务的服务强度。循环型企业是通过在企业内部交换物流和能流，建立生态产业链，使得企业内部通过资源利用最大化、环境污染最小化的集约性经营和内涵性增长获得企业效益。

在产业园区层次，生态工业园是一种新型工业组织形态，按照工业生态学的原理。建立企业与企业之间废物的输入与输出关系。通过模拟自然生态系统来设计工业园区的物流和能流，园区内再通过采用废物交换、清洁生产等手段，把一个企业产生的副产品或废物作为另一个企业的投入或原材料，实现物质闭路循环和能量多级利用，形成相互依存、类似自然生态系统食物链的产业生态系统，达到物质能量利用最大化和废物排放最小化的目的。生态工业园具有横向耦合性、纵向闭合性、区域整合性和柔性结构性等特点，它与传统工业园区的主要差别是园区内各企业之间进行副产物和废物的交换，能量和废水得到梯级利用，共享基础设施，并且有完善的信息交换系统。生态工业园区之所以有别于传统的废料交换项目，在于它不满足于简单的一来一往的资源、能源循环，而旨在系统地使一个园区总体的资源、能源增殖。园区企业之间互动与协调的关系又使得企业获得丰厚的经济、环境和社会效益。生态工业园作为循环经济的一个重要发展形态，正在成为许多国家工业园区改造的方向。

在城市和区域层次，循环型城市和循环型区域通常以污染预防为出发点，以物质循环流动为特征，以社会、经济、环境可持续发展为最终目标，从而最大限度地高效利用资源和能源，减少污染物排放。循环型城市和循环型区域有四大要素：产业体系、城市基础设施、人文生态和社会消费。首先，循环型城市和循环型区域必须构建以工业共生和物质循环为特征的循环经济产业体系；其次，循环型城市和循环型区域必须建设包括水循环利用保护体系、清洁能源体系、清洁公共交通运营体系、垃圾处理体系等在内的基础设施，要特别重视实施生活垃圾的无害化、减量化和资源化，即在消费过程中和消费过程后实施物质和能源的循环；再次，循环型城市和循环型区域必须致力于规划绿色化、景观绿色化和建筑绿色化的人文生态建设；最后，循环型城市和循环型区域必须努力倡导和实施绿色营销、绿色消费。

循环经济就是立足于循环型企业、生态工业园区、循环型城市和循环型区域，通过立法、教育、文化建设以及宏观调控，在全社会范围内树立“天人调谐”观念，实现可持续发展。

专栏 9-1　宇宙飞船经济

20 世纪 60 年代美国学者鲍尔丁提出的宇宙飞船经济理论，指出我们的地球只是茫茫太空中一艘小小的宇宙飞船，人口和经济的无序增长迟早会使船内有限的资源耗尽，而生产和消费过程中排出的废料将污染飞船，毒害船内的乘客，此时飞船会坠落，社会随之崩溃。为了避免这种悲剧，必须改变这种经济增长方式，要从“消耗型”改为“生态型”；从“闭环式”转为“开放式”。经济发展目标应以福利和实惠为主，而并非单纯地追求产量。这就是所谓循环经济思想的源头。

受距离、飞行速度和人的寿命这三项因素限制，人类探索宇宙的步伐很难有大的跨越。至今仍没有任何一个星际航行的项目，有能力在一个人的有生之年将其送到最近的恒星。飞船是一个孤立无援、与世隔绝的独立系统，如果靠不断消耗自身资源存在，最终将因资源耗尽而毁灭。而唯一能使飞船延长寿命的方法，就是实现飞船内的资源循环，尽可能少地排出废物。为克服长时期宇航和生命短暂的矛盾，以及漫长旅途中可能出现的心理问题，有人设想出了“太空方舟”式的多世代旅程。即建造一艘十分庞大的太空船，船上的设备构成一个可以自给自足的封闭生态系统，能够养活数十人至数百人做长途的飞行。如此一来，宇航员就可以在飞船上传宗接代、世代繁衍了。科学家在设计宇宙飞船时，非常珍惜飞船的空间和它所携带的装备和生活必需品，在飞船中，几乎没有废物，即使乘客的排泄物也经过处理、净化，变成乘客必需的氧气、水和盐回收，再给乘客使用。如此循环不已，构成一个宇宙飞船中的良性生态系统。

“宇宙飞船经济”也是根据这一生态系统的思想而提出的。它把地球看成一个巨大的宇宙飞船，除了能量要依靠太阳供给外，人类的一切物质需要靠完善的循环来得到满足。事实上，地球上的生命生生不息的奥秘，就在于地球是一个自给自足的生态系统，它在太阳能的推动下，日复一日、年复一年地进行着物质的周期循环，不需要补给什么东西，也没有多余的废物，其中的一切各有用途。生命就是在这川流不息的物质循环中得以体现。地球经济系统如同一艘宇宙飞船，尽管地球资源系统大得多，地球的寿命也长得多，但是也只有实现对资源循环利用的循环经济，地球才能得以长存。宇宙飞船经济就是把这一生态学观念应用于人类社会的经济模式，要求人类按照生态学原理建造一个自给自足的、不产生污染的经济或生产体系，它将是一种封闭的经济体系，其内部具有极完善的物质循环和更新的性能。

宇宙飞船经济理论是将环境与人类的关系比喻为相对封闭的、有限的“宇宙飞船”与“飞船乘员”之间共命运关系的生态经济观点。该观点由美国经济学家鲍尔丁于1966年在《即将到来的宇宙飞船世界的经济学》一文中提出。他认为，地球资源与地球生产能力是有限的，必须要在自觉意识到容量是有限的、未来是封闭的地球上，建立循环生产系统。地球就像在太空中飞行的宇宙飞船，要靠不断消耗自身有限的资源而生存，如果不合理开发资源、保护环境，就会像宇宙飞船那样走向毁灭。强调只有对其中的资源储备和环境条件倍加爱护，才能维持乘员的生存。他主张：以储备型经济替代传统的增长型经济；以休养生息经济替代传统的消耗型经济；以福利量经济替代传统的生产量经济；以循环式经济替代传统的单程式经济。

“宇宙飞船经济”要求人类改变将自己看成自然界的征服者和占有者的态度，而是把人和自然环境视为有机联系的系统，即人-自然系统。它和“牧童经济”是相反的。

“牧童经济”是一个生动比喻，使人们想到牧童在放牧时，只管放牧而不顾草原的破坏。这种经济的主要特点就是大量地、迅速地消耗自然资源，把地球看成取之不尽的资源无限度地索取，同时，造成废物大量累积，使环境污染日益严重；它表现为追求高生产量（消耗自然资源）和高消费量（商品转化为污染物）。“牧童经济”主要是指现代西方的资本主义经济模式。由于这些特点，许多经济学家确信，这种经济模式不能无限期地维持下去，否则会给人类和环境的长远利益带来灾难，它所造成的人类和环境的矛盾，最终可能导致人类自身的灭亡。

鲍尔丁认为，作为人口的极大增长的结果，“牧童经济”将会被“宇宙飞船经济”所代替，人们必须把逍遥自在的“牧童经济学”，替换为限制自由的“宇宙飞船经济学”。

二、节能减排

（一）节能减排的含义和意义

节能减排有广义和狭义之分。广义而言，节能减排是指节约物质资源和能量资源，减少废物和环境有害物（包括“三废”和噪声等）的排放；狭义而言，节能减排就是节约能源、降低能源消耗、减少环境有害物排放。

《中华人民共和国节约能源法》所称节约能源（以下简称节能），是指加强用能管理，采取技术上可行、经济上合理以及环境和社会可以承受的措施，从能源生产到消费的各个环节，降低消耗、减少损失和污染物排放、制止浪费，有效、合理地利用能源。

在全球环境日趋恶化、资源能源锐减的背景下，全人类应该一起行动起来，精诚合作保护水资源、减少大气污染，把节约资源能源，减少污染物排放、提高能源利用率作为十分重要的任务进行落实，进而才能有力应对全球气候变暖、臭氧层破坏、酸雨、物种灭绝、土地沙漠化、水污染、大气污染、海洋污染等重大的全球性环境问题。中国是人口大国，各行业迅猛发展，既是资源消耗大国又是污染物排放大国，发展节能减排对世界也具有重大意义。

（二）发达国家节能减排的经验

西方市场经济国家的节能工作发端于 1973 年中东战争引起的石油危机。在石油危机影响下，西方国家将节约能源提到政府的重要议事日程，出台各种能源政策，提高能源利用效率，保障本国的能源安全，其主要目的是防止因能源供应约束导致的经济衰退。以 1992 年联合国在里约热内卢召开的环境与发展会议为标志，国际节能工作进入了一个新阶段，1997 年日本京都会议又形成了《京都议定书》，其目的是通过提高能源使用效率，减少温室气体的排放，保护人类生存的环境。

从目前情况看，国际节能呈现出三大发展趋势。

①节能成为各国政府保障能源安全的重要措施。1999 年以来的石油涨价对世界经济产生的负面影响，给一些主要依靠进口石油的国家如何保障经济安全敲响了警钟。能源安全，特别是石油安全问题被提到重要日程，节能也成为其重要的政策工具。

②节能已成为发达国家解决气候变化、减少温室气体排放的主要途径。1997 年京都会议以后，不少发达国家围绕减排目标和要求，积极调整能源政策，在机构设置中强化节能职能，修订政策法规，强化了节能管理的力度。

③节能降耗、提高能效已成为高能耗企业提高国际竞争力的重要手段。发达国家十分重视以节能降耗为主的技术开发和技术改造，并给予财政支持，其目的是鼓励企业在激烈的市场竞争中通过节能降耗，降低生产成本，提高在国际市场上的竞争力。

发达国家历史上都经历过工业化高速发展，污染物排放量久高不低的时期，通过一系列行动的开展，大幅减排，环境质量也得到了根本改善。

1. 长期有力的总量控制制度

发达国家自 20 世纪 60 年代末开始研究污染物排放总量控制，尤其是日本、美国，制定出成套的污染物排放总量控制制度。实践经验表明，采取一系列有效措施和法律保证手段推行污染物排放总量控制后，所达到的污染物减排效果也非常显著。

2．基于市场的结构调整

工业化成熟期的产业结构转变、能源结构的大力调整以及环境经济政策的强化是促成发达国家污染物排放量呈下降趋势的主要因素。

（1）结构变化的减排效应。发达国家的发展历程表明，在工业化进程中，随着工业化的加快，越来越多的资源被开发利用，资源消耗速率开始超过资源的再生速率，产生的废物数量大幅增加，环境污染的程度将加深，从而使环境的质量水平下降；而当经济发展到更高的水平，产业结构进一步升级，从能源资源密集型为主的重工业向服务业和技术密集型产业转移时，环境污染减少。从时序上看，发达国家在经济转型期初期主要是通过产业和能源结构的调整来控制污染物的排放，这就是结构变化对环境产生的效应。

（2）应用市场手段强化经济激励。运用经济激励机制，是各国政府促进行业企业减少污染物排放的通行做法。经济激励有两种形式：一是激励政策，利用补贴政策来鼓励企业或个人减少污染物的排放，即通过财政补贴等措施来降低污染治理的投资成本，补贴可以采取的形式包括直接支付、贷款和税收返还等；二是约束政策，即通过税收或收费增加环境资源的使用成本。国家征收与资源消耗、污染相关的税种，以此来消除环境外部性效应，较常见的税种包括硫税、燃油税、污水税费等。

3．投资保证前提下的工程治理

20世纪60年代末至70年代初，在西方国家掀起了大规模自发性的群众环境保护运动，开启了人类历史上的环境启蒙时代。正是在这一运动推动下，许多国家纷纷成立环境保护机构，制定环境保护法律，实施环境治理工程，在投入大量资金，建设大量工程的同时，相关配套技术和政策也得到了迅猛的发展和完善，自20世纪70年代以来，工业化国家的环境质量有了明显改善。可以说，污染治理投入的持续稳定大幅增加带来的工程减排能力，是促使环境质量改善的最主要手段之一。

4．体系完备的环境监督管理

通常情况下，监管是环境政策执行中最弱的环节，这个薄弱环节通过低的达标率、环保要求中不存在的激励行为表现出来，这些行为腐蚀了法律规则并且影响了环境目标的实现程度。发达国家的环境监督管理体系随着环境问题的出现而不断发展和完善，其相关做法值得借鉴。

5．政府主导的多元化投融资

随着人口增长和经济发展对环境压力的加大，环境保护的投资需求逐步加大，通过政府主导，建立多元化的环境保护投融资机制和拓展现有融资渠道是十分必要的。

6．手段多样的实施机制

如何推进已制定的政策或者规划的实施，许多国家一直在进行积极的探索与实践，目前较为有效并被许多国家采纳的手段主要有制订地方实施规划、签订自愿协议和推动公众参与。

发达国家减排的总体趋势为，以国家为导向，建立完备的环境监督管理体系；在政策上、财政投入上向不排和少排污染物的工业企业倾斜；努力研究实现污染物最大限度地消化于生产环节内，从源头上消除和减少污染物排放。

（三）中国节能减排的发展和重点趋势

长期来看中国能源消费仍将稳步上升，短期来看高耗能、高排放行业仍将保持一定的增长刚性，加上节能准入和落后产能退出机制尚未完全建立，节能减排任务相当艰巨，需要继续加快节能步伐。

国家曾针对大气中 SO_2 的严重污染，采取六项措施，推动削减 SO_2 排放量。

一是加大工作力度，推动火电厂脱硫工程建设，督促尚未动工的重点项目开工建设。

二是在火电、钢铁、电解铝、水泥等大气污染重点行业实施排污许可证制度，明确各重点企业主要污染物允许排污总量和削减量，强制安装在线监测装置，严格监督管理。

三是开展以控制燃煤污染为主的大气污染综合防治政府工程，划定高污染燃料禁燃区，禁止使用高污染燃料燃烧设备，大力推广清洁能源利用替代燃煤；大幅提高城市气化率，减少城市燃煤量；限制高硫煤使用，加速城区空气质量的改善。

四是配合有关部门研究制定并尽早组织实施控制和减排二氧化硫的经济政策，重点是将现有火电机组脱硫成本纳入上网电价、保证脱硫机组上网电量、制定发电环保折价标准、提高二氧化硫排污收费标准，鼓励多渠道加大脱硫资金投入、落实国债资金和排污费对重点脱硫工程项目的补助等政策。

五是严格执行新修订的火电厂污染物排放标准，对超标电厂坚决限产甚至停产。

六是有效实施排污总量收费和新的收费标准，提高二氧化硫排放收费标准，使之逐步达到或超过污染物治理成本，促使企业治理污染。

对于水环境的污染和恶化，要求在规划减排目标的指引下，落实投资，建立和完善规划项目实施情况的调度和督查机制，强化现场监督检查，进一步落实地方政府治污责任；加大环境监管工作力度，加强对流域内涉水重点排污单位持证排污和在线监控设施运行情况的监管，确保重点企业达标排放。进行流域内城镇污水处理厂配套管网、脱氮、污泥处置、垃圾渗滤液处理设施建设，提高污水处理厂运行负荷率和城镇污水处理率。落实城市污水处理费征收政策措施，保障已建成的污水处理厂正常运行。

政府应不失时机地采取更加有力的措施，实行更加严格的环境准入标准。根据环保要求，把主要污染物排放总量削减指标作为建设项目环评审批的前置条件，新上建设项目不允许突破总量控制指标。加强重点行业建设项目环境管理，严格纺织、汽车、电力等十大国家重点调控行业的准入条件。凡是防治环境污染和生态破坏的设施，未与主体工程同时设计、同时施工、同时投产的项目，应责令停产。针对化学需氧量排放量依然上升的情况，以造纸行业为主攻方向，重点抓好化工、酿造、印染等行业的水污染物削减工作；加大生活污染治理力度，加快推进城镇污水处理厂和管网配套建设，监督污水处理厂严格执行排放标准，做到长期稳定。

减排工作未来趋势是着手开展燃煤工业锅炉减排，增加火电行业氮氧化物、重点流域和湖泊的氨氮、部分敏感湖库的总氮和总磷等污染物总量控制指标，对局部地区进行非电源总量控制的试点逐步扩大 COD 减排范围。

（四）节能减排的实施措施

1．控制增量，调整和优化结构

严把土地、信贷“两个闸门”和市场准入门槛，严格执行项目开工建设必须满足的土地、环保、节能技术、安全等方面的准入标准和“六项必要条件”（符合国家相关产业政策、发展规划和市场准入标准；符合信贷、安全管理、城乡规划等规定），控制高耗能、高污染行业过快增长，加快淘汰落后生产能力，完善促进产业结构调整的政策措施，积极推进能源结构调整，制定促进服务业和高技术产业发展的政策措施。

2．强化污染防治，全面实施重点工程

实施重点节能工程、水资源节约项目、水污染治理工程建设。推动燃煤电厂二氧化硫治理。多渠道筹措节能减排资金。

3．创新模式，加快发展循环经济

深化循环经济试点，推进资源综合利用，推进垃圾资源化利用，全面推进清洁生产。组织编制重点行业循环经济推进计划。制定和发布循环经济评价指标体系。深化循环经济试点，利用国债资金支持一批循环经济项目。全面推行清洁生产，对节能减排目标未完成的企业，加大实行清洁生产审核的力度，限期实施清洁生产改造方案。

4．依靠科技，加快技术开发和推广

加快节能减排技术研发、节能减排技术产业化示范和推广，建立节能减排技术服务体系，推进环保产业健康发展，加强国际交流合作。加强节能环保电力调度。培育节能技术服务体系，推行合同能源管理，促进节能服务产业化发展。

5．夯实基础，强化节能减排管理

出台《节能目标责任和评价考核实施方案》，建立“目标明确，责任清晰，措施到位，一级抓一级，一级考核一级”的节能目标责任和评价考核制度。严格执行固定资产投资项目节能评估和审查制度。强化对重点耗能企业，特别是企业节能工作的跟踪、指导和监管，对未按要求采取措施的企业向社会公告，限期整改。加强电力需求侧管理。扩大能效标识的应用。扩展节能产品认证范围，建立国际协调互认。组织开展节能专项检查。研究建立并实施科学、统一的节能减排统计指标体系和监测体系。

6．对高耗能企业采取节能措施

由于能源紧张，随着节能工作进一步开展，各种新型、节能先进炉型日趋完善，且采用新型耐火纤维等优质保温材料后使得炉窑散热损失明显下降。采用先进的燃烧装置强化了燃烧，降低了不完全燃烧量，空燃比也趋于合理。然而，降低排烟热损失和回收烟气余热的技术仍进展不快。为了进一步提高窑炉的热效率，达到节能降耗的目的，回收烟气余热是一项重要的节能途径。

7．健全法制，加大监督检查执法力度

完善节能和环保标准，开展节能减排专项执法检查。出台《中华人民共和国节约能源法》（修订）和《中华人民共和国循环经济促进法》，抓紧制（修）订配套法规。组织制定高耗能产品能耗限额强制性国家标准，制（修）订节能设计规范、节能基础、方法标准及终端用能产品（设备）能效标准。

8. 完善政策，形成激励和约束机制

推进资源性产品价格改革，完善有利于节能减排的财政政策，实行有利于节能减排的税收政策。调整《节能产品政府采购清单》，研究试行强制采购节能产品的办法。拓宽融资渠道，促进国内及国际金融机构资金、外国政府贷款向节能减排领域倾斜。

9. 加强宣传，提高全民节约意识

组织好节能宣传活动。把节约资源和保护环境理念渗透在各级各类的学校教育教学中，从小培养儿童的节约意识。将发展循环经济、建设资源节约型和环境友好型社会宣传纳入主题宣传活动中。组织开展节能科普宣传活动，实施节能宣传教育基地试点，组织《中华人民共和国节约能源法》和《中华人民共和国循环经济促进法》宣传和培训工作，开展节能表彰和奖励活动。

10. 政府带头，发挥节能表率作用

在节能减排工作中，政府要率先规范。如推广高效节能产品，更换节能灯。

三、清洁生产

（一）清洁生产的含义和发展

面对环境污染日趋严重、资源日趋短缺的局面，工业发达国家在对其经济发展过程进行反思的基础上，认识到不改变长期沿用的大量消耗资源和能源来推动经济增长的传统模式，单靠一些补救的环境保护措施，是不能从根本上解决环境问题的，解决的办法只有从源头全过程考虑。为此，清洁生产应运而生。

清洁生产的概念最早大约可追溯到 1976 年，当年欧共体在巴黎举行了“无废工艺和无废生产国际研讨会”。会上提出了“消除造成污染的根源”的思想。1979 年 4 月欧共体理事会宣布推行清洁生产政策。1984 年、1985 年、1987 年欧共体环境事务委员会 3 次拨款支持建立清洁生产示范工程。清洁生产审计起源于 20 世纪 80 年代美国化工行业的污染预防审计，并迅速风行全球。美国国会 1990 年 10 月就通过了《污染预防法》，把污染预防作为美国的国家政策，取代了长期采用的末端处理的污染控制政策，要求工业企业通过源削减，包括设备与技术改造、工艺流程改进、产品重新设计、原材料替代，以及促进生产各环节的内部管理、减少污染物的排放，并在组织、技术、宏观政策和资金方面做了具体的安排。

“清洁生产”这一概念由联合国环境规划署在 1989 年首次明确提出，其基本含义是：将综合预防的环境策略持续地应用于生产过程和产品中，以减少对环境和人类的风险。其主要手段是：在工业生产过程中，通过仿效自然生态系统的结构原则和运行规律，应用专门技术，改进工艺流程和改善管理，从源头削减废料的产生，提高工业生产中的资源利用效率，防止污染发生。国际公认的联合国环境规划署关于清洁生产的定义是：清洁生产是一种新的创造性思想，该思想将整体预防的环境战略持续应用于生产过程、产品和服务中。以增加生态效率和减少人类及环境的风险。①生产过程，要求节约原材料和能源，淘汰有毒原材料，削减所有废物的数量和毒性；②对产品，要求减少从原材料提炼到产品最终处置的全生命周期的不利影响；③对服务，要求将环境因素纳入设计和所提供的服务中。

我国政府发布的《中国21世纪议程——中国21世纪人口、环境与发展白皮书》中指出：所谓清洁生产，是指既可满足人们的需要又可合理利用自然资源和能源并保护环境的生产方法和措施，其实质是一种物料和能耗最小的人类生产活动的规划和管理，将废物减量化、资源化和无害化，或消灭于生产过程之中。《中华人民共和国清洁生产促进法》对清洁生产的具体含义和要求作了更为明确的规定，即不断采取改进设计、使用清洁的能源和原料、采用先进的工艺技术与设备、改善管理、综合利用等措施，从源头削减污染，提高资源利用效率，减少或者避免生产、服务和产品使用过程中污染物的产生和排放，以减轻或者消除对人类健康和环境的危害。从以上规定中可以看出，清洁生产的实质是源头污染控制战略，要求企业从生产源头减少污染物的排放，并对产品生产、使用的整个周期进行全过程控制，强调在产品生产、产品使用及其相关服务的各个环节和各个方面，都要坚持节能、降耗、减污、增效，提高资源利用效率，降低对人类和环境的危害，实现经济效益和环境效益的统一。所以，清洁生产对于生产过程而言，包括节约资源、能源，减少废物的排放量、降低污染物的产生和有害性；对于产品而言，旨在减少产品运动周期对的能源、清洁的生产过程、清洁的产品于资源和环境所产生的负面影响。清洁生产的基本目标是实现清洁的能源、清洁的生产过程、清洁的产品，避免重蹈发达国家“先污染、后治理”的覆辙，实现经济效益与环境效益的共赢。

清洁生产首先是从工业生产领域开始实施的，但并不仅限于该领域。从世界各国清洁生产的发展历程来看，在工业领域的清洁生产取得了巨大成效以后，清洁生产从生产清洁向产品清洁延伸发展，这意味着清洁生产已经从生产领域扩展到消费领域，从对有形产品的关注延伸到对无形产品——服务的关注，进而涵盖社会所有经济活动。从宏观经济规划和管理方式看，原本着眼于污染预防的措施和手段已经转化为抓源头的资源利用，通过促进物料的再循环，推进生产的非物质化进程，一些国家甚至提出了物耗、能耗零增长，污染物零排放以及废物零填埋的奋斗目标，许多国家在比较短的时间内，制定了大量的推行社会化清洁生产、循环经济的法律、政策，并认真加以实施。

在各国政府的大力支持下，联合国工业发展组织和联合国环境规划署启动的国家清洁生产中心项目在30多个发展中国家建立了国家清洁生产中心，这些中心与十几个发达国家的清洁生产组织构成了一个巨大的国际清洁生产网络。现在，全球没有开展过清洁生产的国家或地区已为数不多了。

我国是从1993年开始在工业部门推行清洁生产的。我国政府发布了《中国21世纪议程——中国21世纪人口、环境与发展白皮书》，其中明确提出，要“重点开发清洁技术，大力发展可再生和清洁能源”，“大力推广清洁生产工艺技术，努力实现废物产出量少量化和再资源化，节约资源、能源，提高效率”，“生产绿色产品”等，明确规定了清洁生产与可持续发展的相互关系。

（二）清洁生产的目的和意义

伴随工业化进程，人为环境对自然环境的影响以及环境对策也经历了由伦理观念到经济战略的变化。20世纪80年代后期，人们开始怀疑过去环境对策的不完备性，认识到单纯依靠末端治理工业污染的弊病和局限性。

（1）治理投资和运行费用高，经济效益小甚至无经济效益，污染后果的不经济性给企业带来了沉重的负担，企业对污染治理缺乏积极性。

（2）资源得不到有效利用，一些可回收利用的原料变成“三废”被处理或排入环境，造成浪费和污染。

（3）不能从根本上消除污染，单纯依靠处理设施，只能使废物在不同介质间转移而造成新的污染，形成治不胜治的恶性循环。

（4）偏重末端治理，忽视了全过程控制，难以改变工业企业的环境保护与生产割离的状况。

（5）影响工业可持续发展，末端治理没有经济效益，也不能有效利用资源，反而造成资源浪费与新的污染，与可持续发展战略不相容。

通过污染物的源削减预防污染，比在废物产生后进行治理有更显著的经济效益和环境效益。消除大量污染物的排放，可以不必建设或少建设污染控制设施，减少污染治理的一次性投资和运转费用，有效地利用自然资源，降低生产成本，提高产品的竞争力。预防污染通过源削减和环境安全的回收利用，使废物最少化或消灭于生产过程之中。

实践证明，沿用以大量消耗资源和粗放经营为特征的传统模式，经济发展正越来越深地陷入资源短缺和环境污染的两大困境：一是传统的发展模式不仅造成了环境的极大破坏，而且浪费了大量的资源，加速了自然资源的耗竭，使发展难以持久；二是以末端治理为主的工业污染控制政策忽视了全过程污染控制，不能从根本上消除污染。而清洁生产恰好能较好地解决这两方面的问题，具有以下显著优点。

（1）一方面，清洁生产用节能、降耗、减污，降低生产成本，改善产品质量，提高企业的经济效益，增强企业的市场竞争力；另一方面，由于实施清洁生产，可大大减少末端治理的污染负荷，节省大量环保投入（一次性投资和设施运行费），提高企业防治污染的积极性和自觉性。

（2）清洁生产可以最大限度地利用资源和能源，通过循环套用或重复利用，使原材料最大限度地转化为产品，把污染消灭在生产过程之中。通过改进设备或改变燃烧方式，进一步提高能源的利用率，既可减少污染物的产生量与排放量，又可节约资源与能源，用较少的投入获得较大的收益，具有显著的经济效益。

（3）清洁生产可以避免和减少末端治理的不彻底而造成的二次污染。因为清洁生产采用了大量的源头削减措施，既可减少含有毒成分原料的使用量，又可提高原材料的转化率，减少物料流失，减少污染物的产生量和排放量，因而减少二次污染的机会。

（4）清洁生产可最大限度地替代有毒的产品、有毒的原材料和能源，替代排污量大的工艺和设备，改进操作技术和管理方式，从而改善工人的劳动条件和工作环境，提高工人的劳动积极性和工作效率。

（5）清洁生产可改善工业企业与环境管理部门间的关系，解决环境与经济相割裂的矛盾。

20 世纪 80 年代末期，国际上特别是工业发达国家，工业污染控制战略出现了重大变革，其核心就是以预防污染战略取代末端治理为主的污染控制政策，美国国家环境保护局最初称为“废物最少化”，联合国环境规划署工业环境活动中心称为“清洁生产”。

如今，清洁生产已成为国际社会的热门议题，清洁生产的概念贯穿于 1992 年联合国在巴西里约热内卢召开的世界环境与发展会议通过的《21 世纪议程》之中，其被公认为是一项实现环境与经济协调发展的环境战略，是实现可持续发展的关键因素，将成为 21 世纪工业发展的新模式。

清洁生产概念的出现虽然是近几十年的事情，但其包含的主要内容和思想却早已被若干发达和较发达国家采用，并在这些国家和地区有不同的名称，如污染预防、废物最少化、废物减量化、清洁工艺、清洁生产、源削减、源控制等几十种。

（三）清洁生产与循环经济的关系

从清洁生产和循环经济两者关系来看，清洁生产具体表现为单个生产者和消费者的行为，这种微观层次的清洁生产和消费行为，通过发展为工业生态链和农业生态链，进一步实现区域和产业层次的废物和资源再利用；并通过政府、企业、消费者在市场上的有利于环境的互动行为，上升为循环经济形态。我们可以设想一下，如果广大生产者和消费者都采纳了清洁生产的行为方式，从国民经济总体来看，它就表现为一种循环经济形态。所以，就这点而言，清洁生产是循环经济形态的微观基础，循环经济则是清洁生产的最终发展目标，各种产业的、区域的生态链和生态经济系统则构成清洁生产到循环经济系统的中间环节。衡量清洁生产是否达到目的，仅仅衡量某个企业或某个行业是不够的，应当看其是否在区域、国家层次形成生态经济系统，形成循环经济形态。

清洁生产和循环经济之间的这种密切关联，使它们在基本特征和原则上保持一致性和相似性，即都强调污染物的源头削减和再利用，表明其政策之间也是密切关联的，是一致的。因此，我们可以说，循环经济是实施可持续发展战略必然的选择和重要保证，而在世界上呼声很高的清洁生产，则是实现循环经济的基本途径，其相互关联的政策和做法可归纳为以下 5 个方面：

（1）要有符合清洁生产和循环经济的设计原则和方法贯彻到各种工程、产品和服务的设计中，把经济效益、社会效益和环境效益统一起来，充分注意到使物质循环利用，做到物尽其用。如在产品设计中，尽量采用标准设计，使一些装备便捷地升级换代，而不必整机报废。在产品使用生命周期结束以后，也易于拆卸和综合利用；同时，在产品设计中，要尽量使之不产生或少产生对人体健康和环境的危害影响；不使用或尽可能少量使用有毒有害的原料。“预则立，不预则废”，科学合理的设计是推行循环经济的前提条件，是循环经济的首要环节。

（2）依靠科技进步，积极采用无害或低害新工艺、新技术，大力降低原材料和能源的消耗，实现少投入、高产出、低污染，尽可能把对环境污染物的排放消除在生产过程之中。各国推行清洁生产的实践证明，这种要求是可以做到的。以德国为例，在 GDP 增长 2 倍多的情况下，主要污染物减少了近 75%，收到了经济效益和环境效益“双赢”的结果。

（3）实行资源和废物的综合利用和循环利用，使废物资源化、减量化和无害化，把有害环境的废物减少到最低限度，这是循环经济的重要原则和重要标志。废物的综合利用和循环利用有两种方式：一是原级资源化，即把废物生成与原来相同的产品；二是次级资源化，即把废物变成与原来不同的新产品。

（4）按照工业生态系统思想建立工业生态园，是推行循环经济的一种好方式，世界上有许多成功的典型。这种方式模仿自然生态系统，使资源和能源在这个工业系统中循环使用，上家的废料成为下家的原料和动力，尽可能把各种资源都充分利用起来，做到资源共享，各得其利，共同发展。近年来，我国城市地区纷纷出现的“工业开发试点或高新技术开发区”中，已有工业生态园的一些形态：远离市中心区，实行集中式的供热、集中式污水处理和垃圾处置，园区中绿地占有很大比例，等等。但是，对于资源的循环利用则相对较少。如果在这个基础上再前进一步，距这种工业生态园就不远了。

（5）建立健全相关的政策和法律法规体系，规范和鼓励国民经济朝着循环经济的方向发展。循环经济是一种新型的、先进的经济形态，目前还存在许多技术、经济和社会等方面的障碍。因此，需要政府制定必要的法律法规和经济政策，对不利于循环经济的行为加以限制，对有利于循环经济的行为加以鼓励和规范，特别要使用经济激励手段，推动循环经济的健康发展。

（四）清洁生产的目标和措施

清洁生产是关于产品生产过程的一种新的创造性的思维及其实施，意味着对生产过程和产品持续运用整体预防的环境战略，经过制造与分配到使用和最终处置，全面改进产品和生产工艺的途径。清洁生产谋求在工业生产过程中和产品设计过程中，防止污染空气、水和土壤，减少废物，以期降低对人类和环境的风险。

作为一种环境战略，清洁生产的实施要依靠各种工具。目前世界上广泛流行的清洁生产工具有清洁生产审计、环境管理体系、生态设计、生命周期评价、环境标志和环境管理会计等。这些清洁生产工具，无一例外地要求在实施时深入组织的生产、营销、财务和环保等各个领域。也只有这样做，才能真正保证组织的环境绩效。各国使用的最多的清洁生产工具是清洁生产审计，清洁生产审计是一套系统的、科学的和可操作性很强的环境诊断程序。这套程序反复从 8 条途径（原材料和能源、技术工艺、设备、过程控制、管理、员工、产品、废物）着手开展工作。从这些途径入手，有助于克服传统上生产环保“两张皮”现象，将污染物消灭在产生之前。经典的清洁生产是在单个组织之内将环境保护延伸到该组织有关的方方面面。

对于产品，清洁生产意味着减少产品从原材料使用到最终处置的全生命周期有不利影响的能源，取消使用有毒原材料，在生产过程排放废物之前减少废物的数量、降低废物的毒性。因此，企业实施清洁生产，就是使用清洁的原、辅材料，通过清洁的工艺过程，生产出清洁的产品，达到以下两个目标。

（1）通过资源的综合利用、短缺资源的代用、二次能源的利用，以及各种节能、降耗、节水措施，合理利用自然资源，减缓资源的耗竭。

（2）减少废料与污染物的生成和排放，促进工业产品的生成、消费过程与环境相容，降低整个商业活动对人类和环境的风险。

清洁生产是国内外环境保护的经验总结。着眼于工业生产全过程中减少污染物的产生量，并要求污染物最大限度资源化：清洁生产不仅考虑工业产品的生产工艺，而且对产品结构、原料和能源替代、生产运营、现场管理技术操作、产品消费，直至产品报废后的资源循环等诸多环节进行统筹考虑，其目的在于使人类社会和自然和谐发展。清洁生产同时具有经济和环境双重目标，通过实施清洁生产，企业在经济上要能盈利，环境也能得到改善，从而达到环境保护和经济发展协调的目的。清洁生产是手段，目标是实现经济与环境协调发展。

第二节　绿色经济

一、绿色经济的内涵、本质与基本原则

（一）绿色经济的内涵

绿色经济，这一名词源自经济学家皮尔斯于 1989 年出版的《绿色经济蓝皮书》。绿色经济学主张：从社会及其生态条件出发，建立一种“可承受的经济”。经济发展必须是自然环境和人类自身可以承受的，不会因盲目追求生产增长而造成社会分裂和生态危机，不会因为自然资源耗竭而使经济无法持续发展。绿色经济是指人们在社会经济活动中，通过正确处理人与自然及人与人之间的关系，高效地、文明地实现对自然资源的永续利用，使生态环境持续改善和生活质量持续提高的一种生产方式或经济发展形态。

概括地讲，绿色经济就是达到可持续发展经济、可持续发展生态和可持续发展社会三方面的和谐统一。人类在发展中不仅追求经济效益，还要追求生态和谐和社会公平，最终实现全面发展。绿色经济包括以下几个方面。

1. 经济可持续发展

绿色经济鼓励经济可持续增长，改变以高投入、高消耗、高污染为特征的粗放型经济增长，实现以提高效益、节约资源、减少废物为特征的集约型的经济增长。因为只有实现了经济增长，才能增强国力、提高人民生活水平和生活质量，同时也为生态保护和社会公平提供必要的物力和财力。

2. 生态可持续发展

绿色经济要求经济发展和社会发展要与有限的自然承载能力相互协调。这种有限制的发展，保护和保证了生态的可持续性，从而实现经济和社会的可持续发展。因此，生态的绿色发展是经济和社会绿色发展的前提。

3. 社会可持续发展

绿色经济强调社会公平。没有社会公平，就没有社会的稳定，就会有一部分人不顾道德和哲理、不顾法律和制度、不顾资源和环境、只顾个人私欲和财富，破坏和危害生态平衡和社会公平。绿色经济的目标是改善人类的生活质量，提高人类的健康水平，创造一个保障人人平等、自由和免受暴力、享有人权的社会环境。所以，在绿色经济系统中，经济可持续发展是基础，生态可持续发展是条件，社会可持续发展是目的。

（二）绿色经济的本质

经济发展不能超过资源与环境的承载力。因此，绿色经济的本质是生态文明的发展观和实现观。这就是把包括现代经济在内的整个现代发展建立在节约资源、增强环境承载力及生态环境良性循环的基础之上。实现经济社会的可持续发展。从广义来说可持续发展道路旨在谋求人与人之间和人与自然之间的和谐统一与协调发展。因此，现代经济发展应当把协调人与自然的发展关系放在首位，通过协调人与人的关系，达到人与自然之间的和谐

统一与协调发展。因此，绿色经济发展全过程，应该是经济与生态，社会与环境，人、社会与自然的全面进步和协调发展的过程。它在现实生活中的实现形态，就是实施以满足人的全面需要与实现人的全面发展为总体目标的经济发展战略：建立资源节约型，生态与经济协调互促的经济发展模式，探索一条人口、经济、社会与资源、环境、生态相互协调的经济发展道路，既能满足当代人的需求，又不危害后代人需要的可持续经济发展道路。

这种体现可持续发展经济观的经济发展战略、经济发展模式、经济发展机制的绿色经济发展道路有三个明显特点。

（1）必须坚持在不损害生态环境承受力可以支撑的前提下，解决当代经济发展和生态环境发展的协调关系。

（2）必须在不危及后代人需求的前提下，解决当代经济发展和与后代经济发展的协调关系。

（3）必须坚持在不危害全人类整体经济发展的前提下，解决当代不同国家、不同地区以及各国内部各种经济发展的协调关系，从而真正把现代经济发展建立在坚持以生态良性循环为基础，并且确保实现由目前的资源消耗型经济即非持续发展经济向绿色经济即可持续发展经济转变，最终达到人类文明和经济的和谐发展。

（三）绿色经济的基本原则

绿色经济是一种全新的人类生存和发展模式。它有以下基本原则。

1．公平性原则

公平性表现为代内公平和代际公平。代内公平是指绿色经济要满足当代人的基本需求，要为他们创造和提供满足其欲望的机会，而且要采取措施，还给世界一个公平的分配和公平的发展权利，因为贫富悬殊的社会不是绿色的社会。代际公平要求当代人不能以损害后代人生存和发展所需要的自然资源和环境为条件，应还给后代人公平的自然资源和环境的利用权。

2．持续性原则

持续性是指人类的经济活动和社会发展不能超出自然资源和生态环境的承载力，即绿色经济不仅要求人与人之间的公平，而且还要求人与自然之间的公平。因为资源和环境是人类赖以生存和发展的基础，只有使人类对自然资源的消耗不超过临界值，人类才能世世代代延续和发展下去。

3．共同性原则

共同性是指绿色经济发展已经得到全世界的共同认识和采取统一行动。尽管各国发展阶段和发展水平各不相同，但是在人与自然的和谐相处方面，已经形成共同的目标。绿色发展是全球每一个民族共同的行动准则，事关每一个人。因此，只有人人参与，这一公众事业才能取得成效。

4．法制性原则

在许多公司、企业、群体中，人们仍然有反绿色经济的认识和行为，为了确保经济行动得到贯彻执行，法制的强制性是不可避免的。对那些破坏生态环境的个人、群体和单位必须绳之以法、严惩不贷。

5．自然价值性原则

人们往往把可以换回货币的东西认为是有价值的，而把取之容易的自然资源认为可以免费使用，不加以珍惜。人们为了欲求，砍伐森林、开垦种地，却不知造成水土流失、气候异常，得到的却没有失去的价值大。因此，要树立正确认识自然价值的观念。

二、农业可持续发展与生态农业、绿色农业

绿色经济包括很多方面，这里仅以农业为例加以介绍。

（一）农业可持续发展的内涵和特征

1．农业可持续发展的内涵

所谓农业可持续发展，是指按照经济发展的要求，利用现代科学技术和物质装备手段，因地制宜地选择农业经营方式和资源利用模式，科学合理地开发利用农业资源，保护生态环境，使农业具有长期持续的发展能力，确保当代人及后代人对农产品要求得到满足的农业发展思路和发展战略。

具体地讲，农业可持续发展的内涵应包括：

（1）农业可持续发展，首要的是发展，这对发展中国家尤为重要。它不仅包括农业经济的发展，也包括保护和科学利用农业资源，建设良好的生态环境，还包括农村社会进步。

（2）农业综合生产能力要持续稳定增长，确保国家食物安全。充分利用国土资源，全面发展食物生产，持续增加食物产出总量，既要增加农产品数量，还要提高质量。

（3）农业可持续发展要以保护自然资源为基础，同农业生产经营活动相协调。通过转变农业增长方式，使农业生产经营活动尽可能减轻对农业资源与环境的破坏。把农业发展与保护和合理开发利用资源结合起来，同时要与控制环境污染结合起来。

（4）农村人口应得到有效控制，人口素质要显著提高。既要控制过快的人口增长速度，又要大力发展科技教育，提高农村人口素质，培养具有较高科技文化素质的现代农民。

（5）农业效益和农民收入水平应不断提高。农业生产经营规模适度、技术措施先进、结构合理、品种多样化、品质优良化，实现高产、优质、高效、低耗。

2．农业可持续发展的特征

（1）人与自然的协调性。农业可持续发展认为人是自然界的一部分，人们的生产经营活动和农民生活以人与自然和谐共存为最高准则。农业生产率的提高，必须遵循自然生态规律，促进生态平衡，必须在开发、利用、保护和重新培植资源与环境的动态过程中来实现，绝不能以牺牲资源、环境为代价。

（2）农业发展的持续性。农业发展应使现在和未来农业经济以及农村社会具有持续增长和发展的能力，使农业资源得以永续利用，使农业资源尤其是有限的耕地、水资源总量保持在一个相对稳定水平，并不断提高质量，提高利用率。

（3）农村人口规模的适度性。人既是生产者，又是消费者。作为生产者，人是重要的经济资源。作为消费者，人又给农业资源、环境带来巨大的压力。因此，必须控制人口过快增长，保持农村人口规模适度，并努力提高人口素质，增加人力资本存量。

（4）各种因素的互联性。农业发展受到人口、资源、环境的制约，人口与资源、环境是相互关联、相互制约的。必须以整体的、全面的观点，统筹考虑，协调解决各种因素，当前和长远发展的矛盾，实现良性循环。

（5）发展目标的多元性。不仅要注重提高农业产出率和产品质量、经济效益，而且要把促进社会进步、保护资源与环境放在重要位置，追求农业经济、生态和社会效益的统一。

（6）增长方式的集约性。科学技术是农业可持续发展的动力源泉。农业科技特别是高新技术的推广应用，使农业增长方式从拼资源、拼环境的粗放经营，转变到依靠科技进步和提高劳动者素质上来，提高农业科技含量。

传统农业经营方式强调向自然开发索取，忽视人和自然环境的和谐统一，在取得农业飞速发展的同时不可避免地带来能耗高、农业资源与生态环境破坏严重及粮食安全等问题。世界各国对传统农业进行了深刻反思，指出要走农业可持续发展之路，必须发展生态农业。

（二）生态农业

发达国家在 20 世纪七八十年代探索现代化农业之路的思潮中出现了“生态农业”的概念，最早由美国学者 A. Willian 于 1971 年提出，后由英国学者 M. K. Worthington 于 1981 年进一步完善。后者指出：“生态农业是生态上能自我维持的低输入的经济上有生命力的在环境、伦理和审美方面可接受的小型农业系统。”

中国生态农业的概念于 1981 年首次提出。它不同于西方的生态农业，不是西方生态农业的简单引入，而是借鉴了国外替代农业的各种形式，有着深厚的传统有机农业的背景和基础并具有自己独特的发展过程。中国生态农业是依照生态学原理和生态经济规律，在系统科学的思想和方法指导下，集现代科学技术与传统农业技术精华于一体而建立起来的生态合理、良性循环的可持续发展的农业体系。中国生态农业把经济效益、社会效益和生态效益统一起来，既代表中国农业发展的新途径，又将生态系统原理应用到农业中，构成一种低投入、高产出的农业生产手段。

中国生态农业是农业可持续发展的一种思想、一种技术、一种原则、一种途径，具有十分丰富的内涵：

（1）它是实现和促进农业可持续发展的战略思想，强调农业生产力的持久稳定提高必须建立在合理利用资源和保持生态环境的基础上，为协调人口、资源、环境的关系及解决发展与保护的矛盾提供了途径，是发展农业和农村经济的指导性原则。

（2）它是协调农业和农村全面发展的系统工程，按生态经济学原则和系统科学原理对区域农业进行整体优化和管理，使农业实现高效、低耗、和谐及稳定发展。

（3）它是按生态工程原理组装起来的促进生态与经济良性循环的农业适用技术体系，是一个有序的和能形成实现社会、经济、生态三大效益高效循环统一的生态经济系统，能不断提高系统生产力，实现农业可持续发展。

（三）绿色农业

所谓绿色农业，是指以生产并加工销售绿色食品为轴心的农业生产经营方式。绿色食品是指遵循可持续发展的原则，按照特定方式进行生产，经专门机构认定的，允许使用绿色标志的无污染的安全、优质、营养类食品。目前，积极发展绿色农业，已成为迎接国际挑战的战略举措。

同时，发展绿色农业也是坚持可持续发展，保护环境的需要。“黑色农业”这种经营方式往往高度依赖大型农机具、化肥、农药，不但消耗了大量不可再生的能源，还造成了土壤流失、空气和水污染等恶果。而发展绿色农业则可以从根本上解决这些问题。绿色农业以“绿色环境”“绿色技术”“绿色产品”为主体，促使过分依赖化肥、农药的化学农业向主要依靠生物内在机制的生态农业转变。

三、绿色消费

近年来，百姓的精神、物质生活逐渐丰富起来，崇尚自然、追求健康的人越来越多。有关专家提醒大家，养成良好的消费习惯才能提高生活质量。

绿色消费有两个内涵：消费无污染、有利于健康的产品；消费行为有利于节约能源、保护生态环境。据调查，目前我国多数人的消费状态与绿色标准相距甚远。

在大城市，不少人为了适应日益加快的生活节奏，用快餐代替主餐。快餐食品大多高热量、高脂肪、高蛋白，长期食用会使人发胖，胰岛素敏感性降低，增加患糖尿病的危险。还有些人过度饮酒吸烟，威胁身体健康。

食品污染和日用品安全已成为不容忽视的问题。目前一些生产者滥用生长激素、农药和化肥等，使农产品有害残留物超标，危害人身健康。在日常生活中，有人习惯使用高效人工合成化学品，这些产品的有害物质对人体有害。如长期过量使用清洁剂等化学用品，会损伤人的中枢神经系统，使智力发育受阻，严重的出现精神障碍。清洁剂残留在衣服上，会刺激皮肤出现过敏性皮炎。长期使用高浓度的清洁剂，其中的致癌物质就会通过皮肤、口腔进入体内。而使用高磷洗衣粉会对皮肤造成直接刺激，手和手臂灼烧疼痛，衣服穿上后也会让人瘙痒难耐。

家庭装饰中的污染也引起人们的重视。研究表明，建筑装饰材料，包括各种涂料、油漆、塑料及各种黏合剂等，会挥发 500 多种有毒气体。涂料中常含有甲苯、二甲苯、甲醛等有害物质；饰顶石膏常掺入可导致肺癌的石棉；胶合板、地板革、塑料贴面、壁纸等装修材料含有的甲醛等有机溶剂，会对人体的鼻黏膜、视网膜、呼吸道、内脏器官、神经系统等产生刺激作用；油漆中含有铅化合物等多种物质，如果长期吸入，会导致人体中毒，并有可能引起各种病变。

据调查，不少消费者缺乏可持续发展意识，环保意识淡漠，大量使用对环境构成污染和高耗资源的产品，对他人、对子孙后代的健康安全问题重视不够，如大量使用一次性木筷，随意使用和丢弃塑料袋，使用含磷洗衣粉，随意丢弃电池等。这些行为会使我们生存的环境更加恶劣。

针对上述情况，一些专家认为，倡导绿色消费方式，已成为关系民族健康和前途命运的大问题。如何绿色消费呢？中国消费者协会原秘书长杨竖昆曾接受记者采访，他指出，一般情况下，要注意以下几个方面。

购买食品要首选绿色食品。据了解，我国颁布的绿色食品的认证标准中规定，A 级绿色食品允许有控制地使用部分农药，对人体较安全；AA 级绿色食品严格限定不使用化学农药和化肥，基本与国际有机食品的标准一致，如果经济条件许可，可放心购买。最好不买施用了生长素、催熟素和大量化肥，超过正常大小的水果、蔬菜等。购买食品应注意成分说明，最好选择没用或少用人工合成添加剂的食品。购买肉类食品要注意有无检疫标志，拒购无检疫肉制品。尽量减少食用熏制、腌制的各类食品。

培养健康饮食习惯，平衡膳食，注意增加蔬菜水果和谷物制品的摄入。由于各种作物施用的农药各不相同，因此蔬菜、水果品种的多样化尤为重要，这可以避免因食用品种单一造成某种农药摄入过多而引起的中毒。食用快餐时，要补充水果、蔬菜和谷物等。不要长期以快餐代替主餐。蔬菜和水果在食用前要清洗干净，凡能去皮的在食用时一定要去皮。吃叶类蔬菜，要清洗干净，但不宜过久浸泡。

选购绿色生活用品。挑选商品，应格外留意产品对人体健康的影响。买化妆品，除了注意生产日期，更要注意成分表，学会分辨防腐剂、色素、香料中哪些更有毒性，最好购买天然化妆品。选购衣物特别是高档免熨衣物时，要关注是否含有甲醛。甲醛经特殊工艺处理后，会成为纤维的一部分，持续挥发有害气体。选购不含有毒化学物质的家庭清洁洗涤用品。不使用含氟的空气清新剂。首选无磷洗衣粉，选用节能灯，慎用铝制炊具。

从环保的角度考虑，不购买污染环境的产品，包括过度包装、用后会变成污染物、生产时会制造污染或者使用时会造成浪费或污染的产品。尽量不使用一次性塑料袋，选用环保电池，注意废旧电池的集中回收。

进行绿色居室装修。选购建材时要向商家查看有关安全的合格证明，选择质量好、毒性小的材料。选择花岗岩、大理石等装修材料时，要注意是否有氡辐射。居室装修后最好请专业人员验收。如发现室内氡浓度高于 100 Bq/m^2，就应检验装修材料。新房装修后不要急于搬进去住，应打开窗户让空气流通，减少刺激性气味。还应适当绿化居室，吊兰、鸭跃草、虎尾兰等绿色植物，能净化空气、除尘、杀菌和吸收有害气体。

第三节　低碳经济

一、低碳经济的产生和意义

随着生物质能、风能、太阳能、水能、化石能、核能等的使用，人类逐步从原始文明走向农业文明和工业文明。而随着全球人口和经济规模的不断增长，能源使用带来的环境问题及其诱因不断地为人们所认识，不止是烟雾、光化学烟雾和酸雨等的危害，大气中二氧化碳浓度升高将带来的全球气候变化，也已被确认为不争的事实。在此背景下，“碳足迹”“低碳经济”“低碳技术”“低碳发展”“低碳生活方式”“低碳社会”“低碳城市”“低碳世界”等一系列新概念、新政策应运而生。而能源与经济以至价值观实行大变革的结果，可能为逐步迈向生态文明走出一条新路，即摒弃传统增长模式，直接应用创新技术与创新机制，通过低碳经济模式与低碳生活方式，实现社会可持续发展。

发展低碳经济，一方面是积极承担环境保护责任，实现节能降耗的要求；另一方面是调整经济结构，提高能源利用效益，发展新兴工业，建设生态文明。这是摒弃以往先污染后治理、先低端后高端、先粗放后集约的发展模式的现实途径，是实现经济发展与资源环境保护双赢的必然选择。

低碳经济将逐步成为全球意识形态和国际主流价值观，低碳经济以其独特的优势和巨大的市场已经成为世界经济发展的热点。一场以低碳经济为核心的产业革命已经出现，低碳经济不但是未来世界经济发展结构的大方向，更已成为全球经济新的支柱之一。

我国经济快速增长，各项建设取得巨大成就，但也付出了巨大的资源和环境代价，经济发展与资源环境的矛盾日趋尖锐，群众对环境污染问题反映强烈。这种状况与经济结构不合理、增长方式粗放直接相关。不加快调整经济结构、转变增长方式，资源支撑不住，环境容纳不下，社会承受不起，经济发展难以为继。只有坚持节约发展、清洁发展、安全发展，才能实现经济又好又快发展。同时，温室气体排放引起全球气候变暖，备受国际社会广泛关注。进一步加强节能低碳工作，也是应对全球气候变化的迫切需要，是我们应该承担的责任。

二、低碳经济的内涵

低碳经济最早见诸于政府文件是在 2003 年的英国能源白皮书《我们能源的未来：创建低碳经济》。作为第一次工业革命的先驱和资源并不丰富的岛国，英国充分意识到了能源安全和气候变化的威胁，它正从自给自足的能源供应走向主要依靠进口的时代，按当时的消费模式，预计 2020 年英国 80%的能源都必须进口。同时，气候变化的影响已经迫在眉睫。

低碳经济是经济发展的碳排放量、生态环境代价及社会经济成本最低的经济，是一种能够改善地球生态系统自我调节能力的可持续性很强的经济。

所谓低碳经济，是指在可持续发展理念指导下，通过技术创新、制度创新、产业转型、新能源开发等多种手段，尽可能地减少煤炭、石油等高碳能源消耗，减少温室气体排放，达到经济社会发展与生态环境保护双赢的一种经济发展形态。低碳经济是以低能耗、低污染、低排放为基础的经济模式。概括来讲，低碳经济是一种以低能耗、低污染、低排放和高效能、高效率、高效益为主要特征，以较少的温室气体排放获得较大产出的新的经济发展模式。

低碳经济有两个基本点：其一，它是包括生产、交换、分配、消费在内的社会再生产全过程的经济活动低碳化，把二氧化碳排放量尽可能减少到最低限度乃至零排放，获得最大的生态经济效益；其二，它是包括生产、交换、分配、消费在内的社会再生产全过程的能源消费生态化，形成低碳能源和无碳能源的国民经济体系，保证生态经济社会有机整体的清洁发展、绿色发展、可持续发展。在一定意义上说，发展低碳经济就能够减少二氧化碳排放量，延缓气候变暖，能够保护我们人类共同的家园，是人类社会继农业文明、工业文明之后的又一次重大进步。

随着低碳经济实践的进展，低碳经济的内涵不断得到拓展。目前大多数学者认同的内涵主要包括三方面：①发展低碳经济的关键在于降低单位能源消费量的碳排放量，即碳强度，通过碳捕捉、碳封存、碳蓄积降低能源消费的碳强度，控制 CO_2 排放量的增长速度。②发展低碳经济的关键在于促进经济增长与由能源消费引发的碳排放脱钩，实现经济与碳排放错位增长，通过能源替代、发展低碳能源和无碳能源控制经济体的碳排放弹性，并最终实现经济增长的碳脱钩。③发展低碳经济的关键在于改变人们的高碳消费倾向和碳偏好，减少化石能源的消费量，减缓碳足迹，实现低碳生存。

可以认为，低碳经济是一种由高碳能源向低碳能源过渡的经济发展模式，是一种旨在修复地球生态圈碳失衡的人类自救行为。它的核心是在市场机制基础上，通过制度框架和政策措施的制定及创新，形成明确稳定和长期的引导与鼓励，推动提高能效技术节约能源技术、可再生能源技术和温室气体减排技术的开发及运用，并促进整个经济朝向高能效低能耗和低碳排放的模式转变。

低碳经济作为一种新的经济发展模式有以下特征：一是经济性，包括两层含义：①低碳经济应按照市场经济的原则和机制来发展；②低碳经济的发展不应导致人们的生活条件和福利水平下降。二是技术性：也就是通过技术进步，在提高能源效率的同时，降低 CO_2 等温室气体的排放强度。三是目标性：发展低碳经济的目标应该是，将大气中温室气体的浓度保持在一个相对稳定的水平上，不至于带来全球气温上升影响人类的生存和发展，从而实现人与自然的和谐发展。

低碳经济包含低碳产业、低碳技术、低碳城市、低碳生活等一系列新内容。

低碳经济以减少温室气体排放为目标，构筑低能耗、低污染为基础的经济发展体系，包括低碳能源系统、低碳技术和低碳产业体系。低碳能源系统是指通过发展清洁能源，包括风能、太阳能、核能、地热能和生物质能等替代煤、石油等化石能源以减少二氧化碳排放。低碳技术包括清洁煤技术（IGCC）和二氧化碳捕捉及储存技术（CCS）等。低碳产业体系包括火电减排、新能源汽车、节能建筑、工业节能与减排、循环经济、资源回收、环保设备、节能材料等。

低碳经济的起点是统计碳源和碳足迹。二氧化碳有三个重要的来源，首先，最主要的碳源是火电厂燃煤排放；其次是快速增长的汽车尾气排放；最后是建筑排放，随着房屋数量的增加而稳定的增加。

三、发展低碳经济的对策措施

（1）确立率先发展低碳经济的战略。从中国实际情况看，对日益严峻的能源和环境约束，必须高度重视向低碳经济转型。各级政府都要把大力发展低碳经济作为建设资源节约型、环境友好型社会，增强可持续发展能力的重要举措，把发展低碳经济战略纳入国民经济发展总体规划，部署低碳经济的发展思路，为低碳经济的发展提供政策、制度、资金和组织保障。要将“低碳经济”绩效纳入政府、公务员政绩考核核心内容。要大力开展低碳宣传，提高全社会的环境意识和节能意识，引导低碳社会生活方式，倡导公众循环消费、低碳消费，例如，提倡开环保车、家庭节能等，实现消费方式的转型与可持续发展。

（2）成立专门机构指导“低碳经济”。推行低碳经济是一项系统工程，需要全社会通力合作。要改善环境，形成一个资源节约、环境友好的经济发展模式，需要行政、法律、经济手段并重。行政手段是引导，法律手段是规则，经济手段是平衡。因为环境问题的本质是发展问题，最终是要靠经济规律和市场机制来解决。为确保全社会都步调一致、齐心协力使“低碳经济”沿着正确的轨道前行，并顺利完成这一艰巨而伟大的彻底改变人类社会经济秩序和生存方式的革命，国家有必要成立“低碳经济指导机构”。

（3）积极采取强有力的经济政策手段。目前，我国低碳经济的发展缺少强有力的经济政策手段，如我国至今还没有像一些发达国家那样对能源企业制定强制性的绿色能源比例，也没有鼓励消费者使用低碳产品的补贴。因此，要借鉴发达国家的已有做法，加强政策扶持，提供有利于低碳经济发展的税收优惠、财政补贴等措施。开征碳税和推行碳交易是富有成效的政策手段。碳税是一种混合型税种，它的税率由该能源的含碳量和发热量决定，不同的能源由于含碳量和发热量不同，会有不同的税负，低碳能源的税负要低于高碳能源的税负。我国应考虑开征碳税，开征碳税的结果可以极大地降低 CO_2 的排放，而且也增加了工业的能效以及竞争力。碳排放交易机制有利于各地区、各单位之间实现利益均衡，提高减排效率。我国要建立完善碳交易市场，加强对碳交易的管理。一方面，要规范交易规则，发展碳交易的中介机构，确保合理的交易价格；另一方面，要建立绿色能源交易机制，把碳交易与激励发展清洁能源政策结合起来，调动全社会发展和利用清洁能源的积极性。政府对有利于低碳经济发展的生产者或经济行为给予补贴，是促进低碳经济发展的一项重要经济手段；对低碳经济发展实施税收优惠政策也是发达国家普遍采用的措施。推动可再生能源进入市场，包括对“绿色”用电和风电的定价优惠，对生物质能发电等采取财政补贴激励。

（4）加大可再生能源和核能的开发利用。开发利用可再生能源是保护环境、应对气候变化的重要措施。中国可再生能源资源丰富，要把发展可再生能源作为降碳的重要举措。据有关资料介绍，我国可开发的水电资源居世界首位，我国有丰富的风能、氢能、生物质能、海洋能等资源，也居世界领先地位。但除水电得到相对较好的开发利用外，由于技术开发水平、使用成本等问题，可再生能源在我国能源消费构成远远低于国际平均水平。因此，要集中力量，大力发展风能、太阳能、生物质能等可再生能源。核电是一种不排放任何温室气体的高效和耐久能源。我国还以火力发电为主，其次是水力发电，核能发电占比还很低，核能发电量占总发电量比重也远远低于全球核能发电量占总发电量的比重。为此，我国必须从发展火电为主转变到以发展核电为主轨道上来，加快发展核能，大幅提高核能消费比重，并加速形成产业化规模。

（5）加强低碳技术研发与创新。低碳经济的发展需要有坚实的基础研究做支撑。目前，我国低碳技术的研发能力较弱，为此政府要加强对国家级研究机构的长期投入，构建起国家级的低碳技术研究机构，整合国内现有的技术资源，协调开展基础性和公共性技术研发，并加强与企业的交流与合作，发挥政府和企业、基础研究与产业发展之间的纽带作用；要加大清洁煤技术的开发利用。在低碳技术的研发中，开发出廉价、清洁、高效和低排放的能源技术。将发展低碳发电站技术作为减少 CO_2 排放量的关键。煤在中期和长期内仍将继续发挥作用，因此必须发展清洁煤技术、收集并存储碳分子技术等，建设效率更高、能应用清洁煤技术的发电站。我国能源探明储量中，煤炭占 90%以上，这种“富煤贫油少气”的能源资源特点决定我国能源生产以煤为主的格局将长期存在。因此，中国要大力发展煤炭洗选、加工转化先进燃烧、烟气净化技术，以此来大幅减少 CO_2 的排放；加强国际技术交流合作，英国、美国等发达国家，具有成熟的低碳技术，中国要通过国际协商与合作机制，促进这些发达国家对中国的技术转让，增强低碳技术的国际引进、消化与二次创新。

（6）大力发展“低碳产业”。为了实现低碳，停止发展与低速发展都不可取，唯有适度发展，同时提高我国在低碳经济与技术方面的竞争力。因此，在转变经济增长方式、调整经济结构、向低碳经济转型的同时，大力发展低碳产业。低碳经济不仅仅是需要去郑重承担起来的一份责任，同时也意味着一种新的发展机会，必须在转型、转变中培育和创新更多的新的经济增长点。全国第一个规模达 50 亿元的杭州市“低碳产业基金”就是政府主导的典型的低碳产业基金，其投资方向有三大类，即高碳改造、低碳升级和无碳替代。高碳改造包括节能减排；低碳升级包括新材料、新装备、新工艺升级原有设备；无碳替代包括新能源、核能、风能、太阳能等。

（7）制定和完善有利于低碳经济发展的法律法规。要尽快建立和完善低碳经济的法律体系。发达国家在发展低碳经济的同时，都将立法作为推进低碳经济的重要手段。我国要加快低碳经济的立法工作，为发展低碳经济提供法律保证。要抓紧制定“低碳经济法”“循环经济法”，制定“可再生能源法”的配套办法和标准，对于涉及能源、环保、资源等的法律需要做进一步修改（订），比如《中华人民共和国环境保护法》《中华人民共和国环境影响评价法》《中华人民共和国大气污染防治法》《中华人民共和国煤炭法》《中华人民共和国电力法》等。通过立法修法，并采取行动落实这些法律，运用法律手段推进低碳经济的发展。

（8）大力植树造林，增加碳汇。碳源是指二氧化碳气体成分从地球表面进入大气（如地面燃烧过程向大气中排放 CO_2），或者在大气中由其他物质经化学过程转化为二氧化碳气体成分（如大气中的 CO 被氧化为 CO_2，则 CO 也叫源），它是指自然界中向大气释放碳的母体。碳汇一般是指从空气中清除二氧化碳的过程、活动、机制，是与碳源相对的概念。碳汇是指由绿色植物通过光合作用吸收固定大气中的 CO_2，通过土地利用调整和林业措施将大气中的温室气体储存于生物碳库。它主要是指森林吸收并储存二氧化碳的多少，或者说是森林吸收并储存二氧化碳的能力。森林碳汇是指森林植物吸收大气中的二氧化碳并将其固定在植被或土壤中，从而减少该气体在大气中的浓度。森林是陆地生态系统中最大的碳库，在降低大气中温室气体浓度、减缓全球气候变暖中，具有十分重要的独特作用。据科学测定，1 亩[①]茂密的森林，一般每天可吸收 CO_2 67 kg，放出氧气 49 kg，可供 65 人一天的需要。在《京都议定书》正式生效后的一系列气候公约国际谈判中，国际社会对森林吸收 CO_2 的汇聚作用越来越重视，逐步将造林、再造林等林业活动纳入碳汇项目。因此，我国要大力植树造林，重视培育林地，特别是营造生物质能源林，在吸碳排污，改善生态的同时，创造更多的社会效益。

专栏 9-2　转向低碳经济生活模式的重要途径

低碳经济不仅意味着制造业要加快淘汰高能耗、高污染的落后生产能力，推进节能减排的科技创新，而且意味着引导公众反思那些习以为常的消费模式和生活方式是浪费能源、增排污染的不良嗜好，从而充分发掘服务业和消费生活领域节能减排的巨大潜力。

转向低碳经济、低碳生活方式的重要途径之一，是戒除以高耗能源为代价的“便利消费”嗜好。

“便利”是现代商业营销和消费生活中流行的价值观。不少便利消费方式在人们不经意间浪费巨大的能源。比如，据制冷技术专家估算，超市电耗 70%用于冷柜，而敞开式冷柜

① 1 亩≈666.67 m^2。

电耗比玻璃门冰柜高出20%。由此推算，一家中型超市敞开式冷柜一年多耗电约4.8万kW·h，相当于多耗约19 t标准煤，多排放约48 t二氧化碳，多耗约19万L净水。上海约有大中型超市近800家，超市便利店6 000家。如果大中型超市普遍采用玻璃门冰柜，顾客购物时只需“举手之劳”，一年可节电约4 521万kW·h，相当于节省约1.8万t标准煤，减排约4.5万t二氧化碳。

转向低碳经济、低碳生活方式的重要途径之二，是以“关联型节能环保意识”戒除使用“一次性”用品的消费嗜好。

2008年6月全国开始实施“限塑令”。无节制地使用塑料袋，是多年来人们盛行便利消费最典型的嗜好之一。要使戒除这一嗜好成为人们的自觉行为，单让公众理解“限塑”意义在于遏制白色污染，这只是“单维型”环保科普意识。其实“限塑”的意义还在于节约塑料的来源——石油资源、减排二氧化碳。这是一种“关联型”节能环保意识。据中国科技部《全民节能减排手册》计算，全国减少10%的塑料袋，可节省生产塑料袋的能耗约1.2万t标准煤，减排31万t二氧化碳。关联型环保意识不仅能引导公众明白“限塑就是节油节能”，也引导公众觉悟到“节水也是节能”（节约城市制水、供水的电能耗），觉悟到改变使用“一次性”用品的消费嗜好与节能、减少碳排放、应对气候变化的关系。

转向低碳经济、低碳生活方式的重要途径之三，是戒除以大量消耗能源、大量排放温室气体为代价的“面子消费”“奢侈消费”的嗜好。

2008年第一季度全国车市销量增长最快的是豪华车，其中高档大排量的宝马进口车同比增长82%以上，大排量的多功能运动车SUV同比增长48.8%。与此相对照，不少发达国家都愿意使用小型汽车、小排量汽车。提倡低碳生活方式，并不一概反对小汽车进入家庭，而是提倡有节制地使用私家车。日本私家车普及率达80%，但出行并不完全依赖私家车。在东京地区私家车一般年行驶3 000～5 000 km，而上海私家车一般年行使1.8万km。有些城市的重点学校门口，接送孩子的一二百辆私家车将周围道路堵得水泄不通。人们将“现代化生活方式”含义片面理解为“更多地享受电气化、自动化提供的便利”，导致日常生活越来越依赖高能耗的动力技术系统，往往几百米的短程或几层楼的阶梯，都要靠机动车和电梯代步。另外，人们的膳食越来越多地消费以多耗能源、多排温室气体为代价生产的畜禽肉类、油脂等高热量食物，肥胖发病率也随之升高。而城市中一些减肥群体又嗜好在耗费电力的人工环境，如空调健身房、电动跑步机等进行瘦身消费，其环境代价是增排温室气体。

转向低碳经济、低碳生活方式的重要途径之四，是全面加强以低碳饮食为主导的科学膳食平衡。

低碳饮食，就是低碳水化合物，主要注重限制碳水化合物的消耗量，增加蛋白质和脂肪的摄入量。目前我国国民的日常饮食，是以大米、小麦等粮食作物为主的生产形式和“南米北面”的饮食结构。而低碳饮食可以控制人体血糖的剧烈变化，从而提高人体的抗氧化能力，抑制自由基的产生，长期还会有保持体型、强健体魄、预防疾病、减缓衰老等益处。但由于目前国民的认识能力和接受程度有限，不能立即转变。因此，低碳饮食将会是一个长期的、艰巨的工作。不过相信随着人民大众普遍认识水平的提高，低碳饮食将会改变中国人的饮食习惯和生活方式。

四、建立低碳经济链

既然低碳经济发展模式的实质是以对碳基能源（煤、石油、天然气）的低消耗，对碳中和、碳封存和碳捕获技术的密集使用，以及对新兴清洁绿色循环能源及原材料的充分利用为基础的可持续发展模式，这就意味着低碳经济发展模式的产业基础必然转向以低碳乃至非碳消耗的新兴产业或产业簇群，这种新兴产业或产业簇群必然能够从根本上降低人均“碳足迹”，并极大地缓解了人类生产、生活对自然生态环境的破坏状况，使人类社会彻底摆脱经济增长极限理论对人类现有经济发展模式前景的“诅咒”。

从目前人类所掌握的技术条件来看，最有可能成为低碳经济发展模式下的新兴产业或产业簇群的可能是：生物产业、太阳能产业、核能产业、风能产业、潮汐能产业、海水氢能源产业等。现阶段争论哪种或哪类产业将成为低碳经济发展模式下的主导产业并无太大意义，因为低碳经济发展模式下所面临的这种新兴产业革命机遇很可能要求一系列新兴产业的相互融合或集成创新，所以，认识到低碳经济发展模式下所酝酿的这种新兴产业革命机遇，并在国家战略、产业政策与技术创新规划等领域内有所提前准备，待新兴产业革命机遇来临时能够充分抓住这种机遇，并以新兴产业革命推动实现低碳经济发展模式的推广，这应该是更为重要和紧迫的。

1．整合低碳经济与循环经济制度

中国作为一个发展中大国，现阶段还不具备立刻停止对碳基能源、原材料使用的条件。因此，从增量上减缓对碳基能源、原材料的使用必然要引入循环经济制度，把碳捕获、碳封存、碳替代、碳减量等技术环节充分融入循环经济模式，实现低碳经济与循环经济制度的有机融合，使二者相得益彰，先在产业增量上实现“低碳化”，并逐步压缩“高碳化”产业存量。

2．产业制度创新

改善“高碳经济发展模式”下的产业链条与产业结构。低碳经济条件下的新兴产业革命本身即意味着对现有产业制度进行创新，其核心在于改善现有高碳经济条件下产业制度的两个维度，即“高碳产业链条”与“高碳产业结构”。传统行业的既有发展模式将遭到严峻挑战，我们需要打造新的低碳产业链来解决碳排放问题，目前我国产业链的价值分布是向资源型企业倾斜的，低碳经济的发展将改变这一分布。首先是缩短能源、汽车、钢铁、交通、化工、建材等高碳产业所引申出来的产业链条，把这些产业的上、下游产业链“低碳化”（或降低其创造的单位 GDP 的碳强度）应当成为现有产业制度创新的一个重要方向；其次是调整高碳产业结构，逐步降低高碳产业特别是“重化工业”经济在整个国民经济中的比重，推进产业和产品向利润曲线两端延伸，即向前端延伸，从生态设计入手形成自主知识产权；向后端延伸，形成品牌与销售网络，提高核心竞争力，最终使国民经济的产业结构逐步趋向低碳经济的标准。

3．通过金融与财税制度创新来支撑低碳经济发展模式及其引致的新兴产业革命

低碳经济发展模式及其可能引致的新兴产业革命必须要有相应的低碳技术开发作为支撑。任何新兴技术的开发都需要大量的资金支持，作为低碳技术研发的主体——各类企业在技术研发进程中必然渴求得到来自金融机构的金融支持与来自政府部门的财税支持。

这就亟须创新金融与财税制度，使这两类制度更加偏向于对研发与使用低碳技术的企业进行金融支持（直接或间接融资）以及财政拨款支持、税收减免支持等，通过这样的金融、财税制度创新来规范新建企业的低碳技术标准、准入门槛，提高已有企业的低碳技术使用及研发水平，压缩高碳技术企业的规模与产能，尽快从企业层面减少碳源增加碳汇，从而使这些低碳技术型企业真正成为低碳经济条件下所引致的新兴产业革命的“弄潮儿”，使低碳经济发展模式及其引致的新兴产业革命具备坚实的微观经济基础，最终为人类走上清洁、绿色的“低碳经济康庄大道”做出我们应有的贡献。

4．要推进全球碳交易市场的发展

历史经验已经表明，如果没有市场机制的引入，仅仅通过企业和个人的自愿或强制行为是无法达到减排目标的。碳交易市场从资本的层面入手，通过划分环境容量，对温室气体排放权进行定义，延伸出碳资产这一新型的资本类型，而碳市场的存在则为碳资产的定价和流通创造了条件。碳交易将金融资本和实体经济连通起来，通过金融资本的力量引导实体经济的发展，因此它本质上是发展低碳经济的动力机制和运行机制，是虚拟经济与实体经济的有机结合，代表了未来世界经济的发展方向。

参考文献

杨云彦，陈浩. 2011. 人口、资源与环境经济学. 2 版. 武汉：湖北人民出版社.

熊文强，郭孝菊，洪卫，2002. 绿色环保与清洁生产概论. 北京：化学工业出版社.

邹进泰. 2003. 绿色经济. 太原：山西经济出版社.

李向前. 2001. 绿色经济——21 世纪经济发展新模式. 成都：西南财经大学出版社.

赵弘志. 2003. 绿色经济发展和管理. 沈阳：东北大学出版社.

毛如柏，冯之浚. 2003. 论循环经济. 北京：经济科学出版社.

黄贤金. 2004. 循环经济：产业模式与政策体系. 南京：南京大学出版社.

钱易. 2006. 清洁生产与循环经济：概念、方法和案例. 北京：清华大学出版社.

徐冬青. 2009. 发达国家发展低碳经济的做法与经验借鉴. 世界经济与政治论坛，6.

吴垠. 2009-11-03. 低碳经济发展模式下的新兴产业革命. 经济参考报.

任力. 2009. 国外发展低碳经济的政策及启示. 发展研究，2.

编后语

为了满足自己的直接需要，人类比任何其他生物更多地企图利用和改造自然。但是，在利用和改造自然的过程中人类对自己生存所必需的地球生物成员和自然条件的破坏性甚至毁灭性影响也越来越大。因为人类是异养性和噬食性的，接近复杂的食物链的末端，还有无限的欲望，无论人类的技术怎样高超，对于自然环境的依赖性仍然保留着，获取空气、水、矿产和食物等，即我们合适地称为以“自然资源”的物质能源为生。大城市不过是自然的寄生者而已，城市越大，对周围地方的需要也越大，对自然环境（“寄主”）的危害也就越大。至今，人类过分忙于“征服”自然，而很少考虑去调节由于人类在自然-经济系统中的双重作用——操纵者和栖居者——而产生的矛盾。以上的论述中对人类在自然-经济系统中的地位和作用的概括是比较全面的、辩证的：既看到了自然人的一面，广义地说，人也是一个物种，它从动物进化而来，在自然系统中扮演的是消费者的角色，是栖居者；又看到了社会人的一面，其生活的环境不只是自然环境，还包括社会环境，进行着社会生产活动（“经济”）。因此，人类与自然的关系，从本质上区别于其他生物，它是社会的主人，是操纵者。但是在相当长的一段时间，人类过分地强调了操纵者的一面，夸大了主观能动性的作用；时常看到的只是人类战胜自然的丰功伟业，而很少看到违背自然规律而受到惩罚的沉痛教训。全球性面临的五大危机挑战（人口爆炸、粮食不足、资源短缺、能源危机、环境污染），具有历史的必然性。

许多有识之士都看到，以上五大危机不是单纯依靠技术所能解决的。人类再不能继续站在第三者的立场上来研究自然与经济的相互关系，而必须将人类自身摆在自然-经济系统之中加以考察。《自然与经济》就是在这样特定的历史条件下，既有社会需求的“动力牵引”，又有相关科学发展的“感召效应”，更有人类本身价值取向的“自我完善”，在这些因素的共同作用下唱响和发展。